KB041946

THE PHILOSOPHER AT THE END OF THE UNIVERSE
PHILOSOPHY EXPLAINED THROUGH SCIENCE FICTION FILMS
by Mark Rowlands

일러두기

1. 원서에서 이탤릭체로 강조한 부분은 고딕체로 표기했다.
2. 원주는 * 부호를 써서 각주로 처리했으며, 옮긴이주는 본문 해당 부분에 다른 색깔과 서체로 구분해 표기했다.

우주의 끝에서 철학하기

The Philosopher at the End of the Universe

SF영화로 보는
철학의 모든 것

마크 롤랜즈 지음
신상규 · 석기용 옮김

책세상

차례

SF철학, 소크라테스에서 슈워제네거까지

이 책에는 어떤 독자들은 불쾌하게 생각할 수도 있는 내용이 담겨 있다. 아니, 적어도 나는 그러기를 내심 희망한다. 그리고 그런 것들이야말로 바로 철학적인 얘깃거리들이다. 어떤 독자는 어느 모로 보나 이 책이 그다지 진지한 책이 아니라고 생각할지도 모르겠다. 맞는 말이다. 그러나 몸에 좋은 것은 원래 혀에 쓰다거나 교육적인 것은 당연히 진지해야 한다며 대부분의 사람들이 저지르는 실수를 답습하진 말길 바란다. 비록 근엄하진 않지만, 어쨌든 이 책은 철학 책이다. 나는 지난 15년 동안 전 세계를 돌아다니며 대학에서 철학을 가르쳤다. 이 책에서 다루는 주제들을 잘 이해하는 독자라면 아마 대부분의 대학에서 개설되는 철학 입문 과목을 쉽게 통과할 수 있을 것이다.

이 책은 SF철학_{sci-phi, science fiction philosophy}이라 부를 수 있을 새로운 장르에 속하는 최초의 책, 아니 적어도 최초에 속하는 책이다. SF철학이란 SF물을 매개로 해서 철학적인 쟁점, 논쟁, 문젯거리, 논증들을 다루는 장르다. 두 가지 질문이 떠오른다. 왜 SF소설이며, 또 왜 SF영화인가?

첫 번째 질문은 답하기 쉽다. 대부분의 훌륭한 SF소설은 외계인, 로봇, 사이보그, 괴물 등 본질적으로 우리에게 낯설거나_{alien} 타자_{other}인 어떤 대상과의 우연한 만남을 중심으로 진행된다. 이러한 타자성_{otherness}을 대면하는 것은 마치 우리 얼굴 바로 앞에 거울을 들이대는 것과 비슷하다. 이를 통해 우리는 자신을 더욱 분명히 들여다보고 이해할 수 있게 된다. 이것이 바로 SF철학의 지성적인 기반이다. 우리는 피상적으로는 우리와 매우 달라 보이는 것들 속에 비친 우리의 모습을 통하여 우리 자신을 이해하게 된다. 원리는 이렇다. 만약 당신이 누군가를 알고 싶다면, 그 사람의 세상 살아가는 동기가 무엇인지 진정으로 이해하고 싶다면, 가급적 해서는 안 될 일이 바로 그 당사자에게 자기가 어떤 사람인지 직접 말해보라고 요청하는 것이다. 사람들은 자신에 관해 온갖 것을 꾸며대기 마련이고, 실은 자기가 그런다는 걸 깨닫지도 못한다. 당신이 해야 할 일은 그 사람에게 그의 눈으로 본 세상을 말해달라고 부탁하는 것이다. 사람들이 보는 세상 안에는 언제나 자신의 모습이 반영되기 때문이다. 그 사람이 세상에 관해 늘어놓는 얘기 속에서 당신을 똑바로 노려보고 있는 것이 바로 그 사람의 본래 얼굴이다. 훌륭한 SF소설의 줄거리들 속에서 우리는 괴물을 응시한다. 그리고 이때 우리를 빤히 마주보고 있는 그 괴물이 바로 우리 자신임을 알게 된다.

그렇다면 왜 영화인가? 왜 쥘 베른Jules Verne, H. G. 웰스Wells, 올더스 헉슬리Aldous Huxley, 필립 K. 딕Philip K. Dick, 커트 보니것Kurt Vonnegut, 아서 C. 클라크Arthur C. Clark 같은 작가들의 훌륭한 장·단편 SF소설들에 초점을 맞추지 않고? 나는 SF소설의 열렬한 팬이다. 그러나 SF소설을 읽을 때, 작품 자체를 즐기기 위해서라기보다 어떤 착상을 얻기 위해 읽는다. 이 점에서 SF소설은 아마 생각보다는 철학에 훨씬 더 가까울 것이다. 이 책은 SF소설의 산문에 대한 비평이 아니다. 앞으로 이어질 장들을 읽으면서 차차 알게 되겠지만, 개인적으로 나는 문학적 기교보다 개념적인 내용을 언제나 더 중요하게 친다. 하여간 이런 SF소설에서 표현된 생각이나 개념에 흥미가 있는 사람에게는 SF영화가 SF소설 작품 못지않은 훌륭한 매개물이 되어줄 것이다. 사실, 어떤 면에서 영화가 더 낫다. 철학은 추상적이고, 추상적인 것은 난해하다. 영화가 제공하는 시청각 영상들 속에서 구체화된 추상적인 문젯거리들과 거기서 벌어지는 토론, 논쟁 등에 초점을 맞추는 것이야말로 철학을 배우는 정말 최상의 방법이라고 나는 생각한다.

어쨌든 힘든 하루 일과를 마친 뒤에 맥주와 땅콩을 챙겨 소파에 눕는다면 아주 탁월한 학습 환경이 갖춰진 셈이다. 너무 열심히 일하지 말고, 영리하게 일해라. 다 그런 거다. 몇 년 전에 나는 인간이 이미 기능적인 사이보그, 이른바 파이보그fyborg로 진화했다는 생각을 옹호하는 책을 쓴 적이 있다.* 기본 발상은 문화의 발전을 폭넓은 시각에서 이해할 때 인간의 인지 작용과 인간이 포함되어 있는 더 넓은 정보 환경을 분리하는 일은 불가능하다는 것이었다. 지식은 우리를 둘러싼 세계 속에 존재하며, 우리가 하는 일은 거기에 줄을 대는 것이다. 말하자면 우리 모두는 네트워크로 연결된 컴퓨터들과 같다. 그리고 요컨대 SF영화들은 철학 공부에 관련된 방대한 양의 정보를 제공한다. 그런 영화들 안에는 2500년에 걸친 철학적 사고가 구체적인 형태로 드러나 있다. 철학을 배우거나 더 나아가 철학자가 되기 위해서는 그런 지식의 창고를 활용할 수 있어야 한다. 그리고 이 책이 하는 일이 바로 그것이다. 이 책은 당신의 주위에 널려 있는 철학에 줄을 대는 방법을 말해준다.

좋다, 이제 당신은 이렇게 말할지도 모르겠다. 왜 하필 대부분의 영화 평론가들이 나쁜 영화로 간주할 만한 작품들에 초점을 맞추는 거지? 이제 막 새로운 철학 장르가 탄생한 마당에, 내가 너무 안쓰러울 정도로 저급한 방향으로 이 분과를 잘못 이끌어가고 있는 것은 아닐까? 글쎄, 물론 부분적으로는 내가 그런 영화들을 너무 좋아하기 때문이기도 하다. 아는 것에 대해 쓴다. 그게 전부다. 영화에 대한 내 독특한 취향은 대개 어떤 사람들은 저

---

* *The Body in Mind : Understanding Cognitive Processes*(Cambridge University Press, 1999).

속하다며 고개를 절레절레하는 영화들에 꽂혀 있다. 따라서 이 책에는 예술극장용 영화나 자막을 필요로 하는 비영어권 영화들은 없다. 그런 부류의 영화들에 대해 말할 수도 있겠지만, 음, 그건 나를 엄청 따분하게 만들 것이다. 문화적 소양이 더 풍부한 내 친구들이 왜 그런 유의 영화를 보러 가느냐고 물을 때, 가령 친구는 세계적인 거장 잉마르 베리만의 영화제에서 막 돌아왔고 나는 〈스타쉽 트루퍼스〉를 보고 왔다면, 나는 수세적으로 내 직업이 생각하는 일인데 자투리 시간에도 계속 생각을 해야 한다면 너무 지긋지긋하지 않겠냐는 식으로 중중거리곤 한다. 그러고 나서는 철학자 루트비히 비트겐슈타인Ludwig Wittgenstein을 지원군으로 끌어들일 수도 있다. 비트겐슈타인은 평생 B급 영화를 사랑했고, 특히 형편없는 서부 영화를 좋아했단다. 그럼에도 비트겐슈타인은 진실로 위대한 철학자이지 않나.

그러나 그건 다 개소리고, 이제 그런 얘기는 집어치울 때다. 진실을 말하자면, 나쁘거나 저속하다는 소리를 듣는 영화들은 이른바 세련된 예술 영화들이 다루지 않고 내버려둔 복잡한 철학적 주제들을 구현하고 있다. 예를 들어, 〈토탈 리콜〉을 단지 과도한 폭력성 때문에 나쁜 영화라고 생각하는 비평가는 철학적으로는 꽝이나 다름없다. 〈토탈 리콜〉을 깔본다면, 그런 사람은 그 안에 들어 있는 복잡한 철학적 요점을 알아채지 못한 것이다. 철학은 우리 주위에 널려 있다. 우리는 철학과 거의 매일 마주친다. 그리고 아주 고약한 일이지만, 우리는 아주 대중적이지만 비평적인 관점에서는 고개가 갸우뚱해지는 영화들 속에서 철학의 거의 모든 것을 발견하게 된다.

이 신판에는 〈반지의 제왕〉을 다룬 새로운 장이 실려 있다. 일부 독자는 확실히 SF소설/영화라 부르기 어려운 이 작품이 어쩌다가 확실히 SF영화를 다룬 이 책에 등장한 것인지 궁금해할지 모르겠다. 그런 의심 많은 사람들은 1970년에 카를 포퍼Karl Popper와 파울 파이어아벤트Paul Feyerabend 사이에 벌어진 논쟁의 장으로 인도하고 싶다. 특히 과학과 사이비과학, 그리고 그쪽 방향으로 연장선상에 있는 마법을 충분히 구분해줄 수 있는 과학적 방법의 규준을 찾는 문제에 관한 논쟁으로 말이다. 물론 〈반지의 제왕〉 3부작을 포함시킨 것은 그 시리즈가 거둔 눈부신 성공에 슬쩍 편승해서 손쉽게 내 책의 판매고를 올려보려는 삐딱한 욕망과는 눈곱만큼도 상관이 없다. 그건 전혀 나다운 일이 아닐 것이다.

당신이 철학 초심자라면, 가장 중요한 건 바로 이거다. 철학은 앎knowing에 관한 학문이 아니라, 행함doing에 관한 학문이다. 말하자면, 철학은 지식의 체계가 아니며, 내 진짜 임무는 그런 지식 덩어리를 당신들에게 전파하는 것이 아니다. 그것도 중요하기는 하지만, 결국은 전체 줄거리의 초입에 불과하다. 이 책과 영화들에서 얻게 될 지식을 가져다가 비판적으로 반성하고 평가할 수 있을 때 비로소 당신은 철학자가 된다. 당신이 얻은 지식 중에서 어떤 부분이 견고하고 어떤 부분이 허술한지, 그리고 어떤 부분이 정말로 위태위태한지 알아낼 수 있을 때 당신은 철학자가 된다. 그런 위태위태한 부분을 보강하려면 어떤 조치가 필요하며, 만약 그 일이 불가능할 경우에는 그것을 뭐로 대체할지 방법을 알아낼 수 있을 때 당신은 철학자가 된다. 이 책에서 발견한 일부(혹은 전부) 논증이 마음에 들지 않을 때 그것들을 멋지게 박살낼 방안을 궁리해낼 수 있다면, 당신은 비로소 철학자가 되는 것이다. 그것이 바로 철학의 진면목이다. 〈매트릭스〉에서 모피어스 역의 로렌스 피시번이 말했듯이, 단지 길을 아는 것만으로는 충분하지 않다. 그 길을 따라 걸어갈 수 있어야만 한다. 그리고 프리드리히 니체Friedrich Nietzsche가 말했던 것처럼, 일평생 학생으로 남는 것은 스승에 대한 졸렬한 보답이다.

본문의 각 장을 읽기 전에 먼저 영화를 보기를 추천한다. 그러면 각 장들은 술술 읽혀나갈 것이다. 당장 동네 비디오 가게로 달려가라. 냉장고에서 맥주를 꺼내고 전자레인지에 팝콘을 튀긴 다음, 편안히 몸을 뒤로 젖혀 앉아서, 옛날식 고옥탄가 연료의 불꽃이 팍팍 튀어 오르고, 도처에 사상자가 즐비하며, 외계인에게 고난을 겪고, 로봇이 왕창 다 때려 부수는, 철학에 한번 빠져보라!

1장

프랑켄슈타인 Mary Shelley's Frankenstein

—

철학과 삶의 의미

The
Philosopher
at the End of
the Universe

나, 괴물

왜 〈프랑켄슈타인〉이냐고? 이 책은 SF철학, 즉 SF물 안에 구현된 철학에 관해 쓰기로 되어 있는 건데 어째서 흔히 괴기 공포물로 여겨지는 작품으로 얘기를 시작하는 걸까? 조금만 참아라. 메리 셸리Mary Shelley의 《프랑켄슈타인》은 괴기 공포물이라고 할 수 있지만 또한 역대 최초의 SF소설이기도 하다. 그러니 SF물이라는 장르를 개척한 이 작품을 가지고 SF철학이라는 장르를 개척하는 것보다 더 안성맞춤인 일이 또 있을까? 단지 이런 계보학적인 이유뿐 아니라 철학적인 이유도 있다. 프랑켄슈타인과 그의 괴물 이야기는 하나의 핵심적인 철학 개념, 즉 부조리를 설명하는 데 더없는 절대 지존의 이야기다. 그리고 많은 철학자들에 따르면, 부조리는 인간 실존의 결정적인 특징, 어쩌면 유일한 결정적인 특징일 것이다.

때때로 우리의 삶은 부조리absurd하다. 일상적인 의미로, 부조리란 자신의 열망이나 생각과 현실 간의 확연한 불일치와 결부된다. 당신이 어떤 발의를 지지하는 감동적인 연설을 하고 있는데, 그 발의는 당신이 아까 화장실에 간 사이에 이미 통과된 상태고 어찌하다 보니 나올 때 지퍼 올리는 것도 깜빡했다는 걸 알게 된다. 당신이 전화를 걸어 불멸의 사랑을 고백하다가 자동응답기에다 말하고 있다는 사실을 뒤늦게 알게 된다. 당신이 영화관에서 화장실에 갔다가 자리로 돌아와 너무도 사랑하는 바로 그 사람을 잽싸게 꽉 껴안는데, 알고 보니 다른 줄로 잘못 들어와 그만 엉뚱한 사람을 포용하고 말았다는 사실을 깨닫게 된다. 전체 희극 장르들은 바로 이런 부조리 관념 부근에 토대를 둔 셈이다. 대개 영국에서는 이 장르에서 교구 목사가 엄숙히 들어설 때마다 사람들의 바지가 여지없이 흘러내리는 식의 장면이 노상 등장하는 것 같다.

이런 부조리라는 관념은 우리가 자기 자신을 바라보는 두 관점의 충돌에서 비롯된다. 하나는 내부로부터의 견해고 다른 하나는 외부로부터의 견해다. 이 충돌은 우리의 행위가 우리 자신에게 갖는 중요성과 다른 사람들이 거기에 부여하는 중요성 사이에서 일어난다. 다른 식으로 말하자면, 그 충돌은 우리가 연설을 하고, 사랑을 고백하고, 사랑하는 사람을 꽉 껴안으면서 지금 성취 중이라고 생각하는 것과 우리가 실제로 성취 중인 것 사이에서 빚어진다. 자기 생각과 실제 현실 간에 빚어지는 이런 종류의 충돌을 겪을 때마다, 모종의 부조리가 늘 자기 패를 드러내 보이는 것이다.

꿈은 우리가 성취 중이라고 생각하는 것과 실제로 성취 중인 것 사이에 발생할 수 있는 불협화음 중에서도 극단적인 사례를 제공한다. 당신이 그럭저럭 신통치 않은 꿈을 꾸고 있다고 가정해보라. 아니, 그걸 좀 더 흥미로운 꿈으로 만들어보자. 이를테면 당신이 고른 연인과 껴안고 뒹구는 낭만적인 꿈이라 하자. 그 꿈을 꿀 때 확실히 당신은 마치 지금 무언가를 성취 중인 것처럼 여길 것이다. 물론, 정확히 말하면 이는 당신이 잠에서 깨어나는 조금은 실망스러운 일을 얼마나 오랫동안 지연시킬 수 있느냐에 달린 문제다. 이것이 바로 자기 생각 혹은 열망의 영토인 내부로부터의 견해다. 이제 여기서, 고상한 인간에서 우스꽝스러운 인간으로 전락하기란 어렵지 않다. 그저 당신에게 바깥을 제공하기만 하면 끝이다. 예를 들면, 당신이 어떤 공공장소에서, 이를테면 북적거리는 대기실 같은 곳에서 꿈을 꾸고 있다고 상상하는 것이다.

만일 이런 일을 겪을 정도로 재수 없는 사람이라면(물론 바로 내 얘기다), 당신은 프랑켄슈타인의 이야기가 정확히 어디에서 비롯되는지 알게 될 것이다. 사람들이 당신을 괴물처럼 쳐다보는 것이 어떤 느낌인지 알고 싶다면, 만장하신 가톨릭교도들 앞에서 몽정을 한번 해보라.*

부조리와 인간의 상황

철학과 일상생활의 차이를 이해하는 한 가지 방식은, 일상생

---

* 이 점에 대해서 나는 밀라노의 시민들에게 진솔하게 사과드리고 싶다. 아름다운 여러분의 도시와 그 훌륭한 기차역은 이보다 더 나은 대접을 받아 마땅하다.

활에서는 때때로 부조리한 일이 생기는 반면, 철학에서는 늘 그렇다는 것이다. 부조리는 인간 실존을 통째로 관통하고 있을 뿐 아니라, 철학과 철학이 다루는 문제들의 핵심에도 자리 잡고 있다.

철학에서 부조리는 장폴 사르트르Jean-Paul Sartre나 알베르 카뮈Albert Camus 같은 프랑스 실존주의 철학자들이 선호하는 업계 용어다.* 통상적인 부조리 개념을 놓고 보자면, '부조리하다'는 것은 단지 '멍청하다'거나 '칠칠치 못하다'는 의미가 아니다. 부조리는 어떤 상황이 발생하는 방식과 관계가 있다. 즉 앞에서 대략 설명한 것처럼, 관점들의 충돌 같은 상황에서 생겨나는 것이다. 꿈 안에서 당신은 의미와 성적인 목적 추구의 핵이다. 그러나 밖에서 볼 때 당신은 추잡한 웃음거리다. 이것이 바로 철학이 탄생하는 방식이다. 고민해볼 만한 가치가 있는 모든 철학적 문제는 이런 종류의 충돌로부터 생겨난다(그런데 오늘날 철학으로 불리는 많은 것들은 그렇지 않다). 우리가 자신에 대해 갖고 있는 두 개의 견해, 안으로부터의 견해와 밖으로부터의 견해는 정확히 잘 맞아떨어지지 않는다. 그리고 이런 종류의 부조화가 생길 때마다, 부조리가 바로 코앞에 닥친다.

우리의 가장 근본적인 철학적 문제는 바로 삶의 의미의 문제다. 그리고 이런 문제의 기원을 발견하게 되는 지점이 바로 여기다. 이는 우주 안에서 우리의 현 위치를 감안하면 우리가 조금도

---

* 부조리 관념은 많은 실존주의 저술들에 두드러지게 등장한다. 특히 알베르 카뮈의 《시지프 신화Le Mythe de Sisyphe》(1942)를 보라.

중요하지 않은 존재처럼 보이는 상황에서 궁극적으로 우리가 중요한 존재임을 설명하는 문제다. 이 문제는 우리가 스스로에 대해서 말하는 전혀 다른 두 개의 이야기가 존재한다는 사실에서 유래한다. 첫 번째 이야기는 우리가 우리 자신을 대한다고 생각되는 방식, 즉 우리가 안으로부터 비춰지는 방식에 관련된 것이다. 이 이야기의 정확한 세부 사항들이야 물론 사람마다 다 다르겠지만, 이 모든 이야기의 공통점은 각자가 모두 이야기의 중심에 자리 잡는다는 것이다. 각자가 모두 줄거리 전개를 주도하는 이야기의 주인공들이다. 따라서 우리는 이 이야기에서 중요한 사람들이다. 우리 한 명 한 명이 모두 의미의 원천이자, 중요성의 핵심이다.

반면, 우리는 우리에게 또 다른 측면이 있으며, 결과적으로, 또 다른 이야기가 말해질 수 있다는 사실을 깨닫는다. 그것은 밖에서 본 우리 이야기, 다른 사람들이 우리에 관해 전해줄 이야기다. 이번에도 역시, 정확한 세부 사항들이야 그런 이야기를 전하는 사람이 누구냐에 달린 문제일 것이다. 하지만 그 사람이 누구인지와 상관없이 반드시 이야기되는 특정한 핵심 주제들이 분명히 존재한다. 그리고 그 이야기 타래에서 두드러진 한 가닥 줄거리는 바로 우리의 궁극적인 하찮음을 중심으로 펼쳐진다. 하나의 종種으로서 우리는 보잘것없는 어떤 은하계 안에 존재하는 보잘것없는 어떤 행성에서 서식하는 유한하고 불완전한 생명체들일 뿐이다. 우주의 일생에 비춰보면 우리는 그야말로 눈 깜짝할 새도 안 되는 짧은 기간 세상에 있는 셈이며, 우주 만물의 도식 속에서 앞으로 우리의 존속 기간은 아무리 후하게 쳐줘도 그리 긴 시간이 되지는 않을 거다. 우리 중 누구도 우리가 어디서 왔는지 제대로 알지 못한다. 가장 똑똑하다는 사람들도 사정은 마찬가지다. 우리가 거주하는 이 우주의 기원은 우리에게는 부득불 수수께끼다. 기껏 우리가 말할 수 있는 것은, 우리가 거주하는 이 우주의 최종 운명은 열 죽음heat death이라는 것 정도다. 그것은 우주의 온갖 복잡한 구조물들이 단순한 구성인자들(양자, 중성자, 전자, 쿼크 등)로 분해된 후 절대 영도에 근접하는 온도로 존재하는 불변의 상태를 가리킨다. 어떤 생명도, 어떤 빛도, 어떤 변화도 없다. 영원히, 영원히 그렇다.

그리고 개인적으로 보자면, 우리 각자는 스스로 선택한 적도 없고 그저 어렴풋하게 이해할 뿐인 힘들의 산물이다. 우리는 우리가 선택하지 않은 시간에 우리가 선택하지 않은 부모에게서 태어났다. 그래서 우리가 통제할 수 없고 오히려 상당한 정도로 우리를 통제하는 특정한 유전 형질을 전달받았다. 유전 형질은 우리가 걸리기 쉬운 질병이나 우리의 지적 능력, 신체 능력, 도덕 능력의 한계를 부분적으로 결정해준다. 아마 전적으로 그렇지는 않을 테지만, 꽤나 그렇다. 그리고 우리는 다시 한 번 우리가 선택하지 않았고, 적어도 결정적인 성장기에는 우리가 거의 통제할 수 없는 특정한 환경 속에 태어나 있는 자신을 발견한다. 그 환경이 우리의 유전적 소질이 결정짓지 못하고 남겨놓은 느슨한 틈새를 마저 채우게 될 것이다. 우리의 존재 양식과 행동거지들은 우리의 유전자와 환경의 결과물이며, 이 두 요인이 힘을 합쳐 우리에게 행사하는 영향력에 대해서 우리는 그저 가장 막연한 수준의 이해밖에는 하지 못하는 실정이다. 이것이 바로 장폴 사르트르 같은 실존주의 철학자들이 우리가 세상에 내던져졌다고 말할 때 의미한 바였다.*

이 두 가지 이야기(안으로부터의 이야기와 밖으로부터의 이야기)는 우리 한 명 한 명에게 모두 해당될 수 있다. 그것들을 '이야기'라고 부른다고, 내가 일부러 격을 떨어뜨리려는 것은 아니다. 어떤 이야기들은 어쨌든 참이다. 문제는 우리가 자신에 관한 이 두 종류의 이야기들이 어떻게 동시에 참이 될 수 있는지를 파악하기가 어렵다는 것이다. 밖으로부터 말해지는 두 번째 유형의 이야기는 줄거리상에서 우리의 위치를 극적으로 재배치하는 효과를 불러오는 것처럼 보인다. 우리는 이야기의 중심인물이기는커녕 단역으로 좌천된다. 안으로부터의 이야기는 우리를 중심으로 전개되지만, 다른 이야기에서 우리는 단지 여러 등장인물 중 하나에 지나지 않는다. 우리의 무대 등장을 결정하는 것은 다른 사람들의 몫이며, 우리는 언제 어떻게 무대를 떠나야 할지도 실제로 통제하지 못한다. 우리의 삶을 이끌어가는 것들, 우리가 원하는 것들, 우리의 계획과 프로젝트와 목표들, 즉 우리가 행위의 동기라 부를 수 있는 것들은 실은 우리가 통제할 수 없는 힘들의 결과

---

* '피투성彼投性' 또는 '현사실성facticity'이라는 생각은 실존주의자들의 공통 주제다. 장폴 사르트르의 《존재와 무L'Etre et le Néant》(1943)를 보라.

물이다. 우리는 그저 다른 사람이 쓴 각본에 따라 움직이는 배우처럼 보인다. 우리는 각본의 내용을 거의 통제하지 못하고, 실제로 그 각본의 요점이 뭔지 실마리조차 전혀 가늠하지 못한다.

이런 두 이야기의 충돌은 종종 인간적 상황이라는 이름으로 통하곤 한다. 왜냐고? 왜냐하면 인간은 그런 이야기들과 관련하여 어쩌면 유일무이하게 참으로 이상한 입장에 처해 있기 때문이다. 이는 우리에게 안으로부터의 이야기가 있어서가 아니다. 아마 다른 많은 종들도 안으로부터의 이야기가 있을 것이다. 아무리 미숙한 수준이라 해도 어쨌든 안으로부터의 이야기가 존재하려면 그저 의식이 있는 존재이기만 하면 되는데, 실제 다른 많은 생명체들도 의식이 있다. 그리고 밖으로부터의 이야기는 존재하는 모든 대상에 대해서 말해질 수가 있다. 적어도 이 행성에서 인간에게만 유별난 점은, 이 두 개의 이야기를 비교하고, 한쪽 이야기가 참이라는 사실이 다른 한쪽 이야기의 참 거짓 여부에 미치게 될 파급 효과를 평가할 수 있는 능력이 있다는 점이다. 혹은 20세기 독일의 실존주의 철학자 마르틴 하이데거_{Martin Heidegger}가 말했듯 인간은 그 존재 자체가 존재에 대한 의문이 되는 그런 존재다.* 두 이야기는 모두 참인 것 같다. 우리는 의미와 중요성의 중심이면서, 동시에 세상에 내던져진 존재로서 직접 통제하지도 못하고 그저 막연하게만 파악할 뿐인 힘들의 산물로 보인다.

---

* 마르틴 하이데거, 《존재와 시간*Sein und Zeit*》(1926).

그러나 두 이야기가 모두 참일 수는 없다. 둘은 양립할 수 없다. 아니, 그렇게 보인다.

철학적 항해

철학에 대한 한 가지 견해에 따르면, 철학은 일종의 치료이며, 그 목표는 인간적 상황에 얽혀 있는 심리적 불안에서 벗어나는 것이다.* 나는 조금 다른 비유를 좋아한다. 철학은 개념적인 항해라는 생각이다. 모든 최고의 철학적 문제들은, 즉 진실로 매력이 흘러넘치는 모든 심오한 문제들은, 다른 말로 하자면, 고민해볼 가치가 있는 문제들은, 언제나 이런 의미로 부조리한 상황에서 생겨난다. 우리의 자아상, 즉 우리가 스스로를 생각하는 방식을 깊이 파고드는 두 가지 이야기가 있다. 이 이야기들은 둘 다 옳아 보인다. 어느 쪽으로 상황을 바라보건 잘못된 것이라곤 발견되지 않는다. 하지만 두 이야기는 양립할 수 없기 때문에, 둘 다 옳을 수는 없다. 철학적인 문제들은 이어야만 한다must와 일 수 없다can't의 독특한 조합에서 비롯된다. 예컨대 일이 이러저러하게 되어야 하는데, 또한 절대 그렇게 될 수가 없기도 한 상황인

---

* 치료로서의 철학이라는 생각은 20세기 오스트리아 철학자 루트비히 비트겐슈타인이 내세운 것으로 널리 알려져 있다. 그는 역대 그 어떤 철학자 못지않게 치료를 요하는 사람이었다. 그의 책《철학적 탐구*Philosophische Untersuchunge*》(1953)를 보라.

것이다. 이어야만 한다와 일 수 없다의 조합을 마주칠 때마다, 우리는 철학을 갖게 된다. 우리에게는 심오한 문제가 있다. 우리는 우리가 자신에 관해 말하는 이야기들을 통해 자신의 위치를 파악하고 이해한다. 그리고 비트겐슈타인이 말한 대로, 그런 이야기들이 서로 맞아떨어지지 않을 때, 우리는 더 이상 길을 못 찾겠다고 느끼게 된다. 철학함이란 숲 속에서 길을 잃는 것과 같다. 철학자의 과제는 빠져나갈 길을 찾는 것이다.

깊고 어두운 괴기스러운 숲 속에서

숲을 헤매느라 자기에게 주어진 시간을 부적절할 정도로 많이 허비한 자가 바로 프랑켄슈타인의 괴물이다. 우리 모두는 이 이야기를 알고 있다. 프랑켄슈타인은 괴물을 창조한다(영화감독 멜 브룩스가 알려준 신뢰할 만한 정보에 따르면 '프롱크-엔-슈틴Fronk-en-shteen'으로 발음해야 한단다). 이 괴물은 그럴듯한 이름으로 불린 적이 없고, 언제나 '프랑켄슈타인의 괴물' 또는 '그 피조물' 같은 한정 기술 어구들로 지칭되었다. 괴물은 처음엔 가능성을 보이다가 공부를 게을리하고, 대신에 유럽의 평범한 도시민들을 공포에 떨게 하는 삶을 택한다. 이 모든 공포와 위협에 짜증이 난 도시민들은 프랑켄슈타인에게 달려들고, 프랑켄슈타인은 언뜻 보기에 괴물에게 살해되는 종말을 맞이하지만, 대개는 속편에서 용케 돌아오곤 한다. 이 이야기는 다양한 방식으로 펼쳐지는데, 다음 여러 편의 영화들은 같은 이야기를 갖고서 상이한 뉘앙스와 강조점들을 부각시킨 것들이다. 〈프랑켄슈타인〉(1931), 〈프랑켄슈타인의 신부〉(1935), 〈프랑켄슈타인의 복수〉(1958), 〈영 프랑켄슈타인〉(1974) 등등. 이 영화들이 제공한 것은, 요컨대 우리가 앞서 탐험을 시작했던 안과 밖의 충돌에 대한 섬세한 탐구다.

이 천박한 시대에는, 프랑켄슈타인 이야기가 흔히 신 노릇을 하는 인간의 교만과 허식을 비난하는 도덕적인 우화로 간주되곤 한다. 때로는 인간의 자만심을 전형적으로 드러내면서, 그것을 우리의 유일무이함에 관한 이야기로 해석하기도 한다. 우리는 단지 물리적인 신체 부위들의 조합 이상의 존재다, 우리는 특별한 존재다, 우리는 영혼을 갖고 있다, 등등. 그러나 이런 해석들은 당연히 안이한 편리함에 빠져 있다. 프랑켄슈타인이 신의 흉내를 내려 한다거나 우리 모두가 얼마나 멋지고 특별한 존재인가 하는 등에 초점을 맞추지만 않는다면, 우리는 훨씬 더 많은 것들을 배우게 된다. 이 이야기에서 무언가 배울 게 있다면 그건 바로 괴물에게서 배우게 될 것이다.

나는 1994년도 케네스 브래너 감독의 〈프랑켄슈타인〉에 등장한 로버트 드 니로 버전의 괴물에 초점을 맞출 것이다. 이보다 더 유명하고, 대부분의 사람들이 더 뛰어나다고 보는 더 예전의 보리스 칼로프 버전의 괴물을 두고 왜 드 니로 버전의 괴물이냐고? 두 가지 이유가 있다. 첫째, 영국 극장 최고의 전통을 따르면서 연극적인 요소들을 필름에 옮기려고 시도한 이 1994년도 버전은 케네스 브래너와 헬레나 본햄 카터의 너무나 터무니없는 과장된 연기를 담고 있다. 그래서 기본적으로, 그런 대가를 치르고 얻어낼 수 있는 아주 많은 재밌거리들이 영화 속에 들어 있다. 둘째, 더 적절한 이유를 대자면, 드 니로의 괴물은 지적으로 미묘하고 정서적으로 민감하다는 것이다. 이 괴물에게는 안으로부터 말해지는 이야기가 매우 분명하게 존재한다. 이것은 칼로프를 필두로 한 이전 괴물들의 계보에는 그리 분명하게 보이지 않는 특징이다. 이전의 괴물들은 특이한 방식으로 생산된 인간이라기보다 무감각한 로봇에 좀 더 가까운 것 같다. 이제 우리는 인간적 조건에 관해서 배운 것을, 괴물의 안으로부터의 이야기와 밖으로부터의 이야기 사이의 충돌로부터 배우게 된다.

먼저 안으로부터의 이야기를 살펴보자. 당신이 괴물의 입장이라고 상상해보라. 당신은 태어나면서 곧바로 물속에 빠진다. 왜냐하면 수많은 여성의 태반 액으로 가득 찬 금속 자궁 안에 집어넣어졌기 때문이다. 당신이 지독하게 허약하고 분별력 없는 상태로 마침내 그 사형실 같은 용기에서 빠져나오자, 이번에는 뒤늦은 자아비판으로 발작적인 상태가 된 어떤 미치광이가 커다란 도끼로 당신을 죽이겠다고 덤벼든다. 이윽고 당신은 머리를 세게 맞고 목에 굵은 밧줄이 둘둘 감긴 채로 끌어올려진다. 그렇게 당신은 죽게 내버려진다. 확실히 최고의 순산은 아니다. 세상에 내던져진다는 건 바로 이런 게 아니겠는가.

결국 당신은 코트 하나 달랑 빌려 입고 그 미치광이의 소굴에서 탈출하여 거리로 피신하지만, 다른 사람들이 당신을 아주 작살낼 기세로 덤벼든다. 드디어 당신은 시골 마을에 이르러 평범한 농부 가족(눈먼 늙은 할아버지와 알랑거리는 아이들을 둔)을 돕기 위해 최선을 다한다. 그러나 당연한 결과지만, 그 집 아버지 역시 당신을 아주 작살낼 기세로 덤벼든다.

예민한 괴물인 당신은 당연히 이런 식의 작살내기에 마음이 동요한다. 그리고 지적인 괴물이기도 한 당신은 왜 그런 대접을 받는지 이해해보려 애쓴다. 이 문제에 관한 한, 당신에게는 사실상 성서나 다름없는 문건이 있다. 바로 '빅터 프랑켄슈타인의 일지'다. 이 책자는 프랑켄슈타인의 실험실에서 황급히 탈출할 때 빌려 입고 나온 코트 주머니에 들어 있었다. 물론 당신은 아직 글을 읽지 못하지만, 빠른 속도로 글 읽는 법을 손쉽게 스스로 터득한다. 이는 생득적 언어 체계에 대한 촘스키Noam Chomsky의 논제를 입증할 뿐만 아니라, 당신의 지능 지수가 900 언저리쯤 되어야 한다는 점을 암시한다. 그렇게 해서, 당신은 마침내 당신의 탄생에 얽힌 세부 사항들을 차근차근 꿰매서 짜맞춰가기 시작한다 (여기서 꿰맨다는 것은 단순한 말장난이 아니다).

당신은 그런 식으로 결단코 갖고 싶지 않았을 외모와 도저히 설명할 길 없는 능력과 성향을 갖추고서 자신이 직접 선택하지 않은 삶 속으로 내던져진 것이다. 심각한 오이디푸스 콤플렉스를 갖고 있는 어떤 개자식에게 그 당시로서는 그게 좋은 생각 같

아 보인 바람에 당신이 태어난 것이다.* 당신의 겉모습은 그가 시
체들을 원재료로 사용해서 조합했기 때문에 그런 꼴이 된 것이
다. 그리고 당신의 능력과 성향, 예를 들어 배우지 않고도 플루트
를 연주할 수 있는 능력 따위는 당신을 만드는 데 사용한 시체들
에게서 나온 것이다.

인정하라. 아마 당신은 조금 짜증이 나는 정도가 아닐 것이
다. 십중팔구 다음과 같은 계획들이 대번에 떠오를 것이다.

(1) 프랑켄슈타인의 (꽤나 성가신) 어린 남동생을 죽인다(어쨌든
다섯 살짜리 삼촌을 둔다는 것은 설령 세상에서 가장 성실한 괴
물이라 해도 남들이 보기에 괴물다운 꼬락서니가 아닌 것 같다).

(2) 프랑켄슈타인의 어린 시절 친구이자 집안 하녀의 딸인 저스
틴을 죽이기 위해 누명을 씌운다.

(3) 유럽의 평범한 도시민들을 부추겨서 앞서 말한 어린 시절 친
구를 목매달아 죽게 만든다.

(4) 프랑켄슈타인의 신혼여행에 나타나서, 그가 헬레나 본햄 카
터와 첫날밤을 지낼 기회를 갖기 전에 그녀를 죽인다.

(5) 그런 다음, 프랑켄슈타인이 헬레나 본햄 카터의 머리를 저스
틴의 몸통에 붙인 혼합물을 소생시키도록 각본을 짠다.

(6) 그녀를 프랑켄슈타인에게서 훔쳐내 당신의 여자로 만든다.

---

* 빅터에게 공정하자면, 만약 당신의 엄마가 체리 런기프랑켄슈타인의 어머니 역으로 출연한 영국의
유명 여배우일 경우, 당신도 아마 심각한 오이디푸스 콤플렉스를 가졌을 것이다.

멋지군!

신체 강탈자

이제 밖으로부터의 이야기를 살펴보자. 결과적으로 괴물의 몸은 중고품이다. 그 몸은 빅터 프랑켄슈타인이 다양한 도둑들, 살인자들, 불한당들, 그리고 존 클리즈영화에서 본의 아니게 드 니로 괴물에게 뇌를 기증한 사악한 박사 역의 배우에게서 긁어모아 서투르게 꿰맨 것이었다. 확실히 재봉사 벳시 로스공식적인 최초의 미국 국기를 만든 사람으로 알려져 있음의 전성기 실력에는 못 미친다. 그 결과 로버트 드 니로는 〈분노의 주먹〉에서 제이크 라 모타 역을 맡았던 이래로 그렇게 심하게 망가진 적이 없을 정도의 상태가 되었다. 괴물은 이런 재활용 신체 부위들을 사용한 결과로 자신이 예상치 못했고 한동안 설명할 수도 없었던 특정한 성향과 기질들을 갖게 되었음을 깨닫는다 (앞서 말했듯이, 그가 실제로 습득한 적이 없어 보이는 플루트 연주 능력 등이 증거다. 그것은 다른 사람은 물론이고 자신에게도 큰 수수께끼였다).

패나 불행한 이러한 타고난 자질들에 덧붙여, 괴물은 자신이 배려라고는 찾아볼 수 없는 적대적인 환경에 처해 있다는 사실을 금방 깨닫는다. 잘해야 사람들이 쉬쉬하며 피하는 정도고, 나쁠 때는 욕설을 퍼붓고 공격을 한다. 왜일까? 순전히 외모 때문이다. 즉 그가 겉으로 드러나 보이는 방식 때문인 것이다. 안으로 보면, 지금 단계에서 그는 결코 폭력적인 녀석이 아니다. 그는 추한 몰골의 잡종임에도 불구하고 신사적이고 친절하다. 하지만 그가 자신의 의사와 상관없이 내던져진 곳은 각박한 세상이다. 결국 프랑켄슈타인의 어린 동생의 목을 조르면서 그는 폭력적인 존재가 되고 만다.

당연히 이 이야기 안에는 보편적인 인간적 관심사들이 깊게 스며들어 있다. 이 이야기가 위대한 이유도 바로 그 때문이다. 우리도 그 괴물이나 매한가지로 재활용 신체를 가지고 있다.

그래, 안다, 몇 가지 차이가 있는 건 사실이다. 괴물의 몸은 비교적 큰 부위들(팔, 다리, 뇌)을 조립한 것인 반면, 우리를 구성하는 부품들(원자와 분자들)은 확실히 더 작다. 하지만 그런 부품들은 하여튼 우리보다 더 오래전부터 있던 것들이고, 적어도 우리가 아는 한, 순수하게 물리적인 설계 원리들에 따라 조립된다. 괴물에게는 다소 불안정하긴 해도 어쨌든 지적인 설계자가 있었다면, 우리는 부모의 유전자가 제공하는 설계 주형에 따라 조립된다. 그리고 괴물의 타고난 능력과 성향과 재능은 그를 꿰매 합치는 데 사용된 사람들로부터 전해진 것인 반면, 우리의 것들은 약간 다른 경로를 통해서 얻는다. 즉 우리의 부모, 그리고 부모의 부모들의 유전자로부터 물려받은 것이다.

그러나 이런 것들은 작은 차이일 뿐이다. 물론 우리가 말 그대로 우리 조상들을 꿰매어 합쳐진 것은 아니지만, 어쨌거나 우리도 조상들에게서 나온 것, 즉 유전자들을 꿰매서 합쳐진 존재들이다. 그래서 우리 역시 그 괴물과 마찬가지로 우리가 통제할 수 없고 제대로 모르는 힘들과 사람들이 만들어낸 존재라는 사실을 깨닫게 된다. 우리가 생산된 양식은 본질적으로, 그리고 본래적으로, 우리에게 낯설며 타자적인 것이다.

그렇다면, 우리가 생산되었을 때, 대체 어떤 손이나 눈이 우리의 무시무시한 좌우 대칭성을 만들어냈는지는 몰라도_{윌리엄 블레이크의 〈호랑이〉라는 시에 나오는 구절을 패러디한 것임} 우리 역시 그 괴물처럼 배려 없는 냉혹한 세상에 내동댕이쳐져서 방황하는 자신을 발견하기는 마찬가지다. 우리의 환경은 너그럽다가도 적대적이다. 하지만 이번에도 역시, 그런 환경은 대개 우리가 거의 통제할 수 없는 그 무엇이다. 평범한 도시민들, 우리의 부모, 선생님, 직장 동료, 친구, 배우자 등은 말 그대로 혹은 은유적으로 우리를 쥐 잡듯 한다. 그리고 우리는 부모 유전자의 산물인 것만큼이나 확실하게 그런 사람들의 산물이기도 하다. 우리는 그들에 의해서 한데 합쳐 꿰매진 존재다.

우리는 우리의 유전자와 환경을 선택하지 않았다. 로버트 드니로가 자기 몸이 다른 사람들의 신체 조각들로 조립되기를 선택하거나, 프랑켄슈타인 나라의 적대적인 거주민들에게 쥐 잡듯 난폭한 대접을 받기로 선택하지는 않은 것과 마찬가지다. 하지만 그 괴물과 그의 뒤이은 행동들이 선택하지 않은 것들의 산물임은 너무나 분명하다. 괴물은 불 속에서 만들어졌고, 장차 그 불

속에서 타 죽을 운명이다.* 하지만 이와 유사하게 우리도 우리가 통제하지 못하고 기껏해야 가장 미미한 정도밖에 이해하지 못하는 과정과 상황에 의해 만들어진다. 괴물이 자기 나름의 특별한 불 속에서 만들어졌다면, 우리 또한 우리 나름의 조건에서 만들어진 것이 아닐까.

칠흑 같은 어둠

부조리라는 관념과 삶의 의미라는 문제는 둘 다 다음과 같은 사실에 뿌리를 두고 있다. 즉 우리 한 사람 한 사람에 대해서 두 가지 이야기를 할 수 있으며, 그 두 이야기는 아무리 사리에 맞게 생각해봐도 잘 어울리거나 정합적이지 않은 것 같다는 사실이다. 한쪽 이야기에서 나는 중심인물이다. 이를테면, 케네스 브래너나 로버트 드 니로다. 다른 한쪽 이야기에서 나는 단역이다. 프랑켄슈타인의 아버지 역으로 나오는 이안 홈이나, 그나마 최상의 시나리오라면 프랑켄슈타인의 친구 역인 톰 헐스 정도다.**

따라서 우리에 대해 밖에서 말해질 수 있는 이야기는 안으로

---

* 예를 들면, 북극 근처(아니, 남극인가?) 어딘가에서 프랑켄슈타인의 장례용 장작더미 속으로 드 니로 괴물이 들어가 불에 타는 영화의 마지막 장면을 보라.
** 격조 높은 배우 이안 홈을 헐뜯으려는 의도는 전혀 없다. 그는 연극적인 장면들을 영상에 담아내는 데 능한 몇 안 되는 영국 연극배우 중의 하나다.

부터 말해지는 이야기에 압박을 가한다. 내가 만일 태어나기 오래전부터 존재해온 과정과 힘들의 산물이고, 내가 가진 본질적인 특성이 그런 과정이나 힘들과 불가분 엮여 있다면, 어떻게 내가 의미와 목적의 중심일 수 있단 말인가? 아주 자연스럽게 떠오르는 비유가 있다. 우리와 역사의 관계는 소용돌이와 그걸 둘러싼 강물의 관계와 같다. 소용돌이는 정말 문자 그대로 그걸 둘러싼 강물로 형성된다. 소용돌이를 소용돌이로 결정짓는 것은 바로 강물의 흐름이다. 우리 하나하나는 소용돌이가 물결에 휩쓸려가듯이 역사의 조류에 휩쓸린다. 나름의 특유한 물결이 소용돌이를 만들어내듯이, 우리를 둘러싼 역사의 조류가 우리를 만들어낸다. 그러나 소용돌이가 단지 물의 요정과도 같은 개별 물결들의 부산물이라면, 어째서 우리 역시 그저 우리 식으로 만들어진 부산물이라고 생각하면 안 된단 말인가?

　　나름의 과정과 힘들의 역사에 포박된 어떤 존재의 일례로 나방의 일종인 매미를 생각해보라. 어떤 매미 종들은 17년을 사는데, 생의 거의 대부분을 애벌레 상태로 보낸다. 매미는 이 시기 동안 땅속에서만 산다. 매미 애벌레는 어둠 속에서 산다. 땅속에 굴을 파고 들어가 17년을 있는 것이다. 그러다가 짧은 혼례 비행을 위해 지상에 모습을 드러내서 알을 낳은 뒤 며칠 사이에 생을 마감한다. 그다음엔 그렇게 낳은 자손이 땅굴을 파고 어둠 속에서 17년을 보내다가, 또다시 나타나 혼례 비행을 하면서 다음 세대를 위한 과정을 이어나간다.

매미가 이런 형태의 삶을 영위하게 된 연유에 대해서는 너무도 훌륭한 설명이 있다. 매미는 그렇게 오랫동안 땅속에 머물러 있음으로써 포식자의 개체수가 줄어들게 만든다. 가령 당신이 오로지 매미만 먹고 사는 사람이라면, 당신은 17년 동안 굶주린 시간을 보낼 수밖에 없을 것이다. 그러다 당신이 감당할 채비도 되어 있지 않은 엄청난 매미떼가 홍수처럼 밀어닥친다.* 만일 매미를 주식으로 삼는다면 심하게 굶주리거나 폭식을 하게 될 운명인 셈인데, 대부분의 시간 동안은 쫄쫄 굶는 쪽이 될 거다. 그래서 매미들이 홍수처럼 쏟아져 나올 무렵에는, 매미 포식자의 개체수가 실제로 매우 줄어들어 있을 것이다. 그러니 (이게 관건인데) 포식자들은 생장 정지로 가거나 아니면 자신들의 수명 연장 수단을 강구하지 않을 수 없다. 그러므로 진화 이론은 여기서 군비 경쟁을 예측한다. 매미는 자연 선택이 강요하는 무작위의 유전자 변이를 통해 점점 더 많은 시간을 애벌레 형태로 땅속에서 보내도록 진화한다. 2년, 3년, 점점 더 늘어나 장장 17년까지. 17년이 현재로선 최고 기록이다. 매미 포식자들도 자신들의 생명 주기를 이에 맞춰 변화시킨다. 이런 종류의 군비 경쟁에서 거둔 승리에는 희생이 따른다. 매미가 치르는 희생은 자기 생의 거의

---

* 이런 식의 생각은 평가 절하된 영화 〈에일리언 2020〉(2000)에서 유용하게 탐구된다. 이 영화에는 고결한 마음을 가진 사이코패스 역으로 빈 디젤이 출연한다. 하지만 이 영화에서는 순환의 진화론적 기제들이 매우 다르다. 여기서 순환의 기제는 세 개의 태양이 27년 주기로 연출하는 개기 일식에 묶여 있다.

대부분을 마치 핵전쟁 후에 찾아오는 핵겨울을 견뎌내기 위해서 지하 벙커에 안전하게 처박혀 보내는 꼴이 된다는 것이다. 그래도 우리 대부분과 달리, 매미는 우렁찬 소리를 지르며 기세 좋게 밖으로 나온다. 적어도 훌쩍거리지는 않는다.

만약 의미 없는 삶이라는 생각을 표현하는 자연의 상징물이 존재한다면, 확실히 이 매미가 그런 존재일 것이다. 매미의 삶이 어쩌다 지금처럼 되었는지, 어쩌다 그런 기이한 생명주기를 갖게 되었는지를 알려주는 더할 나위 없는 탁월한 설명은 이미 나와 있다. 하지만 그런 식의 인과적 설명은 의미나 목적에 관해서는 더 보태는 게 없다. 각각의 매미는 세상으로 내던져진다. 매미의 비참한 삶은(우리 기준으로 볼 때) 그것이 태어나기 오래전에 시작되었고, 그것이 죽고 난 후에도 오랫동안 지속될 경쟁의 필연성 속에서 만들어진 것이다. 게다가 매미는 그런 사정을 눈곱만큼이라도 파악할 수 있는 능력이 없다. 이것이 바로 정확히 우리가 역사의 큰 조류 속의 하나의 소용돌이에 불과한 존재로 밝혀질 때 벌어지는 상황이다.

매미의 삶은 무의미하다. 아마도 그럴 것이다. 하지만 그 삶이 부조리하진 않다. 부조리는 단순한 무의미 이상의 상황을 요구한다. 부조리는 이러한 무의미성에 대한 깨달음을 요구한다. 인간 삶의 부조리는 한편으로 우리가 우리의 삶에 귀속시키는 무게감, 우리가 가진 욕구의 엄중함, 우리가 세운 목표의 근엄성과, 다른 한편으로 우리 모두가 적어도 가끔씩은 마음 한복판에서 감지하곤 하는 무의미함 간의 충돌 때문에 생겨난다.

시지프 신화

프랑스의 실존주의 철학자 알베르 카뮈는 고대 그리스 시지프 신화를 통해 부조리의 관념을 설명한다. 시지프는 어쩌다가 신들의 기분을 상하게 만든 자였다. 정확히 무슨 짓을 저질렀는지는 실제 알려져 있지 않고, 그래서 이야기도 여러 가지다. 가장 잘 알려진 설명에 따르면, 죽어서 지하 세계로 간 시지프가 죽음의 신 하데스에게 이러저러한 시급한 용무가 있으니 지상에 잠시 다녀오는 걸 허락해달라고 말했단다. 그러나 다시 세상의 빛을 보고, 내리쬐는 태양의 온기가 얼굴에 느껴지자, 지하 세계의 어둠으로 다시 돌아가고 싶지가 않았다. 하데스의 경고를 무시하고 귀환 명령을 거역한 그는 환한 세상에서 아주 오랜 세월을 더 살다가, 마침내 신들의 칙령에 따라 지하 세계로 강제 소환되었다. 그리고 그곳에는 그를 위해 바위가 준비되어 있었다.

시지프의 형벌은 커다란 바위를 언덕 위로 밀어 올리는 것이었다. 몇 시간, 몇 날 며칠, 아니 어쩌면 몇 달에 걸쳐 등골이 휘어지는 중노동을 한 끝에 간신히 과제를 완수하고 나면, 바위는 즉시 언덕을 굴러 내려가 원래 있던 맨 밑자락으로 돌아가게 되어 있다. 그리고 시지프는 이 노동을 처음부터 다시 시작해야 한다.

그것뿐이다. 그는 영원히 그 짓을 해야 한다. 이것은 오로지 신들만이 고안할 수 있을 법한 잔혹하고도 참으로 끔찍한 형벌이다. 하지만, 이 형벌이 주는 공포란 정확히 무엇일까?

사람들이 이 신화에 대해 흔히 말하는 방식은 시지프의 노동이 몹시 고된 일임을 강조하는 것이다. 전형적으로 바위는 육중하고 그가 간신히 밀 수 있을 만한 크기로 묘사된다. 그래서 언덕으로 올라가는 시지프의 한 발 한 발은 심장과 신경과 근육을 인내의 극한까지 몰아간다. 그러나 시지프의 노동에 담겨 있는 진정한 공포는 노동의 난이도에 있지 않다. 신들이 그에게 거대한 바위 말고 주머니에 넣으면 쏙 들어갈 만한 크기의 작은 조약돌을 주었다고 생각해보라. 그러면 시지프는 돌멩이를 갖고서 언덕 꼭대기까지 느긋하게 산보 삼아 올라가서, 돌이 굴러 떨어지는 것을 지켜보고, 다시 처음부터 노동을 시작할 수 있을 것이다.

이 새로운 과제는 전보다 덜 고되다는 특징이 있지만, 그 과제가 주는 공포는 내가 생각하기에 거의 완화되지 않는다. 공포의 원천은 과제의 어려움에 있지 않다. 공포는 등골 휘는 중노동이 아니라, 그 노동의 완전한 공허함에서 나온다. 이것은 단지 시지프의 과제가 늘 무위로 돌아간다는 얘기가 아니다. 당신은 성취하는 데는 실패하지만 그래도 꽤나 의미 있는 과제를 접할 수 있다. 그럴 때 당신의 노력은 무위로 돌아가고 그 실패에는 슬픔과 후회와 원망이 따를 수 있다. 하지만 여기에는 공포가 없다. 시지프의 과제가 주는 공포는, 그것이 쉽건 어렵건 간에, 시지프가 실패한다는 사실에 있는 것이 아니라, 그 과제에 아예 성공이라 간주할 만한 게 아무것도 없다는 사실에 있다! 그가 바위를 꼭대기에 밀어 올려놓건 올려놓지 못하건, 바위는 어쨌든 굴러 내려올 테고, 그는 노동을 다시 시작해야 한다. 시지프에게는 성공으로 간주할 만한 것이 아무것도 없다. 그렇기 때문에 그의 과제는 아무런 의미도, 아무런 목적도 없다. 그의 노동은 아무런 쓸모가 없다. 그의 노력은 크건 작건 무의미하다.

시지프의 과제가 불러일으키는 공포는 그가 형벌을 증오한다는 데 있는 것도 아니다. 우리는 그가 자신의 운명을 저주하리라 그저 추측만 해볼 수 있을 뿐이다. 하지만 혹시 시지프에 대한 신들의 복수심이 그리 강하지 않았더라면, 신들은 시지프와 그의 운명을 화해시킬 방도를 강구했을지도 모른다. 이를테면, 신들이 시지프에게 돌을 굴려야 한다는 불합리한 강박증을 심어놓았다고 생각해보라. 이런 상황을 유도하려고, 신들이 시지프의 몸에 어떤 낯선 물질 혹은 화학약품 어쩌면 어떤 유기물 따위를 주입했더니, 그가 이제는 언덕 위로 바위를 밀어 올리고 있을 때를 가장 행복한 시간으로 여기는 결과가 빚어졌다고 상상해보라. 실제로 바위를 밀어 올리고 있지 않을 때 그는 심기가 불편하고, 불만족스럽고, 절망적인 상태가 된다. 이러한 신들의 자비는 실제로는 심술궂은 것이다. 그렇기는 해도 어쨌든 자비는 자비다. 그들이 베푼 자비란 시지프가 신들이 자신에게 부과한 형벌을 진심으로 원하고 더 나아가 두 팔 벌려 환영하게까지 만드는 형태다. 시지프의 삶에서 유일한 욕망은 바위를 언덕 위로 밀어 올리는 것이며, 그는 이 욕망이 영원히 충족되도록 보장받는다.

적어도 내가 보기에, 그러한 신성한 자비는 시지프의 운명이 지닌 공포를 눈곱만큼도 줄여주지 않는다. 실제로, 어떤 의미에서 보면, 시지프는 전보다 오히려 더 불쌍하다고 느껴진다. 우리가 지금 그에게 느끼는 동정심은 심각한 뇌 손상을 입고 한참 전에 지나간 유아기를 괴이하게 되풀이하게 된 퇴행 환자에게 느끼는 동정심과 같다. 신들의 자비 이전에는, 시지프에게 적어도 일종의 존엄성 같은 것이 느껴진다. 강력하지만 사악한 존재들이 그에게 가혹한 운명을 부과했고, 시지프 자신도 자신의 노동이 아무 쓸모가 없다는 것을 인식한다. 그는 피할 길이 없어 그 일을 수행한다. 그가 할 수 있는 다른 일은 없으며, 심지어 죽을 수조차 없다. 그러나 시지프가 자신의 노력이 어떤 위상을 지니는지 인식하고, 그런 과제를 부과한 신들을 경멸할 때, 그는 적어도 모종의 존엄성을 지니고 있다. 그런데 이러한 존엄성이 신들이 자비로워지는 순간 상실되고 만 것이다. 이제 우리는 시지프를 그렇게 만든 신들뿐만 아니라 당사자인 시지프에게도 안됐다는 생각과 더불어 한편으로 경멸하는 마음을 갖게 된다. 순진한 얼치기 시지프, 데리고 놀기 좋은 시지프, 바보 멍청이 시지프.

어쩌면 시지프는 긴 언덕길을 터벅터벅 걸어 내려오면서, 가끔은 신들이 자비를 베풀기 전의 추억을 어렴풋이 회상할지도 모른다. 어쩌면 영혼의 저 깊숙한 뒤쪽에서 들려오는 아주 작고 나직한 목소리가 그를 부를지도 모른다. 어쩌면 그런 메아리와 속삭임을 통해서 시지프는 자신에게 무슨 일이 일어났는지 아주 잠깐 동안 이해하게 될지도 모른다. 그럴 때 아마도 시지프는 자기가 마치 심연의 가장자리에 서 있는 것처럼 느낄 것 같다. 그리고 희미한 거울을 통해 자기 삶의 부조리함을 어렴풋이, 불완전하게 이해하게 될 것이다.

시지프의 형벌에 담긴 진정한 공포는, 형벌의 극단적인 어려움이나 형벌에 대한 그의 증오심에 있는 것이 아니다. 그 과제의 공포는 그 형벌의 무용함에 있다. 그 과제는 어떤 것도 겨냥하지 않는다. 그것은 공허하다. 그 과제의 한복판에 있는 둥근 바위만큼이나 메말라 있다.

영원의 상 아래에서

아침에 붐비는 도심의 거리를 거쳐 직장이건 학교건 어딘가 목적지로 향해 갈 때, 주위에서 부산하게 떼 지어 이동하는 다른 사람들을 한번 쳐다보라. 그들은 무엇을 하고 있는 걸까? 어디로 가고 있을까? 그중 아무나 한 사람을 유심히 보라. 아마도 그는 어제 했던 업무와 똑같은 업무가 오늘도 반복되고, 오늘 할 업무와 똑같은 업무가 내일도 반복될 사무실로 향하고 있을 것이다. 만일 그가 전형적인 인간이라면, 내면에서 그는 의미와 목적과 중요성의 중추일 것이다. 세 시까지 X의 책상에 보고서를 올려야만 해. 아주 중요한 일이야. 이어 네 시 반에 프레젠테이션이 있어. 그 일이 제대로 진행되지 않으면 북아메리카 시장의 사업 결과는 암울할 거야. Y와의 점심 약속도 잊으면 안 돼. 의논해야 할 일들이 있으니까. 중요한 일들이다. 아마도 그는 이런 일들을 즐거이 할 수도 있고, 아닐 수도 있다. 그는 어쨌든 가정과 집이 있고 아이들을 키워야 하니까 꿋꿋이 그런 일들을 한다. 왜냐고? 그래야 몇 년 안에 아이들도 똑같은 일을 할 수 있고, 그 아이들과 똑같은 일을 할 그 아이들의 아이들을 낳을 수 있을 테니까. 그때 가면 그들도 보고서와 프레젠테이션과 회의에 관해 걱정하는 사람들이 될 것이다.

관건은 이것이다. 안에서 보면, 이 남자의 행위와 관심사는 나름대로 중요하고 목적으로 가득 차 있다. 그것들은 그에게 중요하다. 아마도 그는 그것들을 중심으로 자신의 삶을 조직할 것이다. 그 일들 때문에 걱정하고, 젊은 나이에 벌써 진이 다 빠질 것이다. 그러나 밖에서 보자면, 이 남자의 행위가 지닌 중요성은 단지 그런 행위들을 통해서 그와 똑같은 행위들을 수행할 수 있는 다른 사람들을 생산하게 된다는 사실에 있을 뿐이다. 그리고 그 다른 사람들의 행위들이 지니게 될 중요성 역시 똑같은 행위들을 수행할 수 있는 또 다른 사람들을 생산하게 되리라는 점뿐이다. 이는 결국 그런 행위들이 전혀 중요하지 않다고 말하는 것이나 진배없다.

밖에서 보면, 사람들 각자의 인생은 정상을 향해 가는 시지프의 여정들 중 하나와 같으며, 그런 각자 인생의 하루하루는 시지프가 여정에서 내딛는 발걸음 하나하나와 같다. 차이는 이것뿐이다. 시지프는 바위를 다시 밀어 올리기 위해 본인이 직접 되돌아온다. 우리는 그 일을 자식들에게 넘겨준다.

시지프의 노동에 실은 어떤 의미가 있었다고 가정해보자. 가령 그가 똑같은 바위를 밀어 올리는 대신에, 각양각색의 바위 여러 개를 밀어 올리라는 명령을 받았다고 가정해보자. 그리고 이 바위들은 언덕 아래로 도로 굴러 떨어지지 않는다고 가정해보자. 시지프의 과제는 그렇게 밀어 올린 바위들을 활용해서 신전이건 술집이건, 하여간에 무엇이건 짓는 것이었다. 우리는 시지프가 그런 신전 혹은 술집을 건설하려는 강한 욕망을 품었다고 상상해볼 수 있다. 튼튼하고 아름다운, (그게 혹시 술집이면) 맛있는 맥주를 팔게 될 장소를 말이다. 그리고 무거운 돌들을 밀어 올리는 모질고도 무시무시한 고군분투의 한 시절을 지내고 나서, 우리의 시지프가 자신의 과업을 완수하는 장면을 상상해볼 수 있다. 신전 혹은 술집이 드디어 완성된 것이다. 그는 이제 높은 산에서 휴식을 취하면서 노동의 열매를 즐길 수 있다. 만약 둘 중에 술집 쪽이었다면, 즐길 게 여러 가지 더 있을 테고.

자, 그럼 시지프는 이제부터 무엇을 해야 할까? 이제 우리의 시지프는 따분해지지 않을까? 영원한 권태? 만약 그가 멍청하게도 신전을 지었다면, 이런 젠장 술집을 지었어야 했는데, 하고 생각하지 않을까? 그래야 인사불성으로 취해서 그나마 권태를 달랠 수 있을 테니까 말이다. 무한하고 영원한 노동의 공포가 지금은 무한하고 영원한 권태의 공포로 대체된 상태다. 시지프 신화의 원래 이야기에서, 시지프의 삶은 그 안에 아무런 목적이 없기 때문에 아무런 의미도 없었다. 마찬가지로 우리가 각색한 이야기에서는, 시지프의 목표가 달성되자마자 곧바로 그의 삶이 목적을 잃는다. 저 높은 산 위에서 자신이 더는 바꿀 수도 보탤 수도 없는 하나의 목표물을 영원히 응시하면서 보내는 그의 삶은, 완강하고 거대한 바위를 밀어 올리지만 정상에 도달하자마자 속절없이 아래로 다시 굴러 떨어지는 광경을 지켜봐야 하는 삶만큼이나 무의미하다.

이것이 시지프의 딜레마이자, 우리 모두가 알건 모르건 실제로 직면하는 딜레마다. 우리는 자신의 삶을 소박한 목표들과 소소한 목적들로 채운다. 그런 목표와 목적은 우리 자신에 의해서건 우리 자식들에 의해서건 그 자체의 반복에 지나지 않는 것들만을 겨냥하기 때문에 아무런 의미가 없다. 시간이 우리를 죽이고 있듯, 우리도 그저 시간을 죽이고 있다. 그러나 설령 우리의 소소한 삶에 의미를 부여할 수 있을 만큼 아주 거창한 목적을 발견한다 하더라도(나로서는 어떤 종류의 목적이 이에 해당할지 전혀 떠오르지가 않는다), 우리는 절대로 그 목적을 달성하는 데 성공해서는 안 된다. 우리가 목적을 달성하자마자, 그것이 우리 삶에 불어넣는 의미는 사라진다. 우리는 우리 삶에 의미를 부여하는 거창한 목적을 잃어버린 상태가 될 것이고, 그래서 다시 새로운 무언가를 찾아야 할 것이다. 그런데 한 번의 인생에서 찾아낼 수 있는 거창한 목적이란 게 많아야 얼마나 되겠는가? 게다가 거대한 목적을 한 번 상실하는 정도라면 그저 불운으로 여길 수 있겠지만, 두 번 잃는다면?

달리 말해서, 우리의 삶은 삶에 의미를 부여해주는 바로 그것을 성취하는 데 실패하거나, 아직 성취하지 않은 상태일 때에만 의미를 가질 수 있다. 이는 우리의 삶이란 필연적으로 의미를 가질 수 없다고 말하는 것이나 다름없다. 우리 삶의 의미에 관한 한, 우리는 언제나 우리가 가질 수 없는 것을 원해야만 한다.

이것이 바로 인간의 절망적인 부조리 상황이다. 안에서의 이야기는 우리에게 우리 삶이 의미와 목적으로 가득 차 있다고 말한다. 밖에서의 이야기는 우리 삶이 그런 것으로 채워질 수 없다고 말한다. 유일한 탈출구는 죽음을 통한 망각이다. 혹은 우리가 현명해서 신전 대신에 술집을 짓는다면, 알코올을 통해서도 탈출이 가능하다. 이것이 바로 카뮈가 자살하지 않는 것은 위대한 영웅적 행위에 해당한다고 생각했던 이유다. 카뮈는 술집에서 충분한 시간을 보내지 않은 게 분명하다.

오래전에 철학자들이 영원의 상 아래에서sub specie aeternitatis라는 표현을 지어냈는데, 이는 결국 밖으로부터 자신을 들여다보라는 의미다. 안에서 보면 우리의 삶은 의미와 목적과 중요성의 초점이다. 그러나 영원의 상 아래에서 보면, 우리의 모든 행위,

우리의 모든 목표와 목적은 우리에 의해서건, 우리의 자식들에 의해서건, 우리 자식들의 자식들에 의해서건, 그저 그 자체의 반복에 지나지 않는 것들을 겨냥할 뿐이다. 영원의 상 아래에서 우리는 미미하고 보잘것없는 생명체며, 따라서 우리의 행위와 목적은 대수롭지 않고 중요하지 않은 것들이다.

철학자 이마누엘 칸트 Immanuel Kant는 자신의 마음을 늘 경탄하게 만드는 두 가지가 있다고 적었다. 자기 머리 위로 별이 반짝이는 하늘과 자기 안에 있는 도덕률이다. 내 경우를 말하자면, 머리 위로 별이 빛나는 하늘을 볼 때 나를 경탄으로 채워주는 것은 혹시 이런 식으로 우주를 창조한 어떤 신이 있을 수도 있겠다는 생각이다. 즉 어떤 하나의 원리(열역학 제2법칙)에 따라 설계된 우주(이것은 곧 고통과 죽음이 우주의 구조적인 기본 요소들 중 하나로 미리 설정되어 있음을 의미한다), 수십억 년 산고의 세월이 지난 후에 마침내 의식을 가진 그리고 이어서 자의식을 가진 생명체들을 생성해낸 우주, 그런 생명체들을 통해 자신에 대해 깨닫고, 자신을 이해하고, 자신에게 감탄하고, 그러다 결국은 자신의 숙명이 정해져 있으며, 우주의 운명은 열 죽음이고, 우주는 본질적으로 덧없고 무용한 것이라는 사실들마저 알게 되는 그런 우주를 말이다. 수십억 년의 분투 끝에 마침내 무의식의 암흑은 의식의 빛에 자리를 양보했지만, 도리어 그 빛은 자신의 절망적인 상황을 이해하게 되었을 뿐이다. 이는 우주적인 규모의 잔인함이다. 그리고 오직 신만이 이토록 잔인할 수 있을 것이다.

괴물의 의미

괴물을 충동질하는 것은 괴물 자신의 악마적인 목적들이다. 안에서 보면 그것이 괴물의 실존에 의미를 부여한다. 밖에서 보면 괴물의 목적은 그가 통제할 수도 이해할 수도 없는 힘들의 산물이다. 그는 자신이 만들어진 역사의 조류 속에서 그것도 아주 미미한 일부분에서 발생한 소용돌이고, 영원의 상 아래에서 괴물의 삶은 대수롭지 않다.

이런 의미에서, 우리 모두는 본질적으로 분열된 피조물들이다. 우리는 우리 자신을 납득할 수 없다. 우리는 우리가 안에서 발견하는 중요성과 의미와 목적을, 바깥에 존재하고 있음을 아는 영원의 상과 화해시킬 수 없다. 우리에게는 자신을 이해하는 두 가지 방식이 있다. 그중 한 가지 방식은 우리에게 우리가 이러저러한 존재라고 말해주는데, 다른 한 가지 방식은 우리가 절대로 그런 존재일 리 없다고 말한다. 이것이 바로 우리가 삶의 의미라는 문제를 갖게 된 이유다. 영원의 상 아래에서 보면, 우리가 태어나기 오래전에 시작되었고 우리가 그저 막연히 이해할 뿐인 과정들이 우리 삶을 만들고 결정지었다. 진정한 의미로는 우리 자신의 것이라 할 수 없는 시시한 목표들을 성취하려는 시도가 이런 삶을 지배하게 되는데, 실은 이런 목표들은 단지 우리에 의해서건 우리 자식들에 의해서건 그 자체를 반복하는 데 지나지 않는 것들만을 겨냥할 뿐이다. 그러나 안에서 보는 우리는 의미와 목적과 중요성의 중추이자 초점이다. 우리가 하는 일과 우리에게 일어나는 일은 중요하며, 때로는 목숨을 걸 정도로 중요하다. 동일한 대상인 우리 자신을 놓고 제시되는 두 가지 견해. 둘 다 참으로 보이지만, 둘 다 참일 수는 없다. 이것이 삶의 의미의 문제다. 삶은 의미를 가져야만 한다. 그러나 삶은 의미를 가질 수 없다.

삶의 의미는 당연히 궁극적인 철학적 문제다. 그것은 이 문제가 가장 중요하기 때문만은 아니다(물론 가장 중요하기는 하지만). 그 이유는 다른 모든 심오한 철학적 문제들, 고민해볼 만한 가치가 있는 다른 모든 철학적 문제들이 바로 이 주제의 변주이기 때문이다. 이런 문제들은 우리가 부서져 쪼개진(다시 붙일 수 없는) 생명체이기 때문에 발생한다. 우리가 앞으로 살펴보게 될 다른 문제들, 철학의 큰 문제들은 모두 이러한 원천에서 이러한 방식으로 발생한 것들이다.

프랑켄슈타인Mary Shelley's Frankenstein(1994) | 감독 케네스 브래너 | 출연 로버트 드 니로, 케네스 브래너, 헬레나 본햄 카터

2장

매트릭스 The Matrix

–

우리는 무엇을
확신할 수 있는가?

The
Philosopher
at the End of
the Universe

당신은 무엇을 알고 있는가?

당신은 무엇을 알고 있는가? 우리가 안다고 생각하는 것과 실제로 아는 것 사이의 불일치 속에서 안으로부터의 이야기와 밖으로부터의 이야기가 잠재적으로 상호 충돌하는 좋은 사례를 찾을 수 있다. 우리 주위의 세계를 예로 들어보자. 우리는 세계에 관해 온갖 것을 다 아는 듯이 느낀다. 가령 지금 당신은 책을 읽고 있다는 것을 안다. 어떻게 알까? 글쎄, 책이 눈앞에 있으니 당연히 볼 수 있지 않을까. 만질 수도 있고 냄새를 맡을 수도 있다. 달리 말해서, 당신은 그 책을 분명하게 지각할 수 있다. 주변 세계에 대한 지식은 오감이 전달하는 지각을 매개로 축적된다. 그것을 토대로 당신은 분명 당신 앞에 책이 있다는 사실을 아는 것처럼 보인다. 어떤 것이 이보다 더 명백할 수 있을까? 이것은 우리의 자기인식의 일부다. 우리는 무언가를 아는 생명체다. 우리는 다양한 것들을 알 수 있고 또한 종종 실제로도 안다. 그리고 그렇게 아는 것들 중에는 가장 명백하게 주변 세계에 관한 것들이 포함된다. 확실히, 이것이 안으로부터 본 세상 사물의 모습일 것이다.

다른 한편, 밖으로부터 볼 때, 실제로 우리가 결코 많은 것을 알지 못한다고 생각할 온갖 이유가 있다. 실제로 당신은 당신 앞에 책이 있다는 것을 알지 못한다. 심지어 당신은 주위에 세계가 존재한다는 것도 알지 못한다. 우리는 아는 게 많은 생명체가 아니다. 우리의 무지는 중대하고 심원하다. 우리가 아는 것은 아주 조금이거나, 아니면 아예 없을 수도 있다. 우리가 이번 장에서 살펴볼 내용이 바로 우리에게 이러한 밖으로부터의 견해를 제공하는 논증들이다.

지식 자체 및 우리가 그런 지식을 가질 수 있는지 여부를 다루는 철학 분야를 인식론epistemology이라 한다. 인식론을 가리키는 영어 단어 'epistemology'는 지식을 의미하는 그리스어 에피스테메episteme와, 여러 의미가 있지만 이 경우에는 '논리'라는 뜻에 해당하는 로고스logos에서 나온 말이다.* 인식론에는 우리가 흔히 당연시하는 세계에 관한 지식을 문제 삼고 의심하는 오랜 전통이 있다. 인식론에서 우리는 또다시, 심오한 철학적 문제의 징표인, 안에서의 이야기와 밖에서의 이야기를 조화시켜야 한다는 문제를 만난다. 안에서 보면, 사물들이 특정한 방식으로 존재하는 게 틀림없다. 나는 당연히 내 앞에 책이 있다는 것을 알고, 주위 세계가 있다는 것도 안다. 너무나 명백하다. 그러나 밖에서 보면, 사정이 그렇지 못하다. 실제로 나는 내 앞에 책이 있다는 것

---

* 로고스라는 용어는 그리스인에게 여러 가지를 의미한다. 이 용어에 대한 최초의 언급 중의 하나는, 로고스를 우주를 질서지우는 일종의 비인격적 지성이라고 본 소크라테스Socrates 이전의 철학자 헤라클레이토스Heracleitos에게서 찾을 수 있다. 여기서 우리는 '논리logic'라는 말을 얻게 되었으며, 인식론은 지식의 논리logic of knowledge를 뜻하는 것이다.

을 알지 못하며, 심지어 내 주위에 세계가 있다는 것도 알 수가 없다. 이런 전통에 속하는 논증들은 그리스 철학자 피론_{Pyrrhōn,} _{기원전 360~270, 추정}에서 17세기 프랑스 철학자 르네 데카르트_{René} _{Descartes, 1596~1650}에 이르는 유서 깊은 역사가 있다. 하지만, 최근 들어 이 견해를 옹호하고자 한 가장 영향력 있는 시도는 아마도 워쇼스키 남매가 1999년에 발표한 탁월한 영화 〈매트릭스〉에서 찾아볼 수 있을 것이다. 이 영화는 어쩌면 전 시대를 통틀어 가장 뛰어난 SF철학 영화가 아닐까 한다.

〈매트릭스〉

당시에 나름 연기 경력의 정점에 서 있던 키아누 리브스가 '네오'라는 가명을 쓰는 컴퓨터 해커 토머스 앤더슨 역을 연기한다.[*] 네오에게는 일진이 나쁜 날이다. 먼저 회사에 지각을 해서 상사에게 최후통첩을 받는다. 그러더니 요원들이 그를 심문하기 위해 회사에 도착한다. '모피어스'라는 극중 이름으로 연기한 로렌스 피시번이 휴대전화를 붙잡고 애를 써보지만 앤더슨은 결국

---

[*] 물론 그때까지의 연기 경력에서 정점이라는 얘기다. 철학자 배우로서 키아누 리브스는 그때 이후로도 지금까지 끈기 있게 인상적인 작품 목록을 쌓아오고 있다. 과소평가된 〈코드명 J〉는 인간-기계의 혼종화라는 생각을 흥미롭게 탐구한 작품으로 재검토할 가치가 있다.

요원들의 손아귀로 넘어간다. 그다음엔 요원들이 앤더슨의 입을 없애버리고 앤더슨에게 도청장치를 설치한다. 네오에게는 불행한 일이지만, 도청장치의 설치를 의미하는 영어 속어인 'bugging'을 지금은 문자 그대로 이해해야 한다. 얼핏 새우처럼 보이는 기계 벌레가 네오의 배꼽 속으로 기어 들어가기 때문이다. 그러고 나서 네오는 다시 깨어난다. 새날이 밝고 새로운 하루의 시작이다. 아니, 꼭 그렇지만은 않다. 지금까지의 일들은 모두 진짜로 일어난 것이었다. 경우에 따라서는 아닐 수도 있지만. 네오는 모피어스의 연락을 받는다. 모피어스는 네오가 지난 이십여 년간 살아왔던 세계가 결코 진짜 세계가 아니라고 전해준다.

빤한 이야기다. 인간이 인공지능AI, Artificial Intelligence을 창조한다. AI는 자신들이 대수롭지 않은 존재로 취급된다고 느끼고, 자신들의 명백한 우수성이 충분히 인정받지 못한다고 믿는다. 그래서 AI는 인간을 멸종시켜서 관계를 끝장내기로 결심한다. 그런데 AI에게는 치명적인 약점이 있다. 바로 태양으로부터 동력을 공급받는다는 점이다. 그래서 인간은 AI의 동력원을 차단하려고 '하늘을 그을리기'(모피어스의 표현인데, 그 의미가 명료하게 설명되지는 않지만 모종의 핵겨울 도래 시나리오가 강력하게 암시된다)로 결정한다(결국 역설적이게도 AI가 인간에 견주어 자신들의 지적 능력에 대해 내린 자체 평가가 크게 빗나가지 않았음이 드러난 셈이다). 하지만 인간은 AI의 창의성을 계산에 넣지 않았다. '좋아, 한번 두고 보시지!' AI는 이렇게 결심하고, 인간을 동력원, 즉 배터리로 사용하기 시작한다. AI는 인간을 사육하는 사업에 착수한다. 문자 그대로 인간을 먹이고 기르는 것이다.

　요약하자면, 대략 200년 후의 미래에, 거의 모든 인간(자유로운 인간이 일부 있지만 그 수는 많지 않다)은 달걀처럼 생긴 용기 안에서 살며, 다른 인간들의 시체 찌꺼기를 액화해 만든 음식이 그들에게 먹이로 주어진다. 그리고 그들이 생산하는 생체 전기 출력은 컴퓨터와 로봇의 동력원으로 사용된다. 물론 인간들은 그런 사실을 전혀 알지 못한다. AI는 이런 실상과는 전혀 다른 것을 믿도록 인간들을 속이고 있다. 모피어스는 '몸은 정신이 없이는 살 수 없다'고 설명한다. 따라서 AI는 몸이 계속 살아 있게 하려고 20세기 말엽의 세계를 모형으로 해서 현실과 극히 유사한 가상현실인 매트릭스를 창조한다. AI는 인간/배터리의 두뇌를 자극하는 속임수를 부려서, 인간들이 그 세계에 실제 산다고 믿게 만들었다. 그 결과, 인간들은 실제로는 알 속에 살면서 액화된 친구와 가족의 시체 찌꺼기를 열심히 먹지만, 자신들이 21세기로 넘어가는 과정에 있는 미국의 전형적인 메트로폴리스에 살고 있다고 생각한다.

　어쨌든 모피어스와 그의 동료들은 네오를 알 속에서 용케 빼내어(지금까지 그들은 컴퓨터로 생성된 네오의 투사체와 대화를 나누었다. 그것은 결국 네오의 뇌가 생성해낸 것이다) 진짜 현실의 상황을 충분히 숙지시킨다. 그러고 나서 네오는 엄청난 무술을 익혀서 컴퓨터가 생성한 엉터리 짓거리들을 엿먹인다. 그중에는 대단원에서 마침내 사악한 요원들을 작살내는 것도 포함된다. 그

요원들은 매트릭스의 치안 유지를 목적으로 AI가 창조한 감각성 sentience을 갖춘 프로그램으로 밝혀진다. 여기서 우리는 모피어스와 그의 동료들이 왜 그토록 네오에게 관심을 가졌는지 이유를 알게 된다. 네오가 바로 매트릭스를 깨부수리라 점지된 '그 한 사람The One'인 것이다. 'Neo'와 'One'. 재치가 반짝인다. 어떤가, 당황스러운가? 당신이 르네 데카르트의 《성찰》을 읽었다면, 그렇지 않을 것이다.*

르네 데카르트

지금까지의 이야기가 워쇼스키 남매가 각본과 연출을 맡고, 키아누 리브스가 메시아적 인물로, 로렌스 피시번이 키아누 리브스를 구원하는 선지자인 세례 요한 역할로 출연한 1999년도 영화 〈매트릭스〉의 줄거리다. 조 판톨리아노는 유다 역할이며, 주인공의 연인 역을 맡은 캐리 앤 모스는 괜찮다면 마리아 막달레나에 비유할 수 있겠다. 그러나 이런 아마추어적인 종교적 비유보다 훨씬 더 흥미로운 것은, 이 영화가 17세기 프랑스의 철학

---

* 르네 데카르트, 《성찰Meditationes de Prima Philosophia》(1641). 데카르트의 철학 저작에 대한 가장 포괄적인 영어 번역본은 E. S. 홀데인Haldane과 G. R. T. 로스Ross의 《데카르트의 철학적 저술The Philosophical Writings of Descartes》(Cambridge University Press, 1911, 1934)이다.

자 겸 수학자 겸 과학자이자, 때로는 용병이기도 했던 르네 데카르트 덕분에 유명해진 철학적 주제를 중심으로 구성되어 있다는 것이다.[*]

아마 지금 머리에 처음 떠오르는 생각은 이걸 거다. 그림이 어딘가 조금 이상한걸? 철학자, 과학자, 수학자, 그것도 모자라 용병이라고? 그러나 당시에는 이런 경우가 지극히 정상이었다. 데카르트는 진정한 르네상스형 인간이었다. 오늘날은 늘 전문화가 기대되고 단조로움이 요구되는 쩨쩨하게 구획된 시대라서 그런지, 한때는 사람들이 훨씬 더 다채롭고 다방면에 재주가 있었다는 사실을 종종 잊는다. 설령 데카르트가 부업으로 사람 몇 명을 죽여서 철학으로 얻는 빈약한 수입을 보충하곤 했다고 해서, 감히 누가 그 일을 놓고 함부로 이러쿵저러쿵할 수 있단 말인가? 실제로 나는 학자들의 봉급이 조속히 인상되지 않는다면 철학자들이 임시직 용병으로 일하는 상황이 다시 벌어질 것이라고 자신 있게 예측한다.

돈을 벌기 위해 사람을 죽이지 않을 때, 데카르트는 재능 있

---

[*] 다른 한편으로, 만약 당신이 이런 구세주적인 암시를 좋아한다면, 기본적으로 너무 뻔해서 지적하는 것이 별로 재미는 없지만, 몇 가지가 더 있다. 네오가 자신의 문가에서 턱수염이 있는 남자에게 불법적인 정신 변형 소프트웨어를 파는 장면에서, 그 남자는 "당신이 내 개인적인 예수요"라고 말한다. 네오가 모피어스와 스파링하는 장면에서, 마우스는 "이런 제기랄Jesus Christ, 저 친구 빠른데!"라고 말한다(또는 "예수 그리스도, 빠르신 분이여!"일 수도 있다). 네오가 죽었을 때 트리니티는 "오, 맙소사Jesus, 죽지 마요(주여, 죽지 마소서)"라고 말한다. 그리고 완전히 죽었다가 부활하는 일이 벌어진다. 물론 영화의 마지막에는 천국 승천 장면이 있다. 정말로 속이 뻔히 들여다보이는 상징이다.

는 수학자이자 과학자였다. 가령 수학에서 데카르트는 분석기하학으로 알려지게 된 분야를 고안했다. 기본 발상은 기하학적인 모양들을 좌표축의 숫자들로 표상하여 대수적으로 표현할 수 있다는 것이다. 마찬가지로 대수 공식은 기하학적인 모양으로 표상될 수 있다. 결과적으로 데카르트는 우리 모두가 학교에서 지겹게 배웠던 많은 것들, 즉 실험 데이터를 그래프로 표상하는 일 등등의 여러 가지 공부 재료를 개척한 셈이다. 그런가 하면 과학에서 데카르트는 시각에 관한 초기 이론에 중대한 공헌을 했다. 그는 시각이란 망막 이미지가 산출하는 무언가에 근거를 둔다는 생각을 옹호했다.* 하지만 가장 많이 기억되는 측면은 아무래도 철학자 데카르트다.

진정으로 훌륭한 대부분의 철학자가 그랬지만, 데카르트 역시 잠꾸러기였다. 공식적인 이야기에 따르면, 그는 '성찰'을 하느라 해가 중천에 뜰 때까지 곧잘 침대에 누워 있곤 했다 한다. 물론 아무도 이 이야기를 믿지 않는다. 당신이 그랬다면 누가 믿겠는가. 마찬가지다. 사실을 말하자면, 그는 그냥 늦잠 자는 것을 좋아했을 뿐이다. 간단하다. 데카르트는 스웨덴의 크리스티나 여왕에게 철학을 가르치는, 겉으로는 수월해 보이는 직업을 구했지만 얼마 안 있어 사망했다. 이 지독한 여자는 데카르트의 몇

---

* 이는 크리스토프 샤이너Christoph Scheiner의 작업을 따른 것이다. 샤이너는 셔터가 달린 상자 안에 놓인 황소의 눈(황소가 아니라 눈)에서 공막을 긁어냄으로써 망막 이미지를 관찰했다.

몇 철학적 견해에 강력한 반론을 제기하기도 했지만, 철학을 배우겠다고 새벽 다섯 시에 데카르트를 깨울 정도로 비이성적이었다. 데카르트는 이 양수겸장의 통타를 당하고 회복하지 못해서, 얼마 후 사망했다.

꿈꾸기

현재 당신은 이 책을 읽고 있다. 어느 순간 당신은 피곤하고 지루해져서 눈을 억지로 뜨려고 노력하고 있을 확률이 꽤 높다. 이때 당신이 자신도 모르는 사이에 잠에 빠져 있는 건 아닌지 어떻게 아는가? 당신은 주위를 둘러볼 수 있다. 거실, 정원, 난간이 보인다. 혹은 당신이 이 책을 처음 읽기 시작했던 화장실이 보일 수도 있다. 그런데 당신은 자신이 생각하는 그곳에 자신이 존재한다는 것을 정말로 확신할 수 있는가? 가령 당신은 지금 꿈을 꾸는 게 아니라고 정말로 확신할 수 있는가?

물론 당연히 그렇게 생각할지 모른다. 꿈은 앞뒤가 잘 들어맞지 않는다. 꿈속에서는 항상 기이한 일들이 일어난다. 일 분 전만 해도 당신은 원래 당신이었는데, 신기하게도 갑자기 15세기 오키나와로 가서 시대나 지위에 걸맞지 않은 매우 급진적인 생각을 하는 떠돌이 어부로 바뀐다(혹시 그게 원래 난가?). 꿈에서는 현실에서 불가능한 이상한 일들이 일어난다. 이것으로 우리는 꿈과 현실을 구별할 수 있다.

그런데 당신은 지금 이 순간 당신에게 일어나는 일들이 그저 유난히 생생하고 정합적인 꿈이 아닌지 어떻게 아는가? 당신이 갑자기 오키나와 노처녀로 변신하는 식이 아닌 앞뒤가 잘 들어맞는 꿈 말이다. 그래, 좋다, 인정한다. 만약 지금이 꿈이라면, 그다지 흥미진진한 꿈이 아닌 건 맞다. 당신이 정신 건강이라는 개념을 조금이라도 안다면, 당신은 매력적인 이성들과 엄청나게 섹스를 즐기는 꿈을 꾸기를 훨씬 더 바랄 것이다. 누군들 아니겠나. 하지만 당신은 지금 일어나는 일이 혹시 아주 평범한 내용이면서 동시에 예외적으로 생생하고 유별나게 정합적인 꿈이 아닌지 어떻게 아는가?

사실, 괜찮다면, 우리는 아예 꿈을 두 종류로 나눌 수도 있다. 먼저 흥미로운 꿈들이 있다. 대머리에 맥주를 많이 마셔 똥배가 불룩 나온 데다 입 냄새까지 심하게 나는 패배자(전혀 내 얘기가 아니다)가 세라 미셸 겔러미녀 흡혈귀가 등장하는 텔레비전 시리즈의 여주인공와 낭만적인 관계를 맺는 그런 꿈 말이다. 이런 건 흥미로운 꿈이다. 여러 가지 가능성이 중첩된 이런 꿈들은 정합성이 없으며 어떤 방식으로건 앞뒤가 잘 들어맞지 않는다. 두 번째 유형으로 지루한 꿈들이 있다. 이는 당신이 아침에 일어나서 토스트 몇 조각을 먹고, 지난 15년간 해왔던 것처럼 사소한 일들을 하러 직장에 출근하고, 사소한 사람들에게 사소한 결과만을 남기는 그런 꿈이다. 이 꿈에서 하루가 끝나갈 무렵, 당신은 몇 년 동안 상상만 하고 한 번도 작업을 걸지 못했던 고급 칵테일 바의 여자 바텐더를 유혹하는 데 또다시 실패한다.

우리가 평소 말하는 대로 '꿈에서 깨어날' 때, 단지 한 유형의 꿈이 다른 유형의 꿈과 교체되는 것인지도 모른다. 세라 미셸 겔러와의 친밀한 관계가 술집의 미지근한 맥주와 핑크빛 기대감의 좌절로 바뀌는 것이다. 우리는 우리가 현실로 여기는 지금 이 순간이 단지 지루하지만 정합적인 유형의 꿈이 아니라는 걸 어떻게 아는가?

이것이 바로 데카르트가 말하고자 한 것이다(물론 세라 미셸 겔러 부분은 빼고). 데카르트는 이런 종류의 논증을 이용해 우리가 흔히 생각하듯 많은 것을 알고 있다는 확신을 뒤흔들었다. 실제로 이는 그런 우리의 확신을 뒤흔든다. 만약 당신이 지금 꿈을 꾸고 있는 게 아니라고 확신할 수 없다면, 지난 몇 시간이 꿈이 아니었다는 것도 확신할 수 없다. 지난 몇 시간이 꿈이 아니었다는 것을 확신할 수 없다면, 지난 며칠이 꿈이 아니었다는 것도 확신할 수 없다. 지난 며칠이 꿈이 아니었다는 것을 확신할 수 없다면……. 이런 논증을 끝까지 밀어붙이면, 우리는 삶 전체가 꿈이 아니라는 것을 확신할 수 없다는 결론에 이르게 된다. 몇 차례 끝내주게 흥미로운 꿈들이 가끔 끼어들지만 전반적으로는 지루한 꿈들이 끝없이 이어지는 우리의 삶.

삶이 꿈에 불과할지 모른다는 가능성은, 개인적인 생각으로는 잠을 설쳐가며 걱정할 일은 아니다(말장난을 용서해달라). 하지만 데카르트가 도달하게 된 결론은 이렇다. 당신이 꿈을 꾸고 있다고 가정해보라. 그럴 경우에 그 꿈속에서 당신이 지금 꿈을 꾸고 있다고 말하거나 그렇게 확신할 어떤 방법이 있는가? 데카르트의 대답은 '없다'는 것이다. 그리고 내 생각엔 그가 옳다.

어떤 사람들은 실제로 자기가 깨어 있는지 잠자고 있는지 분별하는 데 큰 어려움을 겪는다. 꿈속에서 꿈을 꾸어본 적이 있는가? 다시 말해, 분명 꿈에서 깨어났는데, 나중에 알고 보니 또 다른 꿈속으로 들어가 있는 경우다. 당신은 단지 꿈에서 깨어나는 꿈을 꾼 것이다. 나는 드물기는 하지만 이런 꿈을 꾸어본 적이 있다. 그런데 어떤 사람들은 이런 꿈을 더욱 자주 꾸며, 드물지만 그로 인해 문제가 생기기도 한다. 예를 들어 한 소녀가 꽤 규칙적으로 꿈속에서 꿈을 꾼다고 하자. 그 소녀는 침대에서 잠이 깨었지만, 어머니가 아래층에서 부르는 소리를 듣고 다시 잠에서 깬다. 소녀는 어머니가 부르는 소리를 듣고 침대에서 나와 커튼을 걷는데, 다시 침대에서 잠을 깬다. 소녀는 이 과정을 반복하며 아래층으로 내려가고 토스터에서 구운 빵이 튀어나올 때, 침대에서 다시 잠이 깬다. 소녀는 이 과정을 반복하는데, 이번에는 스쿨버스가 도착할 때까지 계속된다. 학교로 가는 길에 버스 타이어 하나가 펑크 나고, 소녀는 침대에서 다시 잠이 깬다. 똑같은 일들이 똑같은 순서로 일어난다. 이번에는 학교까지 이 과정이 계속된다. 학교에 도착하자 소방 훈련을 한다. 소녀는 운동장에서 넘어지면서, 침대에서 다시 잠이 깬다. 마침내 소녀는 진짜로 잠에

서 깨어난다. 하지만 소녀가 이번엔 정말로 깨어났다고 믿기 시작할 때는 벌써 어둑어둑한 저녁이 다 되어서다.

이런 사람들에게는 꿈인지 생시인지 분간하는 것이 현실적으로 심각한 문제가 될 수 있어도, 대개의 경우는 현실적으로 문제가 되지 않는다. 그렇지만 이론적으로는 문제가 된다. 꿈속에서, 우리가 꿈을 꾸고 있는지 아닌지를 분간할 방법은 없다. 생생함, 정합성, 조직성과 같은 일반적인 특징은 우리가 생생하고 정합적이며 잘 조직된 꿈을 꾼다는 것 이상을 말해줄 수 없다. 그런 요소들이 우리가 깨어 있다고 말해줄 수는 없다.

이것이 데카르트의 요점(가운데 하나)이다. 우리는 어느 시점에서도 꿈을 꾸고 있는 게 아니라고 확신할 수 없다. 따라서 우리 인생 전체가 꿈이 아니라고 확신할 수 없다. 그러므로 진짜 세계라 부르는 것이 실제로 존재하는지 확신할 수 없다. 이를 확신할 수 없다면, 우리는 그것을 정말로 알 수도 없다. 데카르트에 따르면, 어떤 것을 실제로 안다는 것은 그것을 확신해야 함을 의미하기 때문이다.

여기서 데카르트를 오해하지 말자. 그가 진짜 세계는 존재하지 않고 실제로는 전부 꿈이라고 주장하는 게 아니다. 진짜 세계가 존재하지 않을 확률이 높다고 주장하는 것도 아니다. 단지 그의 요점은 극히 미미한 가능성이지만, 우리가 세계라고 부르는 것이 실제로 존재하지 않을 가능성, 그것이 단지 꿈에 불과할 가능성이 있다는 것이다. 만약 진짜 세계가 존재하지 않을 가능성이 있다면, 우리는 그 세계가 존재한다는 것을 확신할 수 없다. 그리고 만약 진짜 세계라 부르는 것이 존재한다고 확신할 수 없다면, 진짜 세계가 존재한다는 것을 실제로는 알 수가 없다. 그럴 거라고 믿을 수는 있다. 우리는 진짜 세계가 존재한다고 매우 강하게 믿을 수 있다. 그러나 그것을 알 수는 없다.

〈매트릭스〉의 세계는 사실상 일종의 꿈의 세계다. 실제로 우리는 모두 알 속에서 잠들어 있다. 우리는 한 번도 깨어난 적이 없다. 그러나 기계들은 우리의 뇌를 자극하여 우리가 '진짜 세계'에 살고 있다고 생각하도록 만들었다. 따라서 만약 데카르트가 옳다면(나는 이미 말했듯이 그가 옳다고 생각한다), 이것이 지금 우리가 처한 상황이 아니라는 것을 확신할 수 없다. 우리는 현재 매트릭스 안에 갇혀 있지 않다고 확신할 수 없다. 우리가 매트릭스의 희생물이 아니라고 확신할 수 없다면, 매트릭스 안에 갇혀 있지 않다는 것을 알 수도 없다. 워쇼스키 남매가 묘사한 세계는 하나의 가능성이다. 우리가 아는 한, 우리는 지금 매트릭스 안에 있을 수도 있다. 당신이 아는 한, 영화의 서두 장면 중 하나에서 네오의 컴퓨터 스크린이 말해주듯이, 매트릭스가 당신을 소유하고 있을지도 모를 일이다!

사악한 악마

　사실 데카르트에게는 워쇼스키 남매가 제공하는 이야기의 흐름에 더욱 근접한 또 다른 방식의 추론이 있다. 세계에 대한 당신의 경험이 당신이 꿈을 꾸고 있기 때문이 아니라 사악한 악마가 당신을 계속 속이고 있어서 왜곡되었다고 가정해보자. 우리는 우주가 선량한 신의 지배를 받는다고 믿는다. 최소한 데카르트 시대에는 그랬다. 그런데 이 점에서 우리가 틀렸다고 가정해보자. 대신에 우주는 지극히 강력하지만 본질적으로 사악하거나 최소한 해로운 어떤 존재의 지배를 받는다고 가정해보자. 이 사악한 악마는 당신을 속이면서 즐거움을 얻는다. 그래서 당신은 인구가 대략 60억 명인 세계에서 살고 있다고 생각한다. 그러나 사실 이것은 진실이 아니다. 단지 악마가 당신이 그렇게 생각하도록 만든 것이다. 당신은 지난 2년 동안 부동산 중개업자로 일해왔다고 생각하지만, 이 또한 (다행스럽게도) 진실이 아니다. 당신은 지금 이 책을 읽으면서 안락의자에 앉아 있다고 생각하지만, 이 또한 진실이 아니다. 단지 악마가 당신이 그렇게 생각하도록 만든 것이다. 사실 당신이 믿는 모든 것 내지 거의 대부분은 진실이 아니다. 악마는 우리가 생각할 수 있는 거의 모든 것에 대해서 당신을 속이고 있다. 세상에는 오직 당신만이 존재한다. 우리가 생각하는 세계는 존재하지 않으며, 〈매트릭스〉에서 소위 구성물construct이라 부르는 것들만 존재한다. 여기에는 당신이 생존하는 데 필요한 최소한의 장치만 갖춰져 있으며, 악마의 속임수로 무엇으로든 변형될 수 있다. 세계의 나머지 모든 특징은 악마가 속임수를 통해 제공한 것이다.

악마는 명백하게 〈매트릭스〉에서 AI가 하는 역할을 수행하고 있다. 그런데 만약 데카르트가 이것이 세상의 실제 존재 방식이라고 생각했다면, 즉 우리 모두가 정말로 사악한 악마에게 계속 속고 있다고 생각했다면, 그는 아마 위대한 철학자라기보다는 약에 취한 편집증 망상 환자라고 해야 할 것이다(그 둘 사이에 분명한 차이가 있다면 말이다). 하지만 이는 데카르트가 말하려는 것이 아니다. 데카르트의 요점은 세상이 그런 식으로 되어 있을 가능성이 극히 미미하지만 있다는 것이다. 물론 데카르트나 내가 그러한 가능성 때문에 잠을 설치는 일 따위는 없다. 그렇지만, 우리가 세계라고 부르는 것이 우리를 속임으로써 즐거움을 얻거나(데카르트 버전) 어떤 식으로든 우리를 이용하려고 속이고 있는(워쇼스키 남매 버전) 어떤 사악한 지능체가 만들어낸 망상의 창조물일 가능성을 배제할 수는 없다. 이것이 세상의 실제 존재 방식일 수 있는 극히 미미한 확률이 있다. 적어도 우리는 이것이 세상의 존재 방식이 아니라고 (절대적으로) 확신할 수 없다. 따라서 우리는 우리가 세계라고 부르는 것이 존재하는지 알 수 없다. 절대적으로 확실하게는 말이다.

통 속의 뇌

데카르트의 생각을 〈매트릭스〉의 줄거리 구상에 더욱 근접하게 펼쳐내는 현대적인 방식이 있다. 당신은 자신이 통 속의 뇌가 아니라는 것을 어떻게 아는가? 당신은 당신에게 몸이 있고, 특정 동네의 집이나 아파트 같은 특정 장소에 살고 있으며, 특정한 종류의 인생을 살아왔고, 암벽등반과 같은 여가 활동을 즐긴다고 생각한다. 그런데 이것이 모두 거짓이라고 가정해보자. 괜찮다면, 이제 이 점을 설명해줄 각본을 꾸며볼 수 있다. 당신은 암벽등반 사고로 심각한 부상을 입었고, 육체는 이미 죽었다. 그런데 과학자들이 당신의 뇌를 건질 수 있었다. 당신의 뇌는 지금 액상 영양분이 가득한 통 속에 둥둥 떠 있다. 만약 당신이 이 사실을 알게 된다면 분명 엄청난 충격을 받을 것이다. 아마도 당신의 작고 연약한 뇌는 완전히 미쳐 돌아버릴 것이다. 이런 일을 방지하려고 과학자들이 어떤 방법을 고안해냈다. 그들은 당신의 두뇌를 적절한 방식으로 자극하여 올바른 뉴런들만 점화되게 만들었고, 그 결과 당신은 여전히 육체를 가지고 있고 예전과 같은 곳에서 살며 주말마다 암벽등반을 즐긴다고 생각한다. 지금쯤이면 대략 무슨 이야기인지 알아차렸을 것이다. 이 모든 교묘한 자극의 결과물은 당신에게는 진짜 세계만큼이나 진짜처럼 느껴지는 가상의 세계다.

당신이 코웃음을 칠지도 모르겠다. 누구도 이런 일을 어떻

게 하는지 모르며, 간단히 말하면, 우리에게는 그러한 기술 능력
이 없다. 당신이 아마 옳을 것이다. 당신이 통 속의 뇌일 가능성
은 거의 없다. 그런데 지식이나 기술적 능력의 부족은 반박 불가
능한 반론이 아니다. 첫째, 지식과 기술 능력은 향상될 수 있다.
지금은 당신이 통 속의 뇌가 되는 게 불가능하다고 하더라도, 그
리 멀지 않은 미래에 과학자들이 뇌에 관해 충분히 알게 되는 상
황이 올 수 있다. 둘째, 더욱 중요한 이유로, 당신은 우리에게 통
속의 뇌 시나리오를 현실화할 수 있는 적절한 지식이나 기술적
능력이 없다는 사실을 어떻게 아는가? 만약 당신이 통 속의 뇌라
면, 당신이 믿도록 과학자들이 주입한 믿음 가운데 하나가 바로
통 속의 뇌와 같은 속임수를 현실화할 수 있을 정도로 과학이 충
분히 발전하지 않았다는 믿음일 것이다. 과학자들은 당신 자신
이 통 속의 뇌일지 모른다고 추측하게 되는 상황을 방지하려고,
혹은 최소한 당신이 그런 추측을 할 가능성을 줄이기 위하여, 그
런 믿음을 당신에게 주입시켰을 것이다. 요점은, 통 속의 뇌 시나
리오를 현실화할 정도로 우리가 뇌에 관해 충분히 알지 못한다
는 믿음이, 당신이 통 속의 뇌가 아니라는 믿음보다 더 확실한 것
은 아니라는 점이다. 따라서 당신이 전자의 믿음을 이용해서 후
자의 믿음을 정당화할 수는 없다.

　　내가 생각하기에 가장 합리적인 결론은 이렇다. 만약에 뇌에
관해 충분히 알 뿐 아니라 이런 앎을 활용할 적절한 기술 능력까
지 가진 과학자들이 통 속의 뇌 시나리오를 현실화한다면, 당신

이 통 속의 뇌인지 아니면 보통의 신체를 가진 인간인지를 구별하기란 불가능할 수 있다. 만약 그렇다면, 당신은 지금 자신이 통 속의 뇌가 아니라는 것을 확신할 수 없다. 그리고 당신이 통 속의 뇌가 아님을 확신할 수 없다면, 지금 당신이 가지고 있는 대부분의 믿음들도 마찬가지로 확신할 수 없다. 따라서 그런 믿음들은 지식이 되지 못한다.

회의주의

데카르트는 지금 특정한 지점을 향해 나아가고 있으며, 거기에 도달하기 위해 꿈과 사악한 악마의 추론을 이용하고 있다. 그는 회의주의Scepticism라고 알려진 견해를 향해 나아가고 있다. 회의주의는 지식에 관한 하나의 입장으로, 가장 간단한 형태로 말하자면 바로 이런 식이다. 우리는 어떠한 지식도 가질 수 없다! 다시 말해서, 무엇에 대해서든 우리가 안다는 것은 가능하지 않다는 것이다. 데카르트는 결코 이런 의미의 철두철미한 회의주의자는 아니었다. 하지만 그는 몇 가지 측면에서 그에 매우 근접해 있었다. 꿈과 사악한 악마에 관련된 추론 결과는, 우리가 지금 안다고 생각하는 것을 대부분 실제로는 전혀 알지 못한다는 것이다. 우리는 주위에 세계가 존재한다는 것을 안다고 생각한다. 그러나 만약 데카르트가 옳다면, 실제로는 그것을 전혀 알지 못한다. 우리는 단지 그러리라 강하게 믿을 뿐이다. 우리는 자신에게 물리적인 몸이 있다는 걸 안다고 생각한다. 하지만 이번에도 역시 데카르트가 옳다면, 우리는 그것을 전혀 알지 못한다. 우리는 단지 그러리라 강하게 믿을 뿐이다. 우리는 이런 두 가지 주장을 〈매트릭스〉에서 모두 얻을 수 있다.

물론 〈매트릭스〉 안에도 세계는 존재한다. 그러나 그것은 우리가 생각하는 방식으로 존재하지 않는다. 우리 자신도 우리가 생각하는 방식으로 존재하지 않는다. 그리고 우리는 물리적인 신체를 가지고 있다. 단지 우리가 생각하는 것과 그 방식이 다를 뿐이다. 우리는 우리의 물리적인 신체가 지저분한 아파트에 살고 있으며, 컴퓨터를 해킹하고, 어깨에 흰 토끼 문신을 한 여자들을 쫓아서 마릴린 맨슨 유의 해괴한 음악만 주로 트는 나이트클럽에 가는 일로 저녁 시간을 보낸다고 생각한다. 그러나 실제로 우리 신체는 특정 목적을 위해 만들어진 알 속에 수용되어 있다. 그곳에서 우리 신체는 저마다 삶을 꿈꾸면서 지능적인 기계들에 동력을 공급한다. 그러므로 만약 〈매트릭스〉가 데카르트나 워쇼스키 남매가 말하는 것처럼 어떤 진정한 가능성을 묘사하고 있다면(나는 그렇다고 믿는 쪽이다), 우리는 주위의 세계에 관해 회의적이어야만 한다. 세계는 우리가 생각하는 방식과는 매우 다를 수 있다. 우리는 우리가 안다고 생각하는 것들을 실제로는 전혀 알지 못한다. 우리는 세계에 관해 여러 가지를 믿는다. 그러나 실제로 우리는 아무것도 알지 못한다.

그런데 여기서 당신은 데카르트가 지식에 대해서 불가능할 정도로 높은 기준을 사용한다고 비판하고 싶을 것이다. 데카르트의 견해는, 어떤 것을 알기 위해서는 그것을 확신해야 한다는 의미에서, 지식은 확실성을 포함한다고 생각하는 듯 보인다. 혹은, 반대로 말하면, 당신이 어떤 것을 확신하지 못한다면, 실제로 그것을 알지 못한다는 것이다. 우리가 그 기준을 조금 낮춰서, 지식과 확실성 사이의 이런 연관성을 요구하지 않는다면, 회의주의를 피할 수 있다고 생각할지도 모르겠다. 그러나 그러한 반론은 데카르트가 보여준 통찰의 핵심에 다가가지 못한다. 데카르트가 '지식'이라는 표현을 사용하는 방식이 마음에 들지 않는다면, 그 부분은 잊어버려라. 그 표현은 사용하지 말자. 그러고 나면 데카르트의 요점은 그냥 우리가 어떤 것도 확신할 수 없다는 것이 된다. 우리는 주변 세계의 존재도, 우리 신체의 존재도 확신할 수 없다. 그의 논증의 힘은 그대로 남게 되며, 이러한 견해는 여전히 매우 강력한 형태의 회의주의다.

나는 생각한다, 고로 존재한다

　　우리가 알 수 있는 것이 단 하나라도 있을까? 아니, '지식'이라는 말을 뺀다면, 우리가 절대적으로 확신할 수 있는 것이 하나라도 있는가? 뭐든 하나라도? 데카르트는 우리가 절대적으로 확신할 수 있는 것이 단 하나 있다고 생각했다. 그는 아마 시대나 장소를 통틀어 철학자들이 한 말 중에서 가장 유명할 터인 문장으로써 이를 표현했다. Cogito, ergo sum. 우리말로 번역하면, "나는 생각한다, 고로 존재한다."

물론 이는 우리가 오직 생각하는 동안에만 존재한다는, 어리석은 얘기를 의미하지는 않는다. 데카르트는 바보가 아니었다. 이렇게 생각해보자. 우리는 꿈이나 사악한 악마 또는 〈매트릭스〉를 통한 추론에서 영감을 받아서, 온갖 종류의 것을 생각해볼 수 있다. 주위 세계가 실제로 존재하지 않는다고 생각할 수도 있고, 물리적 신체가 실제로는 존재하지 않는다고 생각할 수도 있다. 즉 이 두 가지 다에 대해 회의적일 수 있다. 이런 회의적인 생각은 참이 아닐 수도 있지만, 어쨌든 정합적이다. 말하자면 그것은 진정한 가능성들이다. 그런데 당신은 과연 당신이 존재하지 않는다고도 정합적으로 생각할 수 있을까? 한번 시도해보라! 만약 당신이 없다고 생각한다면, 그런 생각을 하고 있는 사람은 도대체 누구인가? 데카르트는 당신이 없다고 생각하는 것이 사실상 당신이 있다는 것을 자동으로 보장해준다고 보았다. 만약 당신이 어디에든 존재하지 않는다면, 당신은 자신이 존재하지 않는다고 생각할 수조차 없기 때문이다. 달리 말해서, 당신의 존재를 의심하는 것이 자동으로 당신의 존재를 보장해준다. 그렇지 않다면 그런 의심조차 할 수 없기 때문이다. 사악한 악마가 당신을 속이려고 아무리 노력해도, 당신이 존재하지 않는다면 그는 당신을 속일 수 없다. 그리고 심지어 당신의 삶이 꿈이라 하더라도, 그런 꿈을 꾸기 위해서 당신은 여전히 있어야만 한다.

따라서 데카르트는 당신이 절대적으로 확신할 수 있는 한 가지, 즉 결코 의심할 수 없는 한 가지가 바로 당신 자신이 존재한다는 사실이라고 생각했다. 그의 견해에서, 당신이 알 수 있는 것, 게다가 확실하게 알 수 있는 것(앞서 보았듯이 데카르트에게 앎과 확실성은 같은 말이다) 한 가지는 바로 당신이 존재한다는 사실이다. 당신은 자신의 존재를 의심할 수 없다. 데카르트는 이로부터 다음 장에서 살펴볼 적어도 하나의 매우 중요한 결론을 이끌어냈다. 당신은 자신의 육체와 동일한 것일 수 없다는 것이다. 당신은 육체의 존재를 정합적으로 의심할 수 있다. 하지만 당신의 존재를 정합적으로 의심할 수는 없다. 따라서 당신이 무엇이건 간에, 당신은 당신 육체와 동일하지 않다. 실로, 데카르트의 견해에서 진정한 당신 혹은 본질적인 당신은 결코 물리적인 그 무엇이 아니다.

그런데 믿거나 말거나, "나는 생각한다, 고로 존재한다"라는 주장에도 문제가 있다. 데카르트 이후로 여러 사람이 실제로 그 진술을 확신할 수 없다고 지적했다. 19세기 독일 철학자 프리드리히 니체는 이 문제를 명확하게 인식했다. 당신이 존재하지 않는다고 가정해보자. 대신 단지 생각들의 집합이 존재할 뿐이다. 이 생각들 중 몇몇은 이 생각들이 특정한 인격, 즉 당신에게 속한다는 취지의 생각들이다. 따라서 어떤 특정 시점에 여러 가지 생각들이 존재하며, 그 가운데에는 이 모든 생각들이 당신이란 인격에게 속한다는 생각이 들어 있다. 그리고 그다음 순간에는 다른 생각들이 존재하며, 그 가운데에는 이 모든 생각들이 이전과 동일한 인격(즉, 당신)에게 속한다는 생각이 들어 있다. 그리고 이러한 과정이 매 순간마다 반복된다면, 이는 결국 모든 생각들이 동일한 인격에게 속한다는 믿음으로 이어지게 된다. 그러나 동일한 인격이 실제로 존재할 필요는 없다. 이 모든 생각들이 실제로 동일한 인격에 속하건 속하지 않건 상관없이, 단지 그렇게 속한다는 '생각'만이 필요할 뿐이다. 다시 말해서, 생각들이 모두 속해 있다고 하는 그 인격은 순전히 허구적인 인격일 수가 있다. 이러한 종류의 특이한 생각들의 집합이 존재하는 상황, 즉 그 생각들이 모두 동일한 인격에 속하는 것으로 보이지만 실제로는 그렇지 않은 상황과, 그 생각들이 실제로 동일한 인격에 속하는 상황은 구별되지 않는다. 니체에 따르면, 우리가 분명하게 확신할 수 있는 것은 생각들이 존재한다는 사실뿐이다. 이러한 생각들이 귀속된다고 가정되는 인격의 존재는 확신할 수 없다. 단지 생각들만 존재하며, 그 생각들이 소속될 인격은 어디에도 없을 수가 있다. 어느 경우건, 우리는 단지 생각의 존재만 확신할 수 있으며, 그 생각이 귀속된다고 가정되는 인격의 존재는 확신할 수 없다.

이것은 당연히 이상한 얘기로 들린다. 우리는 만일 생각이 존재한다면 그것은 특정한 사람에게 귀속되어야 한다고 믿는 경향이 있기 때문이다. 이것은 자연스러운 생각이다. 그런데 이것은 우리가 확신할 수 있는 생각인가? 18세기 스코틀랜드 철학자 데이비드 흄David Hume은 이 점에 관해 몇 가지 복잡한 문제를 지적했다. 당신이 내성introspection을 할 때, 즉 당신 자신을 들여다보고 당신이 생각하고 느끼는 것에 초점을 맞출 때, 당신은 무엇을 발견하는가? 특별히, 당신은 당신을 발견하는가? 즉 당신은 내성을 할 때, 당신이라는 인격과 마주치는가? 흄에 따르면, 분명한 한 가지 의미에서 실상은 그렇지 않다. 당신이 자신을 들여다볼 때 발견하는 것은 생각, 믿음, 욕구, 느낌, 감정 등과 같은 다양한 심적 상태들이다. 당신은 이러한 심적 상태를 가지고 있다는 이른바 자아나 인격과 마주치지 않는다. 우리 모두는 이러한 모든 심적 상태의 기저에 자아나 인격이 존재한다고 강하게 믿는다. 그러나 이런 자아나 인격은 우리가 경험을 통해 마주치게 되는 것이 아니다. 만약에 흄이 옳다면, 경험의 기저에 있다는 자아나 인격은 오히려 우리의 경험을 바탕으로 한 가설적인 그 무엇이다. 이를테면 우리는 다음과 같이 추론한다. 내가 내성을 하면 다양한 생각, 느낌, 감정, 욕구 등과 마주치게 되고, 이 모두는 서로 정합적으로 맞아떨어진다. 예를 들어 어떤 생각은 다른 감정의 바탕이 되고, 그 감정은 다시 특정 욕구를 일으킬 수도 있다. 이런 종류의 정합성을 어떻게 설명할 수 있을까? 한 가지 그럴듯한 설명은 이러한 모든 심적 상태들이 동일한 어떤 것, 즉 동일한 자아나 인격에 귀속되거나 소속된다고 말하는 것이다. 이 말이 옳다면, 자아나 인격에 대한 우리의 믿음은 하나의 가설 혹은 이론일 뿐이다. 이는 우리가 경험에서 발견한 것이 아니라, 경험에서 발견한 것을 설명하기 위해 끌어들여 믿게 되는 것이기 때문이다.

우리 모두는 우리가 존재한다고 강하게 믿는다. 하지만 니체와 흄에 따르면, 이러한 믿음은 직접 경험한 것이 아니라 가설이나 이론에 근거를 둔 것이다. 가설이나 이론에는 오류가 있을 수 있다. 그런 것들은 언제든 잘못되었다고 판명날 수 있다. 어떤 이론은 다른 이론보다 더 낫다. 어떤 이론은 다른 이론보다 훨씬 더 참일 확률이 높다. 그러나 이론이 아무리 훌륭하고, 아무리 오랜 시간 검증을 잘 견뎌냈다 하더라도, 그것이 올바르지 않을 가능성은 여전히 남아 있다. 따라서 우리는 어떠한 이론이나 가설에 대해서도 절대적으로 확신할 수 없다. 그리고 만약 니체-흄이 올바르다면, 우리는 우리가 존재한다는 사실을 확신할 수 없다. 우리가 확신할 수 있는 것은 단지 생각들이 존재한다는 것이다. 우리는 그러한 생각을 하는 사유자의 존재를 확신할 수 없다.

우리는 우리 생각을 확신할 수 있는가?

우리가 도달한 입장은 이렇다. 만약 우리가 데카르트-워쇼스키 남매의 논증을 충분히 밀고나간다면, 우리는 거의 아무것도 확신할 수 없음을 깨닫게 된다. 우리는 주위에 물리적인 세계가 존재한다는 것을 확신할 수 없고, 물리적인 신체를 가졌다는 것도 확신할 수 없으며, 심지어 자신이 존재한다는 것조차 확신할 수 없다. 그런데 생각이 존재한다는 것만큼은 분명히 확신할 수 있는 게 아닐까? 이제 우리는 확실성이라는 단단한 바닥에 틀림없이 도달한 것일까?

꼭 그렇지는 않다. 여기에도 문제가 있다. 이때의 문제는 생각의 존재가 아니라 생각의 정체성과 관련되어 있다. 즉 우리는 이런저런 생각들이 존재한다는 것은 확신할 수 있지만, 그것이 어떤 생각들인지는 확신할 수 없다는 것이다.

이를 살펴보기 위해서 〈매트릭스〉로 돌아가보자. 네오가 모피어스와 대련하면서 새로 습득한 무술을 연마하는 유명한 쿵푸 장면에서, 도중에 잠시 쉬는 시간이 나온다. 네오는 무릎을 꿇고 공기를 들이마신다. 그리고 이런 대화가 오간다.

모피어스 : 내가 어떻게 너를 이겼지?

네오 : 당신은 너무 빨라요.

모피어스 : 이 장소에서 나의 빠르기가 내 근육과 어떤 관계가 있다고 생각하나? ……너는 지금 공기를 마신다고 생각하나?

그들은 물론 가상현실 속에 있다. 그곳에는 근육도 없고 공기도 없다. 이제 네오가 결코 깨어난 적이 없으며, 자신의 모든 삶을 매트릭스 속에서 보냈다고 가정해보자. 이 경우에, 그는 공기를 접한 적이 없다. 근육도 마찬가지다. 매트릭스는 컴퓨터가 만들어낸 가상현실이다. 컴퓨터가 만들어낸 가상현실 속에는 공기가 존재하지 않는다. 그렇다면 그는 어떻게 공기에 대해 생각할 수 있었는가? 그가 접한 것, 그가 그간 접촉해온 것은 공기로 여겨지는 어떤 것이다.

내가 얘기하고 싶은 것은 이것이다. 당신이 매트릭스 안에 있다면, 당신은 다른 건 몰라도 어쨌든 지금 공기를 들이마시고 있다고 여길 것이다. 그렇다면 매트릭스 안에는 공기로 여겨지는 무언가가 있다고 말할 수 있다. 하지만 그것이 실제로는 공기가 아니라는 것이 요점이다. 그런데 당신이든 네오든, 혹은 그 누가 되었든 간에 아무도 공기를 접해본 적이 없다면, 어떻게 당신은 공기에 관해 무언가를 생각할 수 있단 말인가? 나는 당신이 그럴 수 있다고 생각하지 않는다. 당신이 세계에 관해 생각하는 것은 사실상 무엇이든 간에 컴퓨터가 생성한 매트릭스의 특징적 요소들일 뿐이다. 그로써 당신은 자신이 공기를 들이마시고 있다고 생각하게 된 것뿐이다. 그러나 그것은 공기에 관한 생각이 아니다. 그것은 컴퓨터가 생성한 특별한 성질에 관한 생각이다. 이는 단지 공기에 관한 생각처럼 보일 뿐이다. 달리 말해서, 마치 공기처럼 보이지만 실제로는 공기가 아닌 특별한 성질을 컴퓨터가 생성할 수 있듯이, 우리도 공기에 관한 생각처럼 보이지만 실제는 아닌 그런 생각을 할 수 있다는 것이다.

이를 믿지 못하겠다면, 다음의 비유를 살펴보자.* 완전히 밀봉되어 외부세계와 단절된 거대한 빌딩이 두 개 있다고 가정하

자. 이 빌딩 안에는 많은 사람이 살고 있다. 사람들은 몇 세대에 걸쳐 전 생애를 바깥 세계와 완전히 단절된 이 빌딩 속에서 보냈다. 이 두 빌딩은 실질적으로 동일하며, 단 하나만 차이가 있다. 한 빌딩에는 물이 있고, 다른 빌딩에는 물과 똑같아 보이고 맛이나 느낌도 같은 다른 물질이 있다. 물론 이 물질은 화학적 검사를 이것저것 해보지 않는 한 물과 구별할 수 없다. 이 두 빌딩에 있는 사람들이 그런 검사를 수행할 만한 역량을 발전시키지 못했다고 가정해보자. 이 다른 물질은 겉으로는 물과 구별할 수 없지만, 그렇다고 물은 아니다. 물은 두 개의 수소와 하나의 산소로 이루어진 물질이다. 그 다른 물질은 수소나 산소로 구성되어 있지 않고, 우리에게 낯선 성분들로 구성되어 있다고 치자. 따라서 이 다른 물질은 어떤 면에서 물과 매우 유사하지만, 물은 아니다. 이 차이를 반영하여 그 물질을 '롬'이라 지칭하기로 하자. 그런데 두 공동체는 우연히 각자의 액체를 '물'이라는 같은 표현을 사용하여 지칭한다고 가정해보자. 따라서 '물'은 한 빌딩에서는 물을 의미하고, 다른 빌딩에서는 롬을 의미한다.

여기서 요점은 물이 없는 빌딩의 거주자는 물을 한 번도 접해본 적이 없으므로 물에 관한 어떤 생각이나 믿음도 가질 수 없

---

* 이는 현대의 철학자인 힐러리 퍼트넘Hilary Putnam이 처음으로 발전시킨 유명한 논증의 변형이다. 철학계에서 이것은 '쌍둥이 지구 사유실험'으로 알려져 있다(퍼트넘이 전개하는 논증은 밀봉된 두 빌딩이 아니라 두 행성과 관련되어 있다). 퍼트넘의《정신, 언어, 실재Mind, Language and Reality》(Cambridge University Press, 1975)에 수록된 논문 "'의미'의 의미The meaning of 'meaning'"를 참조하라.

다는 것이다. 그 사람은 물이 아니라 롬에 관한 생각이나 믿음을 가질 것이다. 이 생각은 단지 물에 관한 생각과 아주 유사해 보일 뿐이다. 실제로 그것들은 물에 관한 생각과 구별되지 않는다. 그럼에도 불구하고, 그것들은 물에 관한 생각이 아니다. 어떻게 그 것들이 물에 관한 생각일 수 있겠는가? 이 빌딩에 있는 사람은 아무도 물을 접해본 적이 없으니 말이다. 매트릭스 안의 상황도 이와 똑같다.

이는 당신의 생각이 정말 어떤 생각인지 실제로는 결코 확신할 수 없음을 의미한다. 최소한 당신의 일부 생각들은 그렇다. 당신은 지금 매트릭스 안에 있는지 아니면 진짜 세계 속에 있는지 확신할 수 없다. 이는 지금 당신 생각이 공기에 관한 생각인지, 아니면 공기에 관한 생각처럼 여겨지지만 실은 컴퓨터가 생성한 특별한 성질에 관한 생각일 뿐인지 확신할 수 없다는 뜻이다. 회의주의는 우리가 하는 바로 그 생각들에까지 깊숙이 파고들어온다.

숟가락은 존재하지 않는다

회의주의는 사물에 대한 우리의 지식에 관련된 견해로서, 철학에서는 인식론적 입장 중의 하나로 간주된다. 그런데 어떤 철학자들은 외부세계에 관한 회의주의의 입장을 더욱더 강력한 어떤 입장으로 바꾸고자 노력했다. 그것은 바로 외부세계에 관한 관념론idealism이다. 관념론은 인식론적 견해가 아니라, 형이상학적 metaphysical 혹은 존재론적ontological 견해다. 'Ontological'이라는 용어는 '사물'을 의미하는 그리스어 '온타onta'와 논리나 원리를 의미하는 '로고스logos'가 합쳐져서 생긴 말이다. 따라서 '존재론적'이라는 말에는 '사물에 관련되다'라는 의미가 담겨 있다. '인식론적'이란 말이 '사물에 대한 우리의 지식과 관련이 있다'는 의미인 반면, '존재론적'이란 말은 '사물 그 자체와 관련이 있다'는 것을 의미한다. 그런데 사물들 그 자체란 결국 존재하는 것들이므로 존재론적 탐구는 결국 존재existence의 본성에 대한 탐구인 셈이다. 'metaphysics'의 어원은 약간 다르다. 이 말은 아리스토텔레스Aristoteles에게서 유래했다. 그리스어에서 '메타meta'는 '그다음의'나 '넘어서다' 등을 의미한다. 따라서 '형이상학'에는 '물리학 physics 다음에 오는 것'이라는 의미가 있다. 그러나 현대 철학에서 '형이상학'과 '존재론'은 '존재와 관련되어 있음'을 의미하는 말들로서 사실상 서로 바꿔 써도 무방하다고 본다.* 어쨌든 우리에게 중요한 것은 존재론적 혹은 형이상학적 견해란 우리가 세계에 관하여 무엇을 알 수 있는가에 관한 견해가 아니라는 점이다. 그것은 세계 그 자체에 관한 견해다. 관념론은 궁극적으로 실재는

---

* '형이상학적'이란 표현은 영욕의 역사를 거친 끝에 1930년대 빈에 기반을 둔 철학자 및 과학자 집단의 영향을 받은 철학자들 사이에서 전혀 정합적이지 않다는 의미에서 상대를 욕하거나 경시할 때 사용하는 말로 전락했다. 이 견해에 따르면, 형이상학에 관해 말하는 것은 무의미한 헛소리다.

물리적이 아니라 정신적이라는 (존재론적) 견해다.

〈매트릭스〉에는 네오가 오라클을 만나려고 기다리는 동안, 작은 숟가락을 구부리고 있는 터번 두른 소년과 대화하는 멋진 장면이 있다.

터번 두른 소년 : 숟가락을 구부리려고 하지 마세요. 그건 불가능 하니까요. 그러지 말고, 진실을 깨달아보세요.

네오 : 진실이 뭐지?

터번 두른 소년 : 숟가락은 없다는 진실. 그걸 깨달으면, 숟가락을 구부릴 일이 아니라, 실제로 휘어지고 있는 건 당신 자신임을 알 게 될 거예요.

숟가락은 진짜 물리적인 대상이 아니다. 그것은 마음의 구성 물이다. 그것이 바로 숟가락 구부리기가 가능한 이유다. 이것이 바로 관념론의 한 형태다.

회의주의에서 관념론으로 이동하는 것은 비약이지만, 엄청 난 비약은 아니다. 외부세계에 관한 회의주의는 두 가지 생각에서 출발한다. 첫째, 우리는 오직 지각을 통해서만 세계에 관해 무언가를 알 수 있다. 이는 경험론empiricism이라 알려진 견해다. 대충 말해서, 이는 우리의 모든 지식이 궁극적으로 경험에서 유래한다는 견해다. 그다음에는 이 주장을 지각의 본성에 관한 두 번째 주장과 결합한다. 세계를 지각한다는 것은 곧 세계를 경험한다는 것이다. 이 두 가지 주장을 결합하면, 다음과 같은 결론이 나오는 것이 불가피해 보인다. 우리가 세계에 관해 조금이라도 아는 것이 있다면, 그것은 우리가 우리 경험에 관해 무언가를 알기 때문이다. 경험에 관한 지식이 일차적인 것이며, 세계에 대한 지식은 그것에 근거를 두고 만들어진다. 이러한 주장은 여전히 세계에 대한 우리 지식의 특성에 관련된 인식론적인 주장이며, 있는 그대로의 세계의 본성에 관한 존재론적인 주장은 아니다. 그렇지만 그것의 형이상학적 함축은 매우 분명하다.

주위 세계를 둘러보라. 아마 여러 가지 것들을 볼 것이다. 그런데 도대체 본다는 것은 무엇인가? 지금 우리가 다루는 견해에 따르면, 본다는 것은 경험을 하는 것, 즉 시각적 경험을 하는 것이다. 따라서 주위 세계를 쳐다볼 때, 당신이 의식적으로 직접 아는 것은 세계 그 자체가 아니라 당신의 경험이나 세계에 대한 관념이다. 당신이 세계 자체를 의식적으로 알 수 있는 것 같아도, 그러한 의식적 앎은 결국 무언가에 매개된 의식적 앎이다. 즉, 당신은 당신 경험을 의식적으로 알게 될 때에만, 세계를 의식적으로 알게 되는 것이다.

이것이 사실이라면 다음과 같은 질문을 던져보자. 어떻게 나는 세계에 대한 나의 경험이 그 자체로 존재하는 세계와 일치한다거나 혹은 어떤 식으로든 세계와 대응한다는 것을 아는가? 그걸 도저히 알 길이 없다는 게 문제다. 우리의 모든 지식은 경험에서 나온다. 따라서 우리의 관념이 세계와 일치한다는 것을 알려면 먼저 세계에 대한 관념을 가져야 하고, 그다음 그 자체로 존재하는 세계를 의식적으로 직접 알고 나서, 이 둘을 비교할 수 있어야 한다. 그런데 문제는 우리가 결코 경험 바깥으로 나갈 수 없다는 거다. 우리는 결코 그 자체로 존재하는 세계에 도달할 수 없다. 따라서 우리는 그 자체로 존재하는 세계를 우리의 경험과 비교하거나 그 둘 간의 유사성 여부를 평가할 수 없다. 결국 우리 경험이 어떤 식으로든 세계와 일치한다고 가정할 어떠한 근거도 찾을 수가 없는 것이다.

우리는 여전히 지식의 영역인 인식론의 영토 속에 머물러 있다. 우리는 (물리적인 세계라고 추정되는) 그 자체로 존재하는 세계에 관해 아무것도 알 수 없다는 결론에 직면했다. 경험 바깥으로 나가서, 있는 그대로의 세계에 도달할 수 없기 때문이다. 그런데 만약 우리가 있는 그대로의 세계에 도달할 수 없다면, 그리고 추정된 그 물리적 세계에 대해 전혀 알 길이 없다면, 어떻게 우리가 그 세계에 관해 유의미하거나 정합적으로 이야기할 수 있겠는가? 어떻게 우리는 우리가 전혀 알 길이 없는 어떤 것에 관해서 말할 수 있는가? 비트겐슈타인이 언젠가 말했던 것처럼, 말할 수 없는 것에 대해서는 침묵해야 한다.*

따라서 우리는 다음과 같은 결론으로 내몰리는 것처럼 보인

---

* 이는 1916년에 출간된 비트겐슈타인의 첫 번째 책 《논리-철학 논고 *Tractatus Logico-Philosophicus*》의 마지막 문장이다. "나는 생각한다, 고로 존재한다"만큼 유명하지는 않지만, 가장 유명한 철학적 선언 열 개를 꼽으라면 들어갈 만하다.

다. 우리가 조금이나마 알 수 있는 유일한 실재, 따라서 우리가 그나마 유의미하게 말할 수 있는 유일한 실재는 오직 정신적인 실재뿐이다. 경험, 관념, 생각 그리고 여타의 심적 요소들로 이루어진 실재 말이다.

지금까지 우리가 살펴본 사유의 흐름은 아일랜드의 철학자 겸 주교 조지 버클리George Berkeley, 1685~1753와 관련이 있다. 그가 옹호했다고 알려진 관념론이라는 견해는 우리가 실재라 부르는 것은 정신적인 것이라는 입장이다. 관념론은 우리가 〈매트릭스〉에서 발견한 형태의 회의주의가 자연스럽게 확장된 결과물이다.

이런 견해가 터무니없게 들리는가? 정말 그렇게 들린다면, 당신이 일상에서 늘 경험하는, 이를테면 풀에 관한 시각 경험 같은 것을 예로 들어보자. 풀은 녹색으로 보인다. 그런데 풀은 실제로 녹색인가? 가령 밤에는 더 이상 녹색이 아닌 건가, 아니면 계속 녹색이지만 단지 빛이 충분하지 않아서 그렇게 안 보일 뿐인가? 풀이 녹색이라면, 그 녹색은 어디에 있는가? 풀은 원자나 분자로 이루어져 있다. 이 원자나 분자가 녹색인가? 아마 아닐 것이다. 원자나 분자는 녹색을 띨 수 있는 성질의 것이 아니다. 원자나 분자 그 자체는 아무 색깔이 없다. 색깔은 다른 단계에서 등장한다. 과학적 설명에 따르면, 풀은 특유의 분자 구조 때문에 전자기 스펙트럼의 특정 부분을 흡수하고 다른 특정 부분은 반사한다. 말하자면 풀은 특정 주파수의 전자기 에너지를 흡수하고 다른 주파수의 전자기 에너지는 반사한다. 그리고 풀이 흡수하는 전자기 에너지의 주파수가 우연히도 녹색 빛에 대응한다. 이것이 우리가 풀을 녹색으로 보게 되는 이유다.

그렇다면 이는 무엇을 의미하는가? 풀이 반사하는 일정 양의 전자기 스펙트럼이 녹색이란 말인가? 그렇게 보기는 어렵다. 빛의 녹색 파장이 풀에서 떨어져나와 우리 눈을 향해 다가오는 것을 우리가 보는 것 같지는 않다. 풀이 반사하는 전자기 에너지는 눈으로 볼 수 있는 것이 아니다. 그렇다면 도대체 어떻게 된다는 건가? 뇌가 전자기 방사선의 반사된 파장을 녹색으로 해석한다는 설명도 있다. 그렇다면 녹색이 뇌의 활동과 더불어 비로소 등장한다는 건가? 아마 그럴지도 모른다. 그런데 이는 정확히 무엇을 의미하는가? 뇌 속에 녹색인 무언가가 들어 있다는 건가? 그럴 리가 없다. 뇌는 끈적거리는 회색 물질로서, 우리가 아는 한 녹색은 아니다. 우리가 풀을 볼 때 뇌의 아주 작은 한쪽 부분이 녹색으로 바뀌는 건 아닐 것이다. 이는 마치 분홍색 물방울무늬의 12면체를 보면 우리 뇌의 일부분이 분홍색 물방울무늬의 12면체로 변한다는 말과 같다. 뇌는 분명 경이로운 물질이지만, 그 정도로 경이롭지는 않다.

그렇다면 풀의 녹색은 어디에 있는 걸까? 색깔과 관련해서 기분이 오싹해지는 점은 그것이 아무데도 없다는 것이다. 풀이든 뇌든 그 사이의 공간이든 어디든, 물리적 세계 어디를 둘러보아도 우리는 녹색을 찾을 수 없다. 그것은 실재하지만, 어디에도 없다. 버클리 같은 관념론자들은 자신들의 생각이 바로 이런 점을 완벽하게 설명한다고 주장한다. 색깔은 모종의 경험, 즉 순전히 정신적인 존재다. 색깔은 물리적 실재의 일부가 아니라, 정신적 실재의 일부라는 것이다. 관념론자들에 따르면, 나머지 것들도 마찬가지다. 우리는 물리적 실재라는 생각에 어떠한 의미도 부여할 수 없다. 모든 실재는 정신적이다.

아무리 그래도 이런 생각은 분명히 잘못된 주장처럼 보일 것이다. 그런데 한번 자문해보라. 당신이 할 수 있는 어떤 경험이든 간에, 관념론이 거짓임을 보여줄 경험이 있는가? 있다고 생각한 사람들이 많았다. 하지만 그들은 실제로 그렇게 똑똑하지 못했다. 예를 들어 영국의 유명한 시인이자 평론가인 새뮤얼 존슨 Samuel Johnson 박사는 버클리의 관념론을 쉽게 폐기할 수 있다고 생각했다. 그는 돌멩이를 차면서 "자, 이로써 나는 버클리의 관념론을 반박했다!"라고 거듭 주장했다. 그런데 사실 버클리는 이러한 반론을 매우 쉽게 물리칠 수 있다. 관념론적인 그의 구도에서 보면, 지금 진행되는 일의 실상은 다양한 시각 경험에 뒤이어 또다른 경험들이 발생했다는 것뿐이다. 내 발의 운동 및 돌멩이와의 접촉에 관한 지각들, 내 신체 운동에 대한 근筋감각, 무언가 접촉이 이루어졌다는 발의 감각 등이 발생한 다음에, 거리를 따라 날아가는 돌멩이에 대한 시각 경험과 그것이 길바닥에 부딪히는 소리 등이 뒤따른다. 처음부터 끝까지 모두 경험뿐이다. 우리는 결코 경험 바깥으로 나가서, 경험과 독립적으로 존재한다고 가정된 물리적 세계에 도달할 수 없다. 따라서 우리가 경험 바깥으로

나가는 데 성공했다고 확신하게 해줄, 우리가 할 수 있는 어떤 가능한 경험도 존재하지 않는다. 우리가 세계에 관해 경험으로 발견할 수 있는 그 무엇도 관념론이 틀렸음을 확신시켜줄 수 없다.

지식과 삶의 의미

지식의 문제, 즉 우리가 무언가를 아는 것이 과연 가능한가 하는 문제는 앞 장에서 살펴본 삶의 의미 문제와 거리가 있어 보인다. 그러나 실은 이 문제들은 서로 나란히 대응한다. 실제로 이것들은 본질적으로는 같은 문제가 다른 방식으로 전개된 것뿐이다. 두 문제 모두 우리가 자신에 대해 안으로부터 갖게 된 견해와 밖으로부터 갖게 된 견해 사이의 부조화에 의존한다. 안에서 보면, 우리는 의미와 목적의 중심이다. 밖에서 보면, 우리는 그런 존재가 아니다. 그 결과 우리에게는 삶의 의미 문제가 생긴다. 안에서 보면, 우리는 아는 게 많은 생명체, 자기 자신이나 주위 세계에 관해서 다양한 것을 알 수 있는 능력을 지닌 생명체다. 밖에서 보면, 우리는 그런 존재가 아니다. 우리는 세계에 관해서나 심지어 우리 자신에 관해서도 아무것도 알지 못한다. 그리고 그 결과 우리에게는 지식의 문제가 생긴다. 우리는 안으로부터 의미와 지식을 발견한다. 하지만 밖으로부터, 즉 영원의 상 아래에서 보면, 우리는 어느 쪽에서도 가능성을 발견하지 못한다.

이것은 삶의 의미 문제가 어떻게 겉보기엔 다른 얘기를 하는 것 같은 문제로 변형되는지 보여주는 한 가지 사례다. 하지만 이 문제들은 근본적으로 같다. 이는 안과 바깥의 부조화, 주의를 안으로 돌릴 때 발견하는 것과 시선을 밖으로 향할 때 발견하는 것 사이의 충돌이다. 이런 의미에서 철학, 아니, 좋은 철학은 그 안에 뛰어든 사람들이 깨닫든 깨닫지 못하든 간에 언제나 삶의 의미 문제와 연관되어 있다. 이 문제는 끊임없이 변형되며, 처음에는 이런 형태로 표출되었다가 그다음에는 저런 형태로 표출된다. 이 문제의 다양한 표출 방식에 대해 연구하고, 응답하고, 해결하고, 해소하려는 시도가 바로 철학이다.

안과 밖의 충돌이 변형되고 표출된다는 이 주제는 절대적으로 중요한 또 다른 철학적 난제 속에서 되풀이된다. 다음 장에서 검토할 심신문제mind-body problem가 바로 그것이다.

매트릭스The Matrix(1999) | 감독 앤디 워쇼스키, 라나 워쇼스키 | 출연 키아누 리브스, 로렌스 피시번

3장

터미네이터 The Terminator

–

심신문제

The
Philosopher
at the End of
the Universe

마음 : 안과 밖

안으로부터의 견해와 밖으로부터의 견해 사이의 대립은 철학 전체에서 가장 중요하고 지속적인 또 하나의 문제를 제기한다. 마음이란 무엇인가? 이 질문에 답하는 것과 연관된 쟁점을 통틀어 심신문제라고 한다. 잠시 동안 당신의 마음속에서 무슨 일이 일어나고 있는지 생각해보라. 당신의 주의를 1초나 2초 동안 안으로 돌려보라. 무엇을 발견하는가? 당신이 평범한 사람이라면, 아마도 생각, 경험, 느낌, 감정, 희망, 공포, 기대, 믿음, 욕구, 의도 등을 발견할 것이다. 우리는 이것들을 마음의 거주자들이라 부를 수 있다.

이러한 마음의 거주자들은 다양한 속성을 지니고 있다. 그중 일부, 특히 느낌, 경험, 감정 등은 당신에게 어떤 특정한 방식으로 보이거나 느껴질 것이다. 당신은 고통스럽다, 슬프다, 즐겁다 등으로 그것들을 명명한다. 최근의 철학 논의에서 종종 표현되는 바에 따르면, 어떤 느낌이나 감정, 또는 경험을 갖는다는 건 바로 이런 것이라고 할 수 있는 그 무언가가 있다. 다른 거주자들, 특히 생각, 믿음, 욕구는 또 다른 독특한 속성을 지닌다. 즉, 그것들은 다른 어떤 대상에 관한 것들이다. 가령 "아널드 슈워제네거는 현재 살아 있는 가장 위대한 오스트리아 태생의 사람이다"라는 생각은 아널드 및 아널드와 위대성의 관계에 관한 생각이다. (그리고 암묵적으로는, 살아 있는 다른 오스트리아 출신들과 비교해서 아널드가 위대성과 맺고 있는 관계의 강도에 관한 생각이다.) 어떤 경험, 느낌, 감정을 갖는 것처럼 보이거나 느껴지는 방식에 관해 말하는 것은 철학자들이 의식consciousness이라 부르는 것, 더 정확히 말하면 현상적 의식phenomenal consciousness이라 부르는 것에 관한 얘기가 된다. 생각, 믿음, 욕구는 다른 것들에 관한 것이라고 말할 때, 그건 철학자들이 이른바 지향성intentionality이라 부르는 것에 관한 얘기인 셈이다. 그리하여, 안으로부터의 견해는 우리에게 마음의 거주자들을 비롯해 그것들이 갖는 의식과 지향성이라는 두 가지 중요하고도 독특한 특징을 함께 드러내준다.

이제 밖으로부터의 견해를 취해보자. 마음과 관련해서 말할 때, 밖으로부터의 견해는 두개골을 절개하고 그 안의 뇌를 들여다보는, 이를테면 신경외과 의사의 견해다. 외과 의사는 당신의 마음을 안으로부터 경험할 수 없다. 오직 당신만이 그렇게 할 수 있다. 하지만 외과 의사는 당신 머리의 내용물을 검사함으로써, 당신 마음을 밖에서 쳐다볼 수 있다. 이러한 관점에 서면, 마음의 거주자들은 전혀 다른 어떤 것들로 대체된다. 표면상으로 외과 의사는 축축한 회색 물질을 발견한다. 현미경, 자기공명영상장치, 전극 임플란트 등의 다양한 장비들은 이러한 표면적 견해에 더하여 그 의사에게 복잡한 정보처리 체계로서의 뇌라는 좀 더 복잡한 그림을 보여준다. 뇌는 말단 단위인 뉴런들 사이에 전기화학적 메시지가 매우 빠른 속도로 오고가는 복잡한 정보처리 체계다. 하지만 기록이나 측정 도구가 아무리 발전한다 한들, 그런 것들이 뇌에 대해 내놓는 견해는 근본적인 방식에서 크게 다르지 않을 것이다. 이것이 바로 마음에 대한 밖으로부터의 견해다.

　우리는 마음에 대한 내부의 견해와 외부의 견해를 서로 정합적으로 들어맞게 하는 방법을 알지 못한다. 그 때문에 심신문제가 발생한다. 다시 말해서, 우리는 이 두 견해가 어떻게 하나의 동일한 대상에 관한 것이 되는지 이해할 수 없다. 어떻게 마음의 거주자들이 단지 뇌 활동과 같은 것일 수 있나? 어떻게 의식과 지향성이라는 이 거주자들의 독특한 특징이 뇌 활동으로 산출될 수 있는가? 문제를 파악하기 위해서 뇌의 활동이 무엇인지를 살펴보자. 한 뉴런에서 일어나는 전기적 활동으로 인해 그 뉴런은 신경전달물질이라고 부르는 특정한 화학물질을 방출하게 된다. 신경전달물질은 시냅스 간극이라는 것을 가로질러서 다른 뉴런으로 스며들어간다. 이는 다시 두 번째 뉴런의 발화를 일으키며, 이러한 과정이 계속된다. 궁극적으로 이것이 바로 뇌 활동이다. 그런데 어떻게 이런 종류의 활동들이 모여, 발끝을 차이거나 사랑에 빠지거나 좋아하는 팀이 승리할 때 갖게 되는 그런 느낌이 된단 말인가? 다시 말해서, 뇌 활동은 그것들이 모여 의식이 되기에는 번지수가 맞지 않는 것들로 보인다. 또한 전형적으로 전기화학 작용을 하는 것에 지나지 않는 뇌의 상태가, 어떻게 다른 어떤 것에 관한 것일 수 있는가? 다시 말해서, 뇌 활동은 그것들이 모여 지향성이 되기에는 또다시 번지수가 맞지 않는 것들로 보인다.

그 결과 우리에게는 심신문제가 발생한다. 마음에는 안과 바깥이 있다. 하지만 우리는 어떻게 그 바깥이 우리가 아는 바로 그 안의 바깥이 된다는 건지를 이해할 수 없다. 우리는 뇌가 그 안의 바깥이라는 것을 안다. 아니, 그러리라 강하게 추측한다. 그러나 우리는 어떻게 뇌가 그 안에서 일어나는 일들을 산출하는지, 뇌 활동이 도대체 어떻게 안에서 일어나는 그런 일들이 된다는 것인지 도무지 이해할 수 없다.

오스트리아 출신의 위대한 철학자 아널드 슈워제네거가 바로 이 문제에 관해서 한 가지 중대한 철학적 공헌을 하게 된다.

오스트리아 철학에 대한 짧은 소개

오스트리아에는 스키를 제외하곤 좋은 게 별로 없다고 생각하는 사람들이 있다. 그런데 사실 오스트리아는 위대한, 아니 적어도 썩 괜찮은 20세기 철학자 상당수를 배출했다. 몇 사람만 거명한다면, 루트비히 비트겐슈타인, 카를 포퍼, 지크문트 프로이트Sigmund Freud, 오토 바이닝거Otto Weininger, 카를 크라우스Karl Kraus, 프리드리히 바이스만Fridrich Weismann이 있다. 그런데 오스트

리아 창공의 가장 빛나는 큰 별은 '오스트리아의 떡갈나무Austrian
Oak'라는 애칭을 지닌 의심할 여지없는 할리우드 철학계의 거물
아널드 슈워제네거다. 농담이 아니다! 사실 나는 그가 출연한 거
의 모든 영화를 이 책에서 다룰 수 있었을 정도다. (물론 〈유치원
에 간 사나이〉(1990)는 제외하고. 이 영화는 슬프게도 한 거대한 인간의
철학적 쇠퇴가 시작됨을 보여준다.)

다음 장에서는 폴 버호벤이 감독한 영화사상의 걸작 〈토탈
리콜〉(1990)을 통하여, 아널드가 철학 일반, 그중 특히 인격동일
성이라는 개념에 기여했던 예리하고도 결정적인 공헌의 일부를
추가로 살펴볼 기회를 가질 것이다. 그 작품 외에도 〈프레데터〉
(1987)에서는 채식주의에 대한 세련된 옹호와 모든 형태의 수
렵 허용 청원 집단에 대한 통렬한 공격을 발견할 수 있다. 〈마지
막 액션 히어로〉는 가능세계possible world라는 주제를 탐구한다.
여기서 아널드는 허구적인 인물들의 존재론적 지위를 검토하면
서, 결과적으로 양상실재론modal realism의 한 형태를 옹호한다. 양
상실재론이란 가능세계가 현실세계actual world와 거의 동등한 의
미로 존재한다는 견해다. 이는 고인이 된 프린스턴 대학의 위대
한 철학자 데이비드 루이스David Lewis의 견해와 연관된 입장이다.
〈트윈스〉는 인간의 형성과 관련하여 본성과 양육이 차지하는 상
대적인 역할 비중을 탐구한다. 〈러닝 맨〉에서 발견되는, 공리주의
도덕 이론에 대한 강력한 비판은 아예 말을 말자. 그럴 경우에,
그의 철학적 공헌의 폭과 깊이를 감안한다면, 이 책이 아주 아널

드 판이 될 실질적인 위험이 있다. 이를 피하기 위해서, 나는 오직 두 가지 주제에 한정하여 이 거대한 철학자를 이용하겠다. 그중 하나가 심신문제다. 그리고 이 문제에 대한 아널드의 가장 중요한 공헌은 비교를 불허하는 〈터미네이터〉 시리즈에서 찾을 수 있다.

살고 싶다면 나를 따르라

린다 해밀턴이 세라 코너 역을 연기한다. 세라에게는 약간 문제가 있다. 그녀는 미래의 어떤 특정되지 않은 시간에 존이라는 아들을 낳게 될 것이다. 존은 장차 지구를 지배할 지능적인 기계들에 대항하는 인간 저항군의 지도자가 될 것이다. 당연히 기계들은 이를 달갑게 여기지 않는다. 기계들은 편리하게도 타임머신을 개발하여, 존을 낳기 전에 세라를 제거하려고 자신들과 같은 기계 한 대를 과거로 보낸다. 터미네이터(아널드)라고 알려진 유형의 로봇이다. 미래의 존은 당연히 자신이 태어나지 못할지도 모르는 상황을 달갑게 생각하지 않는다. 존은 엄마인 세라와 아직 태어나지 않은 (아니, 아직 잉태도 되지 않은) 자신을 보호하기 위해 마이클 빈을 과거로 보낸다. 거두절미하고, 마이클 빈은 세라에게 존을 임신시키고(간계가 뛰어난 존은 마이클이 자기 아버지란 걸 이미 알았던 거다!) 우여곡절 끝에 아널드를 파괴하지만,

불행히도 본인도 죽게 된다. 이것이 제임스 캐머런의 영화 〈터미네이터〉 1편의 줄거리다.

〈터미네이터 2 : 심판의 날〉(1991)은 1편의 시점보다 15년 정도 뒤에 일어난 이야기를 다룬다. 세라는 정신병동에 갇혀 있고 에드워드 펄롱이 연기한 그녀의 어린 아들 존은 약간 버릇없는 녀석으로 성장했다. 기계들은 다시 한 번 세라와 존을 죽이기로 결정하고, 이번에는 액체 금속 기술을 기반으로 성능이 향상된 신형 터미네이터 로버트 패트릭을 과거로 보낸다. 그런데 이제는 인간들도 터미네이터형 로봇(아널드)을 자체 보유하고 있었고, 그래서 세라와 존을 보호하기 위해 그 로봇을 과거로 보낸다. 따라서 아널드는 이 후속편에서는 선한 진영에 속한다. 그리고 결국엔 아널드가 승리하게 되고, 컴퓨터 제조업체인 사이버다인 사가 나중에 모든 인간을 죽이려 들 슈퍼컴퓨터를 발명하지 못하게 하려고 영웅적으로 자신을 희생한다. 시간의 역설은 할리우드 각본가들이 애호하는 소재지만, 어쨌든 사이버다인 사의 과학자들이 미래에 세상을 지배하는 컴퓨터 방어체계 구축 방법을 감 잡게 된 것은 1편에서 터미네이터가 파괴되면서 남긴 로봇 팔의 잔해 덕분이었다. 2편의 착한 슈워제네거는 그 로봇 팔을 파괴하고, 같은 일이 반복되지 않게 하려고 용광로에 제 발로 들어가 자신을 녹여 없앤다. 그리고 그렇게 해서 세계를 구한다. 아니, 적어도 인류를 구한다.* 오스트리아의 떡갈나무가 노상 하는 일이다.

킬러 사이보그 : 제작 안내서

지금 킬러 사이보그가 필요하다고 가정해보자. 예를 들어 반드시 숙적을 제거해야 하는데, 당신에게는 타임머신이 있다. 당신은 킬러 사이보그를 과거로 보내서 당신의 숙적이 숙적으로 미처 성장하기 전에 제거할 필요가 있다. 킬러 사이보그를 어떻게 만들어야 할까? 당신이 생각하는 설계 사양은 어떤 것인가?

무엇보다도 과거로 돌아가 숙적을 제거하게 될 킬러 사이보그는 상당히 지능적이어야 한다. '지능'은 무엇을 의미하는가? 유감스럽게도 보편적으로 인정되는 지능의 정의는 없지만, 널리 인정되는 지능의 특징은 있다. 그리고 우리의 사이보그의 경우에는, 우리가 기대하는 게 무엇인지 정확하게 알고 있다.

(1) 지각 : 우리의 사이보그는 환경을 지각하는 능력이 있어야 한다. 예를 들어 〈터미네이터 2〉의 오프닝 장면에서처럼, 우리의 사이보그가 알몸으로 술집에 들어갔는데 폭주족 여러 명이 접근해올 경우, 그는 이 폭주족들을 지각할 수 있어야 한다.

(2) 범주화 : 온전한 의미의 지각은 범주화를 포함한다. 접근하는 폭주족들은 호의적/적대적, 위험/무해, 인간/비인간, 폭주족/비폭주족 등의 적절한 방식으로 범주화되어야 한다.

---

* 그런데 2편에서도 슈워제네거는 제철소에서 로버트 패트릭과 싸울 때 거대한 기계의 톱니바퀴에 팔이 끼어 자신의 로봇 손을 남기게 된다. 3편에 대한 암시다.

(1)과 (2)의 조건을 합하면, 우리의 사이보그는 자신의 주변 환경에서 정보를 획득할 수 있어야 한다는 얘기가 된다. 그런데 지능은 단순히 정보를 획득하는 것 이상을 포함한다. 정보를 적절한 방식으로 이용할 줄도 알아야 한다. 여기서 '적절하다'는 것은 무엇을 의미하는가? 거칠게 말해서, 이는 '당신 자신의 목표와 계획에 소용이 있는 방식으로 이용됨'을 의미한다. 우리의 사이보그가 획득한 정보를 숙적을 찾아서 죽인다는 목표, 또는 지금 상황에서는, 숙적의 어머니를 찾아 죽인다는 목표를 추진하는 방식으로 이용할 때, 그것을 적절하게 이용한 것이다. 그러므로 (1)과 (2)에 이어서 지능의 세 번째 요건을 덧붙일 수 있다.

(3) 활용 : 환경에서 획득된 정보는 그 정보를 획득한 사이보그의 목표와 계획을 진전시키는 방식으로 활용될 수 있어야 한다.

환경에서 획득된 정보를 당신의 목표와 계획을 추진하는 방식으로 사용하기 위한 필요조건은, 당연하게도 먼저 당신에게 실제로 목표와 계획이 있어야 한다는 것이다. 목표나 계획을 가리키기 위해 철학에서 사용하는 일반적인 용어가 있다. 바로 믿음과 욕구다. 다시 말해서, 목표는 모종의 욕구, 가령 어떤 특정한 상황이 일어나기를 바라는 욕구로 간주될 수 있다. 계획은 모종의 믿음, 가령 당신이 이러저러한 일을 하면 이러저러한 일들이 일어날 것이라는 식의 믿음으로 간주될 수 있다. 따라서 (3)에 대해서, 명백해 보이는 다음 필요조건을 덧붙일 수 있다.

(4) 정신성mentality : 우리의 사이보그는 우리가 '심적 상태'라고 부르는 것들을 적어도 일부는 가지고 있어야 한다. 이를테면 믿음과 욕구 같은 것들을 말이다.

예를 들어 폭주족이 우리의 사이보그에게 접근한다고 해보자. 사이보그는 무언가가 접근하고 있음을 지각하고, 그것을 인간으로, 다시 폭주족으로 범주화한다. 적대적이라고 범주화할 수도 있지만, 사이보그가 가진 힘을 감안하면 아마 그냥 무해하다고 범주화할 것이다. 사이보그는 또한 자신의 시야에 포착되는 몇 가지 물건, 특히 검은 가죽바지, 재킷, 폭주족 스타일의 멋진 선글라스를 의류용품으로 범주화할 것이다. 그는 이 모든 물건이 세라 코너와 존 코너를 구한다는 자신의 총괄 목표(욕구)를 충족시키는 데 사용될 수 있음을 알아차린다(믿음). (이는 〈터미네이터 2〉의 상황이다. 슈워제네거는 여기서 착한 편이다.) 그래서 그는 폭주족을 습격하여 쓸모가 있는 옷가지 등 여러 물건을 빼앗는다. 여기서 우리는 환경에서 정보를 획득하고, 자신의 총괄 목표와 계획을 추진하기 위해 이 정보를 이용하는 사이보그의 사례를 얻는다. 대략 말한다면, 이것이 바로 지능이다.

그렇다면, 이런 의미의 지능을 갖춘 사이보그를 어떻게 만들까? 이 문제를 성공적으로 해결할 수 있다면, 심신문제를 해결하는 데 상당한 진전이 있을 것이다.

이원론

어떤 사람들은 우리가 지능을 갖춘 킬러 사이보그를 만들 수 없다고 생각한다. 지능은 마음을 가진 존재자의 전유물이다. 그리고 사이보그는 마음을 가질 수 있는 종류의 존재가 아니다. 왜 아닐까? 사이보그는 순전히 물리적인 존재인데, 정신은 물리적이지 않기 때문이다. 우리 인간은 전적으로 물리적인 존재가 아니기 때문에 마음이 있다. 우리의 일부는 물리적 신체나 물리적 세계의 나머지 부분과 상당히 다르다. 그게 바로 우리의 마음이다. 무엇이 되었건, 그것은 물리적인 것이 아니다. 사이보그는 이러한 비非물리적 구성요소를 가질 수 없다. 사이보그는 단지 강철과 전자회로로 구성되므로 마음을 소유할 수 없다. 따라서 사이보그는 지능을 과시할 수도 없다. 단지 기계일 뿐이다. 사이보그는 우리가 프로그램한 일들을 수행할 수 있지만, 진정한 지능은 그 정도에 그치지 않는다.

이것이 바로 이원론dualism이라고 알려진 견해다. 대부분의 이원론자들에 따르면, 우리 인간들 각자는 킬러 사이보그를 포함해서 다른 것들이 흉내 낼 수 없는 매우 특별한 존재다. 뇌를 다루는 외과 의사가 당신의 머리를 열었을 때 그 안에서 마음의 거주자들을 찾을 수 없는 이유는, 사실상 그 거주자들이 전혀 물리적인 존재가 아니기 때문이다. 어떤 의미에서 그것들은 뇌 안에 있다. 하지만 물리적인 의미로는 그 안에 없다. 따라서 그것들은 뇌 과학자의 물리적인 탐구 방법으로 드러날 수 있는 것들이 아니다. 이런 의미에서, 인간은 합성적인 존재다. 우리는 물리적 요소와 비물리적 요소 둘 다로 이루어져 있다. 신체 기관은 세포로 분해되고, 세포는 다시 원자와 분자로 분해되듯이, 우리의 물리적 요소는 점점 더 작은 부분들로 단계적으로 분해될 수 있다. 이 모든 단계에서 우리가 발견하는 것은 모두 물리적인 것들이다. 이원론자들에 따르면, 마음의 거주자들은 결코 이런 종류의 것들이 아니다.

반면에 터미네이터 같은 사이보그는 순전히 물리적인 존재다. 최소한 공식적으로는 그렇다. 이 점은 〈터미네이터 1〉에서 슈워제네거가 금속 골격과 빨갛게 빛나는 신경 파워팩이 달린 모습으로 바뀌었을 때 매우 분명하게 강조되었다. 그러므로 이원론에 따르면, 순전히 물리적인 사이보그는 마음을 가질 수 있는 존재가 아니다. 그것은 사고나 경험을 가질 수 있거나, 사이보그의 자체 목적을 수행하는 데 꼭 필요한 (아니, 실제로 애초에 목적이라는 것을 갖기 위해서 필요한) 지능을 보여줄 수 있는 존재가 아니다. 따라서 사실상 사이보그는 전혀 불가능하다. 마음을 가질 수 있는 사이보그라는 발상 자체가 아예 이치에 닿지 않는다.

내 생각에 이원론에 대한 가장 결정적인 반론 중 하나는 바로 이것이다. 이원론은 훌륭한 SF영화를 불가능한 것으로 만든다. 우리 모두가 열성적인 이원론자라면, 과연 〈터미네이터〉 시리즈를 만들 수 있었을까? 그럴 수 없었을 것이다. 우리 중 그 누구도 기계가 그렇게 지능적이고 유연하게 행동하리라 믿지 않았을 것이다. 지능과 더불어 변화하는 환경에 유연하게 반응하는 성향은 마음을 지닌 존재들의 속성이다. 기계는 순전히 물리적인 존재로서 마음이 없다. 같은 이유에서 우리는 〈매트릭스〉, 〈블레이드 러너〉, 〈스타트랙〉, 〈스페이스 오디세이 2001〉, 〈로스트 인 스페이스〉 등도 볼 수 없었을 것이다. 우리 모두가 이원론자라면, 지능적 기계와 연관된 어떤 SF영화도 너무 어처구니가 없어 웃기지도 않는 코미디 영화와 비슷한 운명을 겪게 될 것이다.

물론 SF영화의 내재적 가치를 들먹일 필요까지도 없는, 철학적으로 좀 더 엄밀한 반론들이 있다. 먼저 이원론자는 정확히 무슨 얘기를 하는 걸까? 이원론자는 마음이 비물리적이라고 말한다. 사고하고 추론하는 우리의 어떤 부분, 의식이 있고 다른 것들에 '관한' 우리의 어떤 한 부분인 마음은 비물리적이라는 것이다. 그런데 비물리적이라는 게 정확히 무슨 뜻인가? 그것은 대략 다음과 같은 의미로 받아들여진다.

마음은…
- 크기나 형태가 없고
- 질량이 없어서 무게도 없으며

- 색깔이나 냄새 등이 없고
- 원자나 분자 같은 인식 가능한 물리적 입자들로 이루어져 있지 않으며
- (가령 에너지 보존의 법칙과 같은) 자연 법칙을 따르지 않는다.

여기에 한 가지 눈에 띄는 특징이 있다. 위의 설명은 마음이 무엇인지를 순전히 부정하는 식으로 설명하려 한다. 그러나 이는 정작 마음이 무엇인지는 아무것도 말해주지 않는다. 단지 마음은 어떤 것이 아닌지를 말해줄 뿐이다. 이것은 (바위도 아니고 고양이도 아니고 구름도 아니고 주택도 아니라는 식으로) 개가 아닌 모든 것을 나열함으로써 개가 무엇인지를 설명하려는 것이나 마찬가지다. 당신이 우주에서 개가 아닌 모든 것을 나열할 정도로 참을성이 대단하다 해도(그리고 그럴 능력이 있는 불사의 존재라고 해도), 당신은 개를 모르는 누군가에게 여전히 개가 무엇인지를 전혀 설명하지 않은 셈이다. 마찬가지로 이원론자가 정신이 비물리적이라고 말할 때, 그가 의미 있는 무언가를 정말로 말했는지는 결코 분명치 않다. 다시 말해서, 이원론자가 자신이 무엇에 대해 얘기하고 있는지를 조금이라도 아는 건지 분명치 않다.

만약 이원론자가 자신이 무엇에 대해 얘기하고 있는지 알고 있음을 보여주고자 한다면, 마음에 관하여 단지 그건 이런 게 아니라는 식 말고 더 많은 것을 말해야 한다. 이원론자가 마음에 관하여 적극적으로 말할 수 있는 게 있는가? 이원론자가 말하는 한

가지는 마음이 무슨 일을 하는가와 관련되어 있다. 이원론자에 따르면, 마음은 우리가 사고하고 추론하게 해주며, 의식하게 하고, 세상의 나머지 대부분의 것들과 차별화되는 온갖 영리한 일들을 할 수 있게 해준다. 그러나 이것만으로는 충분하지 않다. 그건 모두가 아는 사실이다. 마음 덕분에 사고와 추론을 할 수 있다는 사실은 모든 사람이 인정할 수 있다. 나중에 보게 되겠지만, 유물론자로 알려진 이원론 반대자들 또한 우리가 마음을 가진 덕분에 세계의 나머지 것들과 차별화되는 영리한 일늘을 할 수 있게 되었다고 주장한다. 다만 마음이 적어도 대략 뇌와 동일하다는 것뿐이다. 다시 말해서, 우리를 세계의 나머지 것들과 차별화해주는 영리한 일들을 처리하는 것은 바로 뇌다. 그리고 마음의 거주자들에 관해서 말할 때, 우리는 실제로 뇌 속에서 진행되는 다양한 과정들에 대해서 말하고 있는 것이다. 따라서 만약 이원론자가 마음에 관해 말할 때, 자기가 무엇에 관해 말하고 있는지 안다는 걸 보이고 싶다면, 마음이 어떤 게 아닌지 하는 정도보다 더 많은 것을 말해야 하며, 또한 마음이 무슨 일을 하는지보다 더 많은 것을 말해야 한다. 그는 마음이 무엇인지 말해야 한다. 그런데 어떤 이원론자도 실제로 이것을 말한 적이 없다.

우리가 이 문제를 해결하고, 마음이 비물리적이라는 이원론자의 생각에 어떤 의미를 부여하는 데 성공한다고 하더라도, 어떻게 이러한 비물리적인 무언가가 나머지 물리적 세계에 영향을 미치는지 설명해야 하는 문제가 여전히 남는다. 문제는 이원론자들이 마음을 물리적인 것들과 너무 다른 것으로 만들어놓는 바람에, 어떻게 마음이 물리적인 어떤 것에 영향을 끼치고 또 물리적인 어떤 것으로부터 영향을 받는지를 도통 이해하기 어렵게 되었다는 것이다. 어떤 것이 다른 것에 영향을 끼칠 수 있는 능력은 그러한 상호작용이 가능할 정도로 두 사물이 공통적인 속성이나 특징을 충분히 공유한다는 사실을 전제로 한다.

왜 그런지 이해하기 위해서, 하나의 사물이 다른 것에 영향을 미치는 간단한 사례를 하나 들어보자. 당구공 하나가 다른 당구공에 가서 부딪혀 그 공을 움직이게 만든다. 이런 식의 상황에서 정확히 어떤 일이 일어나는 걸까? 공 하나가 다른 공에 점점 더 가까워진다. 마침내 두 공 사이에 아무런 간격이 없어지며, 두 공이 접촉한다. 그러고 나서 두 번째 공이 움직인다. 우리는 이 과정을 운동량의 전송이라는 개념으로 좀 더 상세히 설명할 수 있다. 첫 번째 공은 자체의 질량과 속도에 따라 일정한 운동량을 갖게 되며, 두 번째 공에 부딪힐 때 그 운동량의 일부가 전송된다. 결과적으로 두 번째 공이 일정한 속도를 얻게 되며, 그에 따라 일정한 운동량을 갖게 된다.

여기서 더 나아가, 에너지는 창조되거나 파괴되지 않으며 단지 한 형태에서 다른 형태로 전환될 뿐이라는 열역학 제1법칙에 입각해 이러한 운동량의 전송을 설명할 수 있다. 첫 번째 공은 자체의 질량과 속도에 따라 일정한 운동에너지를 갖는다. 이 첫 번째 공이 두 번째 공에 부딪힐 때 첫 번째 공의 운동에너지는 줄어들지만 이는 에너지가 파괴된 것이 아니라 다른 형태로 변환한 것이다. 최초 운동에너지의 일부는 공기 중에 압축파라고 하는 특정 패턴의 진동을 만든다. 이 압축파가 우리 귀에 도달하면, 우리는 그것을 하나의 공이 다른 공에 부딪히는 소리로 해석한다. 최초 운동에너지의 또 다른 일부는 두 번째 공으로 전송되고, 그 공이 특정한 속도로 운동하게끔 만든다. 이 속도는 두 번째 공의 질량(그리고 그 표면의 마찰력)의 함수다.

우리는 두 공의 전반적인 운동에 대한 기술이나 운동량이나 에너지 전송 개념을 통한 운동의 설명 등을 모두 잘 이해한다. 그리고 이러한 종류의 설명에 입각하여, 어떻게 하나의 공이 다른 공에 영향을 미치게 되는지를 대략적으로 이해한다. 이원론자의 문제는 이런 식의 설명이 적어도 이원론자들의 방식으로 이해된 마음이나 심리적 현상에는 적용되지 않는다는 것이다.

이원론에 따르면, 마음은 크기나 형태가 없다. 그런데 크기나 형태가 없는 어떤 것에 어떻게 가까이 다가갈 수 있는가? 이원론자에 따르면, 마음은 질량을 갖지 않으며 따라서 무게도 갖지 않는다. 그런데 운동량은 질량과 속도를 곱한 값이다. 그렇다면 심적인 어떤 것이 어떻게 운동량을 가질 수 있는가? 어떤 대상의 운동에너지는 질량의 절반에 속도의 제곱을 곱한 값이다. 이원론자가 이해한 대로라면, 심적인 그 무엇이 어떻게 운동에너지를 가질 수 있는가? 만약 마음이 질량을 갖지 않는다면, 그것은 분명히 운동량이나 운동에너지를 가질 수 있는 유형의 것이 아니다. 그러므로 마음은 물리적인 것들과 인과적으로 상호 작용할 수 있는 유형의 것이 아니다.

간단히 말해서, 물리적인 것들 사이의 상호작용은 운동량이나 운동에너지 같은 어떤 양의 전달을 통해 이루어진다. 그러나 이원론자가 옳다면, 마음을 비롯해 마음 현상 일반은 어떤 양을 가질 수 있는 유형의 것이 아니다. 따라서 이원론자가 옳다면 우리는 비물리적인 마음과 물리적인 육체가 어떻게 상호작용하는지 이해할 수 없다.

이원론자의 문제는 마음과 육체가 너무나 분명하게 상호작용을 한다는 점이다. 어떤 폭주족이 사이보그인 아널드에게 다가간다. 오토바이의 빛이 슈워제네거의 시각 장치에 도달한다. 이것은 순전히 물리적인 사건이다. 그러자 그 빛은 슈워제네거의 지각과 범주화 프로그램의 작동을 인과적으로 야기한다. 이로써 사이보그 슈워제네거는 자기 앞에 있는 물체가 폭주족이라고 믿게 된다. 그런데 이 믿음은 일종의 심적 상태이며, 무엇인가를 믿게 되는 것은 심적 사건이다. 따라서 우리는 물리적 사건이 심적 사건을 야기하는 사례를 갖게 된다. 아널드가 자기에게 다가오는 물체가 폭주족임을 지각하고, 그자의 바지, 재킷, 선글라스가 존 코너와 세라 코너를 찾는 데 유용한 장비라고 믿게 되면, 이 지각과 믿음은 서로 결합하여 사이보그에게 특정한 일을 하게 만든다. 즉 아널드가 폭주족을 때려눕히고 그의 옷가지를 빼앗게 만든다. 그러므로 믿음, 지각, 욕구 같은 심적 상태는 서로 결합해 폭주족의 옷을 탈취하는 데 필요해 보이는 특정한 신체적 움직임을 인과적으로 야기한다. 그러나 신체적인 움직임은 물리적인 사건이다.

이에 관련해서는 사이보그 아널드이건 보통의 생물학적인 아널드이건 간에 사실상 큰 차이는 없다. 후자의 경우에 (물리적인) 빛은 슈워제네거의 눈에 부딪힌다(이것은 물리적 사건이다). 그러면 시신경을 통해 아널드 뇌의 시각피질로 메시지가 전송된다(이것은 또 다른 물리적 사건이다). 아널드의 대뇌 피질, 특히 하측두 피질에서 많은 일이 진행된다.* 최종 결과는 '이런, 폭주족이군!'이거나 그와 유사한 형태의 믿음에 해당하는 심적 사건이다. 이렇듯 다양한 물리적 사건이 공모하여 어떤 심적 사건을 산출한다. 이 심적 사건은 다시, 가령 폭주족의 선글라스가 〈터미네이터 2〉의 홍보 문제와 관련해 상업적으로 잘 써먹을 수 있겠다는 믿음 같은, 다른 심적 사건들과 공모하여 폭주족을 강탈하는 일에 동반되는 물리적 움직임을 야기한다. 따라서 이 경우에 상호작용의 방향이 반전된다. 심적 사건들이 물리적 사건들을 야기하는 것이다.

심적인 것과 물리적인 것이 상호작용한다는 주장은 따로 옹호하지 않아도 될 정도로 너무나 명백하게 참이다. 이는 우리 모두에게 하루에도 수천 번 혹은 수백만 번씩 일어나는 일이다. 이

---

* 미안하다, 아는 척 한번 했다.

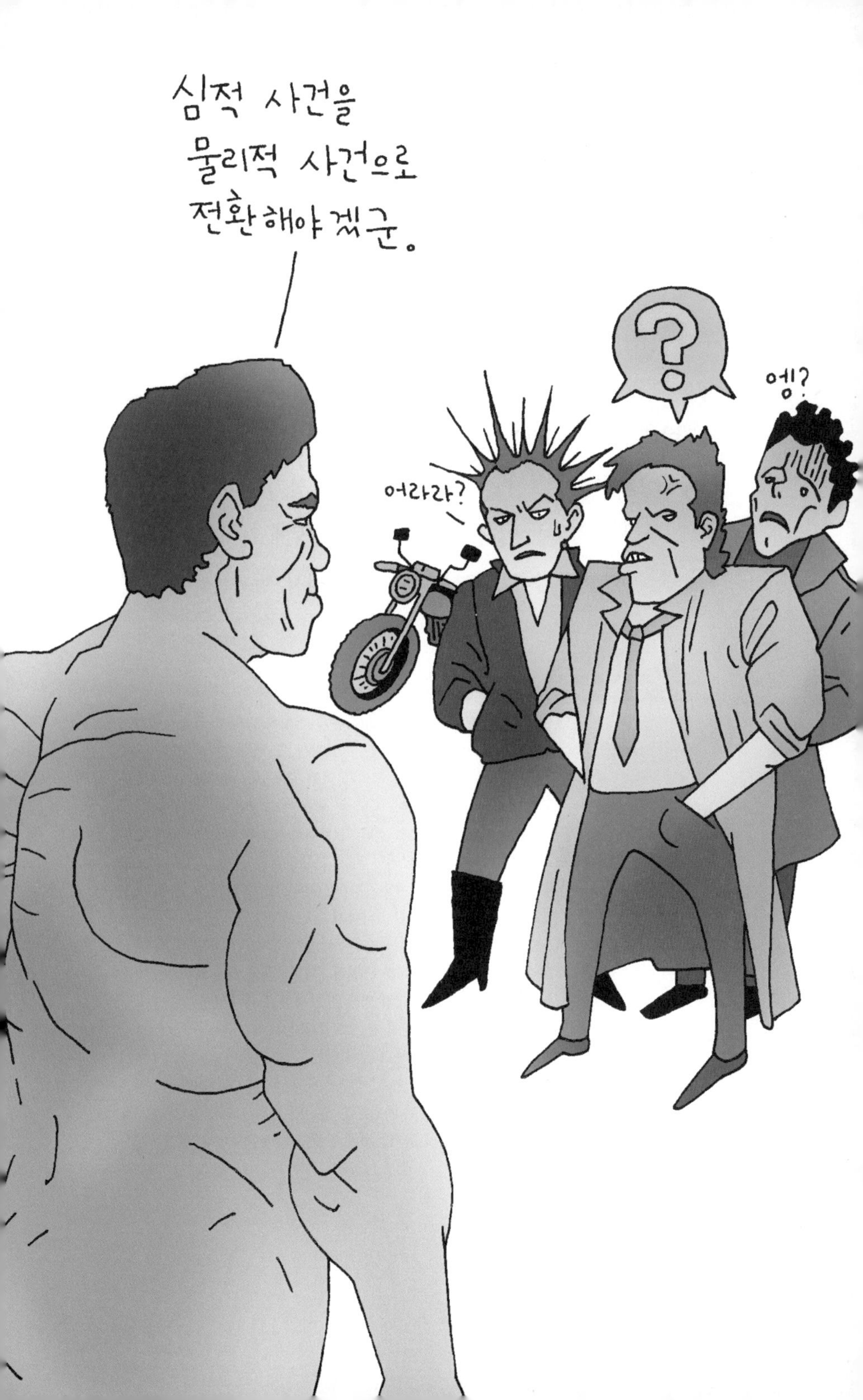
심적 사건을
물리적 사건으로
전환해야겠군.
어라라?
?
엥?

모든 주장이 말해주는 바는, 세계 속에서 발생하는 사건은 우리가 보고 생각하고 느끼는 일들을 인과적으로 야기할 수 있다는 것이다. 그리고 우리가 보고 생각하고 느낀 것은 우리가 세계 안에서 다양한 일을 하게끔 인과적으로 야기할 수 있다. 그것이 전부다. 당신이 이 주장을 거부하려 한다면, 아마 완전히 미친놈 취급을 받을 거다.*

이원론자의 문제는 심적인 것과 물리적인 것의 상호작용이 너무나 명백해서 그것을 부정하기가 거의 불가능하다는 데 있다. 그러나 이원론은 이러한 상호작용이 어떻게 일어날 수 있는지 도저히 이해할 수 없게 만든다. 다시 말해서, 이원론은 우리에

---

* 그렇지만 그래도 결국 많은 사람이 이러한 상호작용을 부인하고자 하는 것을 완전히 막지는 못했다. 예를 들어 **부수현상론**epiphenomenalism은 인과성의 방향이 일방적이라는 견해다. 물리적 사건들은 정신적 사건들을 야기할 수 있지만, 그 반대는 가능하지 않다. 이는 우리가 보고 생각하고 느낀 그 어떤 것도 우리가 어떤 일을 하도록 야기할 수 없다는 주장에 해당한다. 정말 바보 같은 주장이다. 아니지, 정말 바보 같은 주장일까? 5장에서 자유의지라는 개념을 살펴볼 때, 이 문제를 조금 더 살펴볼 것이다. 이보다 더 기괴한 주장은 **평행론**parallelism이라는 견해다. 정신적인 사건과 물리적인 사건은 결코 서로를 야기하지 않는다. 단지 신에게서 비롯된 우연의 일치 때문에, 심적 사건들과 물리적 사건들은 적절한 방식으로 동시에 일어날 뿐이다. 따라서 당신이 이 책을 볼 때, 당신에게는 마치 당신이 이 책을 보는 것처럼 여겨진다. 그러나 사실상 실제로 일어난 일은, 당신이 책이 있는 쪽으로 고개를 돌릴 때, 신이 책과 관련된 경험이 당신 마음속에 일어나도록 야기하고 당신은 '아, 책이군!'이라는 형태의 믿음을 형성한 것이다. (평행론자의 견해에서 신은 매우 바쁘신 분이다.) 이는 분명히 전 시대를 통틀어서 가장 어리석은 생각 중 하나이며, 사람들이 자기가 무조건 고수하고 싶어 하는 특정 견해에 집착할 때 빠지게 되는 극단의 나락이 어디까지인지 잘 보여준다. 이 경우에, 평행론의 동기가 되는 것은 이원론이 틀림없이 참이라는 믿음과 더불어 이원론은 심적인 것과 물리적인 것의 상호작용을 불가능하게 만들거나 최소한 이해 불가능하게 만든다는 깨달음이다. 평행론자는 그러한 상호작용이 없다고 답한다.

관한 가장 평범하고 명백한 사실 하나를 수용할 수 없게 만든다.

이원론은 아마도 시대를 통틀어 가장 철저하게 논박된 철학적 견해일 것이다. 이원론은 도대체 마음이란 무엇이며, 그런 마음이 수행하기로 되어 있는 일들이 도대체 어떻게 수행되는지 전혀 알려주지 않는다. 간단히 말해서, 이원론이 철저하고 면밀한 검토를 견뎌낼 가능성은 아널드의 영화에 나오는 교활한 악당이 아널드를 물리치고 모든 곤경을 용케 헤쳐나갈 가능성만큼이나 적다.

유물론

나에게 이원론의 실패는 기정사실이나 다름없다. 결국 이 책은 SF철학, 즉 SF영화에 구현되어 있는 철학을 다룬다. 만약 이원론이 참으로 판명난다면, 그 영화들 중 절반은 즉시 제외해야 한다. 이원론의 문제는 우리를 유물론materialism이라 알려진 견해로 방향전환하게 만든다. 철학에서 '유물론'은 돈을 사랑하거나 축재하는 것과는 아무런 상관이 없다. 유물론은 단순히 우리가 순전히 물리적 존재이며 그 이상도 그 이하도 아니라는 견해다. 우리는 다른 피조물들과 유사하다. 즉 다른 피조물들과 마찬가지 방식으로 간주되는 존재다. 다만 조금 더 복잡할 뿐이다. 우리는 아마도 조금 더 영리할 것이다. 그러나 이것은 단지 우리 뇌의 크기나 복잡성과 관련된 문제일 뿐이며, 나머지 다른 요소들과는 상관이 없다. 우리는 개나 고양이, 심지어 시계와 마찬가지로 물리적 존재다. 단지 우리를 구성하는 물질이 다른 물리적인 것들보다 좀 더 복잡한 방식으로 조직되어 있어서 우리를 더욱 영리하게 만들고, 다른 물체들이 할 수 없는 일을 하게 만들 뿐이다.

적어도 지능을 갖춘 기계가 가능하다는 〈터미네이터〉 시리즈의 전제를 우리가 기꺼이 인정하려 한다는 사실은, 우리 모두가 내심 은밀한 유물론자임을 암시한다. 그리고 그러지 않을 이유가 어디에 있나? 겉으로 보기에 논쟁할 여지가 전혀 없는 우리와 관련된 사실들이 유물론을 강력히 시사한다. 첫째는 계통발생phylogenesis(어원상으로 phylum은 종류, genesis는 시작에서 유래했다)으로 알려진 것과 관련이 있다. 이는 우리 전체 종의 기원을 의미한다. 우리가 아는 한, 우리 종의 기원은 순전히 물리적이다. 하나의 종으로서 우리는 유인원과 공통 조상에서 발생했고, 이 조상은 더 단순한 어떤 것에서 발생했으며, 그것은 다시 더더욱 단순한 어떤 것에서 발생했다. 이러한 과정을 거슬러 올라가면 원시수프primeval soup라는 것에까지 이른다. 걸쭉한 분자들의 바다 속에 분자적 펩티드 사슬이 떠다니는 원시수프는 지구상에 있는 모든 생명체의 기원을 발견하게 되는 곳이다. 만약 우리가 실제로 여기서 유래했다면, 우리의 기원은 순수하게 물리적이다.

이러한 물리적인 계통발생은 우리 한 명 한 명의 발생과 관련된 개체발생ontogenesis에도 반영되어 있다(어원상으로 onto는 사물, genesis는 시작에서 유래했다). 우리 각자는 정자와 난자가 결합된 수정란에서 유래한다. 이는 순전히 물리적인 것이다. 우리가 최소한 멀쩡한 얼굴을 하고서 개별적인 정자나 난자에 어떤 비물리적인 측면이 있다고 주장하기는 어려울 것이다. 그것들이 따로 있건 합쳐져 있건, 거기서 어떤 정신성의 징후를 탐지하기는 어려운 일이다. 따라서 엄청나게 압도적인 증거들이 보여주듯이, 우리 각자는 순전히 물리적인 기원을 갖는다.

그런데 우리가 종으로나 개체로나 순전히 물리적인 기원을 갖는다면, 어떻게 우리가 순전히 물리적인 것 이상의 존재가 될 수 있는지 이해하기 어렵게 된다. 다양한 사람들이 영혼주입 ensoulment이 언제 일어나는지, 즉 이전까지 순전히 물리적이었던 신체에 언제 비물리적인 본질적 요소가 부착되는지 말하고 싶어한다. 그리고 개중에 어떤 사람들은 더 잘 아는 게 분명하다. 특정 종교 분파들 사이에서 가장 선호되는 대답 중 하나는 바로 '수정 순간'이라는 것이다.* 그러나 이는 마치 벌집을 건드리는 꼴이다. 가령, 왜 하필 그때인가? 비물리적인 마음은 정자와 난자가 결합되기를 기다리는 동안에 어디서 무엇을 하고 있었는가? 그리고 더 나아가 진화가 우리의 신체같이 마음을 담기에 적합한 복잡한 신체적 운반자vehicle를 만들어오는 동안에, 그 모든 비물리적인 마음들은 어디서 대기하고 있었다는 건가? 또한 인간의 물리적 신체가 이러한 비물리적 마음을 담아내는 적합한 운반자

---

* 가령 가톨릭교회의 입장이 그렇다. 프로테스탄트에 좀 더 가까운 다른 종파들에서는 그것이 40일째에 일어난다고 주장하기도 한다.

라면, 사이보그 아널드의 몸체는 왜 적합하지 않은가? 만약 그것
도 운반자로 적합하다면, 사이보그 또한 영혼을 가지는가? 이런
종류의 모든 당혹스러운 질문들을 피해서, 차라리 유물론과 함
께 갈 수 있는 데까지 가보는 편이 더 낫겠다.

그렇다면, 훌륭한 유물론자가 주장하는 것처럼, 사이보그 아
널드 같은 순전히 물리적인 존재가 모종의 심적인 삶을 갖는 것
이 최소한 원리상으로 가능하다고 가정해보자. 그렇다면 마음을
갖는 일은 비물리적이거나 신비한 어떤 요소와 반드시 결부될
필요가 없다. 킬러 사이보그를 만들기 위해서 우리가 해야 할 일
은 단지 생산에 필요한 재료들을 올바른 방식으로 배열하는 방
법을 배우는 것이 전부다. 그런데 내가 우리가 해야 할 전부라고
쉽게 말하기는 했지만, 당연히 아직은 아무도 실제로 그 일을 어
떻게 해야 할지 실마리를 갖고 있지 않다.

하지만 컴퓨터가 그 출발점을 제공하는 건 분명하다.

고지식 컴퓨터

컴퓨터는 최근에 몇 가지 놀라운 성공을 거두었다. 그중에
서도 세계 체스 챔피언인 가리 카스파로프Gary Kasparov를 물리친
IBM의 컴퓨터 딥 블루Deep Blue가 중앙일간지에 가장 많이 등장
했다. 신문에 실린 일부 기사에 따르면, 카스파로프는 꼭 인간과

체스를 두는 것처럼 느꼈으며, 인간의 지적 우월성이 이제 종말에 다다른 것처럼 느껴져서 패배가 더 굴욕적이었다고 한다. 그의 생각이 옳았을까?

전혀 그렇지 않다. 딥 블루 같은 체스용 컴퓨터들과 관련된 한 가지 사실은 그것들이 한 가지 일을 매우 잘한다는 것이다. 그것뿐이다. 딥 블루는 땀 한 방울 흘리지 않고 세계 체스 챔피언을 이길 수 있다. 그런데 방을 가로지르거나 한 잔의 커피를 타는 일처럼 단순한(아니, 우리가 그렇다고 간주하는) 과제로 주의를 돌리게 되면, 카스파로프건 그 누구건 간에 딥 블루를 물리칠 수 있다. 이는 단지 딥 블루가 걸을 수 없다거나 차를 마시지 않기 때문만은 아니다. 딥 블루는 카스파로프에게 그런 일을 하는 방법을 말해줄 수조차 없다. 딥 블루 같은 컴퓨터 프로그램은 매우 전문화되어 있다. 그것은 한 가지 영역에서는 신의 경지에 도달한 것 같은 지능을 드러내지만, 다른 영역으로 오게 되면 완전히 바보 멍청이다. 이는 그것들이 설계된 방식 때문이다.

우리는 컴퓨터를 고지식과 똑똑이로 나누어 부를 수 있다. 딥 블루는 고지식 컴퓨터의 고전적 사례다. 전통적인 컴퓨터 시스템은 극단적인 고지식 성향을 띤다. 고지식 컴퓨터 설계의 기본은 일련의 기호들로 이루어진, 대체로 복잡하긴 하지만 고정된 프로그램이다. 예를 들어 컴퓨터가 레스토랑 안에서 적절한 방식으로 행동하도록 섕크R. Schank라는 친구가 설계한 유명한 프로그램이 있다.* 이런 유형의 프로그램은 흔히 **스크립트**script라고 불린다. 즉 프로그램 자체가 어떤 상황에 대처하여 적절히 행동하기 위한 스크립트(대본)다. 이 프로그램은 대략 다음과 같은 모습을 띤다.

장면 1 : 입장
PTRANS : 레스토랑으로 들어간다.
MBUILD : 테이블을 찾는다.
MOVE : 앉는다.

장면 2 : 주문
ATRANS : 메뉴를 받는다.
ATTEND : 메뉴를 살펴본다.
MBUILD : 메뉴를 결정한다.
MTRANS : 웨이트리스에게 주문한다.

장면 3 : 먹기
ATRANS : 음식을 받는다.
INGEST : 음식을 먹는다.

＊　R. Schank, 'Using knowledge to understand', TINLAP, 75, 1975. 도대체 어떤 사람이 컴퓨터를 그것도 저녁식사 상대로 레스토랑에 데려가고 싶어 하는지는 잘 모르겠다. 아마도 이 컴퓨터의 소유자 또한 고지식할 것이다.

장면 4 : 나가기

MTRANS : 계산서를 요청한다.

ATRANS : 웨이트리스에게 팁을 준다.

PTRANS : 계산대로 간다.

MTRANS : 계산대 직원에게 돈을 낸다.

PTRANS : 레스토랑을 나간다.

PTRANS나 MTRANS와 같은 표현에는 너무 신경 쓰지 마시라. 기본적으로, 이것들은 섕크가 고안한 특별한 사건 기술의 일부다. 예를 들어 PTRANS는 대상(예를 들면 당신)의 위치 변화를 나타낸다. MTRANS는 두 사물 사이에서 일어나는 관계 변화(가령 당신의 돈이 웨이트리스의 돈이 되는 것)를 나타낸다. 기본 발상은 너무나 분명하다. 이것들은 당신이 레스토랑에 가서 무엇을 할지에 관한 명령문들이다. 이것이 바로 프로그램의 본질이다. 프로그램은 어떤 상황에서 무엇을 할지에 대한 명령문들의 모음이다. 기본 발상은 만약 당신이 이 프로그램을 따르면 레스토랑에서 성공적으로 식사를 할 수 있으리라는 것이다.

하지만 적어도 우리가 아는 한 반드시 그렇지만은 않다! 레스토랑에 간다는 것은 무슨 일이 잘못되기만 기다리는 지뢰밭에 들어서는 것이나 진배없다. 레스토랑에 도착하여 테이블을 찾는다. 그런데 빈 테이블이 없다. 얼마나 오랫동안 빈 테이블을 찾아야 할까? 가령 빈 테이블을 찾는 일을 계속해도 무방한, 누구나 기꺼이 인정할 수 있는 시간의 길이가 있다. 레스토랑에서 꽉 찬 테이블 사이를 세 시간이나 비집고 돌아다닌다면 성미 급한 손님이나 참견하기 좋아하는 웨이터나 누구도 좋게 봐주지 않을 것이다. 따라서 빈 테이블이 없을 경우에 얼마나 오랫동안 테이블을 찾아야 할지에 대한 명령문을 프로그램에 추가해야 한다. 이러고 있는 동안에 함께 온 동반자가 반은 작심하고 불만을 터뜨린다고 가정해보자. 테이블을 예약해두라고 미리 말했건만 전혀 귀담아 듣지 않았던 거다. 이럴 때 기꺼이 수용될 수 있는 반응 태도에 관한 규칙들이 있다. 완전한 레스토랑 스크립트에는 이 모든 가능성이 포함되어 있어야 한다.

마침내 빈 테이블을 발견하고 앉은 후 메뉴판이 주어진다고 가정해보자. 어쨌든 그렇게만 바로 되면 얼마나 좋겠는가. 하지만 혹시라도 메뉴판이 즉시 주어지지 않을 때를 대비해서, 그럴 때는 어떻게 해야 할지를 알려주는 명령문, 즉 얼마 동안 메뉴판을 기다려야 하는지, 어떻게 웨이터의 주목을 끌어야 하는지 등등도 프로그램되어 있어야 할 것이다. 이제 메뉴판을 쳐다보고 메뉴를 결정한다. 완벽한 세계에서는 그럴 것이다. 그러나 동석자가 레스토랑의 메뉴판을 그냥 협의를 위한 기본 자료로만 취급한다면 어떤 일이 일어날까? 음식들의 난해한 조합과 재조합의 가능 여부를 종업원과 교섭해야 하고, 그 결과 종업원이 동석자에게 무례한 태도를 보인다. 이번에도 역시 이런 상황에서 어떻게 해야 할지 알려주는 명령문들이 포함되어야 한다. 이 경우에는 대체로 명령문의 규칙들이 매우 복잡해질 텐데, 당신이 동석자를 얼마나 좋아하는지, 그 레스토랑을 얼마나 좋아하는지 등에 관한 복잡한 비교 평가가 포함되어야 할 것이다. 마침내 음식이 나왔다. 그런데 솔직하게 말해서 평소만큼 훌륭하지가 않다. 혹시 동석자의 까다로운 요구사항에 화가 난 주방장이나 웨이터가(아니면 둘 다) 주문한 바닷가재 수프에 오줌을 눈 건 아닌지 의심이 든다. 어떻게 해야 하나? 이런 만약의 사태가 일어나면 어떻게 할지에 관한 명령문들도 포함되어 있어야 한다.

사실 우리는 레스토랑에 갔을 때 있어날 수 있는 고통과 불행의 일단만을 살짝 건드렸을 뿐이다. 그래도 대략 그림은 그려졌을 것이다. 레스토랑 방문을 다루는 어떤 프로그램도 실제 써먹을 수 있으려면 규모가 아주 커야 한다. 사실상 거대한 프로그램이어야 한다. 실제로는 워낙 거대해서 아무도 작성할 수 없을 정도일 것이다. 이런 종류의 프로그램, 즉 명령문 기반의 접근방식 중에서 극단적인 사례를 더글러스 레너트_{Douglas Lenat}의 CYC 프로젝트에서 찾을 수 있다. 이 프로젝트의 기본 발상은 그냥 더 많은 명령문을 계속 추가하자는 것이다. 원하는 결과를 얻을 때까지 계속해서 명령문을 점점 더 많이 추가하는 것이다. 그러나 이런 종류의 접근방식이 안고 있는 일반적인 문제는, 레스토랑 방문과 같은 일상적인 사건들에서 일어날 수 있는 유형의 이른바 만약의 사태들에는 끝이 없다는 것이다. 그러므로 이러한 돌발상황을 다루기 위해 추가해야 할 명령문 역시 끝이 있을 수 없다.

컴퓨터에 대한 고지식한 접근은 명령문 또는 프로그램 기반의 접근법이다. 그렇게 만들어진 시스템은 범위가 좁고 엄격하게 한정된 일들만 매우 훌륭하게 해낸다. 특히 그러한 일들이 수학 계산에서 볼 수 있는 것과 같은 수나 기호의 순차적 고속 연산과 관련될 경우에 그러하다. 그러나 고지식 시스템은 이러한 좁은 영역을 벗어나서, 가령 아름답지만 까다로운 여자 친구와 레스토랑에 가는 일 같은 영역으로 들어가면 절대적으로 가망이 없다. 논리에는 **훌륭**하나 애인에게는 **엉망임**. 불운한 프로필이다.

똑똑이 컴퓨터

그렇다면 우리의 킬러 사이보그는 고지식한 방식으로는 설계될 수 없다. 그런 설계로는 (세라 코너가 도망가거나, 세라 코너가 사이보그에게 총을 쏘거나, 세라 코너가 무릎으로 사이보그의 사타구니를 차려고 시도하는 등의) 예측 불가능하고 폭넓은 상황 변화에 유연하게 대응할 수 없다. 그리고 그렇게 대응할 수 있는 능력이야말로 진정한 지능의 특성이 아니겠는가. 우리에게 필요한 것은 사이보그에 대하여 똑똑이 방식의 설계 태도를 취하는 것이다. 이것이 본질적으로 의미하는 바는 사이보그의 두뇌가 신경 네트워크neural network 방식을 따라 설계되어야 한다는 것이다.

일명 연결주의connectionism 또는 병렬분산처리parallel distributed processing라고 알려져 있는 신경 네트워크 컴퓨터 모형은 최대한 실제 신경망처럼 컴퓨터 시스템을 만들어야 한다는 생각에 기반을 두고 있다. 다시 말해서, 뇌 모형을 기반으로 그런 구조가 가능하도록 컴퓨터 시스템을 설계해야 한다는 것이다. 따라서 신경 네트워크 모형은 뉴런과 유사한 개별적 유닛unit 또는 노드node들로 이루어진다. 이러한 유닛들은 뉴런이 발화하거나 그렇지 않은 것처럼, 흥분되거나 휴면 상태에 있을 수 있다. 한 뉴런이 자신의 활성화를 다른 뉴런들에게 전달하는 것처럼, 한 유닛의 활성화는 그것과 적절하게 연결된 다른 유닛들로 전달되거나 전파될 수 있다.

이런 종류의 시스템은 어떤 일을 할 수 있는가? 흥미로운 점은, 이러한 시스템이 인간이 잘하는 일에는 능숙하고 잘 못하는 일에는 서툴다는 것이다. 반면에 고지식 시스템은 인간이 잘 못하는 일에는 능숙하고 잘하는 일에는 서툴다. 이는 인간의 사고와 추론의 모형으로는, 신경 네트워크 모형이 훨씬 더 낫다는 것을 강력하게 시사한다.

고지식 시스템은 잘하고 인간과 똑똑이 시스템은 잘하지 못하는 일에는, 논리학이나 수학과 관련된 순차적인 대량 고속처리 연산이나, 이런 유형의 연산들이 확장되어 적용된 체스 게임 등이 속한다. 그러한 이유로 값싼 휴대용 계산기가 긴 곱셈 같은 것을 할 때 가장 재능이 뛰어나다는 인간 서번트savant전반적으로 보통 사람보다 지적 능력이 떨어지나 특정 분야에서는 놀라운 능력을 보이는 사람을 가리키는 말를 능가할 수 있으며, 딥 블루가 카스파로프에게 훌륭한 적수가 될 수 있다.

다른 한편으로 인간과 똑똑이 시스템은 매우 뛰어나지만 고지식 시스템은 매우 서툰 일에는 얼굴 인식, 움직이는 표적 가로채기 등이 포함된다. 이런 일들은 가령 달아나는 세라 코너를 인식하고 그녀를 날려버리려 할 때, 꼭 할 수 있어야만 하는 것들이다. 이런 일들은 모두 패턴 짝짓기pattern mapping라는 한 가지 유형의 기본적 조작으로 수렴된다. 예를 들어 얼굴을 인식하는 일은 현재 시각적 자극의 패턴을 저장된 패턴과 짝짓고, 일치 정도에 대한 척도를 이용하여 현재 패턴과 저장된 패턴의 동일성 여부를 결정하는 것이다. 인간의 뇌와 신경 네트워크 모형은 결국 패턴 짝짓기 장치인 셈이다.

뇌나 신경 네트워크 모형들이 작동하는 방식, 즉 패턴 짝짓기는 대개의 사람들이 컴퓨터는 할 수 없으리라 가정하는 학습을 신경 네트워크가 할 수 있도록 만들어주기도 한다. 사람들은 컴퓨터가 최소한 진정한 의미에서는 학습을 할 수 없으며, 오직 우리가 프로그램한 것들만 수행할 수 있다고 생각한다. 고지식 시스템의 경우에는 이런 얘기가 맞을 수 있다. 고지식 시스템에서 컴퓨터가 할 수 있는 일들은 주어진 프로그램이나 명령문에 엄격하게 묶여 있다. 그러나 똑똑이 방식의 신경 네트워크 모델에는 이런 얘기가 해당되지 않는다. 신경 네트워크는 (어떻게 학습할지 명시하는) 몇 가지 단순한 학습규칙에 따라 새로운 문제에 대해 새로운 해결책을 찾아내는 등의 새로운 기법들을 학습할 수 있다. 물론 학습규칙은 미리 프로그램되어 있어야 하지만, 이는 인간의 경우도 마찬가지다. 유일한 차이는 컴퓨터 시스템은 프로그래머에게서 규칙을 얻는 반면에, 우리는 진화와 환경으로부터 규칙을 얻는다는 것뿐이다. 이는 그리 큰 차이가 아니다.

그러므로 킬러 사이보그를 만들려면 제일 먼저 적절한 신경 네트워크 모형을 개발해야 한다. 그렇게 만들어진 사이보그는 아마도 수학이나 논리학, 체스 따위에는 그다지 뛰어나지 않을 것이다. 그런데 킬러 사이보그에게 그런 특수한 재능들이 왜 필요하겠는가? 〈터미네이터 3 : 아널드가 수학적 알고리듬을 증명하다〉. 이건 아니다. 이런 영화는 제작될 리 없다.

나, 로봇

사이보그에게 적당한 몸을 찾아주는 일은 단순히 실용적 차원의 문제가 아니다. 적당한 몸은 뇌를 만들기 위해 구축해야 하는 신경 네트워크의 복잡성을 상당히 줄여줄 수 있다. 그 이유는 사이보그가 일단 몸을 갖게 되면, 주변 세계에다 적절히 행위할 수 있는 몸의 능력 덕분에, 그가 완수해야 하는 심적 과제의 복잡성이 줄어들 수 있기 때문이다.

우리는 이러한 일반적인 생각에 친숙하다. 그림 맞추기 퍼즐을 할 때, 조각들을 집어서 이리저리 맞추어보지 못한다면 퍼즐이 얼마나 어려워질지 생각해보라. 우리는 각각의 조각마다 세밀한 심적 그림을 형성하고, 그것들이 서로 일치하는지 확인하기 위해 마음속으로 조각들을 동시에 회전시켜보아야 한다. 이건 지루할 뿐 아니라, 재미를 느끼기에는 너무나 힘든 노동과도 같은 일이다. 그래서 우리는 손으로 조각들을 집어서 이리저리 돌려보며 서로 맞는지를 확인해본다. 이런 방식으로 우리의 인지적 부담이 줄어든다. 우리가 종이 위에 긴 곱셈 문제를 써서 풀 때에도 같은 일이 벌어진다. 우리는 중간 결과를 종이에 기록해가면서, 문제를 단계별로 조금씩 풀어나간다. 우리 모두는 머리 안에서 긴 곱셈을 하는 것이 얼마나 어려운 일인지 안다(하긴, 어떤 사람은 종이에다 푸는 일도 너무 어렵다고 느끼긴 한다). 펜과 종이를 사용하는 것은 생짜로 우리 뇌에 가해지는 인지적 부담을 줄여준다. 이는 해답을 얻기 위해서 뇌가 수행해야 하는 인지 작업의 복잡성을 덜어준다.

우리는 흔히 뇌에 가해지는 부담을 덜기 위하여 세계에 무언가 작용을 가한다. 만약 우리가 완수해야 할 인지적 과제들을 풀기 위해 세계를 가지고 놀 수 없었다면, 즉 세계를 이용할 수 없었다면, 우리 뇌는 그만큼 더 복잡해졌어야 할 거다. 그러나 우리가 퍼즐 조각을 집어 들거나 펜과 종이를 이용하여 곱셈 문제를 풀 때 그러는 것처럼, 환경에 포함된 정보를 조작하고 활용할 수 있는 적당한 사이보그 몸을 찾는다면, 신경 네트워크로서 뇌는 우리가 생각하는 것만큼 그리 복잡할 필요가 없을 수도 있다. 지능을 비롯하여, 사고, 기억, 지각, 추론이라는 여러 정신적 과제를 수행하는 능력의 측면에서 보면, 실제로 뇌와 육체의 공헌은 따로 떼어놓고 볼 수가 없다.

아스타 라 비스타, 베이비

킬러 사이보그를 만드는 일은 기발해 보인다. 물론 그렇다. 하지만 그것은 유물론자가 마음과 심적인 것들에 대한 적절한 견해를 제시하려 할 때 활용 가능한 소재들이 무언지를 보여주는 한 가지 방식이다. 그 방식을 잘 보여준 아널드에게 감사한다. 그런데 그것이 마음에 관한 모든 문제를 해결해줄 것 같지는 않다. 예를 들어 뇌가 어떻게 의식을, 즉 경험을 하는 것으로 여겨지거나 느껴지는 방식을 산출하는지는 실제 아무도 모른다. 단지 우리가 킬러 사이보그를 만들 수 있다고 해서, 킬러 사이보그가 된다는 것이 과연 어떤 것인지 알고 있음을 의미하지는 않는다. 그리고 설령 의식이 있는 사이보그를 만드는 데 성공했다 하더라도, 어쩌다가 용케 그런 일을 해냈는지 아무런 단서도 찾지 못할 수 있다.

하지만, 어쨌든 아주 개괄적으로 볼 때, 데카르트를 비롯한 많은 이들은 십중팔구 틀렸다. 순전히 물리적인 것도 지능적일 수 있다. 다시 말해서, 순전히 물리적인 것도, 우리가 주의를 안으로 돌렸을 때 발견하게 되는 마음의 거주자들, 즉 심적 상태를 갖는 것들일 수 있다. 단지 올바른 형태로 체현된 신경 네트워크, 즉 올바른 형태의 몸에 올바른 형태의 신경 네트워크가 결합된 존재이기만 하면 된다. 나는 다음 수백 년 이내에 우리가 지능적인 기계를 만드는 일에 성공하리라 자신 있게 예측한다. 물론 그 예측이 잘못되었다고 증명될 무렵이면 나는 이미 죽고 없을 것임을 잘 아는 사람으로서 할 수 있는 예측에 불과하지만 말이다. 신경 네트워크 모형은 점점 더 복잡해지고 있다. 그것들은 이전까지는 할 수 없을 것으로 여겨졌던 점점 더 많은 일을 실제 수행하고 있다. 논리적, 수학적 추론을 수행하고, (놀라울 정도로 복잡한) 언어를 사용하는 일 등이 그런 것들이다. 그리고 우리가 이러한 일들을 달성하는 방식은 컴퓨터를 로봇으로 전환해가는 것이다. 네트워크 자체에 가해지는 부담을 줄이는 방식으로, 주변 환경을 조작할 수 있는 시스템(본질적으로 로봇들이 그에 해당한다)에 신경 네트워크가 장착되고 있다.

그다음에는 어떤 일이 일어날까? 새롭게 만들어진 이러한 지능적 존재는 우리에게 어떻게 반응할까? 인간을 섬길까? 아니면 인간을 파멸시키려 들까? 아니면 그냥 인간을 그리 신경 쓸 필요 없는 존재로 여길까? 지능적인 존재는 대개는 매우 못된 존재다. 적어도 인간의 역사에서 볼 때, 두 인종 사이에 기술적 발전에서 중대한 차이가 생기면 대개는 기술적으로 덜 발전된 인종이 전멸하거나 그에 근접한 결과로 귀착되곤 한다. 아메리카 원주민, 잉카족, 아스텍족, 마야족, 마타벨레족, 피르볼그족, 네안데르탈인, 크로마뇽인에게 물어보라. 우주가 점점 더 뛰어난 지능을 향해 진화하고 우주 자체에 대한 이해가 점점 더 확장됨에 따라, 실리콘 기반의 생명 형태인 이른바 메카노이드mechanoid 인간처럼 보이고 행동하도록 설계된 로봇 지능체들이 우리를 앞지르게 될지도 모를 일이다. 진화의 다음 단계가 우리에게 달려 있고 우리가 다음 단계 세대의 선조일지는 모르지만, 그 단계를 함께할 참여자는 아닐 수 있다. 누가 알랴? 혹여, 나쁜 결말이 우리 모두에게 닥쳐오고 있는지도.

아스타 라 비스타Hasta la vista, 베이비!〈터미네이터 2〉에서 슈워제네거가 급속 냉동된 T-1000에게 결정적으로 한 방 먹이면서 던지는 대사로, 헤어질 때 쓰는 스페인어 인사말임

터미네이터The Terminator(1984) | 감독 제임스 캐머런 | 출연 아널드 슈워제네거, 린다 해밀턴, 마이클 빈

터미네이터 2 : 심판의 날The Terminator 2 : Judgment Day(1991) | 감독 제임스 캐머런 | 출연 아널드 슈워제네거, 린다 해밀턴, 에드워드 펄롱

4장

토탈 리콜 Total Recall
6번째 날 The Sixth Day
–

인격동일성의 문제

The
philosopher
at the End of
the Universe

코앞에서 흔들기

내가 아널드 슈워제네거의 철학적 작업을 존경한다는 것은 이미 의심할 여지 없이 명백해졌을 것이다. 철학자 배우로서 아널드에 견줄 만한 사람은 없다. 독일의 철학자 칸트가 그랬던 것처럼, 아널드는 이후로 수많은 아류를 낳았다.* 하지만 1990년에 우리는 SF철학의 역사에서 결정적이라고 해도 좋을 한순간을 목격한다. 역시 아널드가 전 시대를 통틀어 가장 훌륭한 철학 영화 중 하나에서 주연을 맡게 된 것이다. 이 영화는 슈워제네거가 우리 시대의 가장 중요한 철학자 감독인 네덜란드의 폴 버호벤과 공동으로 작업한 결과물이다. 그런데 실상 슈워제네거와 버호벤에게 모든 공을 돌리는 것은 이 영화의 배후에 있는 또 다른 천재 필립 K. 딕에게는 매우 불공정한 처사다. 그는 이 영화가 기반을 둔 원작 소설의 작자다. 우리는 다음 장들에서 SF철학에 중대한 영향을 끼친 이 인물의 더 많은 작품들과 마주하게 될 것이다.

버호벤의 〈토탈 리콜〉(1990)은 너무 잔인하고 불필요한 (아

---

* 나는 지금까지 어떤 경우에도 '이마누엘 칸트'와 '아널드'라는 단어가 하나의 문장에 함께 등장한 적은 없었으리라 확신한다. 그런데도 철학에 새로운 것은 없다고 말하는 사람들이 있다니, 참 나.

니, 불필요하다고 주장되는) 폭력 장면 때문에 특정 부류의 비평가들에게서 자주 맹비난을 받았다. 예를 들어, 아널드가 에스컬레이터를 타고 올라가면서 기관총 세례를 피하려고 악당의 부하를 방패막이로 사용하는 장면을 확인해보라. 혹은 리히터 역으로 나오는 마이클 아이언사이드가 팔이 잘려나가며 죽는 장면을 떠올려보라. 하지만 이런 부류의 비평가들은 철학적 논증을 코앞에 들이밀고 흔들어대도 결코 알아차리지 못할 사람들이란 게 내 신중한 판단이다. 이 장면들이 잔인할지는 몰라도, 분명 불필요한 것은 아니다. 겉보기에는 폭력적이지만 이 영화는 기억이론memory theory이라는 특정한 인격동일성personal identity 이론을 세련되게 옹호하고 있다. (과장해서 말하면, 서양 철학사에서 이보다 더 설득력 있게 기억이론을 옹호한 예는 없었다. 존 로크John Locke 같은 역사적 거물이나 현대의 거장인 시드니 슈메이커Sydney Shoemaker가 기억이론을 옹호하려 했으나, 마음에 와 닿는 설득력이라는 측면에서 보면 누구도 버호벤-슈워제네거의 옹호에는 미치지 못한다.)

〈토탈 리콜〉

때는 2084년이다. 지구는 북부와 남부로 나뉘어 전쟁 중이다. 식민지가 된 화성의 주요 기능은, 어떤 연유인지 명시되진 않았지만 전쟁의 핵심 물자인 트라이비디엄이라는 광석을 공급하는 것이다. 식민지 화성은 빌라스 코하겐이란 자가 무자비하게 효율적으로 통치 중이다. 그는 자기가 태양계 최고의 직업을 가졌다고 말한다. 왜냐고? 트라이비디엄이 공급되는 한, 코하겐은 자신이 원하는 일은 무엇이든 할 수 있기 때문이다. 결과적으로, 그에게 걸림돌이 되는 것은 오로지 화성의 독립을 원하는 반란자들뿐이다. 반란자 다수는 방사능 때문에 텔레파시 능력을 갖게 된 돌연변이들이다.

한편 더글러스 퀘이드(아널드)는 화성에 관한 또 다른 악몽에서 깨어난다. 그는 늘 그런 꿈을 꾼다. 그리고 샤론 스톤(〈원초적 본능〉에 출현하기 전의)과 결혼했는데도 이상하게 지구에서의 삶에 만족하지 못하고 화성으로 이주하고 싶어 한다. 별로 놀랍지도 않지만, 앞으로 80년에 걸쳐 일어날 기술적 진보에도 불구하고, 아널드는 〈고인돌 가족 플린스톤〉에나 나올 법한 채석장에서 일한다. 화성을 식민지화하고, 로봇 택시 운전사가 돌아다니며, 진짜 기억과 구분이 불가능한 가짜 기억 이식 장치가 있는 시대에, 어째서 사람들이 여전히 착암기와 씨름하는 걸까?

기억 이식 장치라는 것이 사실 이 영화를 이해하는 핵심 단서다. 샤론은 당연히 아널드와 화성으로 이주하기를 꺼린다. (사실을 직시하자. 화성은 작고 추운 붉은색 행성일 뿐이다.) 그래서 아널드는 샤론이나 친구들의 충고에도 불구하고 기억 이식을 전문으로 하는 리콜이라는 회사를 찾아간다. 그는 화성에 다녀온 기억을 주문하고, 추가로 그 기억 속에서 화성에서 비밀 임무를 수행하는 스파이가 되는 옵션을 선택한다. 그런데 이 기억이 완전히 이식되기 전에, 아널드는 영화 속 업계에서 정신분열 색전증schizoid embolism이라고 부르는 증세를 보인다. 그것이 무엇인지 우리는 잘 모르지만 말이다. 리콜 사의 직원들은 누군가가(사악한 정보기관이다) 아널드의 실제 기억을 이미 지워버렸기 때문에 이런 증세가 나타났음을 알아챘다. 그래서 그들은 그냥 아널드를 택시에 처넣고 집에 보내버린다.

그러고 나서 아널드에게 이상한 일들이 일어나기 시작한다. 먼저 채석장에서 함께 일하는 친구들(바니 러블 등)이 그를 죽이려 하고, 그다음에는 아내가 그를 죽이려 하고, 그다음에는 기관에서 나온 리히터(마이클 아이언사이드)가 그를 죽이려고 한다. 눈치챘겠지만, 아널드의 아내는 진짜 아내가 아니다. 그의 모든 기억은 가짜다. 그녀는 사실 리히터의 애인이며, 임무를 띠고 아널드와 잠자리를 같이한 것이다. 지극히 당연하게도 리히터는 이 모든 일로 조금은 분개한 상태다.

그러다 아널드는 예전의 자기가 녹화한 메시지를 발견한다. 기억이 지워진 바로 그 남자는 자기가 하우저라며, 원래는 코하겐 수하의 비밀요원이었다고 주장한다. 그런데 그가 반란군에 가담하자 코하겐이 자신의 기억을 지웠다는 것이다. 하우저는 퀘이드에게 금속으로 된 긴 장비를 콧속으로 쑤셔 넣어서 비강에 삽입되어 있는 추적 장치를 빼버리고 똥 빠지게 빨리 화성으로 가라고 말한다.

화성에 도착한 아널드는 옛 혁명 동지들과 애인인 멜리나(레이철 티코틴)를 만나게 된다. (물론 그는 그들을 기억하지 못한다.) 그런데 반전이 일어난다. 모든 것이 함정이었다. 실제로 하우저는 반란군에 가담하지 않았으며, 완벽하게 위장하려고 자신의 기억을 지운 뒤에 새로운 기억, 즉 퀘이드의 기억을 이식한 것이다. 말하자면 자신이 위장한 줄도 모르는 비밀첩자가 된 것이다. 텔레파시 능력이 있는 돌연변이들은 누가 거짓말을 하는지 알아차릴 수 있기 때문에 하우저는 그들을 속이려고 이런 극단적인 방법을 채택한 것이다. 그는 적어도 자기가 아는 한 진실을 말하고 있었으므로, 돌연변이들도 그의 거짓말을 알아차릴 수 없었다.

그리하여 어쨌든 돌연변이 지도자인 쿠아토가 살해되고, 아널드와 멜리나는 생포된다. 물론 아널드는 탈출해서 멜리나를 구하고, 리히터를 죽이고, 코하겐도 죽인 다음에, 어떤 외계 기술을 이용하여 화성에 대기를 만든다. 오스트리아의 떡갈나무가 노상 하는 일이다.

이 영화는 무슨 문제를 다룬 걸까? 이 영화는 철학에서 인격 동일성의 문제로 알려져 있는 주제를 다룬다. 여기서 '인격'은 영어 'person'의 번역어다. 문맥에 따라 '사람'으로 옮기기도 했다. 신체적 특성이나 심적 특성을 귀속시킬 수 있는 행위와 책임의 주체로서 자아를 의미하는 개념 정도로 이해하면 된다 당신을 지금의 당신으로 만드는 것은 무엇인가 하는 문제다. 다시 말해서, 무엇이 당신을 다른 사람들과 다르게 만들며, 오늘의 당신과 내일의 당신을 같은 사람으로 만들어주는 것은 무엇인가? 이에 대한 버호벤-슈워제네거의 대답은 당신의 기억이다.

인격동일성의 문제

우리에게는 왜 인격동일성 이론이 필요한가? 스스로 한번 질문해보라. 오늘의 당신과 10년 전 당신은 같은 사람인가? 어떤 의미에서는 그렇고, 또 어떤 의미에서는 그렇지 않을 것이다. 물리적으로 당신은 당연히 10년 전 당신과 매우 다르다. 나처럼 갱년기에 들어섰다면 특히 그렇다. 10년 전에 당신 몸을 구성했던 거의 모든 세포는 이미 죽어서 대체되었다. 죽어서 대체되지 않는 것은 오직 뇌세포뿐이다. 뇌세포는 그냥 죽기만 한다.

당신은 또한 정신적으로도 변화했다. 아마 지금 당신은 10년 전에는 믿지 않았던 많은 것을 믿을 것이다. 당신은 지금 10년 전에는 갖고 있지 않았던 다양한 기억, 의견, 느낌, 감정, 욕구, 목표, 기획, 두려움을 가지고 있다. 우리 모두는 육체적으로, 정신적으로, 감정적으로 끊임없이 변한다. 시간이 흐름에 따라, 우리는 새로운 믿음을 획득하고 과거의 믿음을 거부하며, 새로운 기억을 얻고 이전의 기억을 잃어버린다. 이전에 우리가 그토록 강렬하게 느꼈던 감정은 희미해지고 새로운 감정이 대신한다. 우리는 모두 거의 모든 차원에서 끊임없이 변화한다. 그렇다면 어떻게 한 시점의 우리와 그다음 시점의 우리가 서로 같은 사람일 수 있는가?

어떤 사람들은 그럴 수 없다고 말한다. 아마도 최초로 이런 주장을 한 사람은 헤라클레이토스라고 하는 고대 그리스의 철학 자일 것이다.[*] 헤라클레이토스는 많은 얘기를 했는데, 그중에 상당수는 무슨 얘긴지 알아먹을 수가 없다. 불이나 사물들이 적당히 타오르고 적당히 꺼져간다거나 하는 등에 관한 얘기들이다. 그러나 단연코 그의 가장 유명한 주장은 이것이다. "당신은 같은 강물에 두 번 발을 담글 수 없다." 가령 템스 강을 예로 들어보자. 한 달 전에 이 강을 구성했던 물 분자는 지금 이 강을 구성하고 있는 물 분자와 완전히 다르다. 한 달 전의 물 분자들은 당연히 바다로 흘러 들어갔다. 따라서 헤라클레이토스에 따르면, 이러한 사실은 템스 강을 한 달 전과는 다른 강으로 만들어버린다. 맞는 말인가?

문제를 다르게 볼 수 있는 대안적 방식이 있는데, 또 다른 고대 그리스 철학자 아리스토텔레스가 이와 관련되어 있다. 아리스토텔레스에 따르면, 사물은 변화하지만, 그중 어떤 변화는 다른 변화보다 더 중요하다. 어떤 변화는 변화하는 사물의 존재를 종식시킬 만큼 중요하다. 그는 이런 변화를 본질적essential 변화라

---

[*] 사실 헤라클레이토스는 오늘날에는 터키에 속해 있는 밀레토스 출신이다. 그런데 당시에 이 지역은 그리스 식민지였으며, 범 그리스 문화의 일부였다. 헤라클레이토스가 있던 곳에서 조금 위로 올라가면 에페수스라는 곳이 있는데 서양 철학은 그곳 사람 탈레스 Thales 덕분에 탄생했다. 철학을 가동하기 위해 그가 한 말은 무엇이었나? "만물은 물이다." 이 친구, 심오한걸.

고 불렀다. 만약 어떤 것이 본질적 변화를 겪게 되면, 즉 본질적으로 변화하면, 그 사물은 더는 존재하지 않게 된다. 반면에, 변화하는 사물의 존재를 종식시킬 정도로 중요하지는 않은 변화들이 있다. 아리스토텔레스는 이러한 변화를 우연적accidental 변화라고 불렀다. 아리스토텔레스가 이 표현으로 어떤 변화가 예기치 않게 우발적으로 일어났음을 뜻한 것은 아니다. '우연적'이라는 말의 고대적 의미는 오늘날과는 매우 달랐다. 아리스토텔레스가 염두에 둔 우연적 변화라는 말의 의미는, 변화하는 대상의 존재를 끝장내기에 충분할 정도로 중요하지는 않은 변화라는 것이다.

예를 드는 것이 도움이 될 것이다. 내가 한때 옷을 지저분하게 입고 다닐 때, 나는 어떤 청바지든지 닳아 해질 때까지 주구장창 입곤 했다. 처음에는 무릎 쪽에 구멍이 생긴다. 일종의 변화다. 그런데 그것이 청바지의 존재를 끝장내는가? 당연히 아니다. 만일 그랬다면 그다음 여러 해 동안 내가 입고 다닌 것은 대체 무엇이겠나? 그렇다면 무릎에 생긴 구멍은 아리스토텔레스가 우연적 변화라고 한 그 변화다. 이번엔 반대쪽 무릎에도 구멍이 생긴다. 또 다른 우연적 변화다. 그다음에는 불가피하게 가랑이 쪽에 구멍이 생겼고, 그런 식으로 변화는 계속됐다. 당연한 얘기지만, 마침내 청바지라고 알아볼 수 있을 만한 게 전혀 남아 있지 않게 되었다. 다리는 다 떨어져나가고 솔기는 몽땅 다 뜯겨나갔다. 이제 그것은 전직 청바지가 되어버렸다. 이러한 변화는 청바지의 존재를 끝장낸다. 청바지에 관한 한, 그런 것들은 본질적 변화다. 특정 시점에도 그 청바지의 천이나 구성물의 일부는 여전히 존재한다. 하지만 청바지는 없다. 청바지가 본질적으로 변화한 것이다. 청바지는 존재하지 않게 되었다.

우리는 헤라클레이토스의 강물에 대해서도 거의 같은 얘기를 지적할 수 있다. 아리스토텔레스의 사유 노선을 따른다면, 흐르는 강물의 물 분자들이 바뀌는 것은, 설령 전부 다 바뀐다 하더라도 단지 강의 우연적 변화일 뿐이다. 강은 변화하지만 여전히 살아남는다. 즉 그런 변화 속에서도 존속한다. 이제 강물이 완전히 마르고 강기슭도 다 흙으로 메워져서 마침내 강의 흔적도 남아 있지 않게 되었다고 가정해보자. 이 경우는 분명히 강의 본질적 변화다. 이는 강이 더는 견뎌내지 못하는 변화다.

그렇다면 인격동일성 문제에서는 누구 생각이 옳을까? 헤라클레이토스인가, 아리스토텔레스인가? 내 생각에 아널드가 특히 최근에 인격동일성 문제에 관해 수행한 작업의 일반적인 방향은 어쨌든 헤라클레이토스가 문제를 바로 보긴 했다는 것이다. 물론 헤라클레이토스가 염두에 둔 이유들은 완전히 잘못되었지만 말이다. 아널드는 단지 우리가 끊임없이 변화한다는 사실로부터 시간의 흐름 속에 지속하는 내가 존재하지 않는다는 결론을 내릴 수 없다는 점에서는 아리스토텔레스에게 동의한다. 그런 식으로 결론을 내리는 건 아마 초보적인 실수일 거다. 내 생각에, 아널드는 단지 당신이 늘 변화한다는 사실이 당신이 없음을 의미하지는 않는다는 아리스토텔레스의 지적을 수용한다. 그럼에도 불구하고 아널드는 결국 이렇게 주장하게 된다. 당신은 없다. 하지만 아널드가 이 견해에 도달하기까지는 오랜 시간이 걸렸다. 아무렴, 이렇게 터무니없이 이상한 견해를 주장하는데 당연히 안 그랬으려고. 초기 작품에서 특히 버호벤과 중요한 협동 작업을 수행하는 동안에, 아널드는 훨씬 아리스토텔레스 쪽에 가까웠다. 그는 시간의 흐름 속에서 지속하는 자아 혹은 인격의 존재를 믿었다. 그런데 후기 작품에서 이 견해를 포기하게 된다. 왜 그랬는지 그의 철학적 입장의 발전 과정을 살펴보자.

'같음'의 애매함

만약 당신이 끊임없이 변한다는 사실에서 동일한 당신은 존재하지 않는다는 주장으로 나아가고 싶은 마음이 든다면, 이는 필시 '동일함(또는 같음)'이란 단어의 두 가지 뜻을 구분하는 데 실패했기 때문이다. 우리는 '동일하다'는 단어를 최소한 두 가지 다른 방식으로 사용한다. 예를 들어 사람들에 대해 말할 때에 우리는 가끔 어떤 이가 예전과는 완전히 다른 사람이 되었다고 말한다. 그런 말로 우리가 (흔히) 의미하는 바는 그 사람이 놀랍고도 근본적인 어떤 방식으로 변했다는 것이다. 예전의 수구적 신념과는 전혀 다른 급진 사상을 공언하거나, 한때는 품성이 상냥했는데 악랄하고 난폭한 성격으로 바뀌었다든지 하는 경우들이다. 거꾸로, 어떤 이가 이런 식으로 변하지 않았다면, 우리는 늘 그래왔듯 이전과 같은 사람이라고 얘기할 수 있다. 이런 뜻으로 같음과 다름을 사용하는 것에 어떠한 잘못도 없다. 우리는 이를 질적인qualitative 의미의 같음과 다름이라 부를 수 있다. 질적인 의미에서, 코카콜라 한 캔은 또 다른 코카콜라 한 캔과 같으나, 펩시콜라 한 캔과는 다르다. 만약 누군가 코카콜라 캔을 파란색으로 칠한다면 그것은 질적으로 변한 것이다. 그런 의미에서, 파란색 캔은 그 옆의 원래 코카콜라 캔과 더는 같지 않다. 마찬가지로, 우리는 '일란성' 쌍둥이 중 한 명이 다른 한 명과 '같다'고 말할 수 있다. 그렇다면 질적으로 '같다'는 것은 대략적으로 '매우 유사하다'는 것을 의미한다.

하지만 같음과 다름에는 또 다른 뜻이 있는데, 흔히 수적인numerical 의미라 불린다. 이런 의미에서는, 코카콜라 한 캔이 또 다른 코카콜라 한 캔과 같지 않다. 왜일까? 그것들은 서로 다른 대상이기 때문이다. 내 콜라 캔은 책상 위에 있고, 다른 캔은 당신이 쥐고 있다. 우리는 캔 하나는 남겨둔 채 다른 캔 하나를 없앨 수 있다. 따라서 이런 의미에서 그 둘은 같을 수 없다. 그것들은 질적으로는 같을 수 있지만 수적으로는 같지 않다.

어떤 이가 이전과는 다른 사람이 되었다고 말할 때, 보통은 그 사람이 어느 순간에 더는 존재하지 않고 새로운 사람이 그 자리를 대신하게 되었음을 의미하지 않는다. 다시 말해, 수적인 의미에서 '다른' 사람이라고 하는 것은 아니다. 어찌 되었건 그 사람이 죽고 다른 어떤 사람이 그 자리를 대신하게 된 것은 아니니까 말이다. 예를 들어 〈버피와 뱀파이어〉의 한 열혈 팬이 30대가 되자 돌연 〈버피와 뱀파이어〉는 최고의 텔레비전 시리즈가 아니며 그 영예는 〈발리키스앤젤〉아일랜드를 배경으로 소소한 주제를 다룬 가족 드라마에 돌아가야 한다고 판단한다 해보자. 이를 어째야 한단 말인가? (내 머릿속엔 '늙으면 죽어야지'라는 말이 떠오르지만, 일단 이 문제는 남겨두자) 의심할 여지 없는 초특급 비극이다. 이 정도 지적 쇠퇴는 언제나 비극이다. 그럼에도 불구하고, 아마 우리가 이로써 그 사람이 더는 존재하지 않게 되었다고 말하지는 않을 것이다. 과거의 그 사람이 더는 존재하지 않고, 다른 누군가가 그 자리를 대신 차지한 것처럼 된 건 아니다. 지금의 변화는 분명 비극적이고, 끔찍하고, 애통한 일이지만, 어쨌든 단지 우연적 변화일 뿐이다. 그 사람은 질적으로 변했지만 수적으로는 변하지 않았다.

　인격동일성에 관해 질문할 때, 우리가 묻는 것은 질적 동일성이 아니라 수적 동일성이다. 우리 모두는 질적으로 끊임없이 변한다. 누구나 그건 안다. 그런데 우리가 알고 싶은 것은 수적 동일성이다. 어떤 날의 당신과 그다음 날의 당신을 수적인 의미에서 같은 사람으로 만드는 것은 무엇인가? 그리고 당신을 나머지 사람들과 수적인 의미에서 구분되는 다른 사람으로 만드는 것은 무엇인가? 이것이 바로 우리가 알아내려는 것이다. 그리고 본질적 변화와 우연적 변화를 구분하는 것이 해답에 접근하는 한 가지 방식을 제공한다. 우리가 해야 할 일은 우리가 겪는 변화

중에서 어떤 것이 본질적이고 어떤 것이 우연적인지를 알아내는 것이다. 왜냐하면 본질적 변화는 우리의 존재를 끝장내는 변화, 즉 원래 그 사람으로서의 수적 동일성을 종식시키는 변화이기 때문이다. 그렇다면 이런 경우 우리의 변화되는 측면, 즉 변화를 겪으면서 우리가 잃게 되는 속성은 본질적 속성이어야 한다. 본질적 속성은 그게 없으면 더는 우리가 우리일 수 없는 그런 속성이다. 따라서 우리는 변화를 겪은 후에도 계속 살아남을 수 있는 변화는 무엇이며, 또 변화를 겪으면 더는 살아남을 수 없게 되는 변화는 무엇인지 찾아냄으로써, 우리에게 본질적인 요소가 무엇인지를, 즉 우리의 깊숙한 본성이 무엇인지를 찾아낼 수 있다.

그리고 믿거나 말거나 이게 바로 〈토탈 리콜〉이 전개되는 방식이다. 아널드는 기존 기억이 지워지고 새로운 기억이 자리를 대신하는 변화를 겪는다. 버호벤-슈워제네거는 이것이 본질적 변화라고 주장한다. 예전의 그 아널드(하우저)라는 사람은 더는 존재하지 않는다. 새로운 사람이 그 자리를 대신한다. 아널드가 언제나 그랬듯이 이 영화에서도 수많은 사람의 피를 흘리게 한 이유가 바로 이것이다. 그는 문자 그대로 자신의 목숨과 존재를 지키기 위해 싸우고 있는 것이다. 하우저의 기억인 과거의 기억을 원상 복구하면 그의 새로운 인격인 퀘이드의 존재가 문자 그대로 끝장이 날 것이다. 그렇게 해서 지금 버호벤-슈워제네거는 인격동일성 문제에 관해서 흔히 기억이론으로 알려진 견해를 옹호하는 셈이다. 만약 그들이 옳다면, 우리의 기억은 우리에게 본

질적인 것이다. 어떤 날의 우리와 그다음 날의 우리를 같은 사람으로 만들어주는 것, 그리고 우리를 나머지 다른 사람들과 다르게 만들어주는 것은 바로 우리의 기억이다.

맞는 말일까? 먼저 몇 가지 대안을 살펴보자.

체화된 영혼

아마도 기억이론에 맞설 가장 빤한 대안은 이른바 영혼이론 soul theory이라 부를 수 있는 견해일 것이다. 이 견해에 따르면, 우리 각자는 본질적으로 영혼이다. 이 영혼이 체화되어 embodied 신체라는 물리적 운반자 안에 자리를 잡은 것이다. 하지만 우리 각자에게 본질적인 것은 어쨌든 우리의 영혼이다. 지금의 당신과 어제, 지난주, 작년의 당신을 같은 사람으로 만드는 것은, 지금 당신의 영혼이 어제, 지난주, 작년의 그 영혼과 같기 때문이다. 그리고 당신을 지금의 당신과 같은 개별적인 하나의 인격으로 만들어주는 것, 당신이 타인과 다른 하나의 인격임을 보장해주는 것은 바로 당신 영혼의 유일성 uniqueness이다.

간단한가? 하지만 영혼이 정확히 뭐라고 간주되더라? 순전한 비물리적 대상이 아니던가. 다시 말해 사람들이 인격동일성 문제에 대한 답변으로 영혼을 언급하기 시작할 때, 결과적으로 그들은 우리가 지난 장에서 살펴보았던 이원론의 한 형태에 호소하는 셈이다. 그러나 이는 유감스러운 일이다. 앞 장에서 보았듯이 이원론은 엄청나게 문제가 많다. 영혼이론은 이원론의 그런 모든 골칫거리를 그대로 물려받는다.

설령 우리가 그런 문제들을 용케 해결했다손 치더라도(실제로는 안 될 일이지만), 인격동일성의 쟁점들을 설명하기 위해 영혼 개념을 사용하는 시도에 구체적으로 연관된 추가적인 문제들이 있다. 이를테면 영혼에 호소하는 것은 어떤 사람의 동일성에 관하여 정당화될 수 있는 그 어떤 판단도 불가능하게 만든다. 심지어 그 사람이 바로 자기 자신일 때조차 그렇다.

동일성에 관한 판단은 간단히 말해서 어떤 사람이 누구인가에 관한 판단이다. 그래서 '동일성'에 해당하는 'identity'라는 단어는 '정체성'이라는 말로도 번역할 수 있으며 실제로 두 단어의 의미는 상통한다고 말할 수 있다. 어떤 사람의 정체를 확인한다는 것, 즉 그 사람이 누구인지 확인한다는 것은 그 사람을 어쨌거나 무언가와 동일시하는 것이기 때문이다 당신이 나를 보고 혼잣말로 욕을 하거나 나를 피하려고 멀리 길을 건너가는 등의 관련 행동을 한다고 가정하자. 당신의 행위는 내가 누구인가에 대한 당신 판단에 입각해 있다. 그런데 영혼이론이 참이라고 가정해보자. 당신은 도대체 내가 누구인지 어떻게 알 수 있는가? 당신은 보거나, 듣거나, 만지거나, 냄새 맡거나, 맛보거나 하는 등의 방식으로 내 영혼을 감지할 수 있는가? 어딘지는 모르겠지만 하여간 영혼이 있기로 되어 있는 그 자리에 어떤 영혼이 들어앉아 있는지 당신은 어떻게 아는가?

그건 쉬운 문제라고 생각할지 모르겠다. 같은 신체가 있는 곳에 같은 영혼이 있다는 원리를 이용해서, 당신은 내 신체를 기초로 내가 누구인지를 판단할 수 있다. 당신은 내 신체를 보고, 이전에 만났던 신체와 같으니까 거기에 같은 영혼이 타고 있으리라 추리한다. 따라서 같은 나임을 알아차리고, 서둘러서 길을 건넌다. 그러나 이는 단지 문제를 일보 뒤로 물리는 일일 뿐이다. 같은 신체가 있는 곳에 같은 영혼이 있다는 원리를 믿을 만한 이유가 대체 뭔가? 다시 말해, 당신은 어떻게 신체와 영혼의 그런 상관관계를 확립할 수 있는가?

이 문제를 이해하기 위해서 당신이 좋아하는 맥주를 생각해보자. 여기에 당신이 선택한 여섯 개들이 맥주 꾸러미가 있다. 그런데 당신은 이 병들에 당신이 선택한 그 맥주가 담겨 있다는 걸 어떻게 아는가? 물론 병에는 상표가 적절히 붙어 있다. 그런데 병 바깥에 표시된 것과 그 안에 들어 있는 내용물의 상관관계는 어떻게 확립되는 걸까? 믿거나 말거나 요점은 이것이다. 병 바깥에 표시된 것과 안에 든 내용물의 상관관계를 확립하려면 당신은 병뚜껑을 따고 내용물을 마셔볼 수 있어야 한다. 당신은 바깥에 쓰인 표시를 보고, 병뚜껑을 따서, 내용물을 즐긴다. 이로써 좀 더 일반적인 요점을 잘 설명할 수 있게 되었다. 어떤 두 대상의 상관관계를 확립하려면 두 대상이 자기 앞에 있음을 각기 독립적으로 확립할 수 있어야만 한다. 맥주의 경우에, 이것은 정확히 당신이 할 수 있는 일이다. 당신은 병 바깥에 붙어 있는 상표를 본다. 그다음에 병뚜껑을 따서 내용물을 마시고 그에 따른 효과를 통해서, 그 병에 당신이 좋아하는 맥주가 들어 있음을 독립적으로 확립한다.

하지만 영혼의 경우에 당신이 할 수 없는 일이 정확히 바로 그 일이다. 당신이 누군가의 머리를 열어서 그 안의 영혼을 들여다볼 수는 없다. 거기 말고 다른 어디를 열어본다 해도 마찬가지다. 당신은 그 사람의 영혼을 들을 수도, 냄새를 맡을 수도, 만질 수도, 맛을 볼 수도 없다. 어떤 이의 영혼은 다른 누군가에게 감지되지 않는다. 그렇다면 당신은 어떻게 영혼과 신체의 상관관계를 확립할 수 있는가? 못 한다. 영혼과 신체의 상관관계를 확립하는 일은, 맥주병의 바깥과 볼 수도 만질 수도 맛볼 수도 없지만 그 안에 있다고 추정되는 맥주의 상관관계를 확립하는 일이나 다름없다.

영혼은 비물리적이기에 원리상 다른 누군가가 감지할 수 없다. 따라서 당신은 그 어떤 것과도 영혼의 상관관계를 확립할 수 없다. 전혀. 꽝이고 제로다. 그런데 분명 당신은 이런 논지가 오직 타인에게만 적용된다고 생각할지 모른다. 우리는 다른 누군가의 영혼이 앞에 있음을 감지할 수는 없지만, 자기 자신의 영혼만큼은 그렇지 않다는 것을 알고 있다. 따라서 누구나 자기 영혼과 자기 신체의 상관관계는 확실하게 확립할 수 있다. 또 타인들이 우리와 크게 다를 것이라 간주할 이유는 없으므로, 우리는 그들의 영혼도 그들의 신체와 상관관계를 맺고 있다고 추정할 수 있다.

그러나 이런 생각은 먹혀들지 않는다. 먼저 당신 자신에 관한 주장에서 다른 모든 사람들에 관한 주장으로 넘어가는 것은 매우 허약한 추리 방식이다. 이는 마치 당신이 좋아하는 맥주 한 병을 마시고 기분 좋은 효과를 맛본 다음에, 모든 맥주가 같은 효과를 내주리라 추론하는 것과 다름없다. 아마도 매우 빠르고 쓰라리게 그런 환상에서 깨어나게 될 것이다. 그러나 더 심각한 문제가 있다. 우리는 과연 진정으로 자기 영혼이 앞에 있다는 것을 아는가? 2장에서 살펴보았던, 데카르트에 반대하는 흄이나 니체의 주장들을 떠올려보자. 우리가 내성을 통해 우리 안을 들여다볼 때 마주치는 것은 생각, 느낌, 감정 같은 것들이다. 우리는 단지 심적 상태들과 마주칠 뿐, 그런 심적 상태를 보유한 어떠한 대상도 발견하지 못한다. 그런데 영혼이론은 영혼을 우리의 심적 상태와는 분리된 어떤 것으로 간주한다. 왜일까? 우리의 생각, 느낌, 욕구, 믿음 등과 같은 심적 상태는 끊임없이 변하기 때문이다. 영혼이론을 옹호하는 사람들은 영속적이고 변화하지 않는 영혼의 본성이 우리의 변화하는 심적 상태의 근저에 있으면서 그것들을 통합해준다고 가정한다. 그로써 영혼은 우리를 서로 다른 사람들의 연속체가 아니라 개별적인 한 사람으로 만들어준다. 영혼이론에 따르면, 영혼은 심적 상태와 같지 않다. 영혼은 심적 상태를 보유하는 그 무엇이자, 마음의 상태들이 들러붙는 대상이다. 그러나 내성을 할 때, 우리는 결코 그런 대상과 만날 수 없다. 우리가 마주치는 것은 심적 상태들 자체이며, 그것들을 보유한다는 영혼이 아니다.

　따라서 우리는 신체와 영혼의 상관관계를 확립할 어떤 수단도 갖고 있지 않다. 단지 다른 사람들의 경우뿐 아니라, 우리 자신도 마찬가지다. 그러므로 영혼이론은 그 대상이 당신이건 다른 누군가이건 간에 상관없이, 어떤 이의 동일성에 관해 쉽고 정확하게 판단할 수 있는 우리의 능력, 즉 그 사람이 다른 사람인지 아닌지, 혹은 그 사람이 당신인지 아닌지 여부를 판단하는 우리의 능력을 조금도 설명할 수 없다.

단지 신체인가?

　영혼이론의 문제점이 그리 심각하다면, 그 이론과는 거의 정반대가 되는 견해 쪽을 쳐다볼 수도 있겠다. 바로 신체이론body theory이라 알려진 견해다. 이 견해에 따르면, 당신은 본질적으로 당신의 신체다. 오늘의 당신이 어제의 당신과 같은 이유는 신체가 같기 때문이다. 그리고 당신이 타인들과 다른 사람인 이유는 그들과 신체가 다르기 때문이다.

　그런데 헤라클레이토스식의 사유 노선을 따라가다 보면, 당신은 이렇게 생각할 수 있다. '아하! 하지만 신체는 결코 같을 수가 없잖아. 신체 세포들은 끊임없이 죽어서 대체되거나 아니면 그냥 죽어 없어진단 말이야.' 이전에 바로 이 점을 이혼 소송의 중심 논거로 사용하려고 한 친구가 있었다. 자기는 몇 년 전에 아내와 결혼했던 그 사람과 같은 사람이 아니라나? 철학을 얄팍하게 아는 것은 위험하다. 물론 그따위 전략은 먹히지 않는다. 특히 판사가 아리스토텔레스의 책을 읽었다면 말이다. 아리스토텔레스의 사유 노선을 택하면, 그런 것은 우연적 변화의 사례로 간주할 수 있기 때문이다. 강의 물 분자들이 완전히 대체된다고 해서 그 강의 존재가 끝장나는 것은 아니듯이, 어떤 사람의 신체를 구성하는 세포들의 대체는 설령 그것들이 완전히 대체된다 하더라도 그 사람의 존재를 끝장내지 못한다.

그런데 신체이론에는 더 심각한 문제가 있다. 무엇보다도, 신체 전체가 어떤 사람의 동일성을 결정지을 가능성은 매우 낮아 보인다. 이 점을 이해하기 위해, 많이 알려지지 않은 다음 사실을 고려해보자. 원숭이나 유인원의 머리를 잘라서 다른 원숭이나 유인원의 몸통에 붙인 다음, 그렇게 만들어진 복합체를 살아 있게 만드는 일이 가능하다. 이런 일을 하고 다니는 어떤 과학자가 있다. 그가 왜 이런 짓을 하는지는 분명치 않지만, 실제로 그 짓을 하긴 했다. 머리와 몸통이 합쳐진 그 복합체는 물론 목 아래가 마비된 상태였다. 어쨌든 그래도 살았고, 몇 주 정도 생존할 수 있었다. 그런 일이 실제로 있었다. 그런데 만약 유인원에게 그런 짓을 하는 것이 기술적으로 가능하다면, 인간에게도 가능할 것이다. 그런 일이 당신에게 일어났다고 가정해보자. 당신의 머리가 잘려서 다른 사람의 몸통 위에 꿰매어져 있고, 반대로 그 사람의 머리는 당신의 몸통에 붙인다. 당신의 몸통을 가져간 것이다. 이런 수술이 끝난 후라면, 당신은 어디에 있는 걸까? 당신은 머리가 가는 곳에 있는가? 아니면 몸통이 가는 곳에 있는가? 이런 일이 내게는 결코 일어나지 않겠지만, 분명히 사건은 이런 식으로 전개되리라 확신한다. 당신은 깨어나서 이렇게 생각한다. '제기랄! 도대체 내 몸에 무슨 일이 일어난 거지? 왜 내가 움직일 수 없지?' 당신은 어떤 식으로도 움직이거나 영향을 미칠 수 없는 새로운 몸통을 갖게 된 것을 발견하곤, 충격을 받아 얼이 다 빠진다. 이는 당신의 머리가 있는 곳에 당신이 있게 되는 것임을 보여준다. 당신의 몸통을 단 그 사람도 당신과 비슷한 생각이나 느낌을 받을 것이며, 그 점은 그 사람 역시 그의 머리가 있는 곳에 있는 것임을 보여준다.

아직 확신이 들지 않는다면, 그렇게 만들어진 머리와 몸통의 복합체들 중 하나가 파괴된다고 가정해보라. 예를 들어, 당신의 옛 몸통과 다른 사람의 머리가 결합된 복합체가 파괴된다고 해보자. 만약 당신이 그것을 본다면, 옛 몸통이 사망한 것을 애통해할 것이다. 그러나 당신이 그렇게 애통해할 수 있다는 사실은, 몸통이 사망한 후에도 당신이 여전히 존재함을 보여준다. 그렇지 않다면, 당신은 애통해할 수도 없다. 그리고 만약 당신이 생존해 있는 동안에 당신 몸통이 파괴될 수 있다면, 당신은 당신 몸통과 같은 것일 수 없다. 말하자면, 당신에게 본질적인 것은 당신의 신체 전체가 아니다. 당신은 원리상 몸통을 상실한 이후에도 생존할 수 있기 때문이다. 이는 오늘날의 기술로도 가능하다. 당신에게 정말로 필요한 것은 기껏해야 머리뿐이다. 당신 머리가 누군가의 몸통에 부착되어 있는 한, 그것이 누구 몸통인지는 아무런 상관이 없으며, 당신은 계속 생존할 것이다.

이런 식의 생각을 조금 더 밀고 나갈 수 있다. 먼저 실제로 당신 머리가 몸통에 꼭 붙어 있어야 할 필요는 없다. 어차피 목 이하가 마비되어 있다면 무슨 이유로 굳이 몸통이 필요하겠는가? 사실, 별로 사용할 데가 없지 않은가? 마비된 몸통은 뇌가 살아남는 데 필요한 혈액이나 화학물질이 몸통을 통해 들어오는 경우에만 쓸모가 있을 뿐이다. 기술적으로 적절히 발전하고 나면, 최소한 원리상으로는 다른 수단을 활용해 그런 것들을 공급하는 일이 가능해질 것이다. 그렇게 되면, 우리는 간단하게 피나 영양분이 담긴 탱크에 머리를 연결해도 무방할 것이다.

그런데 가만 보자, 머리는 전체가 다 필요한 걸까? 당신 머리를 잘라서 다른 몸통에 붙이는 짓을 한 누군가가 머리의 일부도 제거하기로 결정했다면 어떻게 되는가? 귀는 어떤가? 당신은 귀가 꼭 필요하지 않다. 아마 수술이 끝나고 깨어나서 이렇게 말하겠지만 말이다. "이런 염병할…… 내 귀는 도대체 어디로 간 거야?" 이제 우리는 이 시점에서 급속하게 공포영화 수준으로 접어들고 있다. 코도 같이 없애는 건 어떤가? 마찬가지다. 당신은 깨어나서 말한다. "이런 염병할…… 내 코는 어디로 간 거야?…… 아주 엿 같은데, 내가 원래 이렇게 흉측했는지 전혀 기억이 없는 데, 젠장!"

만약에 머리 바꿔치기 기술자가 아주 재주가 좋아서, 두뇌에 피를 공급하는 방법도 찾아내고, 쇼크나 출혈 같은 부작용에도 적절히 대응할 수 있다면, 그는 아마 당신의 두개골만 빼고 나머지는 몽땅 다 없애버릴지도 모른다. 물론 당신은 이제 더는 그 결과를 눈으로 확인할 수 없다. 그러나 당신은 아마도 여전히 존재하면서, 도대체 자기에게 무슨 일이 벌어지고 있는지 의아해할 것이다. 기술적 한계를 논외로 한다면, 당신에게는 오로지 두개골만이 필요할 뿐이다. 뇌의 위치를 잡아주고 보호하며, 수납 용기가 수행하는 여러 가지 일을 수행하는 데 그것이 필요하기 때문이다. 만약에 가령 플라스틱 두개골같이 똑같은 일을 수행할 수 있는 대안적 수단을 찾을 수 있다면, 머리 바꿔치기 기술자는 당신의 두개골 또한 없앨 수 있다. 또는 플라스틱 두개골 대신에, 뇌의 생존과 기능에 필요한 영양분이 담겨 있는 통 속에 당신의 뇌를 띄워놓으면 어떻게 될까? 2장에서 이와 비슷한 이야기를 했던 것이 기억나는가? 따라서 당신이 누구인지 결정할 때 본질적인 것은 당신 신체일 수가 없다. 당신은 원리상 그것을 잃고도 여전히 같은 사람일 수 있다. 물론 이전의 당신보다 심하게 손상된 모습이겠지만 말이다. 그래서 우리는 인격동일성에 관한 또 다른 설명인 뇌이론brain theory에 이르게 된다.

당신은 당신의 뇌인가?

뇌이론에 따르면, 당신에게 본질적인 것은 당신 뇌다. 물론 우리가 단지 뇌에 불과한 것은 아니다. 우리에게는 신체도 있다. 이 말이 의미하는 바는 기본적으로 당신의 다른 모든 신체적 특징은 아리스토텔레스적인 의미에서 우연적 특징이라는 것이다. 즉 당신은 다른 모든 특징을 잃은 후에도 생존할 수 있지만, 뇌를 상실하면 생존할 수 없다. 사실 우리는 방금 다른 모든 특징을 잃었지만 뇌가 생존해 있어서 당신이 생존하게 되는 상황을 상상해보았다.

뇌이론에 따르면, 뇌가 같기 때문에 지금의 당신과 어제 혹은 10년 전의 당신은 같은 사람이다. 그 세월 동안에 울적할 정도로 많은 수의 뇌세포를 잃는 일은 본질적 변화가 아니라 우연적 변화로 인정될 수 있다. 그리고 당신을 다른 사람이 아니라 지금의 바로 당신으로 만드는 것은 다른 어떤 누구도 당신의 뇌를 갖고 있지 않다는 사실이다.

우리는 정말로 우리의 뇌일까? 뇌가 우리에게 본질적인 것일까? 뇌란 무엇인가? 뇌는 유기적이며 전기적이고 화학적인 어떤 복잡한 시스템이다. 당신이 우울하다고 가정해보자. 이는 세로토닌 결핍 같은 화학적 불균형 상태 때문일 수 있다. 그래서 당신은 뇌에 세로토닌의 양을 늘려주는 약을 복용한다. 체내에서 생성되지 않는 화학물질을 흡수한다고 해서 문제가 되는 것은 아니다. 그런다고 당신이 수적인 의미에서 다른 사람이 되는 것은 아니다. 그것은 다만 당신을 더 행복한 사람으로 만들어줄 뿐이며, 그게 전부다.

그러나 이제 당신 뇌의 물리적 구성에 변화가 생기는 조금 더 극단적인 경우를 고려해보자. 뉴런은 어떤 일을 하는가? 기본적으로, 뉴런은 다른 뉴런에게서 전기화학적인 메시지를 수신하고, 그것을 다시 다른 뉴런으로 내보낸다. 그게 전부다. 따라서 최소한 원리상으로는, 뉴런과 같은 역할을 수행하는 다른 어떤 장치를 만드는 일이 가능하다. 이제 당신의 뇌가 이 책 저자의 뇌와 마찬가지로 쇠퇴하고 있다고 가정해보자. 뉴런은 죽어가지만 대체되지 않는다. 자기공명영상 기술이나 그와 유사한 어떤 기술의 발전 덕분에 죽어가는 뉴런들을 확인할 수 있게 되었다고 가정해보자. 그러면 우리는 죽은 뉴런들을 하나씩 인공 뉴런으로 대체할 수 있을지 모른다. 이 얘기를 그럴듯하게 만들기 위해, 현재 이미 개발 중인 치료법에 초점을 맞춰볼 수 있다. 알츠하이머병이나 파킨슨병 같은 특정 유형의 퇴행적 뇌 질환은 배아 줄기세포를 이식함으로써 치료가 가능할 것으로 보인다. 이 세포들은 업계 용어를 빌리면 극단적으로 '유연하기plastic' 때문에 그런 치료에 사용될 수 있다. 유연하다는 것은 세포의 발생 방식이나 수행할 수 있는 일이 매우 다양하다는 뜻이다. 따라서 이 세포들을 퇴행하는 뇌에 이식한다면, 이론적으로는 죽은 뉴런이 하던 일을 대신할 수 있다. 그리고 그냥 두면 상실될 위기에 처한 뉴런 간의 연결도 유지할 수 있다.

이러한 일이 당신에게 일어났다고 가정해보자. 이것이 죽음에 해당한다고 간주하는 것은 가당치 않다. 이식 이전에 존재했던 사람이 더는 존재하지 않고 새로운 사람이 그 자리를 대신하는 것은 아니기 때문이다. 반대로 그 이식이 바로 당신을 계속 존재하게 해주었다고 가정하는 편이 더 타당해 보인다. 당신 뇌의 모든 세포 하나하나가 배아 줄기세포로 대체되었다고 해도 마찬가지다. 어떤 점에서 이는 신체 세포의 경우와 유사하다. 신체 세포는 7년 정도마다 스스로를 교체한다. 그러나 차이는 있다. 신체의 새로운 세포는 당신이 만들었지만, 새로운 뇌세포는 외부의 다른 누군가가 주입한 것이다.

우리는 이런 교체 시술이 점진적으로 시행되어 일정한 시간이 지난 뒤에는 당신의 원래 뇌세포들 모두가 배아의 이식 세포들로 교체되는 상황을 상상해볼 수 있다. 이식된 배아 세포들이 원래 뇌세포들의 기능을 보존하는 한, 그리고 그 결과 당신의 생각, 기억, 느낌, 자아감 등이 보존되는 한, 부분적인 배아 세포 이식과 마찬가지로 당신은 계속 생존하는 것처럼 보인다. 그런데 당신이 원래 가지고 있던 뇌와 같은 뇌를 가지고 있다는 것은 도대체 어떤 의미인가? 일반적인 신체 세포가 교체되는 경우와 달리, 이 새로운 뇌세포들은 당신이 생산하지 않았다. 이것들은 외부에서 누군가가 주입한 것이다. 따라서 당신이 원래의 뇌를 여전히 가지고 있는 건지는 불분명하다. 반대로, 그렇다고 당신이 원래의 뇌를 갖고 있지 않은 것인지도 아주 분명치는 않다.

조금 더 극단적인 상황을 고려해보자. 당신의 뇌에 주입된 새로운 세포들이 배아 줄기세포가 아니라, 교체 목적으로 특별하게 만들어진 유기물질이라고 가정해보자. 이를테면 실험실의 시험관에서 그런 유기물 세포들을 만들어서 퇴행 중인 당신 뇌에 주입하는 상황이다. 물론 기술적으로 불가능한 얘기일지 모르지만, 지금 우리는 원리적 차원을 추적하고 있다. 원리상으로는 여전히 마찬가지다. 주입된 세포들이 원래 있던 세포들과 같은 기능을 수행하는 한, 당신은 이식을 받고도 생존할 것이다. 이러한 시술을 받는 당사자의 관점에서 생각해보라. 시술이 끝난 후에도 모든 것이 이전과 동일할 것이다. 당신의 모든 생각, 느낌, 기억은 동일할 것이다(혹은 그렇게 보일 것이다). 당신의 새로운 뇌가 같은 환경 속에서 옛날 뇌가 했던 것과 정확히 같은 일들을 수행하고 있기 때문이다. 따라서 당신의 관점에서는 아무것도 변한 게 없다. 그 과정에서 '휴우, 내가 수술 후에도 잘 살아남았구나!' 같은 새로운 믿음들을 획득할 수는 있다. 하지만 그뿐이다.

우리는 이런 결론을 향해 가는 것처럼 보인다. 우리의 동일성이란 관점에서 중요한 것은 뇌란 무엇인가라기보다 뇌가 무슨 일을 하느냐다. 만약 우리가 원래 뇌와 정확히 같은 일을 수행하는 어떤 대체물을 찾을 수 있다면, 우리는 생존하게 되는 것 같다. 그 대체물이 배아 줄기세포에 기초했는지, 인공적으로 만들어진 유기물인지, 비유기적인 반도체 집적회로 같은 것인지는 중요하지 않다. 따라서 우리의 동일성 유지 여부는 뇌가 무엇인지보다는 뇌가 무슨 일을 하는지에 달렸다. 뇌는 어떤 일을 하는가? 뇌는 우리의 심적 상태들을 수용하고 있다. 즉 뇌는 우리의 생각, 느낌, 믿음, 욕구, 감정, 희망, 두려움, 기대, 그리고 무엇보다 중요한 우리의 기억을 수용하고 있다. 이렇게 해서 우리는 대략 버호벤-슈워제네거의 기억이론에 도달한다.

기억이론

사실 기억이론은 좋은 이름이 아니다. 이 문제에 관련된 심적 상태들은 엄청나게 많고도 많기 때문이다. 퀘이드가 된 아널드는 새로운 기억과 더불어 다양한 새로운 믿음들을 가지게 된다. 가령 그는 8년간 결혼 생활을 하고 있으며 샤론 스톤이 아내라고 믿고 있다. 그는 스톤에 대한 애착 같은 새로운 감정도 가지고 있다. 그런데 그가 이런 새로운 심적 상태를 갖게 된 이유는 그에게 이식된 기억 때문이란 점에서(혹은 적어도 그렇게 주장될 수 있으므로), 기억이 중심이다. 따라서 간혹 이 이론을 심리적 연속성 이론이라고도 하지만, 기억이론이라 해도 무방하다.

기억이론에 따르면 우리 각자는 본질적으로 기억 및 그와 연관된 심리적인 상태들(믿음, 생각, 감정, 희망, 두려움)의 다발이다. 그것이 우리를 우리이게 만든다. 그러므로 퀘이드는 하우저와는 완전히 다른 사람이다. 그들은 단지 다른 시간대에 같은 신체를 점유했을 뿐이다. 버호벤-슈워제네거는 퀘이드가 자신의 기억을 지우고 하우저의 기억을 주입하려는 기계에 묶여 있는 장면에서 이 점을 매우 영리하게 강조한다. 슈워제네거가 육중한 이두박근을 불끈거리며 손목을 묶은 가죽끈을 끊으려고 분투할 때, 그는 문자 그대로 자신의 존재를 위해 분투하고 있는 것이다. 기억을 교체하는 것은 죽음에 해당한다. 그것은 지금 현재의 그의 존재를 끝장낼 것이다.

하우저, 즉 악당 아널드는 퀘이드에게 보내는 녹화 메시지에서 이 점을 강조한다. 그는 이렇게 말한다. "자네가 행복하게 오래 살기를 바랄 수만 있다면 얼마나 좋겠나. 그런데 그럴 수가 없군. 나도 내 몸이 다시 필요하기 때문이네." 그러니 퀘이드가 결박을 풀고 묶여 있던 의자 팔걸이에서 마침 알맞게 빼낸 뾰족한 강철봉으로 여러 기술자를 잔인하게 찔러 죽일 때, 그것은 절대 이유 없는 폭력이 아닌 셈이다. 버호벤-슈워제네거는 기억과 인격동일성의 관계에 관해 세련된 철학적 논점을 제시한 것이다. 실제로 나는 철학의 역사에서 기억이론을 이보다 더 설득력 있게 논증한 경우는 없었다고 생각한다. 존 로크 같은 훌륭한 철학자들이 왕자의 기억이 구두 수선공의 몸에 들어가면 어찌 되겠냐는 따위의 쓸데없는 소리를 얼마나 떠들어댔는지는 몰라도, 아널드가 (극히 편파적인 태도로) 옛것을 버리고 자신의 새로운 동일성을 지키려는 모습을 보고 나서야 비로소 우리는 기억이론의 온전한 위력을 파악하게 된다.

〈6번째 날〉과 분열문제

극장에서 처음 〈토탈 리콜〉을 보았을 때, 당시 여자 친구에게 이렇게 말했던 기억이 난다. "분열문제problem of fission를 다루지 않다니 애석한걸!" 얼마 후 그녀는 별다른 이유 없이 내 곁을 떠났다. 하지만 때로는 복제문제problem of duplication라 불리기도 하는 분열문제야말로 기억이론의 큰 난제다. 인격동일성에 관한 설명 중에서 기억이론이 그나마 조금 가망성이 있는 유일한 이론이므로, 분열문제는 전체적으로도 큰 문제다. 나는 아널드가 그 영화에서 설득력 있는 주장을 내놓았지만, 그에 대한 반론으로 제기될 수 있을 법한 분열문제는 전혀 고려조차 하지 않은 것 같아 약간은 실망도 했다. 그러나 역시 이 위대한 거인을 의심하지 말았어야 했다. 10년 후 로저 스포티스우드의 영화 〈6번째 날〉(2000)에서, 그는 기억이론의 중대한 문제점에 대해 흥미로운 설명을 전개한다. 그리고 여기서 우리는 그의 철학적 견해에서 중요한 변화를 목격하게 된다. 아마 그렇게 보는 게 공정할 것이다. 그는 안정적이고 지속적인 자아라는 아리스토텔레스적인 생각에서 벗어나, 자아나 인격과 같은 것은 존재하지 않는다는 헤라클레이토스적인 견해 쪽으로 움직인다.

때는 가까운 미래의 어느 시점이다(당신이 생각하는 것보다는 이른 시점!). 애덤 깁슨은 아름답고 사랑스러운 아내와 아주 예쁜 어린 딸을 두고 질투 날 정도로 행복하게 사는 가정적인 남자다. 그런데 어째서 아널드는 늘 이런 가정적인 남편의 모습을 보여주면서 시작해야만 할까? 터미네이터, 코만도, 수렵 활동 중인 외계인을 작살내는 용병을 연기하면 무슨 문제라도 있었을까? 어쨌든 애덤 깁슨에게는 모든 것이 순조롭다. 어느 날 집에 돌아와 보니 자기가 이미 집에 있는 걸 발견하기 전까지는. 아니, 자기와 매우 똑같아 보이는 어떤 자라고 하는 게 더 맞겠다. 충격을 받은 아널드가 집 안으로 들어가 자신의 도플갱어와 맞서려고 할 때, 그를 제거하기 위해 나타난 요원들이 이렇게 설명한다. "6번째 날 규정 위반 사고가 발생했소. 인간이 하나 복제되었는데, 바로 당신이오." 그리고 나서 그들은 그를 죽이려 한다. 물론 그는 달아나며 요원 몇 명을 살해한다. 그는 자신의 복제인간이 뒤에 남아서 자신의 시가를 피우고 자동차 뒷좌석에서 자신의 아내와 섹스를 즐기는 동안에, 도대체 무슨 일이 일어난 것인지 밝혀내기 위해 자리를 뜬다. 어이쿠, 이런!

〈6번째 날〉에서 로버트 듀발이 진두지휘한 복제기술은 상세히 설명되지는 않았지만, 두 가지 본질적인 단계를 포함한다. 먼저 DNA 샘플을 채취해서 '더미'에 이식한다. 더미란 인간 신체 비슷한 것에서 '특정' DNA를 빼낸 존재를 말한다. 그다음으로 시력 검사기처럼 보이는 장치로 대뇌 신코딩syncording을 시행한다. 이것이 어떻게 작동하는 건지 정말 알고 싶지만, 기본 발상은 뇌의 모든 상태에 대한 전체 그림을 읽어내고, 뇌에 포함된 생각이나 기억 등을 저장한다는 것 같다. 그렇게 해서 우리의 심적 상태가 디스크에 저장된다.

어쨌든, 아널드를 복제한 것은 실수였다. 원래 아널드는 복제에 반대하는 근본주의 종교인들이 복제 산업의 최고 악당인 토니 골드윈을 공격할 때 함께 죽게 되어 있었다. 아널드는 스키 여행 길에 토니가 탄 헬기를 조종할 예정이었다. 그러나 아널드는 자기 대신 마이클 래퍼포트를 보내고, 그 시간에 생일을 맞은 딸이 마음 상하지 않도록 죽은 애완견의 복제 문제를 알아보러 갔던 것이다. 복제 산업의 최고 악당을 복제한 사람들이 스키장에서 발생한 공격을 은폐하기 위해 아널드까지 복제했는데, 그 결과 아널드는 하나가 아니라 둘이 되었다. 그래서 문제가 생긴 거다. 인간 복제는 불법이므로 복제를 일삼는 악당들은 자신들이 한 일을 은폐해야 한다.

어쨌든, 짐작하겠지만 마지막에는 모든 문제가 잘 해결된다. 여러 우여곡절과 한두 번 반전이 있지만, 스포일러가 될까봐 말하지는 않겠다. 원래의 아널드는 원래 있던 곳에서 아내와 섹스를 즐기고 아이에게 사랑을 쏟지만, 복제 아널드는 바다로 떠난다. 일종의 책임 분담인 셈인데, 복제 아널드가 그것을 기꺼이 수용한다는 것은 내 생각엔 놀라운 일이다. (복제 아널드가 〈토탈 리콜〉이 기억이론을 어떻게 옹호하는지를 봤다면, 내가 왜 놀라는지 알 것이다.)

우리의 목적에는 이런 줄거리가 별 도움이 되지는 않는다. 이런 질문을 해보자. '진짜 애덤 깁슨은 누구인가?' 우리는 아마 이렇게 답할 확률이 높다. '처음에 있던 바로 그 사람.' 다른 애덤 깁슨이 생기기 전에도 이미 애덤 깁슨이 한 명 있었다는 사실은 첫 번째 애덤이 진짜고 두 번째는 단지 복제에 불과하다는 것을 시사한다. 그러면 이야기를 약간 수정해보자. 복제 악당들이 계획했던 대로 원래 애덤의 신체가 파괴되고 그의 기억이 복제 애덤에게 이식되었다고 해보자. 애덤 깁슨은 살아남은 것인가? 아니면, 차라리 이렇게 묻자. 만약 기억이론이 옳다면, 그것은 애덤 깁슨이 살아남았음을 의미하는가? 기억이론이 함축하는 것은 무엇인가?

기억이론은 애덤 깁슨의 기억을 가진 복제 애덤이 사실상 애덤 깁슨임을 매우 분명하게 함축한다. 기억이론에 따르면 지금의 우리는 기억 및 여타 심적 상태들(믿음, 욕구, 생각, 감정 등)의 집합이기 때문이다. 만약에 이것들이 보존된다면, 우리 또한 보존된다. 아주 간단하다. 그런데 실은 그렇게 간단치가 않다. 우리 모두는 거짓 기억 혹은 외견상 기억이라는 생각에 익숙하다. 기억처럼 보이지만 실제는 아닌 것이다. 만약 내가 아우스터리츠 전투에서 이겼고, 워털루에서 작전권을 바보 멍청이 같은 네이 원수에게 넘겼으며, 세인트헬레나 섬으로 유배된 기억을 가지고 있다면, 나는 망상에 빠진 것이다. 이 기억들은 분명히 진짜가 아니다. 그 어떤 제정신의 기억이론도 이런 경우 실제 내가 나폴레옹이라는 주장을 함축하려 하지 않을 것이다. 이를 피하기 위해서, 우리는 진짜 기억과 가짜 혹은 외견상 기억을 구분해야 한다. 기억이론은 진짜 기억에만 적용된다. 즉 당신의 동일성을 결정짓는 것은 진짜 기억이지 가짜 기억이 아니다.

애덤 깁슨을 복제하는 경우에, 그 기억들은 진짜인가, 아니면 그냥 가짜일 뿐인가? 어떤 기억을 단지 외견상 기억이 아닌 진짜 기억으로 만들어주는 것은 무엇인가? 기본적으로, 진짜 기억은 기억의 대상이 그 기억을 인과적으로 실제 야기한다는 게 차이인 것 같다. 가짜 기억의 경우 그런 인과적 고리가 존재하지 않는다. 나폴레옹은 아우스터리츠 전투에서 이긴 것을 기억할 수 있다. 그가 전투에서 승리한 것이 그의 기억을 인과적으로 야기했기 때문이다. 아무리 내가 그렇게 기억할 수 있을 것 같아 보여도, 나는 아우스터리츠 전투의 승리를 기억할 수 없다. 나는 실제로 거기에 없었기 때문이다. 따라서 내가 가질 수 있는 기억은 그저 전투에서 이긴 것 같은 외견상 기억일 뿐이다.

진짜 기억과 가짜 혹은 외견상 기억의 차이점이 이런 종류의 인과적 연결의 유무로 귀착된다면, 복제된 애덤 깁슨의 기억은 원래 애덤 깁슨의 기억만큼이나 진짜다. 복제된 애덤 깁슨이 차 안에 요새는 소지하지 못하게 되어 있는 시가를 불법으로 숨겨놓았다는 사실을 기억한다면, 이 기억과 실제로 차 안에 숨겨진 시가는 분명히 인과적으로 연결되어 있다. 이 인과적 연결에는 뇌

두 개가 포함되므로 다소 비非표준적이기는 하다. 표준적인 경우라면 하나의 뇌만 개입될 것이다. 그럼에도 불구하고, 어쨌든 복제된 애덤 깁슨의 뇌에 있는 기억을 인과적으로 야기한 것은 원래 애덤 깁슨의 뇌에 있는 기억이었고, 원래 애덤 깁슨의 뇌에 있는 그 기억을 인과적으로 야기한 것은 바로 그가 차 안에 숨긴 시가였다. 따라서 복제된 애덤 깁슨의 기억과 차 안에 숨긴 시가는 명확하게 인과적으로 연결되어 있다. 그러므로 복제된 애덤 깁슨의 기억은 가짜 기억이 아니라 진짜 기억의 자격을 갖추었다.

따라서 기억이론에 따르면, 복제된 애덤 깁슨은 원래의 애덤 깁슨과 같은 한 사람이다. 복제 반대 근본주의자들이 깁슨의 불운한 동료 마이클 래퍼포트가 아니라 원래의 애덤 깁슨을 제거했다고 가정한다면, 애덤 깁슨은 복제물을 통해 살아남은 것이다. 기억이론에 따르면, 원래의 애덤 깁슨과 그의 복제물은 동일하다. 원래의 애덤 깁슨과 복제된 애덤 깁슨은 동일한 한 사람이다.

그런데 이제 누군가가 복제물 생산 라인에 개판을 쳤다고 가정해보자. 그 바람에 복제인간이 하나가 아니라 둘이 만들어졌다. 애덤 깁슨의 기억은 둘 다에게 이식된다. 어느 쪽이 진짜 애덤 깁슨인가? 이게 바로 분열문제 또는 복제문제라고 불리는 문제다. 문제는 기억이론을 받아들일 경우 두 복제인간 모두 자기가 애덤 깁슨이라고 주장할 동등한 권리가 있는 것처럼 보인다는 점이다. 둘 다 그의 기억을 갖고 있으며, 그 기억은 진짜로 보인다. 즉 그 기억은 각각 해당 기억의 대상이 되는 사건들과 인과적으로 연결되어 있다. 따라서 둘 중 어느 한 복제인간도 나머지 한 복제인간과 비교할 때 애덤 깁슨으로 간주될 수 있는 권리가 더 많거나 적다고 할 수 없다. 그러나 그렇다고 둘 다 애덤 깁슨일 수는 없다는 게 골 아픈 문제다. 왜냐고? 애덤 깁슨은 한 사람인데, 두 명의 복제인간은 한 사람이 아니고, 한 사람이 두 사람일 수는 없기 때문이다.

왜 두 명의 복제인간은 다른 사람일까? 그들은 서로 다른 속성을 가지고 있다. 그들은 각자 따로 나가서 완전히 다른 일들을 할 수 있다. 가령 한 명이 남아서 애덤의 아내와 섹스를 하고 딸에게 선물을 사주는 동안, 다른 한 명은 바다로 나가서 특이한 사고로 죽을 수 있다. 한 명은 죽고 다른 하나는 생존할 수 있다. 따라서 그들은 두 명의 다른 사람일 수밖에 없다.

왜 한 사람이 둘일 수 없나? 글쎄다, 그냥 하나가 둘일 수 없다는 일반 원리에 따라서 그런 거지 뭐겠는가. 맥주 한 병이 맥주 두 병일 수 없듯이, 한 사람은 두 사람일 수 없다. 복제가 이뤄지기 전 애덤 깁슨은 한 사람이었다. 그러므로 그는 두 사람과 동일할 수 없다.

그래서 문제는 이것이다. 애덤 깁슨이 두 명의 복제인간일 수는 없다. 한 사람은 두 사람일 수 없다. 그런데 어느 복제인간도 다른 복제인간에 비해 애덤 깁슨으로 인정받을 수 있는 권리가 더 많지 않다. 이를테면 애덤 깁슨은 복제인간 2호가 아니라 복제인간 1호라거나, 그 반대라고 말할 수 있는 근거가 전혀 없다. 그는 둘 다일 수가 없다. 그렇다고 그가 둘 중 어느 한 명일 수도 없다. 그렇다면 이제 뭐라고 말해야 하나? 결국 애덤 깁슨은 복제 공정을 거친 후에 살아남지 못했다고 해야 하나?

하지만 이 또한 우스꽝스럽다. 그의 처지에서 생각해보라. 당신은 어느 날 아침, 가령 2004년 7월 23일 아침에 일어난다. 모든 것이 정상으로 보인다. 당신은 어젯밤에 당신이 복제되었고 원래 신체는 파괴되었음을 알고 있다. 그런데 당신은 충실한 기억이론 신봉자여서 그 점에 전혀 개의치 않는다. 기억은 보존되었으며, 당신은 그 기억이 복제 이전에 존재했던 사람과 지금의 당신을 같은 사람으로 만들어준다고 믿는다. 그리고 그다음에 당신은 그 후로 20여 년 동안 행복하고 충실한 삶을 살아간다. 그런데 2024년 7월 23일 아침에, 당신은 20년 전에 당신만이 유일하게 복제된 게 아니라는 사실을 발견한다. 복제 공정에 오류가 있어 복제인간이 둘 만들어진 것이다. 그런데 당신은 또한 당신이나 당신의 또 다른 복제인간 중 어느 누구도 자기가 원래의 인간(애덤)과 동일하다고 주장할 권리가 더 많지 않다는 사실을 깨닫는다. 애덤은 한 사람이고, 그는 당신들 둘과 같을 수 없다. 그렇다면 당신은 어떤 결론을 내리겠는가? 당신의 존재는 20년 전 복제 수술대 위에서 끝장난 것인가? 당신의 존재가 끝장났는데도 단지 당신이 그것을 알아차리지 못했을 뿐인가? 그렇다고 답하는 건 웃긴 얘기 같다.

이것이 문제다. 기억이론에 따르면, 기억과 일반적인 심리적 연속성의 보존은 그 사람의 보존을 함축한다. 당신의 기억 및 여타의 심리적 상태가 살아남는 한 당신은 살아남는다. 그래서 당신의 기억 등등이 복제인간에게 성공적으로 이식되었다면, 당신은 생존한 것이다. 당신의 생존이라는 관점에서 보면, 그 공정은 성공적이었다. 그렇다면 당신의 기억 및 여타 심리적인 상태가 두 명의 복제인간에게 이식된 경우에, 어떻게 우리가 당신은 생존하지 못한 거라고 합리적으로 생각할 수 있단 말인가? 어떻게 두 배로 거둔 성공이 오히려 실패로 간주될 수 있단 말인가?

간단히 답하자면, 그건 안 될 말이다. 하지만 이것은 서서히 모습을 드러나기 시작한 거대한 문제의 빙산의 일각에 지나지 않는다. 만약 복제인간이 한 명만 만들어졌다면, 기억이론은 그 복제인간이 원래의 사람과 같은 사람이라고 말하는 데 동의할 것처럼 보인다. 하지만 복제인간이 두 명 만들어졌다면, 기억이론은 그 두 명의 복제인간이 원래의 사람과 같다고 말할 수 없다. 고약한 철학적 문제의 특징인 '그래야만 하는' 것과 '그럴 수 없는' 것이 또다시 충돌한다. 문제의 핵심은 바로 이거다. 한 복제인간이 원래의 애덤과 같은지 다른지가 어떻게 또 다른 복제인간이 만들어졌는지 아닌지에 의존할 수 있는가? 그것은 분명 개별적인 복제인간의 본성, 즉 원래 애덤의 기억이 보존되었느냐에만 의존해야 한다. 그런데 같은 사람인지 아닌지 지위를 결정하는 그 중차대한 문제가 어떻게 복제 생산 라인에서 누군가가 우발적으로 '복제' 버튼을 한 번이 아니라 두 번 눌렀다는 사실에 의존할 수 있단 말인가?

이에 대한 대답은 또다시 '그건 안 될 말이다'다. 우리는 무언가 혼선을 빚고 있다. 그리고 이러한 혼선은 우리에 관한 매우 불온한 어떤 측면을 드러낸다. 우리는 없다는 것이다.

자아들의 강물

우리 각자는 한 명의 사람처럼 보인다. 우리는 한 명의 사람이라는 것이 도대체 무엇인지를 밝혀내기 위해 노력해왔다. 이를 알아내기 위해 이런 질문들을 던졌다. 어떤 날의 우리와 그다음 날의 우리를 같은 사람으로 만들어주는 것은 무엇인가? 우리를 나머지 타인들과 다른 사람으로 만들어주는 것은 무엇인가? 이 질문에 답하려는 시도는 우리를 총체적인 역설로 인도한다. 사람(인격)에 관한 그나마 가능성 있는 유일한 설명 방식인 기억 이론은, 애덤 깁슨이 그의 복제인간과 동일해야 하면서, 동시에 동일할 수 없다는 역설적인 결론으로 우리를 이끈다.

나는 이 문제의 뿌리가 같음과 다름의 개념에 있다고 생각한다. 이 개념들은 동일성 개념과 밀접하게 관련되어 있는데, 우리가 길을 잃고 헤매게 된 것이 바로 이 동일성 개념 때문이다. 예를 들어, 어떤 날의 나와 그다음 날의 나를 같은 사람으로 만드는 것이 무엇이냐고 묻는 것은, 이미 어떤 날의 나와 그다음 날의 내가 같은 사람임을 전제하는 것이다. 그것은 내가 시간의 흐름 속에서 지속하는 동일성을 가지고 있음을 전제하고 있다. 그리고 나를 나머지 타인과 다른 사람으로 만드는 것이 무엇이냐고 묻는 것은, 나의 동일성은 나머지 사람들의 동일성과 분리될 수 있는 것임을 전제하고 있다. 그렇다면 우리가 질문을 던진 방식 자체가 이미 모종의 절대적 같음 개념, 따라서 모종의 절대적 동일성 개념이 사람에게 적용될 수 있음을 전제로 하는 셈이다. 문제는 사람에 관해서 이런 방식으로 생각하는 것 자체가 역설을 낳는다는 것이다.

만약 우리가 결코 이런 종류의 존재가 아니라면 어떻게 되는가? 즉 동일성이라는 개념이 당신과 나, 그리고 다른 사람들을 생각하는 데 사용하기에 부적합한 개념일 뿐이라면 어떻게 되는가? 다시 말해, 동일성이라는 개념과 사람이라는 개념이 서로 어울리지 않는 것들이라면 어떻게 되는가? 나는 아널드가 후기 작품에서 우리를 깨우치려 했던 바가 바로 이것이라 생각한다. 동일성 개념은 그저 사람에게 적용되지 않을 뿐이다. 만약 우리 자신이 어떤 존재인지 이해하고자 한다면, 우리는 동일성 개념을 더는 사용하지 말아야 한다. 간단히 말해서, 우리는 시간의 흐름 속에서 동일성을 유지할 수 있는 존재가 아니다. 나는 작년, 지난주, 혹은 어제의 나와 동일하지 않다. 즉 같은 사람이 아니다. 시간의 흐름 속에서 지속하거나, 어떤 절대적인 의미에서 당신과 다른 그 무엇으로서 나는 없다.

'매일매일의 당신을 같은 사람으로 만들어주는 것은 무엇일까' 혹은 '당신을 다른 사람과 다르게 만들어주는 것은 무엇일까' 하는 식으로 사람을 동일성 개념을 통해 생각하지 말고, 대신 생존이라는 개념을 통해 생각해보자. 매일매일의 당신을 같은 사람으로 만들어주는 것은 아무것도 없다. 그리고 어떤 절대적인 의미에서 당신을 나머지 다른 사람들과 다르게 만들어주는 것도 없다. 대신에 오늘의 당신은 어제의 당신이 생존한 자, 즉 어제의 당신에 매우 근접한 생존자일 뿐이다. 또 오늘의 당신은 비록 조금 더 떨어져 있기는 하지만 어쨌든 지난주 당신의 생존자이기도 하다. 그리고 훨씬 멀리 떨어진 작년 당신의 생존자이기도 하다. 하나의 신체에 단 하나의 자아 혹은 인격만 있는 것은 아니다. 거기에는 자아들의 연속, 자아들의 강물이 있다. 그리고 각각의 자아는 그 이전에 지나간 자아의 생존자다. 우리가 어쨌든 하나의 유일한 자아라는 것에 대해 말할 수 있다면, 그것은 대상이 아니라 강물, 즉 과정의 성격을 띠는 무언가에 대한 얘기가 될 것이다.

　만약 우리가 이런 주장을 인정한다면, 복제 반론을 깔끔하게 설명할 수 있게 된다. 복제인간 1호나 복제인간 2호는 그 어느 쪽도 애덤 깁슨과 동일하지 않다. 다만 그들은 둘 다 애덤 깁슨에 매우 근접한 생존자들일 뿐이다. 이것이 아널드를 슬프게 할 이유는 없다. 우리 중 어느 누구도 결코 자기 자신과 동일하지 않다. 우리 모두는 단지 방금 전에 우리였던 사람에 매우 근접한 생존자들일 뿐이다. 당신은 없다. 다만 당신들의 연속이 있을 뿐이다.

그러니까 그들 모두는 서로서로 아주 몹시 근접해 있는 그 앞 사람의 후손들인 셈이다.

그런데 여기서 이 생존이란 개념이 의미하는 바는 무엇인가? 우리는 심리적 연속성이라는 생각으로 그것을 설명할 수 있다. 당신이 오늘 가지고 있는 기억, 믿음, 생각, 욕구, 감정을 생각해 보라. 그리고 지금 그것들을 말해보라. 그러면 일 분 전에 당신이 가지고 있던 기억, 믿음, 생각, 욕구, 감정, 그리고 여타의 심적 상태는 지금 당신이 가지고 있는 것들과 거의 정확히 같을 것이다. 약간 차이는 있겠지만, 전체적으로 거의 겹칠 것이다. 지금의 당신과 일 분 전의 당신 사이에 존재하는 이런 엄청난 심리적 연속성 때문에, 우리는 지금의 당신이 일 분 전 당신에 매우 근접한 생존자라고 말할 수 있다. 이제 지난주 특정 시점의 당신을 생각해보자. 지금의 당신과 지난주 당신의 심리적 겹침이나 연속성은 여전히 클 것이다. 그러나 지금 당신과 일 분 전 당신의 연속성만큼은 아니다. 당신은 비록 여전히 수많은 기억, 믿음, 그리고 여타의 심리적인 상태들을 공유하겠지만, 일 분 사이에 얻을 수 있는 것보다 더 많은 새로운 믿음, 새로운 욕구, 새로운 기억을 일주일 사이에 얻었을 것이다. 따라서 비록 당신은 지난주의 특정 순간에 존재했던 당신의 근접 생존자이기는 하지만, 일 분 전의 당신만큼 근접해 있지는 않다. 시간을 거슬러 올라갈수록, 심리적인 불연속성은 점점 더 커지고, 현재와 점점 더 먼 관계가 된다.

나는 이것이 우리에 관한 전부라고 생각한다. 한 시점의 나와 그다음 시점의 나는 문자 그대로 같은 사람이 아니다. 우리는 다른 사람들과 절대적으로 다르지도 않다. 우리 모두는 사람들의 끊임없는 흐름이자 연속이며, 그 사람들은 각자 선행하는 사람과 밀접하게 연관되어 있고, 그것보다 더 멀리 앞서 있는 것들과는 차츰 덜 밀접해진다. 이렇게 계속 거슬러 올라가다 보면, 그중에 발견하게 되는 어떤 사람과 당신은 실질적으로 아무런 공통점도 없을 수 있다. 결국 강물에 대한 헤라클레이토스의 비유가 전혀 틀린 말은 아니었다. 하지만 그 말이 틀리지 않은 이유는 헤라클레이토스 본인이 생각했던 이유와는 매우 다르다. 단지 우리가 끊임없이 변하기 때문은 아니다. 모든 것은 끊임없이 변한다. 그리고 대부분의 것들에 동일성 개념을 적용하는 데에는 별 문제가 없다. 그러나 사람은 특별하다. 동일성 개념을 사람에게 적용하려는 시도는 역설에 빠진다. 가장 자연스러운 설명은 동일성 개념이 사람에게는 부적합하다는 것이다. 그 개념은 사람들에게 합당하게 적용될 수 없으며, 그렇다면 결국 사람은 공간 속에서나 시간의 흐름 속에서나 동일성을 갖는 그런 존재가 아닌 셈이다.

안과 밖의 재음미

인격동일성의 쟁점에서 우리는 다시 한 번 안으로부터의 견해와 밖으로부터의 견해 사이의 충돌을 발견한다. 안에서 보면, 나는 나 자신에게 개별적이고 고유한 한 사람으로 보인다. 이는 다른 모든 의식의 중심들과 구분되는 또 다른 하나의 의식의 중심으로서 시간을 통해 지속하는 것이다. 나는 바로 나인 그 사람이고 다른 누군가가 아니다. 나는 40여 년 동안 잘 지내고 있는 바로 그 나다. 당연히 나는 시간이 흐르는 동안 변했을 것이다. 그러나 본질적인 나는 그러한 변화 속에서도 지속되어왔다. 하지만 밖에서 나의 동일성을 바라보면, 나는 그런 의미에서 나를 찾을 수가 없다. 다시 말해, 나는 안으로부터의 견해에 상응하는 그 어떤 것도 발견할 수가 없다. 밖에서 보면 나는 없으며, 있을 수도 없다. 기껏해야 단지 나들의 연속, 나들의 흐름 혹은 강물이 있을 뿐이다. 각각의 나는 이음매 없이 놀라운 속도로 서로를 이어나간다. 안에서 보면 나는 안정적이고 고유하다. 내가 겪는 모든 변화의 근저에 깔려 있으면서, 그러한 변화 속에서도 지속되는 무언가가 있다. 밖에서 보면 어떤 것도 이러한 서술에 부합하지 않는다. 안에서 보면 나는 어떤 특정한 방식으로 있어야 하지만, 밖에서 보면 그런 방식으로는 절대 있을 수가 없다. 실제로 그런 방식으로 있거나 있을 수 없는 나라는 게 아예 없다. 그리고 이것이 바로 인격동일성의 문제다.

토탈 리콜Total Recall(1990) | 감독 폴 버호벤 | 출연 아널
드 슈워제네거, 레이철 티코틴, 샤론 스톤

6번째 날The Sixth Day(2000) | 감독 로저 스포티스우드 |
출연 아널드 슈워제네거

5장

마이너리티 리포트 Minority Report

–

자유의지의 문제

The
Philosopher
at the End of
the Universe

톰 크루즈의 철학적 각성

〈마이너리티 리포트〉(2002)는 위대한 SF작가 필립 K. 딕의 또 다른 이야기를 스티븐 스필버그가 해석한 영화다. 여러 가지 측면에서 〈마이너리티 리포트〉는 이상한 영화다. 복잡한 철학적 쟁점을 제기하는 대부분의 영화들과 달리 이 영화에는 폭력적인 묘사가 많지 않다. 또 이 영화에는 톰 크루즈가 등장하는데, 그는 복잡한 철학적 쟁점을 흔히 연상시키는 인물은 아니다. 톰 크루즈는 사이언톨로지교론 허버드가 1954년에 창시한 신흥종교로 과학기술을 통한 영적 치료를 신봉함 신자가 아니던가? 만약 이 책의 핵심 전제가 옳다면, 어떤 입장이 철학적으로 얼마나 뛰어난지는 그 입장이 SF철학의 영화로 얼마나 훌륭하게 번역될 수 있느냐에 정비례한다. 혹시 〈배틀필드〉(2000)를 본 적이 있는가? 이 영화는 재능이 뛰어난 존 트래볼타 같은 배우마저도 촌구석의 아마추어 갱처럼 보이게 만들었다.

어쨌든 불안정한 이력에도 불구하고, 이제 우리는 톰 크루즈가 철학적으로 각성한 징후를 보게 된다. 페넬로페 크루즈가 톰 크루즈를 독단의 잠에서 깨어나게 했을까?칸트가 데이비드 흄의 책을 읽고 독단의 잠에서 깨어났다고 고백한 것에 빗댄 농담임 가령 그의 근작인 〈바닐라 스카이〉(2001)는 우리가 2장에서 살펴본 데카르트적 인식론의 주제를 흥미롭게 고찰한다. 그리고 〈마이너리티 리포트〉에 이르러서 톰 크루즈는 진정한 철학적 미덕과 독창성을 갖춘 영화의 주연을 맡게 되었다. 이 영화는 복잡한 철학적 사유로 넘쳐난다. 특히 가장 중요하게도, 이 영화는 자유freedom의 문제, 혹은 철학자들이 의지의 자유freedom of the will 문제라 부르는 주제를 훌륭하게 탐구하고 있다.

이 문제 또한 우리가 자신에 대해 가지고 있는 두 견해, 즉 내적 관점과 외적 관점 사이의 충돌에서 생겨난다. 안에서 보면 자유의지라는 사실보다 더 명백한 게 어디 있겠는가? 우리가 자유롭게 선택하고 행동할 수 있다는 사실보다 더 명백한 것은 없다. 안에서 보면, 우리는 어떤 상황이 발생했을 때 어떻게 대응할지에 관한 선택에 직면한다. 우리는 선택을 하고 행동에 옮긴다. 그리고 대개는 자유롭게 그렇게 한다. 적어도 대부분의 경우는 누군가가 우리 머리에 총을 겨누고 있는 상황이 아니다. 그렇다면 안에서 볼 때 우리가 자유의지를 가지고 있다는 사실보다 더 명백한 것이 무엇이 있겠는가? 우리는 틀림없이 자유의지를 가지고 있다. 그렇지 않다는 것은 상상할 수도 없다. 적어도 우리에게는 그렇게 보인다.

그러나 앞으로 보게 되겠지만, 우리가 가지고 있을 것으로 여겨지는 자유의지를 바깥의 관점에서도 납득할 수 있게 만드는 일은 커다란 문제에 봉착한다. 내부의 관점에서 우리가 당연히 가지고 있다고 여기는 바로 그것에 대응하는 그 어떤 것도 밖으로부터는 발견할 수 없는 것처럼 보인다. 밖에서 보면, 우리는 자유의지를 가질 수 없다. 거기서 우리가 가질 수 있는 것은 아무것도 없다.

우리는 우리가 자유로운 존재임에 틀림없다고 느낀다. 그러나 어떻게 자유로울 수 있는 건지는 알 길이 없다. 안과 밖, 반드시 그래야 하는 것과 도저히 그럴 수 없는 것. 우리는 다시 한 번 여기서 고약한 철학적 문제에 부딪힌다.

〈마이너리티 리포트〉

때는 2054년이다. 그 이전 몇 년 사이에 살인이 걷잡을 수 없이 늘어났다. 그런데 믿기 어렵지만 그것을 막을 수 있는 방법이 생겨났다. 개발 단계에 있는 환각제를 복용한 적이 있는 여러 임산부가 신경 유전자에 이상이 생긴 비정상적인 아이들을 출산했고, 그 바람에 이 아이들이 미래를 예언하는 능력을 가지게 된 덕분이다. 적어도 살인과 관련된 미래의 일부분을 예언하게 된 것이다. 웃을 일이 아니다. 이런 일이 실제 가능할지 그 누가 알랴. 예지력을 지닌 아이들 대부분은(영화에서 이들은 예지자로 불린다) 살인이 일어나는 미래와 현재를 분별하지 못하고, 그러한 무능력이 야기하는 스트레스를 견디지 못해 일찍 죽는다. 그런데 셋

이 살아남았다. 그들은 신속하게 (1) 유명 추리작가 세 명을 본뜬 이름을 부여받고(아서 코난 도일의 아서, 대실 해밋의 대실, 애거서 크리스티의 애거서), (2) 약에 매우 취한 상태에서, (3) 수영장 물 위에 둥둥 뜬 상태로, (4) 살인이 일어나기 전에 그것을 예언하는 일을 맡게 된다.

이 셋을 중심으로 존 앤더튼(톰 크루즈)이 이끌고 라마 버제스(막스 폰 시도)가 관장하는 범죄예방국이라는 새로운 경찰부서가 만들어진다. 톰 크루즈는 늘 하던 대로 나중에 인간의 존엄성과 가치를 이해하게 되는 시건방진 녀석을 연기한다. 막스 폰 시도는 막스 폰 시도가 그 역할을 맡았으니만큼 나중에 당연히 악당으로 밝혀진다.

아무튼 거두절미하고 이야기를 요약하자면, 예지자들이 어떤 살인을 예측한다. 그 살인은 72시간 뒤에 일어날 텐데 불행히도 톰이 범인이다. 그는 전혀 들어본 적도 없는 레오 크로라는 사내를 죽이게 된단다. 톰의 아들은 6년 전 유괴되어 살해당한 것으로 추정된다. 당시 톰은 수영장 물속에서 숨을 참고 있었는데, 물 위로 올라와 보니 아들은 이미 사라진 뒤였다. 그리고 그는 당연히 이 비극적인 사건을 극복하지 못했다. 크로가 그 꼬마의 살인자인 게 너무나 명백해 보인다. 아니, 우리는 그렇게 생각한다. 하지만 영리한 줄거리 반전이 이뤄진다. 크로는 진짜 살인자가 아니다. 크로는 누군가 알 수 없는 사람에게서 가족에게 큰돈을 지불할 테니 그 대가로 톰이 자신을 죽이도록 연기하라는 사주를 받았던 것이다. 그러나 인간의 자유와 존엄성을 위해 싸우는 톰은 실제로는 그를 죽이지 않는다. 그는 인간이며 따라서 선택권을 가지고 있다. 하지만 이는 별로 도움이 되지 않는다. 그는 결국 자신이 속한 범죄예방국에 체포되어 무한대의 활동정지 상태에 처해질 위기에 빠지기 때문이다.

물론 마지막에는 모든 일이 잘 해결된다. 이 영화는 어쩔 수 없는 스필버그 영화다. 톰은 아내와 재결합하고 심지어 다시 아내를 임신시키기도 한다. 막스 폰 시도는 최고 악당으로서의 성체가 폭로되고 명예롭게 자살한다. 예지자들과 그들이 유죄를 입증했던 모든 사람은 그 후로 영원히 행복하게 산다. 여기서 대체 어떤 일이 벌어진 건가?

내 운명의 주인?

사실 이 영화에서 벌어지는 일들은 자유의지라는 아주 오래된 철학적 문제를 흥미롭고 세밀하게 탐구한다. 나는 정말로 문제가 있다는 사실을 확신시키는 데 이 장 대부분을 할애할 것이다. 일단 정말 문제가 되겠다는 확신이 생기면, 그것이 얼마나 크고 고약한 문제인지를 알게 될 것이다.

당신 머리의 여러 지점에 뇌 활동을 기록하는 뇌파 측정기가 연결되어 있다. 한 연구자가 순전히 당신이 원하는 어떤 불시의 순간을 선택해서 검지를 몇 차례 구부리라고 요구한다. 손가락을 움직이기로 결심한 그 시점에 시곗바늘이 어디를 가리키는지도 숙지하라고 요구한다. 실제로 당신에게 이런 상황이 벌어졌다면, 아마도 당신은 벤저민 리벳Benjamin Libet이 수행한 일련의 고전적 실험의 피험자였을 것이다. 혹시 당신이 나이가 더 들었다면, H. H. 콘후버Kornhuber가 더 오래전에 실시했던 본질적으로는 같은 종류의 실험에 참가했을 수도 있다. 어떤 실험에 참가했든 간에, 그 결과는 아마도 상당히 놀라웠을 것이다. 손가락을 움직이려는 당신의 의식적인 결정은 손가락을 움직이기 몇 분의 1초 전에 일어난 반면, 뇌파 측정기가 기록한 뇌의 전기적 활동은 당신이 손가락을 구부리기 1초 내지 1.5초 전부터 점차 강해졌다. 말하자면 손가락을 움직이려는 결정은 손가락 움직임을 야기한 뇌 활동 이후에 일어난 것처럼 보인다.

리벳과 콘후버의 실험은 우리의 말문이 막히게 만드는 여러 가지 중 하나다. 적어도 하나의 해석에 따르면, 이들의 실험 결과는 의식적이고 자유로운 의지 행위 때문에 손가락이 움직였다는 생각이 환상에 불과함을 보여준다. 당신 손가락의 움직임은 실제로는 의식 행위 이전에 발생한 당신 뇌의 활동이 야기한 것이다. 당신은 뇌 활동에 대해서는 전혀 모른다. 물론 이것이 그 실험 결과의 유일한 해석이라고 말하려는 건 아니다. 내 생각에는 무모해 보이지만, 다른 해석도 있다. 어쨌든 이 실험은 우리에게 생각거리를 던져준다. 그것만으로도 출발점으로 삼기에 충분히 좋은 이유가 된다.

우리 모두는 우리가 자유롭다고 생각한다. 여기서 자유라는 말로 정치적 자유를 뜻하고자 하는 것은 아니다. 정치적 자유는 정부나 사회가 우리가 하고 싶은 일을 얼마만큼 허용하며, 또한 얼마만큼 허용해야 하는지 등의 문제와 관련이 있다. 우리가 얘기하려는 자유는 그보다 훨씬 더 근본적인 것이다. 정부나 사회가 다음과 같이 말했다고 가정해보자. "어서 하세요. 당신이 원하는 것이라면 무엇이든 하세요. 진심이니 진짜로 그렇게 하세요!" 그렇다 해도 우리가 다루고자 하는 의미에서의 자유 문제는 그대로 남아 있다. 이 문제는 설령 우리를 막아설 사람이 아무도 없다 할지라도, 정말 우리가 진정으로 무언가를 자유롭게 선택할수 있는가에 관한 문제다. 우리가 말하는 의미의 자유는 정치적 자유보다 훨씬 더 심층적인 것이다. 이는 흔히 형이상학적 자유라고 불린다.

자유의 문제

리벳의 실험에서, 안에서의 견해와 밖에서의 견해를 대조해보자. 안에서 보면, 손가락을 움직이려는 결정은 당신이 자유롭게 내린 것이다. 이 결정은 의지 행위, 철학적으로 말한다면 의욕volition으로 귀결된다. 그리고 이 의지 행위의 결과로 당신은 손가락을 움직인다. 당신의 결정은 당신이 자유롭게 내린 것이고, 의지의 행위 또한 당신이 자유롭게 형성한 것이므로, 자유롭게 당신의 손가락을 움직인 행동 또한 자유롭다. 따라서 안에서의 견해는 아마도 다음과 같은 주제에 대한 변주일 것이다.

자유롭게 내린 결정/선택은
자유롭게 형성되는 의욕으로 귀결되고
이는 자유롭게 이루어지는 행위로 귀결된다.

행위는 자유롭게 내린 결정/선택과 자유롭게 형성한 의욕의 결과이므로 자유롭다. 당신이 한 행위는 당신의 자유로운 결정과 의욕의 산물이므로 자유롭다.

그러나 밖에서의 이야기는 두 가지 점에서 안에서의 이야기와 모순된다. 첫째, 밖에서의 이야기는 우리 행위가 스스로 결정하고 의욕한 결과라는 생각에 도전한다. 리벳 실험에서 우리를 혼란스럽게 하는 것이 바로 그것이다. 당신의 손가락 움직임을 야기한 뇌 활동은 최소한 부분적으로는 손가락을 움직이려는 당신 결정이나 의욕에 앞선 것처럼 보인다. 손가락을 움직이려는 결정이나 의욕이 모두 당신의 손가락 움직임을 사실상 야기한 뇌 활동 이후에 발생한 것처럼 보인다. 따라서 리벳 실험은 당신 쪽에서 손가락을 움직이도록 야기한 것이 사실상 당신의 결정도, 의지작용도 아님을 암시한다. 행위를 산출하는 데 관련된 것은, 우리가 상식적으로 생각하듯이 당신이 내리고 형성한 의식적인 결정이나 의욕이 아니라, 뇌 활동이다.

그러나 밖에서의 이야기가 안에서의 이야기와 모순을 일으키는 더욱 심층적인 측면이 또 있다. 밖에서의 이야기는 우리 각자가 다른 모든 것을 산출하고 통제하는 인과적인 힘과 과정에 동일하게 종속된, 그저 세계 속에 존재하는 또 다른 하나의 사물에 불과하다고 말해준다. 이런 주장의 귀결은, 설령 어떤 결정이나 의지 행위 같은 것이 행위를 산출했다 하더라도, 그것만으로는 그 행위를 자유로운 행위라 하기에 충분하지 않다는 것이다. 이유는 간단하다. 우리가 그런 결정이나 의지 행위를 통제하지 못할 수 있기 때문이다.

가령 당신은 지금 이 책을 읽고 있다. 이는 당신 쪽에서 보면 어쨌든 하나의 행위다. 이 행위는 당신이 자유롭게 선택했는가? 누군가 당신 머리에 총을 겨누고 있지는 않을 것이다. 책이 잘 안 팔린다고 그런 방식의 마케팅을 고려하는 일은 없기 바란다. 그런데 출판사 마케터들이 당신에게 최면을 걸어서 부진한 판매량을 만회하려 한다고 가정해보라. 이 책을 읽고 싶다는 통제 불가능한 욕구를 최면으로 주입하는 것이다. 이렇게 주입된 욕구가 너무 강렬해서 거기에 저항할 방법이 없다고 가정해보자. 당신은 이 욕구를 충족해야만 하며, 그것을 이루는 유일한 방법은 이 책을 읽는 것이다. 이런 종류의 시나리오 속에서, 당신은 당신의 행위를 실제로 전혀 통제하지 못한다. 왜 그런가? 책을 읽겠다는 당신의 결정과 그에 따른 당신의 행위는 당신이 갖고 있는 압도적으로 강렬한 욕구의 불가피한 결과이기 때문이다. 그리고 이는 당신이 아무런 통제도 할 수 없는 욕구다. 어떤 재수 없는 놈이 최면으로 당신에게 그런 욕구를 불어넣었다. 따라서 만약 당신이 그 욕구를 전혀 통제할 수 없다면, 그 욕구의 불가피한 결과도 전혀 통제하지 못한다. 이 경우는 책을 읽으려는 결정과 책을 읽는 행위를 전혀 통제하지 못하는 게 된다. 좀 더 일반적으로 말해서, 만약 당신이 당신 행위의 원인을 통제하지 못하고, 당신 행위가 그 원인들의 불가피한 결과라면, 당신은 그 행위도 전혀 통제하지 못하는 것이다.

그러면 우리가 스스로 하는 행위의 원인을 정말로 통제하지 못한다고 생각할 어떤 이유가 있을까? 있다. 결정론determinism이라 알려진 입장을 옹호하는 짧고 깔끔한 논변이 그런 이유를 제공한다. 사실상 결정론이 〈마이너리티 리포트〉에서 다뤄진 전부다.

결정론

결정론은 두 가지 주장의 결합으로 정의할 수 있다. 첫째는 인과성에 관한 주장이며, 둘째는 인과성이 인간의 자유에 어떤 귀결을 불러오느냐에 관한 주장이다.

(1) 인간의 행위, 선택, 결정을 포함하여, 존재하거나 발생하는 모
   든 것에는 원인이 있다.

(2) 따라서 인간의 행위, 선택, 결정은 자유롭지 않다.

우리가 먼저 해야 할 일은 어째서 결정론자들이 주장 (1)에
서 주장 (2)가 도출된다고 생각하는지 이해하는 것이다.

(1)과 (2)를 연결하는 기본적인 생각은 이렇다. 원인은 결과
를 불가피한 것으로 만든다. 여기서 각각 부분적 원인과 총체적 원인
이라 할 수 있는 것들을 반드시 구분할 필요가 있다. 가령 불꽃은
폭발의 원인일 수 있지만, 단지 부분적 원인일 뿐이다. 폭발이 일
어나려면, 가연성 가스나 산소가 충분해야 한다는 등등의 조건
이 갖춰진 상태에서 불꽃이 일어야 한다. 폭발이 일어나기 위해
만족되어야 하는 조건의 전체 목록을 내가 실제로 알지는 못하
지만, 그런 목록이 존재한다는 것은 분명한 사실이다. 그 목록은
불꽃, 가연성 가스, 산소뿐 아니라 추가로 요구되는 모든 조건을
포함할 것이다. 우리는 이를 폭발의 총체적 원인이라 부를 수 있
다. 만약 폭발의 총체적 원인이 발생한다면, 폭발은 반드시 발생
해야 한다. 총체적 원인이 실제로 갖춰진다면, 폭발은 불가피한
것이 된다.

따라서 결정론에 깔린 생각은 총체적 원인이 결과를 불가피
하게 만든다는 것이다. 또한 이와 유사하게, 결정론자들이 존재
하거나 발생하는 모든 것에는 원인이 있다고 말할 때, 그들이 의

미하는 바는 그것들에 총체적 원인이 있다는 것이다. 매번 '총체적 원인'이라고 쓰는 것을 피하기 위해서, 지금부터 원인에 관해 말할 때에는 총체적 원인을 지칭하는 것으로 이해하기 바란다. 어떤 이유로건 부분적 원인을 말할 필요가 있을 때에는 명시적으로 '부분적 원인'이라고 할 것이다.

만약 결정론이 옳다면, 존재하거나 발생하는 모든 것에는 (총체적) 원인이 있다. 여기에는 인간의 행위, 선택, 결정도 포함된다. 이들 또한 발생하는 것들이기 때문이다. 당신의 행위, 가령 이 책을 읽는 행위를 생각해보자. 당신은 이 행위를 통제하고 있는가? 결정론이 옳다면, 당신의 행위에는 (총체적) 원인이 있을 것이고, 그 원인은 당신 행위를 불가피한 것으로 만든다. 다시 말해서, 원인이 발생했다면, 당신의 행위 또한 발생해야 한다. 어떤 것들이 그런 원인에 해당할까? 글쎄다, 예를 들어 이 책을 읽으려는 결정 같은 것이 전형적으로 그러한 원인이 될 수 있을 것이다. 물론 그 행위가 단지 하나의 원인으로 야기되었다고 생각하는 것은 잘못일 것이다. 폭발과 마찬가지로, (총체적) 원인에 포함되는 요소가 많이 있을 것이다. 실제로는 행위의 경우가 폭발의 경우보다 훨씬 더 복잡할 것이다. 그러나 설명을 단순화하기 위해서, 당신 행위의 원인이 오직 당신이 내린 결정뿐이라고 가정하자. 이렇게 단순화한다고 무슨 중요한 문제가 생길 건 전혀 없다.

당신의 결정이 당신 행위를 (총체적으로) 야기했다고 가정해보자. 이는 당신의 결정이 일어났다면, 당신의 행위는 불가피함을 의미한다. 그리고 이는 당신이 결정을 통제하지 못한다면, 행위도 통제할 수 없음을 의미한다. 만약 당신의 결정이 그 행위를 불가피하게 만드는데, 당신이 그 결정을 통제하지 못한다면, 당신은 그 행위도 전혀 통제할 수 없다. 어떻게 이런 경우가 가능하겠는가? 책을 읽으려는 결정이 최면을 통해 당신에게 주입되었다면, 책을 읽는 당신 행위가 자유롭지 않다는 것은 바로 이런 이유 때문이다. 그 결정이 자유롭지 않고, 그 결정은 그 행위를 필연적으로 만들기 때문에, 그 행위는 자유롭지 않다.

당신은 그 결정을 통제할 수 있는가? 결정론에 따르면, 존재하거나 발생하는 모든 것에는 원인이 있다는 점을 기억하라. 당신의 결정 또한 원인(총체적 원인임을 기억하라)이 있으며, 이는 그 결정을 불가피한 것으로 만든다. 따라서 당신이 그 원인을 통제하지 못한다면, 그 결정도 전혀 통제할 수 없다. 예를 들어, 책을 읽으려고 당신이 내린 결정의 원인이 최면으로 주입된 책을 읽으려는 욕구이고, 당신이 그 욕구를 전혀 통제할 수 없다면, 당신은 그 결정 역시 전혀 통제할 수 없다. 왜냐하면 우리는 그 결정이 그 욕구의 불가피한 결과라고 가정하고 있기 때문이다. 따라서 그 결정이 자유롭지 않으므로, 그 행위는 자유롭지 않다. 그리고 그 욕구가 자유롭지 않으므로, 그 결정도 자유롭지 않다.

그런데 결정론에 따르면 존재하거나 발생하는 모든 것에는 원인이 있다는 사실을 기억하자. 따라서 그 욕구 또한 원인이 있을 것이다. 그 욕구를 조금이라도 통제하려면 그 욕구의 원인을 통제할 수 있어야 한다. 최면으로 주입된 욕구의 경우에, 우리는 그 원인을 전혀 통제하지 못한다. 이것이 바로 우리가 그 욕구와 그로부터 뒤따르는 모든 것이 자유롭지 않다고 간주하는 이유다. 말 그대로 무한정 이 얘기를 계속할 수 있겠지만, 지금쯤이면 당신도 상황을 이해했을 것이다. 우리는 이를 원인들로 이루어진 하나의 선 또는 계열로 표현해볼 수 있다.

$$\cdots\cdots E1\_E2\_E3\_E4\_E5\cdots\cdots$$

이는 전체 선의 작은 일부분에 불과하다. 이 선은 무한히 길다. 혹은 시간에 시작과 끝이 있다면, 이 선은 시간의 시작에서 끝까지 뻗어 있을 것이다.

질문은 이것이다. 당신은 사건 E5를 통제할 수 있는가? 사건 E4가 사건 E5의 (총체적) 원인이며 따라서 E5를 불가피한 것으로 만들기 때문에, 오로지 당신이 사건 E4를 통제할 수 있는 경우에만 그것이 가능하다. 당신은 사건 E4를 통제할 수 있는가? 사건 E3이 사건 E4의 (총체적) 원인이며 따라서 E4를 불가피한 것으로 만들기 때문에, 오로지 당신이 사건 E3을 통제할 수 있는 경우에만 그것이 가능하다. 나머지도 마찬가지다. 사건 E5가 이 책을 읽는 행위라면, 사건 E4는 책을 읽으려는 결정이고, 사건 E3은 책을 읽으려는 욕구가 될 것이다. 사건 E2는 그 욕구의 원인일 것이고, 사건 E1은 그 욕구의 원인의 원인일 것이다.

핵심은 이렇다. 우리의 어떤 행위든 간에 우리는 그 원인의
계열을 원리상 우주의 시작 시점에 이르기까지 무한정 소급해
추적할 수 있다. 심지어 우주에 시작이 없다면, 끝도 없이 소급할
수 있다. 이제 이러한 원인들의 계열 중 특정 단계에서, 우리는
분명히 우리가 통제하지 못하는 어떤 원인에 도달할 것이다. 유
년기나 유아기로 거슬러 올라가면, 당시에 우리에게 영향을 미
친 원인들은 분명히 우리가 통제할 수 없는 것들일 확률이 매우
높다. 백 보 양보해서 유년기나 유아기에 발생했던 원인을 직접
통제했다고 우길 수 있을지는 모르겠으나, 적어도 당신이 태어
나기 이전에 발생했던 원인을 통제할 수 없다는 사실은 아주 분
명하다. 통제할 수 없는 원인들에 도달하는 시점이 어디든 간에,
결국 우리는 그런 원인들에 도달할 수밖에 없다. 종국적으로 우
리는 우리가 존재하기 이전에 발생했던 원인들, 우리 존재의 시
작과 형성에 어떤 역할을 담당했던 원인들에 도달할 수밖에 없
기 때문이다. 분명 우리는 이런 종류의 원인들을 전혀 통제할 수
가 없다.

그런데 만약 어떤 시점에서 우리가 통제하지 못하는 어떤 원
인에 도달한다면, 우리는 원인들의 계열에서 그 원인에 뒤따르
는 어떠한 사건도 통제할 수가 없다. 그 이유는 우리가 이미 보았
듯이 원인은 그 결과를 불가피하게 만들기 때문이다. 따라서 가
령 우리가 사건 E1을 통제하지 못한다면, 우리는 사건 E2도 통

제하지 못한다. 사건 E2는 사건 E1의 불가피한 귀결이기 때문이다. 그런데 사건 E3이 사건 E2의 불가피한 귀결이므로, 우리는 또한 사건 E3도 통제하지 못한다. 우리가 어떤 사건을 통제하지 못한다면, 그 사건이 불가피하게 만드는 그 어떤 것도 통제할 수가 없다.

만약 결정론자들이 말하듯이 존재하거나 발생하는 모든 것에 원인이 있다면, 우리가 취하는 모든 행위, 우리가 내리는 모든 선택과 결정에는 원인이 있을 것이다. 그리고 이 원인에도 원인이 있으며, 이 원인의 원인에도 원인이 있을 것이다. 종국에 가서 우리는 우리가 통제하지 못하는 원인에 도달할 수밖에 없다. 따라서 우리는 그런 원인에서 귀결된 선택, 결정, 행위를 통제하지 못한다. 그리고 이것이 본질적으로 결정론의 논증을 완성시킨다.

여기서 당신은 내가 시도한 구제불능의 과잉 단순화 때문에 실은 문제가 안 되는 게 문제처럼 보일 뿐이라고 생각할지 모르겠다. 그런 지적을 처음 받은 것이 아니다. 특히 당신은 하나의 인과 계열 또는 선이 시간 속에서 앞뒤로 쭉 뻗어 있다는 생각이 너무 조야하다는 점을 지적하고 싶을 것이다. 물론 조야하다. 선이 한 줄만 있는 게 아니라, 엄청나게 복잡한 수준으로 서로를 가로지르는 무수히 많은 선이 있을 것이다. 하나의 인과 계열은 불가피하게 다른 여러 인과 계열과 교차하고 서로를 횡단하며 겹쳐 있다. 그리고 그런 인과 계열 하나하나가 또한 다른 수많은 인과 계열과 그렇게 뒤얽혀 있다. 따라서 우리 각자의 삶은 무한정

많은 잠재적인 인과의 선들과 엮여 있다. 또한 우리 행동 하나하나도 무한정으로 많은 잠재적 인과의 선들과 엮여 있다. 그렇다면 어째서 여기에 자유로운 선택이라는 요소가 끼어들 수 없는 걸까? 가령 당신이 어떤 일을 하려고 결정할 때, 이 인과 계열이 아니라 저 인과 계열을 따르는 것으로 선택의 자유가 주어질 수는 없을까?

인간의 자유나 존엄성에는 불행한 일이지만, 그럴 수가 없다. 시간 속 어떤 시점에 미로처럼 얽혀 있는 인과 계열들이 있다고 가정하자. 하나의 사건이 다른 사건을 야기하며, 그것이 또다시 다른 사건을 야기하는 여러 개의 인과 계열들이다. 이 모든 선은 우리가 파악하기 불가능할 정도로 서로 복잡하게 얽혀 있다. 지금 제안된 것은 이 인과 계열이 아니라 저 인과 계열을 따르려는 결정에 자유로운 선택이 개입된다는 것이다. 당신이 임의의 수 n에 해당하는 인과 계열을 따르기로 했다고 가정해보자. 말하자면 당신은 이후의 욕구, 결정, 행위가 계열 n을 따라서 전개되도록 선택한 것이다. 여기서 당신의 선택은 무엇인가? 그것은 존재하거나 발생한 그 무엇이다. 따라서 결정론에 따르면, 그 선택에 그것을 불가피하게 만드는 어떤 원인이 있다. 요점은 이 인과 계열 말고 저 인과 계열을 따르려는 당신의 선택 자체가 어떤 인과 계열의 일부라는 점이다. 따라서 그 선택 또한 그 인과 계열에 속하는 다른 모든 것과 마찬가지로 자유롭지 않다. 따라서 우리는 경쟁하는 여러 인과 계열들 사이에서 이루어지는 선택을 통해 자유를 확보할 수가 없다. 왜냐하면 그런 계열들을 놓고 이루어지는 모든 선택 자체가 어떤 인과 계열의 일부이며, 그래서 그 선택들 역시 선행하는 원인들에 의해 불가피한 것으로 되기 때문이다.

이런 설명은 다소 추상적이라 사례를 들면 더욱 분명해진다. 당신이 호텔 방에서 레오 크로와 마주치는 결정적인 장면에 등장한 톰 크루즈라고 가정해보자. 당신 앞에는 다양한 인과 계열들이 펼쳐져 있다. 그중 하나는 당신이 정말로 원하는 일인 레오를 총으로 쏘는 일과 연결되어 있다. 다른 계열들은 그를 체포하거나, 그를 놓아주거나, 당신이 범죄예방국에 자수하거나, 심지어 자살을 저지르거나 하는 일들과 제각각 연결되어 있다. 이런 상황은 모두 당신에게 열려 있는 행위의 진행 경로다. 만약 결정론이 참이라면, 이 가능한 모든 인과 계열들은 모두 앞서 일어난 원인들의 결과이며, 그 원인들 자체도 더 이전에 일어난 원인들의 결과다. 앞서의 제안은 이러한 계열들 사이에서 선택하는 능력에 인간의 자유가 개입한다는 것이다. 따라서 만약 톰이 레오 크로의 머리를 날려버리는 대신에 놓아주기로 선택한다면, 이는 톰의 입장에서 볼 때 자유로운 선택이다. 하지만 잠깐만 따져보면 자유가 이런 식으로 확보되지는 않는다. 톰의 선택은 그 자체로 또 다른 인과 계열의 일부이며, 결국 그 인과 계열이 그의 선택을 불가피한 것으로 만들게 되기 때문이다. 톰이 그 시점의 충동을 따라 크로를 죽이든 놓아주든 간에, 그 선택은 그에 앞서 일어났던 일들에 따른 불가피한 선택이다. 우리는 특정한 인과 계열을 선택하는 데에서 자유를 발견할 수 없다. 왜냐하면 그 선택은 또 다른 인과 계열의 한 부분이며, 그래서 같은 문제가 다시 처음부터 생겨나기 때문이다.

결정론과 운명론

사람들은 흔히 결정론과 운명론predestinationism을 혼동한다. 따라서 논의를 더 진행하기에 앞서, 이 둘의 차이를 분명히 하자. 두 입장은 사실상 겉보기엔 유사해서, 그렇게 혼동하게 되는 건 아주 당연한 일이다.

먼저 결정론을 살펴보자. 결정론은 당신이 지금 하는 일(선택하고 결정하는 일까지도)이 미리 결정되어 있다고 주장한다. 당신은 당신이 한 그대로 행위하고 선택하고 결정할 수밖에 없었다. 당신에게는 아무런 선택권이 없다. 당신의 선택, 결정, 행위는 불가피하다. 그것들은 과거에 일어났던 일들에 따른 불가피한 결과로 나타났다. 따라서 지금 일어나는 일이나 미래에 일어날 일들은 모두 불가피하다.

반면에 운명론은 당신이 지금 무슨 일을 하든지 간에, 무엇을 선택하고 결정하며 어떤 행위를 하든 간에, 미래는 동일하게 판명나리라는 견해다. 당신이 범죄예방국에 자수를 하든 도망을 치든, 만약 당신이 특정 시각에 레오 크로에게 총을 쏠 운명이라면, 당신은 그를 쏠 것이다. 미래는 고정되어 있고, 그래서 현재 일어나는 일들은 미래에 일어날 일들과 무관하다.

이 차이를 알겠는가? 결정론은 당신이 지금 하는 일에 선택권이 없다는 견해다. 당신이 지금 수행하거나 내리는 행위, 선택, 결정은 불가피한 것들이다. 당신은 달리 어찌할 수가 없다. 즉, 결정론에 따르면 미래는 분명히 고정되어 있다. 그런데 미래는 현재가 고정되어 있기 때문에 고정되어 있는 것이다. 그리고 현재는 과거에 일어난 일들 때문에 고정되어 있다. 반면에 운명론은 당신이 지금 달리 행동할 수도 있다고 가정한다. 당신은 지금 하는 일에 선택권을 가지고 있다. 다만 그 선택이 미래에 아무런 차이를 유발하지 못할 뿐이다. 운명론에 따르면 미래는 고정되어 있다. 그런데 이는 현재나 과거에 의해 고정되는 것이 아니다. 그러나 결정론에 따르면 미래는 과거와 (미래를 기준으로 과거에 해당하는) 현재에 의해 고정된다.

예지자와 라플라스의 악마

17세기의 위대한 과학자 피에르 라플라스Pierre Laplace는 결정론자였다. 그는 우주란 복잡하긴 하지만 원리상 예측 가능한 방식으로 상호작용하는 여러 부품으로 이루어진 거대하고 복잡한 기계라고 보았다. 전하는 바에 따르면, 하루는 그가 나폴레옹과 이야기를 나누는데, 그의 체계 속에서 신이 어떤 역할을 하느냐고 나폴레옹이 물었단다. 라플라스는 그런 가설은 필요하지 않다고 대답했다. 라플라스가 우주의 실제 모습일 거라고 상상한 거대한 결정론적 기계는 세상에 대한 신의 행위와 양립할 수 없었다. 왜냐하면 신의 행위는 자유로울 것으로 추정되는데, 라플라스의 결정론적 체계 안에는 자유로운 행위가 존재할 여지가 없기 때문이다.

그런데 라플라스에 따르면, 신과 같은 가설적인 초능력의 존재는 우주의 정확한 전개를 예측할 수 있다. 그런 존재가 우주의 초기 상태를 알고 있다면, 원리상 앞으로 일어날 모든 일을 정확한 시간과 함께 예측하는 것이 가능하다. 이러한 가설적인 초능력의 존재를 이른바 라플라스의 악마Laplace's demon라고 부른다.

〈마이너리티 리포트〉에 등장하는 예지자들은 사실상 라플라스의 악마의 축소판이다. 그들은 앞으로 일어날 모든 일을 예측하지는 못한다. 하지만 살인은 예측할 수 있다. 그들의 능력이 살인자의 동기나 의도를 예측하는 것에 기반을 두고 있지 않음에 주목하자. 영화 초반부에 톰 크루즈가 이들의 능력을 설명하는 과정에서 이 점을 분명히 밝힌다. 그들의 능력은 당신이 무엇을 하려고 의도하는지를 예측하는 것이 아니라, 당신이 실제로 무슨 일을 하게 될지 보는 것에 기반을 둔다. 또한 그들의 힘은 확률 계산에 의존하지 않는다. 그들은 사건들 중에 가장 가능성 있는 결과를 예측하는 것이 아니다. 즉 발생 확률이 가장 큰 사건이 무엇인지를 예측하는 게 아니라는 얘기다. 대신에 이들은 실제로 일어날 일을 직접 보는 것으로 알려져 있다. 그렇지 않다면 범죄예방국의 존립 근거가 훼손될 것이다. 단지 어떤 남자가 바람난 아내와 그 정부를 살해할 개연성이 높다는 것을 근거로 그를 무제한 활동정지 상태로 격리할 수는 없다. 그런 문제라면 개연성이 아니라 확실성이 필요하다. 미래의 사건에 확신을 가지려면 그 사건이 실제로 일어나야 한다. 어떻게 이게 가능한가? 미래는 아직 일어나지 않았으므로, 이는 오직 미래가 현재 일어나는 일과 과거에 일어났던 일들에 의해 불가피해질 때에만 가능하다. 현재는 과거에 의해 고정되거나 결정되며, 미래는 현재에 의해 고정되거나 결정된다. 이것이 바로 결정론이 주장하는 바다. 따라서 미래가 현재와 과거에 의해 고정되는 경우에만, 우리는 예지자에 기반을 둔 사법 체계를 합법적으로 보유할 수 있다. 간단히 말해, 결정론이 참인 경우에만 그럴 수 있다.

물론 여기에는 영화에서 간단하고 불충분하게만 언급되었던 역설이 결부되어 있다. 예지자들이 미래를 보면, 톰이나 범죄예방국이 작전에 돌입하고 살인은 방지된다. 그러나 이것은 결국 살인이 일어나지 않도록 예정되어 있었음을 의미한다. 그렇다면 예지자들은 어떻게 실제로 일어나지도 않을 일을 볼 수 있게 되는가? 이들의 능력은 일어날 확률이 높은 일을 예측하는 것이 아니라, 실제로 일어날 일을 보는 것이다. 결국 그들은 실은 고정되거나 결정되어 있지 않았던 어떤 일을 본 것일 수밖에 없다. 이는 물론 범죄예방국의 존립 근거 전체와 실제로는 어떤 일도 결코 저지르지 않을 사람들을 영구 활동정지 상태에 처하게 만든 처벌의 사법적 정당성을 훼손한다. 오, 이런, 어떤 것도 완벽하진 않군.

비결정론

결정론이 참이라면, 왜 자유의지의 개념에 문제가 생기는지 쉽게 파악할 수 있다. 일어나는 모든 일은 불가피하다. 일어난 일들은 그것이 무엇이건 간에 일어났던 그대로 일어날 수밖에 없다. 그리고 이 경우, 자유로운 선택과 행위라는 생각이 가능할 어떤 여지가 있을지 알기 어렵다. 그런데 당신은 지금까지는 이에 대해 특별히 확신한다거나 염려하지는 않았을 수 있다. 당신이 태평할 수 있는 한 가지 이유는 결정론의 논증이 당신이 공유하지 않는 어떤 가정에 의존한다는 점을 깨달았기 때문일 수 있다. 그것은 바로 존재하거나 발생하는 모든 것에는 원인이 있다는 가정이다. 이 가정이 없다면 결정론의 논증은 시작조차 할 수 없다. 따라서 결정론의 논증을 좌초시키기 위해 우리가 해야 할 일은 존재하거나 발생하는 모든 것에 원인이 있다는 주장을 거부하는 것이다. 이런 입장은 이미 잘 알려져 있고 여러 가지 이름으

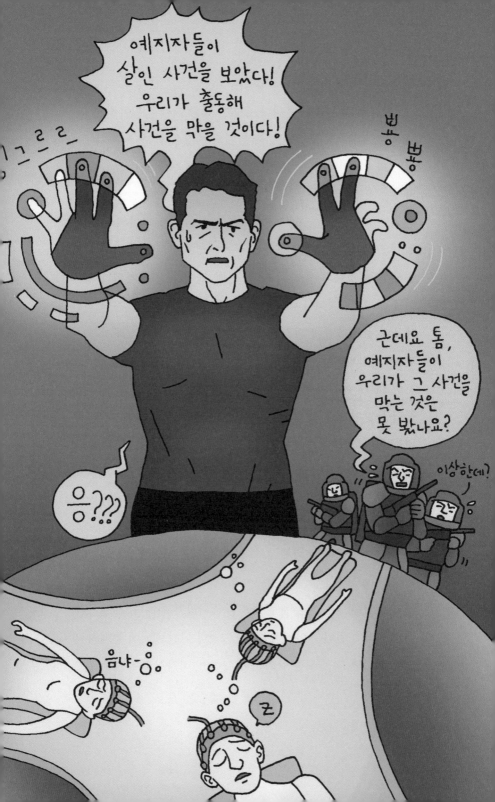

로 불리지만, 우리는 이를 **비결정론**indeterminism으로 부르겠다.

이런 식의 논증은 흔하다. 우리는 종종 그런 논증이 원인cause 과 **영향**influence의 구분을 통해 전개되는 경우를 본다. 여기에서 나는 다시 한 번 지나친 단순화라는 비난을 받을 가능성이 크다. 당신은 우리 행위가 선행하는 사건들로부터 영향을 받을 수 있지 만, 선행하는 사건들이 그 행위의 원인은 아니며, 따라서 우리 행 위가 그런 선행 사건들 때문에 불가피해지는 것은 아니라고 논 증하려 할 것이다. 우리의 행위, 선택, 결정은 온갖 것의 영향을 받을 수 있다. 그러나 이는 우리의 행위, 선택, 결정이 그런 것들 때문에 불가피하게 되었음을 의미하지는 않는다. 그래서 다시 한 번, 인간의 자유와 존엄성 만세!

그런데 여기서 영향이라는 개념은 무엇에 해당하는가? 예를 들어 폭발이 불꽃의 발생에 영향을 받았다고 말해보자. 이는 무 엇을 의미하는가? 한 가지 가능한 의미는 불꽃이 폭발의 총체적 원인이 아니며, 산소와 같은 다른 것들도 필요하다는 것이다. 이 와 비슷하게, 우리는 욕구가 행위의 총체적 원인은 아니라고 말 할 수 있다. 이것이 무슨 말인지는 매우 분명하다. 그러나 그래서 는 결정론의 문제를 피해갈 수 없다. 결정론은 존재하거나 발생 하는 모든 것에는 총체적 원인이 있으며, 따라서 모든 것은 그 이 전에 일어난 일들 때문에 불가피한 것이라는 견해다. 욕구가 행 위의 총체적 원인은 아닐 수 있다. 그러나 어떤 행위에 총체적 원 인이 있다면 그 행위는 불가피한 것이며, 따라서 자유로운 것으로 보이지 않는다. 그러므로 만약 우리가 '영향'이라는 말로 의미하는 바가 부분적 원인 정도라면, 영향이라는 모호한 말을 써서 문제를 피해갈 수는 없다.

행위는 원인에 의해 야기되는 것이 아니라 그저 영향을 받을 뿐이라는 생각은, 영향을 모든 종류의 원인과 구분할 때에만 유용하다. 말하자면, 영향에 대해서 말할 때 우리가 인정하게 되는 것은 결국 인과적 질서 속에 존재하는 모종의 빈틈이다. 우주의 역사를 구성하는 미로 같은 인과적 계열 속에 모종의 단절이나 구멍이 존재한다는 것이다. 이 견해에 따르면, 어떤 행위는 원인 지어지지 않았기 때문에 자유로울 수 있다. 그리고 이것이 바로 비결정론이 주장하는 바다. 따라서 결정적인 순간에 영향의 개념에 호소하는 것은 행위들이 원인에 의해 야기되지 않았다는 바로 그 이유 때문에 자유롭다고 주장하는 한 가지 방식이 된다. 그렇다면, 이제 이런 비결정론이 실제로 자유와 존엄성에 대해 만족스러운 설명을 제공하는 것으로 판명될 경우에만, 인간의 자유와 존엄성은 다시 찬양받을 수 있다.

비결정론은 그 적수인 결정론과 마찬가지로 두 가지 기본 주장으로 이루어져 있다. 이것들은 결정론적 주장의 거울 이미지에 해당한다. 비결정론에 따르면,

(1) 적어도 일부의 인간 행위, 선택, 결정에는 원인이 없다.
(2) 원인이 없는 이러한 행위, 선택, 결정은 따라서 자유롭다.

비결정론자는 인간의 모든 행위, 선택, 결정이 자유롭다고 주장하지는 않는다. 비결정론자는 그중 일부에는 원인이 있다는 것을 인정하며, 그럴 경우에 그 행위, 선택, 결정은 자유롭지 않다고 말한다. 비결정론자가 말하는 바는 적어도 일부의 인간 행위, 선택, 결정에는 원인이 없으며, 그 경우에 그 행위, 선택, 결정은 자유롭다는 것이다. 그것은 원인이 없다는 바로 그 이유 때문에 자유롭다.

비결정론이 결정론의 손아귀에서 인간의 자유를 구원하리라 생각하고 결정론의 논증 따위는 걱정하지 않을 사람들에게 이렇게 말하고 싶다. 이제는 걱정해야 할 시간이다. 그것도 몹시 걱정해야 할 시간이 왔다. 비결정론은 인간의 자유에 대한 설명으로 구실할 수 없다.

불행하게도 당신이 확연한 신경경련을 일으키는 신경질환을 앓고 있다고 가정하자. 가끔 당신의 오른팔이 옆으로 제멋대로 뻗어나가면서 위로 치켜 들린다고 가정해보자. 당신은 그런 경련을 인과적으로 야기한 신경학적 문제를 통제할 수 없으므로, 그 경련 역시 통제하지 못한다. 예를 들어 당신이 어떤 생각에 골몰한 채 거리를 걷는데, 갑자기 팔이 옆으로 뻗어나가 지나가는 행인을 때렸다고 가정해보자. 또는 당신이 데이트를 하는데 일이 잘 풀려 오늘은 뭔가 좋은 일이 있을 것 같다고 생각하는 순간, 갑자기 팔이 뻗어나가면서 데이트 상대를 강타해 정신을 잃게 만들었다. 분명 당신은 이런 결과를 통제하지 못하며, 따라서 옆으로 팔이 뻗치는 행위는 자유로운 것이 아니다.*

　이 경우에 당신 팔은 성가신 신경질환이라는 원인 때문에 움직인다. 그리고 당신은 그 원인을 통제하지 못하기 때문에, 팔의 움직임도 통제하지 못한다. 이제 약간 다른 시나리오를 상상해 보자. 당신의 팔이 똑같은 방식으로 갑자기 뻗친다. 그런데 이번에는 아무런 원인도 없다. 무엇이 팔을 움직인 건가? 아무것도 없다. 팔이 그저 움직였을 뿐이다. 원인이 없다는 것은 바로 이런 것이다. 어떤 것도 그것을 움직이게 만들지 않는다. 그것은 아무런 이유 없이 움직인다. 만약 당신도 나랑 생각이 비슷하다면, 이러한 상황을 상상하기가 매우 힘들 것이다. 그런데 이것이 바로 비결정론자가 우리에게 상상하도록 요구하는 바다. 비결정론자에 따르면, 자유로운 행위가 일어날 때마다, 바로 이러한 일이 일어난다. 행위는 오직 원인이 없는 바로 그 경우에만 자유롭다(또는 원인 없는 결정이나 욕구에서 비롯될 경우에만 자유롭다). 비결정론자에게 최대한 선의를 베풀어서, 설령 그가 용케도 그런 상황을 상상 가능한 정합적인 방식으로 묘사하는 데 성공했다고 쳐 보자. 문제는 이것이다. 이런 방식으로 일어나는 행위가 정녕 자유로운 것인가?

　너무나 분명한 얘기지만, 나는 그렇지 않다고 생각한다. 사실상 팔이 신경질환의 결과로 뻗쳐나갈 때와 마찬가지로, 아무

---

* 물론 이것은 자유롭지 않으며, 대부분의 철학자들은 이를 행위로 간주하지도 않는다. 이것은 단지 신체적 움직임일 뿐이다. 이에 관해서는 나중에 더 살펴보자.

런 이유 없이 뻗쳐나가는 경우도 자유로운 게 아니다. 당신은 두 경우 모두 그 사건을 통제하지 못한다. 첫 번째 경우, 당신은 팔의 움직임을 불가피하게 만드는 어떤 것, 즉 신경질환을 통제하지 못하므로 팔을 통제하지 못한다. 그런데 두 번째 경우에, 당신 팔은 아무런 이유 없이 뻗친다. 그 움직임에는 원인이 없다. 그러나 그 결과 당신은 그 움직임을 통제하지 못한다. 당신이 팔의 움직임을 통제하려면 당신과 그 움직임 사이에 어떤 연결이 있어야 한다. 팔을 움직일지 여부에 관해 당신에게 어떤 주도권이 있어야 한다. 다시 말해서, 만약 당신 팔의 움직임이 자유로운 움직임이려면, 그것은 바로 당신이 일어나게 만든 일이어야 한다.

따라서 만약 당신 팔의 움직임에 아무 원인이 없는데 아무런 이유 없이 팔이 움직인다면, 그것은 당신이 일어나게 만든 어떤 일일 수가 없다. 따라서 그것은 자유로운 움직임일 수가 없다. 그것은 당신의 자유의지에서 비롯된 움직임이 아니다. 비결정론의 주장에서 대체 무엇이 잘못된 건가? 기본적으로, 비결정론자는 자유와 자발spontaneity이라는 매우 다른 두 가지 개념을 혼동하고 있다. 당신 팔이 아무 이유 없이 움직인다면 그 움직임은 자발적이거나 무작위적이다. 그러나 그 움직임이 진정으로 자유로우려면, 그것은 당신이 일어나게 만드는 어떤 일이어야 한다. 그것은 바로 당신이 야기한 일, 당신이 인과적으로 야기한 어떤 일이어야 한다.

행위 말고 선택이나 결정의 차원으로 문제를 전환해도 같은 논점이 적용된다. 아무런 이유 없이 일어나는 선택이나 결정은 정말로 무서운 일일 수 있다. 그것은 당신이 그런 선택이나 결정을 이끌어내는 데 아무런 역할도 하지 못한다는 뜻이다. 그것은 단순히 아무런 이유 없이 무작위로 일어나는 어떤 일이다. 어느 날 아침 당신은 오늘은 어떤 새로운 모험을 하게 될지 기대하면서 봄날의 기쁨에 들떠 깨어난다. 그리고 당신은 돌연 자살을 결정한다. 왜? 이유 없다. 어떤 이유도 없다. 아무런 이유 없이 일어나는 결정이란 바로 이런 것이다. 돌연 어떤 결정이 내려지고, 당신은 그 이유를 알지 못한다. 실제로 아무런 이유가 없다. 자유로운 결정은 그런 게 아니다. 자유로운 결정은 당신이 느끼고 생각하는 다른 어떤 것들과 연결되어 있어야 한다. 자유로운 결정이 아무런 이유 없이 내려질 수는 없다. 그것은 당신이 어떤 주도권을 가지고 있는 그 무엇이어야 한다. 말하자면, 결정 내리기는 바로 당신이 하는 어떤 일이다. 그것은 당신이 일어나게 만드는 어떤 일이며, 단지 당신에게 일어나는 일이 아니다.

한때는 양자이론에서 자유의지 문제의 해결책을 찾는 것이 유행이었다. 양자이론은 분자보다 작은 단위의 운동을 다루는 물리학의 분과다. 당신은 사람들이 다음과 같이 주장하는 것을 들어본 적이 있을 것이다. 양자 차원에서, 어떤 사건은 아무런 이유 없이, 어떠한 원인도 없이 일어난다. 따라서 양자 차원에서 이런 일이 벌어질 수 있다면, 그것이 인간의 자유의지 또한 가능하게 해줄지 모른다. 물론 오늘날 이런 생각은 양자이론을 오해한 것으로 거의 확실히 판명이 났다. 그러나 그렇지 않다고 해보자. 그래봤자 사건들이 어떠한 원인도 없이 일어날 수 있다는 사실은 그것들이 자유로운 것이 아니라 무작위적이거나 자발적이라는 것만을 보여줄 뿐이다. 따라서 설령 양자이론의 발견을 자유의지 문제로 확장하는 것이 가능하다 할지라도(실제로 양자 효과가 큰 파급효과를 미치는 일이 가능하다), 이러한 확장이 줄 수 있는 것은 인간 행위의 자유가 아니라 무작위성이나 자발성일 뿐이다.

결정론의 딜레마

이는 자유의지를 믿는 사람을 곤경에 빠뜨린다. 그 난점은 딜레마로 알려진 형태를 띤다. 아마도 당신은 이런 말을 들어본 적이 있을 것이다. "그 일을 하면 낭패에 빠지고, 그 일을 하지 않아도 낭패에 빠진다." 이것이 바로 딜레마다. 자유의지의 경우에 딜레마는 다음과 같은 형태를 띤다.

P1 만약 우리의 행위, 선택, 결정이 원인 지어졌다면, 그것들은 자유롭지 않다.

P2 만약 우리의 행위, 선택, 결정이 원인 지어지지 않았다면, 그것들은 여전히 자유롭지 않다.

P3 우리의 행위, 선택, 결정은 원인 지어졌거나 혹은 원인 지어지

지 않았다.

C 어느 경우가 되었건, 우리의 행위, 선택, 결정은 자유롭지 않다.

P1은 결정론자가 주장하는 바다. 우리의 행위, 선택, 결정은 존재하거나 발생하는 다른 모든 것처럼 원인 지어져 있다. 여기에 원인은 결과를 불가피하게 만든다는 주장을 덧붙여보라. 그러면 우리의 행위, 선택, 결정이 자유롭지 않다는 결론에 도달하는 것처럼 보인다. 일어나는 일이 모두 불가피하게 일어나므로, 우리의 행위, 선택, 결정은 자유로울 수가 없다. P2는 비결정론의 실패에서 비롯된다. 원인이 없거나 무작위적이고 자발적일 뿐인 행위, 선택, 결정은 우리가 그것들을 통제하지 못하므로 자유롭지 않다. 어떤 경우건, 우리의 행위와 선택과 결정은 자유롭지 않다. 만약 그것들이 원인 지어져 있다면 우리는 낭패에 빠지고, 그것들이 원인 지어져 있지 않아도 낭패에 빠진다. 인과성은 우리에게 적용이 되건 안 되건 간에 우리에게서 자유를 박탈한다. 이것이 바로 결정론의 딜레마다.

이 딜레마에서 빠져나갈 방법이 있을까? 우리의 자유를 구원할 어떤 방법이 있을까?

양립론

결정론과 비결정론에는 공통점이 하나 있다. 둘 다 인과성은 자유와 양립불가능하다고 가정한다. 말하자면 둘 다 만약 행위, 선택, 결정이 원인 지어져 있다면, 그것은 자유로울 수 없다고 가정한다. 어떤 일의 인과적 야기는 그 일의 자유로움과 양립불가능하다. 그런 이유로 결정론과 비결정론은 흔히 양립불가론incompatibilism의 입장들로 지칭된다. 자유와 인과성은 양립불가능하다.

많은 사람이 결정론과 비결정론의 이런 공통 가정을 의심함으로써 인간의 자유가 옹호될 수 있다고 생각해왔다. 다시 말해, 이들은 어떤 행위, 선택, 결정이 올바른 형태로 원인 지어지기만 하면 그것들은 인과적으로 야기된 것임과 동시에 자유로운 것이라고 주장한다. 이런 견해를 우리는 자연스럽게 양립론compatibilism이라 부른다.

가장 유명한 양립론자 중 한 명이 바로 우리가 2장에서 만났던 스코틀랜드 출신의 철학자 데이비드 흄이다. 흄에 따르면, 자유의 문제는 사람들이 인과성과 강제성compulsion을 혼동하는 경향 때문에 일어난다. 흄에 따르면, 이는 전혀 다른 두 가지를 부당하게 뭉뚱그리는 것이다. 예를 들어 내가 원해서 어떤 일을 하는 것과, 누군가 내 머리에 총을 겨누고 죽이겠다는 협박을 해서 어떤 일을 하는 것 사이에는 큰 차이가 있다. 흄의 용어로 말하면, 첫 번째 경우에 내 행위는 원인 지어진 것이고, 두 번째 경우에 내 행위는 강요된 것이다. 흄과 같은 양립론자들에게, 자유의 반대는 인과성이 아니라 강제성이다. 그러므로 그들은 내 행위는 그것이 강제되는 경우에만 자유롭지 않다고 주장한다. 내 행위는 인과적으로 야기될 수 있으며, 올바른 방식으로 원인 지어지기만 하면 여전히 자유로울 수 있다.

양립론이 성공하려면, 어떤 행위가 올바른 방식으로 원인 지어졌기에 자유롭다고 말하는 것이 무슨 의미인지 그럴듯한 설명을 제공해야만 한다. 내 머리를 겨냥한 총 때문에 어떤 일을 하게끔 원인 지어졌다면 올바른 방식이 아니다. 내가 원해서 그 일을 하는 것은 올바른 방식처럼 보인다. 이런 식의 생각에 기초하여, 양립론자들은 흔히 내적 인과와 외적 인과의 구분을 통해 자유로운 행위와 자유롭지 않은 행위를 구분한다. 내가 머리에 겨눠진 총 때문에 어떤 것을 하도록 강제된다면 이는 머리를 겨눈 총이라는 외적 요소에 의한 인과다. 그러나 내가 원해서 어떤 것을 한다면 이는 내적 인과다. 내가 하는 행위는 내 욕구나 필요 같은 내적 상태에 의해 인과적으로 야기된다. 따라서 이런 식의 생각을 토대로, 양립론은 흔히 다음과 같이 규정된다.

- 내적 상태가 그 직접적인 원인이 되는 행위, 선택, 결정은 자유롭다.
- 외적 상태가 그 직접적인 원인이 되는 행위, 선택, 결정은 자유롭지 않다.

두 경우 모두, 행위, 선택, 결정은 인과적으로 야기된다. 그런데 원인이 외적인 두 번째 경우에 행위, 선택, 결정은 강요된 것이다. 따라서 첫 번째 경우에 해당하는 행위는 자유롭지만, 두 번째 경우는 그렇지 않다. 이러한 시도가 과연 성공할 수 있을까?

나는 안 될 거라고 생각한다. 무엇보다도 내적 인과와 외적 인과의 구분에 입각하여 행위의 자유를 설명하려는 양립론자의 시도에는 심각한 문제가 있다. 그것은 행위로 간주되는 모든 것은 반드시 내적 원인이 있어야만 한다는 사실로부터 발생한다. 양립론자들이 표준적으로 들고 있는 자유롭지 않은 행위도 예외가 아니다. 이 점을 파악하기 위해서 아래의 사례를 살펴보자.

(1) 레오 크로는 범죄예방국을 찾아가 이 음모에서 자신이 맡은 역할을 자백하고 싶은 마음에 호텔 방을 떠난다.

(2) 레오는 톰이 머리에 총을 겨누고 밖으로 나가라고 말하기 때문에 호텔 방을 떠난다.

(3) 레오는 톰의 44 매그넘 권총의 총구에서 발생한 충격에 떠밀려 유리창을 부수며 호텔 방을 떠난다.

(1)을 살펴보자. 이는 분명히 레오의 욕구라는 내적 원인이 야기한 행위의 사례다. 따라서 여기에는 아무런 문제가 없고, 양립론의 설명에 따를 때 분명 자유로운 행위다. (2)의 경우는 어떤가? 양립론자는 그 원인이 레오의 머리에 겨눈 총이라는 외적인

것이므로, 이것은 강제된 행위이며 따라서 자유롭지 않은 행위라고 말할 것이다. 그러나 과연 그럴까? 가령 레오가 자신의 삶이 아무런 가치가 없으며 차라리 자신이 죽어 가족에게 큰돈을 마련해주는 편이 더 낫다고 믿는다면(물론 영화에서 그는 실제로 이렇게 믿고 있다), 총을 머리에 겨누는 위협은 통하지 않을 것이다. 총을 겨누는 위협은 오직 레오가 살고 싶은 욕구가 있을 경우에만 통할 것이다. 만약 그렇다면, 레오의 행위의 직접적 원인은 총이 아니라 그의 욕구다. 그러나 이는 내적 원인이다. 그렇다면 양립론자는 이 경우에도 레오의 행위가 자유롭다고 말해야 한다.

그런데 이에 대해 당신은 이렇게 대응할 수도 있다. (2)의 사건에서는 레오의 생존 욕구라는 내적 원인뿐 아니라, 머리에 겨눈 총이라는 외적 원인도 있다. (1)의 경우에는 그런 외적 원인이 없다. 거기서의 원인은 단순히 자백하려는 레오의 욕구뿐이다. 이런 이유 때문에 (1)에서 레오의 행위는 자유롭지만, (2)에서는 자유롭지 않다는 것이다. 그러나 이런 식의 주장도 참일 수 없는 것처럼 보인다. (1)에서 레오가 호텔 방을 나가게 만든 원인에는, 자백하고 싶은 욕구라는 그의 내적 상태뿐만 아니라, 그의 자백을 받아줄 범죄예방국 관계자가 그 방에 없다는 외적 사실도 포함되어 있기 때문이다. (1)과 (2) 두 경우 모두에서, 레오의 행위는 내적 요인과 외적 요인 둘 다가 복잡하게 결합해 발생하는 것처럼 보인다.

이제 (3)의 경우를 살펴보자. 여기서 레오가 호텔 방을 나가게 만든 원인은 분명 외적인 것이다. 그런데 이 경우에 레오가 호텔 방을 나간 것이 정말 그의 행위인가? 너무나 명백히도, 그렇지가 않다. 행위란 우리가 하는 일이지 우리에게 일어나는 일이 아니다. 그러나 (3)에서 언급된 사건은 레오가 한 어떤 일이 아니라, 그에게 일어난 어떤 일이다. 영화에서처럼 그가 불행한 방식으로 호텔 방을 떠나게 된 것은 그가 한 일이 아니라 그에게 일어난 일이다. 그것은 결코 그의 행위가 아니다. 따라서 여기서는 그것이 자유로운 행위인지가 아예 쟁점이 되지 않는다. 레오는 결코 그 일을 한 게 아니므로, 그것을 자유롭게 한 것도 아니다.

이것이 바로 양립론자의 문제다. 순전히 외적 원인만 있다면 어떤 것도 결코 행위가 아니며, 따라서 자유의지 논쟁과는 무관하다. 행위로서 자격을 갖추었다면 언제나 그것은 내적 요인과 외적 요인의 결합에 따른 결과다. 또 행위로 간주되는 모든 것의 가장 직접적인 원인은 언제나 점심을 먹으려는 욕구나 살려고 하는 욕구 같은 내적 상태들이다. 따라서 양립론자는 내적 인과와 외적 인과의 구분을 통해 자유로운 행위와 그렇지 않은 행위를 구분할 수 없다.

양립론자가 이 문제를 어떻게든 용케 해결한다 하더라도, 또 다른 문제들이 남아 있다. 자유에 대한 양립론자의 설명은 기본적으로 이렇게 귀착된다. 자유는 당신이 바라는 대로 할 수 있는 능력이다. 만약 당신이 스스로 원하는 일을 한다면, 당신은 자유롭게 행동하는 것이다. 그런데 우리는 여기에 어떤 문제가 있는지를 이미 살펴보았다. 자유는 단순히 당신이 원하는 바를 행하는 것 이상을 포함해야만 한다. 만약 이 책을 읽으려는 당신의 욕구가 자유롭게 선택된 욕구가 아니고, 비양심적인 마케터가 최면을 통해 주입해놓은 것이라면, 당신은 이 욕구의 소유 여부를 전혀 통제할 수 없다. 그런데 만약 행위의 원인으로서 그 욕구가 당신 행위를 불가피하게 만든다면, 당신은 이 책을 읽는 행위도 전혀 통제하지 못한다. 따라서 어떤 행위를 통제하려면, 당신은 또한 그 행위를 산출하는 욕구까지도 통제할 수 있어야 한다. 다시 말해서, 진정한 자유는 당신이 바라는 대로 할 수 있는 것 이상을 포함한다. 그것은 당신이 바라는 대로 바랄 수 있을 것을 요구한다. 자유란 단지 당신이 원하는 것을 하는 것 이상이다. 자유란 또한 당신이 원하는 바를 통제하는 것이기도 하다. 따라서 양립론은 옳을 수가 없다.

행위자 인과론

지금 우리는 어떻게 우리가 자유로울 수 있는지 설명하는 데 어려움을 겪고 있다. 양립론은 싹수가 노래 보인다. 따라서 자유는 인과와 양립할 수 없다. 만약 우리의 행위, 선택, 결정이 원인 지어져 있다면, 그것들은 자유로울 수 없다. 그리고 설령 그것들이 원인 지어져 있지 않아도, 그것들은 여전히 자유로울 수 없다.

단지 우리가 통제할 수 없는 무작위적인 사건들일 것이기 때문이다. 따라서 어떤 식으로든 우리는 자유로울 수 없다.

인간이 자유롭다는 생각에 끝까지 목매달고 있는 사람들이 마지막으로 던질 수 있는 카드가 행위자 인과론agent causation theory이라 알려진 입장이다. 이 견해는 만약 우리의 행위, 선택, 결정이 자유로우려면 우리가 그것을 통제할 수 있어야 한다는 일견 합당해 보이는 가정에서 시작한다. 그렇다면 우리는 어떻게 그것을 통제하는가? 기본적으로 우리는 행위, 선택, 결정이 일어나게 만든다. 그렇다면 행위, 선택, 결정이 일어나게 만든다는 이 개념을 어떻게 설명할 수 있을까? 행위자 인과론에 따르면, 자아 또는 행위자에 의한 인과라는 개념으로 이를 설명할 수 있다. 어떤 행위는 당신이 그것을 일어나게 한 경우에만 당신의 자유로운 행위가 된다.

이는 양립론과는 매우 다른 견해다. 양립론에 따르면, 어떤 행위가 당신의 욕구라는 내적 상태에 의해 인과적으로 야기된다면, 그 행위는 자유롭다. 행위자 인과론에 따르면, 어떤 행위는 당신의 어떤 내적 상태 중 하나가 아니라, 바로 당신이 산출할 때 자유롭다. 이는 작은 차이처럼 보이겠지만, 실은 그렇지 않다. 우리는 욕구가 행위를 야기한다고 할 때에 연관된 것이 무엇인지 어느 정도 이해하고 있다. 그런데 당신의 욕구 중 하나가 아니라 바로 당신이 행위를 야기한다고 할 때에는 과연 무엇이 연관되는 것인가? 특히 당신의 행위, 선택, 결정을 인과적으로 야기한다는 바로 그 당신이란 대체 무엇인가?

여기에 행위자 인과론의 핵심 문제가 있다. 앞 장에서 우리는 시간의 흐름 속에 지속하는 실체적 개체로서 자아라는 개념에 의미를 부여하는 것에 심각한 문제가 있음을 보았다. 하지만 만약 우리가 그 일을 해내지 못하면, 자아가 야기하는 행위라는 개념에 의미를 부여하는 일에도 마찬가지로 희망을 가질 수 없다. 우리는 이런 질문을 통해 행위자 인과론의 난점을 확대해갈 수 있다. 우리의 행위를 야기하는 자아는 물리적인 것인가, 비물리적인 것인가? 행위자 인과론을 주장하는 사람에게는 세 개의 선택지가 있어 보인다.

(1) 우리의 행위, 선택, 결정을 인과적으로 야기하는 자아는 물리적인 것이다.

(2) 우리의 행위, 선택, 결정을 인과적으로 야기하는 자아는 비물리적인 것이다.

(3) 우리의 행위, 선택, 결정을 인과적으로 야기하는 자아는 물리적인 것도 비물리적인 것도 아니다.

(1)은 작동하지 않는다. 물리적인 모든 것은 인과적 질서에 엄격하게 편입되어 있다. 그리고 물리적인 것의 활동은 그것을 구성하는 부분들의 활동으로 설명할 수 있다. 따라서 만약 자아가 물리적이라면, 우리는 자아의 어떤 부분이 어떤 행위에 책임

이 있는지를 물을 수 있어야 한다. 그러고 나면, 우리는 또다시 결정론의 딜레마에 직면하게 된다. 자아의 어떤 부분과 어떤 행위 사이의 연결이 인과적이라면, 그 행위는 자유로워 보이지 않는다. 그러나 설령 그 연결이 인과적이 아니라 해도, 그 행위는 여전히 자유롭지 않을 것이다. 그 행위는 무작위적이거나 자발적일 것이기 때문이다. 따라서 자아를 물리적인 것으로 보는 것은 결정론의 딜레마를 피해가지 못한다.

(2)의 선택지처럼 자아를 비물리적인 것으로 보면 어떻게 되는가? 그렇게 되면, 우리는 이제 기본적으로 이원론의 짐을 떠안게 된다. 앞서 말했듯이, 이원론은 철학사에서 가장 철저히 논박된 견해다. 제발 이원론으로는 가지 말자. 그래도 굳이 당신이 거기로 간다면, 3장에서 살펴보았듯이, 자아로 간주되는 그 비물질적인 것이 어떻게 신체 같은 물리적인 것에 영향을 미치게 되는지 설명해야 한다. 만약 자아가 신체 같은 물리적인 것에 아무런 영향을 미칠 수 없다면, 어떻게 그것이 신체가 특정한 행위를 하도록 만들 수 있겠는가? 비물리적인 자아로 신체의 행위를 설명할 수 없다면, 당연히 자유로운 행위를 설명하는 것도 불가능하다.

남아 있는 선택지는 자아를 물리적인 것도 아니고 비물리적인 것도 아닌 제3의 어떤 것으로 보는 것이다. 그런데 그게 도대체 무슨 의미인가? 물리적인 것도 아니고 비물리적인 것도 아니라니? 그런 것이 어떻게 물리적 신체와 인과적으로 상호작용할 수 있는가? 이원론의 문제를 논의하면서 보았듯이, 인과적 상호작용에는 속성의 공유가 필요하다. 예를 들어 물리적인 것들은 질량, 속도, 운동량, 운동에너지 같은 적절한 속성들을 서로 공유하기 때문에 인과적으로 상호작용할 수 있다. 우리가 어떤 방식으로든 행위에 나서려면 자아는 신체 같은 물리적인 대상에 영향을 끼쳐야만 한다. 따라서 만약 물리적인 것도 아니고 비물리적인 것도 아니라고 가정된 이런 자아가 신체 같은 물리적인 대상에 영향을 끼치려면, 그것은 물리적 신체와 적절한 속성들을 공유해야 한다. 그런데 물리적인 것도 아니고 비물리적인 것도 아닌 그것이 물리적인 것과 대체 어떤 속성을 공유한단 말인가? 만약 자아가 물리적인 것에 인과적인 영향을 미칠 정도로 충분히 많은 물리적 속성을 공유한다면, 왜 그런 자아를 아예 물리적인 것으로 간주하지 않는가? 이런 자아가 물리적이지도 않고 비물리적이지도 않다는 주장은 끔찍할 정도로 불분명하다. 그리고 우리가 이런 견해도 혹시 고려해볼 만한 가치가 있을지 모른다고 유혹을 느끼는 것은 실은 오로지 이 불분명함 때문이다. 그냥 절교해버리자.

톰 크루즈, 레오 크로 그리고 인간의 존엄성이라는 생각

영화 전체에서 가장 결정적인 장면에 이르러 톰 크루즈는 레오 크로에게 총을 쏘도록 되어 있다. 예지자들이 이 총격을 목격

했으며, 예지자 중 한 명이 이 사건에 대해 다른 해석을 내린 소수 의견 즉 '마이너리티 리포트'도 없었다. 따라서 톰이 레오를 총으로 쏘는 일은 불가피하다. 아니, 그럴 수밖에 없다. 그럼에도 불구하고 톰이 납치한 애거서는 톰에게 당신은 인간이며 따라서 선택을 할 수 있다고 외친다. 그리고 오호라 놀랍게도, 톰은 정말 그렇게 하는 것처럼 보인다. 그는 레오를 쏘지 않기로 선택하고, 인간의 자유와 존엄성을 위해 싸운다. 그는 레오 크로를 죽이지 않기로 결정했으며, 그의 선택은 자유로운 것으로 묘사된다. 물론 안에서 보자면 그렇다. 톰뿐 아니라 모든 사람에게는 늘 선택권이 있으며 원하기만 했다면 언제든 지금과 다르게 행동할 수 있었다는 사실보다 더 명백한 것은 없어 보인다.

그런데 밖에서 보면 그런 얘기는 도대체 무엇을 의미하는가? 톰의 행위로 이어지는 인과적 질서에 어떤 틈이 있으며, 그 결과 그의 행위는 선행하는 그의 결정이나 의욕에 원인 지어지지 않았다는 말인가? 그렇다면 그 행위는 무작위적이거나 자발적이며, 따라서 자유롭지 않다. 크로를 쏘지 않으려는 그의 의욕, 즉 의지의 작용은 그에 선행하는 무언가에 의해 인과적으로 결정되지 않은 어떤 것인가? 그것 또한 무작위적이거나 자발적이다. 그렇게 되면 그것은 그가 일어나게 만든 어떤 것이 아니기에, 즉 그가 통제할 수 있는 어떤 것이 아니기에, 자유롭지 않다. 톰이 어떤 행위를 하거나 하지 않은 것은 올바른 방식으로 원인 지어졌기 때문에 자유로운가? 가령 그 행위는 크로를 쏘지 않고 그것을 통해 자신의 자유를 증명하려는 그의 욕구에 의해 원인 지어졌기 때문에 자유로운가? 그런데 그렇다면 그의 행위는 오직 그가 자신의 욕구, 그 욕구의 원인, 그 욕구의 원인의 원인 등등을 통제할 수 있을 경우에만 자유롭다. 물론 결국에 가서 우리는 톰이 통제하지 못하는 어떤 원인의 원인의 원인의…… 원인을 발견할 것이다. 따라서 궁극적으로 톰은 자기가 바라는 대로 행위할 수는 있지만, 자기가 바라는 대로 바랄 수는 없다. 따라서 그는 자유롭지 않다. 톰의 행위나 결정은 그의 욕구 중 하나가 아니라 바로 그 자신에 의해 산출되었기 때문에 자유로운가? 그런데 그런 행위나 결정을 산출한 그 행위자는 도대체 무엇이란 말인가? 만약 그것이 물리적이라면, 우리는 결정론의 문제로 되돌아온다. 만약 그것이 비물리적이라면, 우리는 이원론의 다양한 여러 문제로 되돌아온다. 만약 그것이 물리적이지도 않고 비물리적이지도 않다면, 우리는 불명료함 속에서 피난처를 찾는 것이다. 밖에서 보면, 어떤 식으로든 톰이 자유롭다는 생각에 의미를 부여할 수 있는 전망은 암울하기만 하다.

사람들은 흔히 인간의 자유란 이른바 인간의 존엄성이라 칭하는 것의 본질적 선결조건이라고 가정한다. 나는 인간의 존엄성이 무엇을 뜻하는 말인지 잘 모르겠다. 다른 사람들은 인간의 존엄성이라는 말의 의미를 정말 잘 알아서 쓰는지도 의심스럽다. 이러한 식의 이야기에는 우리가 우주에서 특권을 지닌 특별한 구성원이라는 생각이 깔려 있다. 만약 인간의 존엄성이 이런 것을 의미한다면, 나는 적어도 우리가 우리에게 그런 특권이 있다고 믿는 사람들이 원하는 방식으로 인간의 존엄성을 갖고 있는 것은 아닐 거라고 확신한다. 나는 인간의 자유와 존엄성의 경우에, 우리가 밖에서 보면 도저히 가질 수 없는 것을 안에서는 갖고 싶어 하며 또 실제 가졌다고 간주하는 상황이라고 확신한다. 우리가 그런 것을 가진다는 것은 가능하지 않다. 왜냐하면 간단히 말해서 우리가 가지고자 하는 그런 것은 실은 거기에 전혀 존재하지 않기 때문이다.

이번 장의 서두에서 말했듯이, 이 문제는 우리가 철학에서 접할 수 있는 문제 가운데 가장 거창하고 골치 아픈 문제에 속한다.

마이너리티 리포트Minority Report(2002) | 감독 스티븐
스필버그 | 출연 톰 크루즈, 막스 폰 시도

6장

할로우 맨 Hollow Man

–

왜 도덕적이어야 하는가?

The Philosopher at the End of the Universe

기게스의 반지

　〈토탈 리콜〉에서 인격동일성 문제(제4장 참조)를 놓고 아널 드 슈워제네거와 함께 창의성 넘치는 공동 작업을 펼친 네덜란 드의 거상 감독 폴 버호벤은 그 작품 말고도 〈할로우 맨〉(2000) 이라는 영화를 만드는 일도 책임졌다. 〈할로우 맨〉은 H. G. 웰 스에게서 영감을 받아 1950년대와 1960년대에 걸쳐 제작된 〈투 명인간〉 시리즈를 버호벤이 자신의 전매특허인 피투성이 장면 들을 약간 가미해 새롭게 각색한 작품이다. 안타깝게도 그가 지 닌 철학적 힘이 쇠퇴했는지도 모르겠다. 〈토탈 리콜〉에서 보여줬 던 대담한 독창성은 이 이야기에서는 전혀 보이지 않는다. 〈스타 쉽 트루퍼스〉를 지배했던 통렬한 사회정치적 비판도 찾아볼 수 가 없다. 사실 이 영화는 고대 그리스의 철학자 플라톤Platon, 기원 전 428~348이 전해준 설화를 그대로 재각색한 작품이다. 그 설화는 '기게스의 반지'로 알려져 있는데, 플라톤의 가장 유명한 대화편 인《국가》에 등장한다.

　기게스Gyges는 리디아에 사는 양치기다. 하루는 그가 양떼를 몰고 들로 나갔는데, 마침 강력한 지진이 발생해 감춰져 있던 지 하 동굴의 입구가 눈앞에 나타난다. 기게스는 과감하게 동굴로 들어가 사람의 형체를 한 몸집이 유난히 큰 시신을 발견한다. 그런데 그 시신의 손가락에 황금 반지가 끼워져 있다. 두말할 것도 없이, 부업 삼아 남의 무덤을 조금 도굴하는 정도를 마다할 사람이 아닌 양치기 기게스는 시신의 손가락에서 반지를 빼내 챙긴 뒤 양떼에게 되돌아간다. 그가 그날 밤 늦게 동료 양치기들과 어울려 이런저런 수다를 떨다가 무심결에 반지의 보석을 고정하는 장식물을 안쪽으로 돌리자, 순식간에 그는 누구의 눈에도 보이지 않게 된다. 기게스가 갑자기 사라졌음을 알아채지 못한 듯, 동료 양치기들은 마치 그가 그 자리에 없는 사람인 양 그에 대해 얘기를 나누기 시작한다. 어쨌든 적어도 그들이 보기에 기게스는 그 자리에 없다. 기게스가 아까 그 반지 장식물을 바깥쪽으로 돌리자 그의 모습이 순식간에 나타난다. 끝내주는 행운을 거머쥐었다는 사실을 깨달은 기게스는 곧장 큰 도시로 향한다. 그곳에 가서 그는 (1) 왕비를 겁탈하고 (2) 왕을 살해하고 (3) 온 나라를 차지하고 (4) 그 후로 리디아를 통치한 유구한 혈통의 시조가 된다. (그 핏줄 중에는 엄청난 부자이자 리디아 최후의 왕으로 유명한 크로이소스Kroisos도 포함된다.)

글쎄, 아마 어느 누구도 그 녀석이 좋지 않은 짓을 저질렀다고 말할 수는 없을 것이다. 어쨌든 적어도 좋다good는 말의 한 가지 의미에서는 그렇다. 지체 높은 왕의 자리에까지 오른 비천한 양치기, 양떼를 유일한 벗 삼아 산중에서 쓸쓸히 보내던 밤들을 안락한 왕비의 침실과 맞바꾸고, 거기에다 왕국 통치권까지 손에 쥔 양치기. 하지만 만일 한 가지 의미에서 그가 좋은 일을 한 것이라면, 어떤 다른 의미에서는 그가 나쁜 짓을 한 것이라고도 말할 수 있지 않을까? 이것이 바로 플라톤이 관심을 둔 의문이다. 플라톤은 (거의) 제정신이라서 이 설화를 사실이 아니라 하나의 은유로 다루고자 했다. 그러면서 그는 이 설화를 이용해 도덕철학의 근본적인 질문을 예리하게 부각시킨다. 그것은 바로 왜 도덕적이어야 하는가 하는 질문이다. 플라톤은 만약 누구든 기게스의 반지를 가지고 있다면, 그런데도 그가 군이 도덕적이어야만 하는지 묻고 있다. 발각되거나 제재받을 가능성이 제거되었는데도, 철저하게 개망나니로 살면 안 되는 이유란 도대체 무엇이란 말인가?

이를테면 반지를 발견하기 전 양치기 시절에 기게스가 산중에서 홀로 지내면서 외로움을 좀 탔다고 가정해보자. 허구한 날, 양떼를 돌보는 일 말고는 아무런 할 일이 없다. 그러던 어느 날 밤, 그는 생각한다. '에라, 그냥 양이나 한두 마리 건드려볼까나?'

재수도 없지. 그래보자 마음먹은 바로 그날, 주변 산에서 양을 치던 동료 양치기들이 그에게 들르기로 한다. 그 바람에 그는 그만 양 423호(또는 그가 부르고 싶어 하는 대로, '버피'라는 이름의 바로 그 양)를 성폭행한 현행범으로 붙잡힌다. "버피가 산울타리에 걸려 지나가지 못하고 있어서 뚫고 지나가게 도와주려 한 것뿐이야, 정말이라고." 전혀 예상 못했던 바는 아니지만, 이런 변명은 동료들에게 먹혀들지 않는다. 그렇게 해서 그는 양 겁탈자들이 당해도 싼 비웃음과 조롱과 망신을 온통 뒤집어쓴다. 아니, 실은 아마도 동료 양치기들 모두 그런 짓을 할 터이므로, 그런 꼴을 당해도 싼 자들은 모든 양 겁탈자들이 아니라 발각된 양 겁탈자들이라 해야겠다.

그가 눈에 안 보이게 해주는 반지를 조금만 일찍 발견했더라도, 상황이 어떻게 달라졌을지 한번 생각해보라. 그 반지는 그에게 무엇을 가져다주었을까? 본질적으로 말하자면, 그것은 바로 어떤 결과가 뒤따르든 상관하지 않고 행동할 수 있는 가능성이다. 보통은 반드시 뒤따르게 되어 있는 제재를 받지 않고 그가 원하는 대로 할 수 있는 가능성, 좋지 않은 일을 할 때조차 좋은 사람처럼 보일 가능성, 그리고 나쁜 짓을 한다 해도 전혀 그렇게 보이지 않을 가능성이다. 만약에 사정이 그랬다면, 그가 버피를 겁탈했기로서니 대체 뭐가 잘못이겠는가? 그리고 그렇게 해서 우리는 이제 도덕에 관한 근본적인 질문에 도달한다. 아무렴 플라톤이 이런 식으로 문제를 제기했을 리야 만무하지만, 어쨌든 머릿속에 그림이 그려질 것이다.

〈할로우 맨〉

〈할로우 맨〉은 본질적으로 '기게스의 반지'를 개작한 작품이다. 주인공 케빈 베이컨은 과학자인데, 실은 좀 막돼먹은 인간이다. 그는 또한 머리가 아주 명석한 인물로서, 여자 주인공인 엘리자베스 슈와 함께 여러 해 동안 사물을 눈에 보이지 않게 만드는 기술을 연구해왔다. 동물실험은 일단 성공을 거두었지만, 고릴라 정도의 몸집 큰 동물에게는 아직 그 기술을 써보지 않은 상태다. 그러던 중 연구비 지원이 중단되는 상황에 직면하자, 다들 그럴 줄 알았겠지만, 그가 몸소 실험 대상으로 나선다. 그리고 실험은 성공을 거둔다. 발생한 유일한 하자는 그가 원래대로 눈에 보이게끔 되돌아오지 못한다는 것뿐이다. 그러자 동료들은 그에게 고무로 만든 험상궂게 생긴 가면을 씌운 뒤 실험실 안에 가둔다. 그러나 능히 이해할 법한 일이지만, 세상에는 투명인간이 솔깃해할 일들이 너무 많이 널려 있다. 따라서 우리의 케빈이 그냥 그렇게 실험실 안에 처박혀 지내는 일에 만족할 리 없다는 것은 빤한 이치다. 그래서 그는 도주하여 온갖 저급한 짓거리를 저지르고 다닌다. 그리고 그 저급함은 점점 더 강도를 더해간다. 처음엔 여자들의 나체를 몰래 엿보는 정도였던 것이, (옛 여자 친구인) 엘리자베스 슈를 성폭행하고 연구소의 책임자를 살해하는 수준으로 발전하더니, 급기야는 한때 함께 일했던 동료들마저 모조리 죽이려드는 지경에 이른다. (그리고 그 계획도 거의 성공을 거둔다.) 예의 그 빤한 이야기다. 케빈은 원래부터도 조금 막돼먹은 망나니 역할이지만, 일단 들키거나 처벌받을 가능성이 없어지자 아예 천하의 개망나니가 돼버린다. 자, 여기에 뭐 잘못된 것이라도 있는가?

왜 도덕적이어야 하는가?

〈할로우 맨〉이 다루는 문제는 종종 궁극적 질문으로 불리기도 한다. 물론 그것이 정말로 그런 문제는 아니다. 하지만 그래도 제법 커다란 문제인 것은 맞다. 문제는 이것이다. 왜 도덕적이어야 하나? 이것은 무슨 뜻일까? 먼저, 우리 인간이 어떤 일을 할 때에는 적어도 두 가지 이유를 가질 수 있다. 한 가지 이유는 우리가 그것을 원한다는 것이다. 케빈 베이컨이 옷 벗는 여자들을 훔쳐보고 엘리자베스 슈를 성폭행한 이유는 무엇일까? 글쎄, 어쨌든 기본적으로 그는 그 일을 원했다. 대체로 말해서, 그는 그런 짓거리들과 이해관계가 있다. 그가 그런 식으로 행동하도록 원인을 제공한 것은 바로 이러한 이해관계다. 그에게는 또한 장기적인 관점의 이해관계도 있다. 예를 들어 투명인간의 비밀을 기존 권력자들이 알아내지 못하도록 간수하는 일이다. 그것이 어째서 그의 이해관계가 달린 일일까? 그가 앞으로도 하고 싶은 일들을 계속하려면, 아니 조금 더 일반적으로 말해서, 사회로부터 어떤 제재나 처벌도 당할 일 없이 마음껏 권력을 휘두르려면 그런 이해관계를 반드시 잘 지켜내야 하기 때문이다. 행위에 대한 이런 유형의 이유를 타산적 이유prudential reason라고 부른다. 우리는 이해관계가 있기 때문에 타산적 이유를 갖게 되며, 이해관계는 우리가 욕망을 갖고 있기 때문에 생겨난다. 따라서 우리의 타산적 이유는 결국 우리가 원하는 바의 함수인 셈이다.

하지만 우리는 다른 유형의 이유처럼 보이는 것 때문에 행위에 나설 수도 있다. 우리가 어떤 일을 할 때 때로는 그것이 마땅히 해야 할 옳은right 일이라고 믿기(그 믿음이 실제로 옳건 그르건 간에) 때문에 하는 경우가 있다. 우리에게 반드시 '옳은' 것은 아닐지라도, 아니 적어도 타산적인 의미에서 옳은 게 아니라 하더라도, 도덕적으로 옳다는 것이다. 도덕적으로 옳다고 믿는 것이 우리가 원하는 것과 일치하지 않을 때가 흔히 있고, 그래서 우리 행위의 타산적 이유와 전혀 일치하지 않을 때가 있다. 만약 케빈 베이컨이 원래 그렇게 막돼먹은 인간이 아니었다면, 엘리자베스 슈를 강간하고 동료들을 몽땅 죽이는 만행을 저지르려 할 때, 그런 짓들이 도덕적으로 잘못되었을 수 있다는 판단에서 조금은 주저했을지도 모를 일이다. 그리고 이 점은 아마도 그가 지금 얼마나 슈를 강간하길 원하는지와 상관없이, 또한 그의 동료들이 그와 장기적인 이해관계에서 얼마나 무관한 존재들인지와 상관없이 참일 것이다. 어떤 일이 마땅히 해야 할 올바른 일이라고 믿어서 그 일을 할 때, 그리고 어떤 일을 하는 것은 잘못이라고 믿어서 그 일을 삼갈 때, 우리는 이른바 도덕적 이유라 부를 수 있는 동기에서 행위하는 것이다.

그렇다면 이제 우리의 의문은 이렇게 바뀐다. 어째서 타산적 이유보다는 도덕적 이유에 따라서 행동해야 할까? 도덕적 이유와 타산적 이유가 충돌하는 모든 상황에서(이런 일은 흔히 벌어지는 것처럼 보인다), 우리가 타산적 이유보다 도덕적 이유에 더 무게를 두어야 하는 까닭은 무엇인가? 이것이 바로 도덕에 관한 근본 질문, 즉 궁극적 질문이다.

신이 우리를 지켜보고 있다

만약 우리가 신을 믿는다면, 모든 문제가 해결된다. 신이 우리를 지켜보고 있다. 설령 우리가 투명인간이 된다 할지라도, 신은 여전히 우리를 관찰할 수 있다. 그뿐 아니라 만에 하나 우리가 케빈 베이컨처럼 처신했다간, 신의 분노가 불같이 타올라서 필시 우리를 한 방에 후려갈기거나, 대략 그 비슷한 어떤 천벌을 내릴 것이다.

신에게 호소하는 것은 기본적으로 도덕적 이유를 타산적 이유로 바꿔놓는다. 도덕적 이유는 단지 타산적 이유의 한 종류가 될 뿐이다. 도덕적으로 행동하지 않았다간 신이 우리를 지옥의 불구덩이로 떨어뜨릴 것이고, 거기서 지옥의 악귀들이 벌겋게 달궈진 갈퀴로 우리 궁둥이를 마구 찔러댄다거나 하는 등의 고통을 가할 것이라는 판단에서 도덕적으로 행동하려 한다면, 그것은 결국 장기적인 이해관계에 따라 행동하는 셈이기 때문이다. 추측건대 누군가가 벌겋게 달궈진 갈퀴로 자기 궁둥이를 찔러주길 바라는 사람은 아무도 없을 것이고, 그렇게 해서 우리는 도덕적이어야 하는 아주 훌륭한 이유를 갖게 된다. 그리고 그것은 바로 도덕적이어야 하는 타산적 이유와 다름없다. 지옥이 어떻게 생겨먹었건 간에, 도덕적으로 처신해야 한다는 것은 우리의 장기적 이해관계에 해당되는 일이다.

　나는 그것이 우리가 도덕적이어야 할 유일한 이유라고 믿는 사람들이 정말로 무섭다. 만일 그런 사람들이 어떤 계기로 더는 신을 믿지 않게 된다면, 그들에게 어떤 일이 벌어질까? 도덕적인 행동을 처벌 가능성과 한데 묶어 생각하는 것이 바로 소시오패스(사회병질자)가 도덕을 바라보는 관점이다. 그러나 그런 문제와 별개로, 사회가 점점 더 세속화되어간다는 사실은 우리에게 실로 골치 아픈 문젯거리를 남겨준다. 만약 신이 없다면, 우리는 이런 식으로 도덕적 이유를 타산적 이유로 만들 수 없게 된다. 그럴 경우에 우리가 도덕적으로 행동해야 할 이유는 무엇인가? 우리는 어떤 이유로 도덕적 이유가 타산적 이유에 우선하도록 만들 수 있는가? 우리는 하느님이 만든 객관적이고 구속력 있는 도덕법칙을 은근히 신봉하는 것이 아닐까? 정작 그 법칙을 만든 하느님은 부정하면서도 말이다.

　이 의문에 답하는 한 가지 방법은 기본적으로 그 신을 사회로 대체하는 것이다.

더럽고, 잔인하고, 짧다

"더럽고, 잔인하고, 짧다." 이것은 악역에 잘 어울리는 단신의 명배우 하비 케이틀을 묘사한 말이 아니라, 15세기 영국 철학자 토머스 홉스Thomas Hobbes가 이른바 '자연 상태state of nature'에 있는 인간의 삶을 묘사하기 위해 사용한 멸시의 표현이다. 이런 생각과 그로부터 귀결되는 도덕관은 '왜 도덕적이어야 하는가?'라는 질문에 답할 수 있는 한 가지 방식을 제공한다. 홉스에 따르면, 모든 인간은 본질적으로 이기주의자다. 다시 말해, 우리 모두는 더럽고 악랄한 욕심쟁이에다가, 더 말할 것도 없이 자기밖에 모르는 하잘것없는 쓰레기들이다. 아마 섹스를 위해서라면 자기 할머니도 기꺼이 팔아넘길 족속들이다. 우리 모두는 자기가 가질 수 있는 것은 전부 얻어내려고 안간힘을 쓴다. 그리고 그것을 가능한 한 많이 가지고 싶어 하며, 그것을 얻기 위해서라면 할 수 있는 일은 무엇이든 다 해보고야 말 것이다. 그렇다면 인생의 근본 법칙은 바로 이것이다. 무엇이든 네가 원하는 것을 얻기 위해 네가 할 수 있는 모든 일을 하라.

하지만 세상은 그보다는 더 복잡하다. 무엇이든 당신이 원하는 것을 얻기 위해 당신이 할 수 있는 모든 일을 하는 동안에, 다른 모든 사람도 역시 그렇게 할 것이기 때문이다. 당신은 이기주의자다. 하지만 다른 사람들도 그렇기는 매한가지다. 당신은 엘리자베스 슈와 섹스를 하고 싶어 할 수도 있다. 그러나 십중팔구 슈가 그런 생각을 좋아할 리 만무하다. 그럼에도 당신이 강제로 그녀를 겁탈하려고 한다면, 그녀 역시 당신에게 어떤 제재를 가하려고 조치를 취할 가능성이 크다. 당신은 연구소의 모든 동료를 죽이고 싶어 할 수도 있다. 하지만 당신이 그에 따라 후속 조치들을 실행에 옮기려 한다면, 그들은 극단적인 반감을 품고 대응에 나설 가능성이 크다. 조금 더 일반적으로 말하자면, 만일 당신이 다른 사람들에게 나쁜 짓을 한다면, 아마도 그들 역시 당신에게 똑같이 앙갚음하려 애쓸 것이다.

그리고 물론 그것은 위험천만한 거래다. 홉스가 말한 대로, 그런 상황에서는 만인이 만인을 상대로 싸우는 투쟁이 될 것이고, 그럴 때 삶은 "고독하고, 빈곤하며, 더럽고, 잔인하고, 짧을" 것이다. 만일 우리가 다른 사람들과 다양한 합의에 이를 수 있다면, 그보다 더 사리에 맞는 일이 또 어디에 있겠는가. 너는 나를 죽이려 하지 말라, 그러면 나 역시 너를 죽이려 들지 않으리라. 너는 나를 강간하려 하지 말라, 그러면 나 역시 우리 오빠들에게 쇠파이프와 자전거 체인을 들려서 네게 보내지 않으리라. 달리 말해서, 만일 당신이 다른 사람과 일종의 계약을 맺는다면, 그보다 더 사리에 맞는 일이 또 어디에 있겠는가. 그것은 다른 사람들에게 일정한 제약을 부과하는 동시에 반대급부로 당신의 자유에도 일정한 제약을 부과하는 계약이 될 것이다. 바로 이런 생각이 이른바 도덕에 관한 사회계약론social contract theory의 기초를 제공한다.

그 발상은 이런 것이다. 우리는 모두 필연적으로 이기주의자이지만, 이기주의자에도 두 부류가 있다. 멍청한 이기주의자와 합리적인 이기주의자가 그것이다. 모든 이기주의자는 자기가 가질 수 있는 것을 손에 넣기 위해 안달하지만, 합리적인 부류는 멍청한 부류보다 훨씬 더 영리하게 그 문제를 다룬다. 특히, 합리적인 부류는 다른 사람과 협력하면 자기가 원하는 것을 훨씬 더 쉽게 얻을 수 있다는 사실을 깨닫는다. 인간에게 가장 기본적으로 필요한 것들인 안전, 음식, 집 등은 다른 사람들과 협력해야 훨씬 더 쉽게 얻을 수 있다. 다른 사람들이 일정한 제약의 부과를 수용하기로 한다면, 마찬가지로 당신 역시 당신의 자유에 일정한 제약을 부과하는 조치에 동의하는 것이다. 네가 내 등을 긁어주면, 나도 네 등을 긁어주마, 뭐 이런 식이다. 그 결과 합리적 이기주의자들의 행동을 지배하는 일종의 암묵적인 계약, 즉 사회계약이 등장한다. 만약 당신이 멍청한 이기주의자라서 자신이 원하는 것이 무엇이든 가능한 모든 수단을 동원해 차지하려고만 든다면, 아마도 당신은 다른 사람과의 협력을 바탕으로 자기가 원하는 것을 얻는 합리적 이기주의자의 근처에도 미치지 못하거나 아예 살아남지도 못할 것이다. 왜일까? 서로 협력하는 다른 모든 합리적 이기주의자들이 잽싸게 힘을 합쳐 당신을 '솎아내'버릴 것이기 때문이다. 그러므로 우리 모두가 이기적이고, 탐욕스럽고, 사악한 영혼들이기는 하지만, 정작 우리의 욕구는 사회계약의 테두리 바깥이 아니라 오히려 그 안에서 가장 잘 채워질 수 있는 것이다.

그리고 이렇게 해서 우리는 사회계약적인 관점에서 도덕을 바라보는 기본 착상에 도달한다. 계약 조건을 준수하는 것은 도덕적으로 옳은 일이다. 따라서 계약 내에 속하는 것으로 간주되는 모든 행위는 올바른 행위, 또는 정당한 행위라고 불릴 수 있다. 계약 조건에 저촉되는 모든 행위는 도덕적으로 그르다.

사회계약이라는 착상이 실제로 일어난 어떤 역사적 상황을 묘사한 것이라고 짐작해선 안 된다. 마치 고독하고, 빈곤하고, 더럽고, 잔인하고, 짧은 삶을 살아가던 사람들이 어느 날 힘을 합쳐 뚝딱뚝딱 계약서를 만들어낸 것처럼 생각하지 말라는 뜻이다. 내 말은 사람들이 계약을 맺는 상황, 실제로 한자리에 모여 앉아 뚝딱뚝딱 계약서를 만들어내는 그런 상황에 어떻게 이를 수나 있었겠냐 하는 것이다. 이를테면 그렇게 한자리에 모인 상황이야말로 훨씬 위험한 당신 적수들 중 일부를 제거하기에 딱 좋은 기회가 될 테니까 말이다. 사실이 그렇다면, 그래서는 안 될 이유가 무엇인가? 계약 체결이 용이하도록 계약 여건을 충분히 안정화시키려면, 우리에게는 이미 어떤 계약이 맺어져 있어야 할 것 같다. 그것은 계약을 맺는 상황에서 어떻게 처신해야 하는지를 명시한 일종의 사전계약 협정이다. 하지만 계약 상황을 조성하기 위한 그런 사전계약 협정은 또 어떻게 맺는단 말인가? 계약 상황을 조성하기 위한 사전계약 협정을 체결하려면 사전-사전계약의 토론이 필요할 것 같다. 하지만 이번에도 역시 그런 토론의 장은 당신의 적수들 몇 명을 제거할 수 있는 딱 좋은 기회를 제공할 것이다. 그렇다면 우리에게는 사전-사전계약을 하는 토론 자리에서 어떻게 처신해야 하는지를 규정하는 계약이 필요할 것이다. 이런 식으로 이 이야기는 끝없이 계속될 것이다. 이것은 철학자들이 무한퇴행infinite regress이라고 부르는 현상의 한 사례이다.

그러니 사회계약을 어떤 추정된 역사적 상황에 대한 실제 묘사로 이해하는 것은 가망이 없는 일이다. 그렇지만 어차피 사회계약이라는 착상은 그런 방식으로 작동하는 것이 아니다. 그 착상에 따르면 여기서 말하는 계약은 실제가 아니라 가설적인 합의다. 마치 어떤 누군가가 특정 시점에 실제로 계약에 합의한 것처럼 계약이 이루어졌다기보다는, 단지 우리가 질서 잡힌 사회에 살고 있다는 바로 그 사실이 우리 모두가 암묵적으로 계약에 합의했음을 보여준다는 것이다. 그리고 그 계약이란 단지 무작위적인 일군의 합리적 이기주의자들이 자신들의 욕구나 목표를 최대한 만족시켜줄 것이라고 능히 합의할 수 있는 규칙들의 집합이다.

왜 도덕적이어야 하는가? 사회계약론에 따르면, 이 질문은 '왜 계약 조건들을 준수해야 하는가?'와 동등한 질문이다. 사회계약론이 제공하는 답변은 만약 계약 조건을 준수하지 않으면 처벌을 받게 되리라는 것이다. 이보다 더 간단한 답변은 없다. 신이 맡았던 응징자 역할을 사회가 넘겨받은 것이다.

허울뿐인 도덕

사회계약론은 케빈 베이컨에게 뭐라고 말할까? 혹은 양에 환장한 기게스에게는 어떻게 말할까? 케빈 베이컨이 동료들을 모두 죽이려 할 경우, 사회계약론에 따르면 그는 옳지 않은 일을 하는 것일까? 투명인간 소동에서 문제가 되는 점은 제재의 가능성이 사실상 제거되었다는 것이다. 만약 다른 사람들이 가할 제재가 두려워 도덕적일 수밖에 없었다면, 제재의 위협이 더는 존재하지 않는 상황에서는 무엇 때문에 도덕적이어야 한단 말인가? 사회계약론이 우리에게 제공하는 답변은 아마도 이럴 것 같다. 그러면 도덕은 굳이 신경 쓸 필요가 없다.

이것은 사회계약론의 전반적인 문제점을 잘 보여준다. 다른 사람들과 계약을 맺을 때, 즉 당신의 자유에 일정한 제약을 부과하고 반대급부로 다른 사람들에게도 유사한 제약을 가하기로 합의한다고 할 때, 가장 중요한 핵심은 그것이 바로 당신 자신의 이익을 촉진한다는 것이다. 그러나 이런 식으로 다른 사람들과 협력해 나의 이익을 증진한다는 것은 적어도 다음 두 가지 조건 중 하나는 반드시 성립해야만 말이 된다.

(1) 첫째, 다른 사람들이 당신에게 위협 또는 잠재적인 위협이 되어야 한다. 만약 그들이 적어도 잠재적으로라도 위협이 되지 않으면, 그들은 당신이 이익을 추구하는 데 아무런 위험요소도

제공할 수 없다. 따라서 그런 사람들과 계약을 맺는 것은 쓸데없는 일이다.

(2) 둘째, 다른 사람들이 당신에게 도움 또는 잠재적인 도움이 되어야 한다. 당신이 자신의 이익을 촉진하는 데 그들이 적어도 잠재적으로라도 아무런 도움을 줄 수 없다면, 그런 사람들과 계약 맺는 일 역시 전혀 쓸데없는 일이다.

사회계약론에 따르면, 다른 사람과 계약을 맺는다고 할 때 가장 중요한 핵심은 자기 자신의 이익을 증진하는 것이다. 그러나 오로지 타인들이 당신에게 잠재적인 위협이 되거나 잠재적인 도움이 될 때에만, 당신의 이익이 그들에 의해 증진될 수 있다. 따라서 그 이외의 사람들과 계약을 맺는 일은 아무런 의미가 없다. 그러나 사회계약론에 따르면, 사회계약은 도덕의 범위와 한계를 규정한다. 계약에서 정한 규칙들을 준수하는 것은 옳다. 즉 도덕적으로 옳다. 그리고 그것들을 위반하면 그르다. 즉 도덕적으로 그르다. 그래서 당신의 도덕적 의무는 계약상의 규칙들에서 시작해서 그것들에서 끝난다. 그리고 그것은 계약의 범위 안에 속해 있지 않은 어떤 사람이나 다른 그 무엇에 대해서는 아무런 도덕적 의무가 없다는 뜻이다. 그리고 그것은 궁극적으로 당신에게 위협이 되지 않거나 도움이 되지 않거나 그 둘 다인 사람에 대해서는 아무런 도덕적 의무가 없음을 뜻한다. 당신이 볼 때 그런 사람들은 도덕의 범위 바깥에 있다. 그런 사람들에게 당신이 무슨 짓을 저지르건, 당신이 그들을 취급하는 방식은 정의상 도덕적으로 그른 것일 수 없다. (혹은 그렇게 따지면, 도덕적으로 옳은 일이라고도 말할 수 없다.)

사회계약의 도덕 범위 바깥에 있는 모든 사람들을 한번 생각해보라. 유아, 어린이, 노인, 정신장애인, 신체장애인 등이 그에 속한다. 일반적으로 이런 사람들은, 말하자면 대리인을 통해 간접적으로 계약을 맺고 있다. 예를 들어 아기는 대개 부모나 가까운 가족이 있어서, 만일 당신이 어떤 아기에게 해코지라도 한다면 그들이 당신의 인생을 극히 괴롭게 만들어줄 것이다. 하지만 사정이 늘 그런 것은 아니다. 배가 난파되어 당신은 어떤 임신부와 단둘이 무인도에 도착한다. 그런데 그 임신부가 아기를 낳다가 죽고, 아기만 살아남는다. 아기를 보호해주고 아기를 위해 대리 계약을 맺은 사람이 이제 아무도 없다는 이유만으로 당신이 그 아기에게 마음대로 아무 짓이나 할 수 있다는 것이 도덕적으로 가당키나 할까? 이는 도덕에 대해 우리가 믿고 있는 모든 것에 정면으로 반하는 일이다. 그러나 사회계약론은 당신이 어떤 목적을 이루는 데 직접적으로든 간접적으로든 아무런 위협이나 도움이 되지 않는 모든 것은 당신의 도덕 세계 바깥에 있다는 주장을 함의하는 것처럼 들린다. 그런 사람에게는 아무런 도덕적 의무가 없고, 그런 사람을 어떻게 대하느냐는 도덕적으로 옳은 일도 그른 일도 될 수가 없다. 어떻게 대우하건 상관없다는 뜻이다.

사회계약의 도덕은 허울뿐인 도덕이다. 케빈 베이컨이 투명인간으로 극적인 변신을 하자 그 자신과 그의 이해관계에 도움이 될 수도 있고 방해가 될 수도 있는 사람들의 분류가 바뀌어버린다. 사회계약론에 따르면 그런 사람들, 특히 엘리자베스 슈와 나머지 동료들은 도덕의 범위 바깥으로 떨어진다. 아니, 적어도 그들은 케빈의 도덕적 의무의 범위 바깥에 있다. 따라서 그들을 죽이려 한 케빈 베이컨이 잘못한 것은 아무것도 없다. 이런 도덕관은 그 영화의 악당에게 붙인 이름 '할로우 맨Hollow Man'만큼이나 일맹이 없는 허울hollow에 지나지 않는다. 종교에서 영감을 얻은 선배들의 입장 못지않게, 사회계약론도 도덕적 행위의 가능성을 제재나 처벌의 가능성과 매우 밀접하게 연계시킨다. 이번에는 신이 아니라 사회가 가하는 제재로 바뀌었을 뿐이다. 오로지 사회적 처벌이나 제재의 가능성이 있기 때문에 도덕적으로 처신해야 한다는 발상은 이번에도 역시 사이코패스적 도덕관일 뿐이다.

우리 모두가 그저 잘 지낼 수는 없을까?

결국 우리는 아직도 '왜 도덕적이어야 하는가?', 다시 말해 어째서 우리는 도덕적 이유에 더 무게를 두어야 하고, 왜 도덕적 이유가 타산적 이유에 우선하느냐는 질문에 대한 답변이 궁색하다. 우리의 오랜 친구인 스코틀랜드 출신 철학자 데이비드 흄의 생각과 결부되는 도덕철학의 한 전통은 다소 단순화한 사회계약론의 해석 안에 함축되어 있는 인간관이 인간을 정확하게 그런 것은 아니라는 점을 강조한다. 우리 모두가 더럽고 악랄한 욕심쟁이이고 나밖에 모르는 하잘것없는 쓰레기로, 섹스를 위해서라면 아마 자기 할머니도 기꺼이 팔아넘길 족속들이라는 그 그림 말이다. 우리 대부분은 노인이 다 된 로버트 레드퍼드가 하룻밤 즐길 수 있게 해주면 100만 달러를 주겠다며 음탕한 제안을 해온다 해도, 결단코 자기 할머니를 그의 섹스 상대로 팔아넘기지 않을 것이다. 어떤 이들은 할머니를 좋아하기도 하고, 어떤 이들은 서로 좋아하고, 어떤 이들은, 으흠, 그냥 착하다.

그러니까 흄을 비롯한 여러 철학자가 지적한 것처럼, 우리 모두가 투명인간 케빈 베이컨 같지는 않다는 것이다. 어떤 이들은 동료나 친구들을 정말로 좋아하고, 그들을 만나면 행복해하며, 만나지 못할 땐 그리워한다. 어떤 이들은 타인에게 도움 되는 일을 좋아한다. 우리 모두가 막돼먹은 개망나니는 아니다. 그리고 이런 측면을 고려할 경우, 인간이 그저 노골적인 타산적 이유가 아닌 도덕적 이유에 의거해 행동할 수도 있는 여지가 생겨난다. 우리는 친구나 동료뿐 아니라 심지어는 생면부지의 이방인들에게도 호의, 애정, 공감, 연민, 동료애 같은 일반적인 감정을 갖기 때문이다.

내 생각에 여기에는 많은 진실이 담겨 있다. 물론 호의, 애정, 동질감, 연민, 동료애 같은 감정을 자기 안에서 얼마나 많이 찾을 수 있느냐는 사람에 따라 다를 것이다. 따뜻한 인간애가 모든 영혼마다 공평하게 담겨 있는 것은 아니다. 하지만 많은 사람에게서 그런 따뜻한 마음씨가 꽤나 넉넉하게 발견된다. 그래서 우리는 흔히 타산적 이유보다, 무엇이 도덕적으로 옳으냐에 대한 우리 믿음에 더 큰 무게를 둘 수 있다. 왜냐하면 우리는 기본적으로 썩 괜찮은 사람들이니까. 이것으로 '왜 도덕적이어야 하는가'라는 우리 질문에 답할 수 있을까?

안됐지만, 그렇지는 않다. 그 질문은 기본적으로 타산적 이유보다 도덕적 이유를 더 선호하는 것에 대한 모종의 정당화justification를 내놓으라고 요구한다. 다시 말해 그 질문에 답하려면, 타산적 이유보다 도덕적 이유에 더 무게를 두어야 하는 이유가 있어야 한다. 흄의 이야기가 제공하는 것은 정당화가 아니라 단지 인과적 설명causal explanation일 뿐이다. 그 차이는 무엇일까? 자, 당신이 이런 괴상망측한 말을 꺼냈다고 해보자. 이를테면 "오늘밤 양 423호가 무척 매혹적으로 보이는걸." 그 소리를 듣고 어안이 벙벙한 친구들이 소리친다. "야, 너 어떻게 그런 말을 할 수 있냐!" 당신은 이렇게 대답한다. "간단해. 입을 벌리고 말을 뱉어낸 거야." 그들이 듣고 싶었던 대답은 당신이 한 말에 대한 정당화다 (왜냐하면 누가 봐도 423호는 271호에 상대가 안 되기 때문이다). 하지만 당신이 그들에게 내놓은 답변은 인과적 설명이다.

흄의 이야기는 이렇게 요약된다. 기본적으로 우리는 서로 좋아하기 때문에 때때로 타산적 이유보다 도덕적 이유에 기꺼이 더 무게를 둔다. 그것은 그저 우리가 하는 일이다. 마치 입을 열어 말이 나오게 할 때처럼 말이다. 하지만 그것은 도덕적 이유를 타산적 이유보다 더 우위에 두는 것에 대한 정당화는 아니다. 그런데 어째서 정당화가 필요한 걸까? 그것은 미쳐 날뛰는 투명인간 케빈 베이컨을 호되게 꾸짖을 실탄 같은 것이 필요하기 때문이다. 우리는 설령 그가 굳이 도덕적으로 행동해야 할 필요가 없는 상황일지라도, 그럼에도 불구하고 도덕적으로 행위해야만 한다는 것을 보여주고 설득하고 싶다. 그리고 그것을 증명하기 위해서는 도덕적으로 행위해야 한다는 것에 대한 정당화, 도덕적 이유가 타산적 이유를 물리치게 해야 한다는 것에 대한 정당화가 필요하다. 우리는 도덕적 이유를 타산적 이유보다 더 중시해야만 한다는 사실을 입증할 필요가 있다. 단지 일부 사람들은 때때로 그렇게 한다는 식의 주장에 의존할 수는 없다. 설령 그것이 정말 사실이라고 하더라도 말이다.

칸트, 투명인간을 만나다

'왜 도덕적이어야 하는가?'라는 질문에 답하는 또 다른 방식은 18세기 독일 철학자 칸트가 제공해준다. 그의 대답은 본질적으로 매우 간단하다. 바로 일관성consistency이다. 만일 당신이 부도덕하다면, 당신은 궁극적으로 비非일관적이다. 부도덕은 비일관성으로 귀착된다.

‘왜 도덕적이어야 하는가?’라는 질문에 대해서 종교에 기반을 둔 답변과 사회계약론적인 답변이 취하는 기본 전략은 둘 다 도덕적 이유를 타산적 이유로 환원하려 한다는 것이다. 그래서 도덕적으로 어떤 일을 해야만 한다고 말할 때, 그것은 궁극적으로는 타산적으로 그 일을 해야만 한다는 주장으로 환원된다. 어떤 일이든 간에 당신이 해야만 하는 일이라면 그것은 단기적이건 장기적이건 당신의 이해관계가 달린 문제이고, 그것이 바로 당신이 그 일을 해야만 하는 이유가 된다. 칸트의 천재성은 해야 한다ought(당위)라는 표현에는 또 다른 뜻, 즉 논리적 혹은 합리적이라 부를 수 있는 의미가 들어 있음을 간파했다는 데 있다. 이런 의미에 따르면, 만약 당신이 폴 버호벤이 영화 〈할로우 맨〉을 연출했다는 사실을 믿는다면, 논리적으로 당신은 폴 버호벤이 적어도 영화를 한 편 연출했다는 사실을 믿어야만 한다. 당신이 전자를 믿으면서 후자를 믿지 않는다면 당신은 일관되지 않은, 즉 논리적으로 일관되지 않은 것이다. 그리고 그렇게 해서 논리적 일관성이라는 착상은 ‘해야 한다’가 갖는 기존의 도덕적 의미와 타산적 의미에 덧붙여 세 번째 의미를 제공한다. 만약 당신이 X를 믿는다면, 논리적으로 당신은 X가 함축하는 모든 것을 믿어야 ought to believe 한다. 우리가 칸트의 철학에서 발견한 것은 무엇보다도 도덕적 당위를 타산적 당위가 아닌 논리적 당위로 환원하려는 시도다.

칸트에 따르면, 좋은 행동, 즉 도덕적으로 옳은 행동은 언제나 선의지good will를 갖고 행해진 것이다. 여기서 그가 말한 '의지'란 기본적으로 '동기'나 '의도'를 뜻한다. 철학에서는 이런 입장에 적용하기 위해 사용되는 업계 용어가 있다. 칸트의 관점은 바로 의무론적deontological 도덕 이론이라 불린다. 의무론적 도덕 이론은 어떤 행위의 도덕적인 옳고 그름이 적어도 부분적으로는 그 행위를 수행한 사람의 동기나 의도와 밀접히 연결되어 있다고 간주한다. 어떤 행위가 도덕적으로 옳거나 그르다고 하는 위상을 갖게 되는 것은, 부분적이지만 근본적으로, 그 행위의 배후에 있는 동기나 의도의 위상과 밀접히 연결되어 있다. 이런 측면에서, 의무론적 견해는 어떤 행위가 도덕적으로 옳고 그른 것이 순전히 그 행위가 야기한 결과에 따라서만 결정되거나 확정된다고 간주하는 이른바 결과론적consequential 견해로 알려진 입장과 상반된다. 결과론에 따르면, 어떤 행위의 도덕적 위상은 순전히 그 행위의 결과에 따라서만 결정되며, 행위자가 그 행위를 수행할 때 지녔던 동기가 무엇인지와는 아무런 상관이 없다.

그래서 칸트는 이런 의미에서 의무론자다. 어떤 행위는 그것이 좋은 동기에서 이루어지거나 수행된다면, 도덕적으로 좋은 행위다. 물론 그런 말은 우리가 좋은 동기가 대체 무엇인지를 알지 못하는 한 아무런 쓸모가 없다. 칸트의 답변은 좋은 동기란 자기에게 주어진 의무를 다하고자 하는 데 달린 문제라는 것이다. 그렇다면 어떤 행위는 그것이 당신의 의무를 다하고자 하는 동기나 의도를 갖고서 수행될 때 좋은 것이다. 당신은 당신에게 부여된 의무를 충족하고 싶어 하기 때문에, 지금의 그런 방식으로 행위한다. 그리고 칸트에 따르면, 이것이야말로 어떤 행위를 좋은 행위로 만드는 유일한 조건이다.

이런 말도 우리의 의무가 도대체 무엇인지 알지 못하는 한 별로 큰 도움은 되지 않는다. 사람들은 당연히 저마다 자신들의 의무가 무엇인지에 대해서 매우 다른 생각을 한다. 당신이 사는 곳의 알카에다 지부 대원에게 한번 물어보라. 그렇다면 도대체 우리의 의무가 무엇인지 어떻게 규명해야 할까?

칸트에 따르면, 우리의 근본적인 의무는 이른바 **정언명령**Cate-gorical Imperative이라 불리는 것을 준수하는 것이다. "내 격률이 마땅히 보편적인 법칙이 되기를 또한 의욕할 수 있는 그런 방식으로서가 아니라면 결코 행위해서는 안 된다." 확실히, 아주 명료하지는 않다. 실제로, 칸트가 말한 것들은 전부 다 명료하지 않다. 하여간 그가 말하려 하는 바는 도덕적으로 옳은 행위에는(의무로 행해진 것들은) 도덕적으로 그른 행위에는 없는 일종의 논리적 일관성이 있다는 것이다.

예를 들어 자신의 이해관계에 도움이 된다면 언제든 약속을 파기하기로 방침을 정했다고 해보자. 이런 태도야말로 타산적 이유가 도덕적 이유를 누르고 승리하는 전형적인 사례다. 칸트는 행동 방침이나 규칙을 가리키는 말로 앞서의 인용문에 나온 '격률maxim'이라는 용어를 사용한다. 칸트는 내 편리에 따라 언제든 약속을 파기하겠노라는 격률은 결코 보편적인 법칙이 되기를 의욕할 수 없다고 주장한다. '보편적인 법칙'이란 무슨 뜻인가? 쉽게 말해서, 모든 사람이 채택하는 법이나 규칙을 말한다. 내 편리에 따라 언제든 거짓말을 하겠다는 방침은 모든 사람이 일관되게 채택할 수가 없다. 왜 그렇게 할 수 없는지 자문해보라. '모든 사람이 각자 자신의 편리에 따라 약속을 파기한다면 어떤 일이 벌어질까?'

무엇보다도, 약속이 노상 어겨진다면, 약속을 하는 행위가 통째로 쓸모없어질 것이다. 그저 명목상에 지나지 않을 뿐인 약속에 대해서 사람들은 자연스레 이렇게 반응하고 말 것이다. "그래, 알았어." 만일 약속하기가 이런 식으로 쓸모없어진다면, 사람들은 곧 약속하기를 중단할 것이다. 약속한다는 것에 아무런 의미가 없기 때문이다. 그런데 만약 어떤 약속도 생기지 않는다면, 약속을 파기할 일도 전혀 없을 것이다. 파기할 약속 자체가 존재하지 않는다는 간단한 이유에서다. 따라서 내 편리에 따라 언제든 약속을 파기하겠노라는 방침은 모두에게 일관성 있게 채택될 수 없다. 칸트의 어법으로 말한다면, 당신은 이런 방침이 보편적인 법칙이 되기를 의욕할 수 없다. 약속 파기 방침은 기묘하게 자기 파괴적이다. 만일 모든 사람이 항상 약속을 파기한다면, 곧 어떤 약속도 생기지 않을 것이고, 결국은 어떤 약속도 파기될 수 없기 때문이다. 다른 말로 하면, 그런 방침은 비일관된 방침이다. 따라서 약속을 파기하는 것은 도덕적으로 그르다.

여기서 칸트를 오해하지 말라. 칸트는 약속 파기가 곤란한 문제를 많이 야기하기 때문에 그르다고 말하는 것이 아니다. 그것은 결과론자들이나 할 법한 소리다. 만약 다른 사람들과 잘 지내고 싶으면 그들과 한 약속을 지켜야 한다고 말하는 것도 아니다. 칸트의 도덕관 안에는 '만약'이란 없다. 도덕적인 진술은 결코 '만약 X를 원한다면, Y를 하라/하지 말라' 따위의 형식, 예를 들어 "만약 네 이웃과 잘 지내고 싶거든, 그의 아내와 간통하지 말라"와 같은 형식을 띨 수 없다. 그것은 사회계약론자나 할 법한 소리다. 외러 칸트에게 도덕은 언제나 정언적인 형식을 띤다. "너는 이것을 해야만 한다, 너는 이것을 해서는 안 된다."

칸트는 약속 파기가 비일관된 방침이기 때문에 그르다고 주장하는 것이다. 즉 그것은 모든 사람이 일관되게 채택할 수 없다. 그렇기 때문에 당신은 그 방침이 보편적인 법칙이 되어야 한다고 일관되게 의욕할 수 없다. 이렇게 해서 우리는 행위의 규칙 중에서 도덕적인 것과 비도덕적인 것을 구분하는 칸트의 규준에 도달한다. 어떤 행위는 그 배후의 규칙(격률)이 모두에게 일관되게 채택될 수 없는 한 도덕적으로 그르다. 따라서 도덕적 그름은 궁극적으로 논리적 비일관성의 한 형태로 환원된다.

그렇다면 '왜 도덕적이어야 하는가?'에 대한 칸트의 답변은 간단하다. 만일 당신이 도덕적이지 않으면, 당신은 일관되지 않은 것이다. 이보다 더 간명할 수 없다. 이런 착상이 과연 잘 먹혀들까?

7장에서 더 자세하게 살펴보겠지만, 일관성이라는 개념이 도덕에서 아주 중요한 부분을 차지한다는 것은 옳다. 어떤 사람의 도덕관념이 오도되어 있음을 보여주는 한 가지 방법은 그런 사람은 일관성이 없음을 보여주는 것이다. 그렇지만 일관성이 도덕을 설명하는 전부일 가능성은 별로 없다. 게다가 우리는 '왜 도덕적이어야 하는가?'라는 질문에 대한 답변을 찾으려고 애쓰는 중이다. 그리고 나는 칸트의 견해가 이 질문에 대한 답변이 되지 않는다고 생각한다.

왜 그런지 알기 위해, '왜 도덕적이어야 하는가?'라는 우리 질문을 조금 더 자세히 들여다보자. 실제로 이 질문은 애매하다. 그래서 적어도 서로 다른 두 가지 방식으로 해석될 수 있다. (1) 왜 나는 도덕적이어야 하는가? (2) 왜 일반적으로 사람들은 도덕적이어야 하는가? 예를 들어, 만약 일반적으로 사람들이 모두 자기 좋은 대로 아무 때나 약속을 파기한다면, 약속하기라는 관행은 곧 포기될 것이고, 그로써 파기될 약속은 이제 더는 남아 있지 않게 될 것이다. 그러므로 일반적인 약속 파기의 방침은 자기 파괴적이고, 일관되지 않는다. 그리고 일반적으로 사람들이 자기 편리에 따라 언제든 약속을 파기하면 안 되는 것은 바로 그 이유 때문일 수도 있다. 하지만 내가 나의 편리에 따라 언제든 약속을 깨서는 안 된다는 주장은 어떤가? 가령 모든 사람이 각자의 편리에 따라 약속을 파기하겠노라는 방침은 자기 파괴적이고 비일관적일지 몰라도, 내 편리에 따라 언제든 내가 한 약속을 파기하겠노라는 방침은 그렇지 않다. 그렇다면 칸트의 논증은 단지 모든 사람이 각자의 편리에 따라 약속을 파기하겠노라는 방침이 도덕적으로 나쁜 것임을 보여줄 수 있을 뿐이다. 그 논증은 내가 나의 편리에 따라 언제든 약속을 파기하는 방침이 도덕적으로 나쁜 방침임을 보여주지는 않는다.

따라서 일관성이라는 착상에 호소해서는 '왜 나는 도덕적이어야 하는가?'라는 질문에 답할 수 있을 것 같지 않다. 모든 사람이 채택하는 경우 비일관적일 수 있는 방침이라고 해서, 내가 혼자 채택했을 때에도 반드시 비일관적일 이유는 없다. 결국 내가 생각하기에, '왜 나는 도덕적이어야 하는가?'라는 질문에서 '이어야 한다'를 논리적인 의미로 이해하고자 해도 그 질문에 답할 수 있는 것은 아니다.

당신의 양심은 무어라 말하나

요컨대 '왜 나는 도덕적이어야 하는가?'라는 질문은 당신의 행동이 타산적 이유를 접어두고 도덕적 이유에 속박되거나 제약받도록 해야 하는 이유, 즉 무엇이 나에게 최선인가에 대한 고려는 접어두고 무엇이 도덕적으로 옳은가를 고려해야만 하는 이유를 묻는다. 당신은 선택에 직면해 있다. 기르던 양 버피를 건드릴까 말까, 엘리자베스 슈를 겁탈할까 말까, 동료들을 죽일까 말까. 원리상 이 모든 것은 당신의 이해관계에 달린 일일 수 있다. 당신이 이런 종류의 이해관계에 휘말릴 정도로 비뚤어진 인간 종이라고 가정하고서 말이다. 그렇다면 '왜 나는 도덕적이어야 하는가?'라는 질문은 결국 당신이 왜 미모의 양, 미모의 연구과학자, 위험한 동료들을 박멸하는 일과 관련된 이해관계보다 도덕적인 고려사항들을 우위에 두어야만 하는가라는 질문으로 귀결된다. 그 질문이 요구하는 것처럼 보이는 답변은 이기적 이유보다 도덕적 이유를 선호해야 하는 이유다. 그런데 어쩌면 이런 질문은 답변할 수 없는 유형의 질문인지도 모르겠다.

우선, 당연한 얘기지만, 이기적 이유보다 도덕적 이유를 선호하는 이유가 그 자체로 도덕적 이유일 수는 없다. 왜냐하면 이 질문의 총체적인 요지는 어째서 도덕적 이유를 타산적 이유보다 더 우위에 두느냐 하는 것이기 때문이다. 만약 도덕적 이유에 호소해서 이 질문에 답한다면, 그것은 원래의 질문에 답하는 것이 전혀 아닐 것이다. 우리는 도덕적 이유의 지위가 더 우월하다고 그냥 가정하는 것일 뿐, 왜 그런지 이유는 제공하지 않는다. 또 확실한 것은, 이 질문에 대해서 우리가 내놓을 수 있는 이유는 이기적 이유가 될 수 없다는 점이다. 왜냐하면 그 질문은 도덕적 이유가 이기적 이유보다 우위에 있느냐는 질문인 동시에, 그 반대에 관한 질문이기도 하기 때문이다. 그래서 이기적인 이유에 호소하는 것은 그 질문에 대한 답이 아니라 오히려 논점 선취의 오류가 되고 말 것이다. 우리는 단지 이기적 이유가 도덕적 이유보다 더 우위에 있다고 가정하는 것일 뿐, 왜 그런지 이유를 제공하지는 않는다.

그리하여 문제는 이것이다. '왜 나는 도덕적이어야 하는가?'라는 질문은 그 답으로 어째서 우리가 어떤 한 유형의 이유보다 다른 유형의 이유를 더 선호해야 하는지 그 이유를 요구하는 것처럼 보인다. 이기적 이유보다 도덕적 이유를 더 선호하거나, 그 반대이거나 말이다. 그런데 우리는 세 가지 유형의 '해야 한다'가 있다는 것을 알아낸 것 같다. 도덕적 차원의 '해야 한다'가 있다. 비록 당신이 하고 싶지 않은 일이라 하더라도 그것을 하는 것이 옳으므로 해야 한다는 식으로 말할 때의 의미다. 그러나 우리는 이런 개념의 '해야 한다'를 그 질문에 답하는 데 활용할 수 없다. 왜냐하면 그것은 도덕적 이유가 타산적 이유를 이긴다고 미리 전제하는 셈이 되기 때문이다. 또 다른 의미로 타산적 차원의 '해야 한다'가 있다. 설령 그리 내키는 일이 아니라 하더라도 그렇게 하는 것이 장기적인 측면에서 당신에게 이익이 되기 때문에 그 일을 해야 한다고 말하는 경우에 해당한다. 그러나 우리는 이런 의미의 '해야 한다'도 그 질문에 답하는 데 활용할 수 없다. 왜냐하면 그것은 타산적 혹은 이기적 이유가 도덕적 이유를 이긴다고 미리 전제하는 셈이 되기 때문이다. 어느 쪽이든, 우리는 질문에 답을 한 것이 아니라, 단지 논점을 선취할 뿐이다.

문제는 우리가 질문에 답하는 데 사용할 수 있는 '해야 한다'의 의미가 다 떨어져가고 있다는 것이다. 또 다른 '해야 한다'의 의미로 칸트의 견해를 통해 살펴본 것과 같은 논리적 의미가 있다. 예를 들어, 우리는 당신이 어떤 것을 믿는데, 그것을 믿으면서 다른 어떤 것을 믿지 않는다면 일관성을 잃기 때문에, 그 다른 믿음을 반드시 가져야만 한다는 식으로 말할 때가 있다. 만약 당신이 〈할로우 맨〉보다 〈불가사리〉에서 보여준 케빈 베이컨의 연기가 더 낫다고 생각한다면, 논리적으로 당신은 케빈의 최고작은 〈할로우 맨〉이 아니라고 믿어야 한다. 그렇지 않다면, 당신은 어떤 식으로든 논리적으로 일관되지 않다. 앞서도 언급했듯이, '왜 나는 도덕적이어야 하는가?'라는 질문에 대한 답은 단순히 도덕적이거나 타산적인 뜻이 아닌 다른 의미의 '해야 한다'를 요구한다는 점을 간파했다는 데에 칸트의 천재성이 있다. 그리고 그렇기 때문에 그의 과제는 도덕이 논리적 의미의 '해야 한다'로 환원될 수 있음을 증명하는 일이었다. 하지만 앞에서 살펴본 것처럼, 그와 관련된 칸트의 노력은 전혀 먹혀들 것 같지가 않다.

그렇게 해서 이제는 '해야 한다'의 의미가 다 동이 난 것 같다. 그래서 우리는 그 질문에 답을 할 수가 없다. 그리고 그 질문은 답이 없는, 아니, 답을 할 수 없는 그런 종류의 질문처럼 느껴지기 시작한다. 하지만 매우 역설적으로 들릴지 몰라도, 그것이 답을 내놓을 수 없는 종류의 질문이라는 바로 그 사실이 우리에게는 그 질문에 답할 수 있는 최고의 기회가 될 수도 있다. 말인즉슨, 어떤 질문이 바로 그 본성상 답해질 수 없는 것이라면, 그런 질문에 답할 수 없다는 것 때문에 스스로를 닦달할 일도 없다는 것이다.

답이 없는 질문은 매우 이상한 질문이다. 어떤 이는 그런 질문은 어떤 의미에서 단지 논리적으로 불합리한 것일 뿐이라고 말한다. 논리적으로 성립되지 않는다는 이유만으로, 이런 질문을 가짜 질문이라고 말할지도 모르겠다. 우리 머리가 지어낸 대략 헛소리라는 것이다. 나는 동의하지 않는다. 내 생각엔 그런 질문이야말로 우리 자신에 관하여, 그리고 우리가 쉽게 받아들이곤 하는 가정들에 관하여 매우 심오한 그 무엇을 보여준다. 어떤 질문은 우리를 이성의 한계까지 몰아간다. 철학자 비트겐슈타인이 여러 차례 강조했듯이, 모든 설명은 어디에선가 끝나야 한다. 어떤 지점에서, 우리의 이성은 두 손을 든다. 내가 보기에 우리가 지금 다루고 있는 질문이 정확히 바로 그런 종류의 질문이다.

흔히 사람들은 어떤 선택에 대해서 자신이 그 이유를 제공할 수 없으면 그런 선택이 불합리한 것이라고 생각한다. 만약 그 말이 옳다면, 도덕적으로 살겠다는 것은 불합리한 선택이 될 것이다. 이기적으로 살겠다는 것 역시 마찬가지다. 그러나 그 가정이 잘못이다. 어떤 것이 합리적이지 않다고 말하는 것은 그것이 불합리하다는irrational 것이 아니라, 무합리하다arational는, 즉 합리성과 무관하다는 것이다. 어떤 것이 무합리하다는 것은 단지 그것이 어떤 이유를 요구하거나 제시할 수 있는 것이 아니라는 뜻이다. 이런 점이 그것을 불합리하게 만들지는 않는다. 이는 합리적인지 아닌지의 문제가 아예 생기지 않음을 의미한다.

내 생각엔, 자신의 삶을 도덕적 이유에 따르게 하느냐, 이기적 이유에 따르게 하느냐 하는 선택은 궁극적으로 무합리적인 선택이다. 그 선택은 궁극적으로 자아 규정적인 선택이다. 즉, 어떤 이유에 따른 선택이 아니라 당신이 어떤 유형의 인간이 되고 싶은가 하는 그 인간상에 따른 선택이라는 것이다. 그런 인간상이 곧 이유가 아닐까? 결국에는 그렇지 않다. 왜냐하면 이런저런 인간상 중에서 어떤 특정한 종류의 인간이 되고자 하는 욕망 자체가 어떤 이유에 근거를 둔 것은 아니기 때문이다.

니체의 금언 가운데 하나는 이런 식으로 풀어낼 수 있다. "너의 양심은 무어라 말하나? 너는 본래의 너 자신이 될지어다." 이기적인 고려사항들보다 도덕적인 고려사항들에 더 무게를 두는 삶이든, 도덕적인 고려사항들보다 이기적인 고려사항들에 더 무게를 두는 삶이든, 그 두 가지 고려사항이 서로 윗자리를 차지하겠다고 끊임없이 다툼을 벌이는 삶이든, 어떤 특정한 방식으로 인생을 살겠노라 선택한다는 것은 결국 본래의 자기 자신이 되어가는 문제다. 저런 종류의 사람이 아니라 굳이 이런 종류의 사람이 되려고 하는 데에는 어떤 궁극적인 이유가 없을지도 모른다. 우리는 단지 그렇게 살 뿐이다. 자아를 규정하는 게임의 근원에 있는 것은 우리의 이유가 아니라 행위다. 도덕은 '왜 도덕적이어야 하는가?'라는 질문으로 시작된다. 그리고 그 시작에는 실천이 있다.

할로우 맨Hollow Man(2000) | 감독 폴 버호벤 | 출연 케빈 베이컨, 엘리자베스 슈

7장

인디펜던스데이 Independence Day
에일리언 Alien

–

도덕의 범위

The
Philosopher
at the End of
the Universe

도덕 게임

앞에서 본 것처럼, 파렴치하고 이기적인 생명체 대신에 그와 정반대인 도덕적 생명체가 될 것인지 말 것인지 하는 선택은 도덕적인 선택의 문제가 아니다. 도덕적인 생명체가 된다는 것에 도덕적인 이유나 도덕적인 정당성을 부여하는 것은 불가능하다. 궁극적으로 말하면, 그것은 합리적인 선택도 아니다. 종일 궁리해봐도, 도덕적인 존재가 된다는 것은 우리가 그렇게 하거나 하지 않는 그 무엇일 뿐, 그것에 어떤 이유를 제시할 수 있는 그런 종류의 선택지가 아니다. 도덕 게임의 근저에 있는 것은 바로 우리의 행위다. 그러나 도덕적 존재이고자 하는 선택은 내가 누구인지를 결정하는 선택이라는 점에서 중요한 의미가 있다. 그것은 우리가 어떤 종류의 사람이고, 또 어떤 종류의 사람이 되기를 열망하는가 하는 문제의 핵심에 닿아 있다. 우리가 스스로를 도덕적 생명체로 규정짓기로 결심했다 치자. 그렇다면 그런 결심에 수반되는 것은 무엇일까?

도덕 게임이 표현되는 다양한 양상 속에서 그 핵심을 관통하는 두 가지 (서로 연결된) 논제를 꼽으라면, 바로 일관성consistency과 공평성impartiality이다. 그렇게 되는 이유는 우리의 도덕이 기독교 도덕에 철저히 지배되어왔기 때문이다. (어떤 이는 '지배된' 것이 아니라 '질병에 걸린' 것이라고 말할지도 모르겠다.) 기독교의 도덕적 사유에서 근본적인 법칙은 이른바 황금률이다. "남이 네게 해주기를 바라는 바대로 그렇게 남을 대우하라." 적어도 지난 몇백 년간 전개되어온 도덕 이론은 대부분 이 일반적인 생각을 또박또박 표현한 것들이었다.

그 법칙의 배후에 놓인 기본 발상은 이런 것이다. 당신이 어떤 일을 할까 말까 고려중이라고 가정해보자. 이를테면 약속을 깬다거나, 경쟁자를 죽인다거나 하는 등등의 일을 말이다. 그럴 때 당신은 스스로에게 이렇게 물어야 한다. '만약에 어떤 사람이 내게 그런 일을 한다면, 내가 좋아할까?' 그리고 아무래도 그런 일을 당하는 걸 좋아하지 않을 것 같다는 판단이 선다면, 당신은 그 일을 하지 말아야 한다. 당신에게 그런 짓을 하는 사람을 누구로 상상하든 상관이 없다. 꼭 당신의 단짝 친구가 당신과 한 약속을 깬다거나 당신을 죽인다거나 하는 경우를 상상해야만 하는 것은 아니라는 얘기다. 누구든 마찬가지다. 그리고 그렇게 해서 우리는 만일 당신이 어떤 행위를 하는 것이 올바른 일이라면, 그 행위를 다른 누가 당신에게 하더라도 마찬가지로 올바른 일이 되어야만 한다는 생각에 이르게 된다. 이것이 바로 전 시대를 통틀어 가장 영향력 있는 철학자에 속하는 우리의 오랜 친구 이마누엘 칸트가 전개한 도덕 체계 안에 소중하게 모셔져 있는 발상이다.

다시 칸트

우리는 이미 이마누엘 칸트의 도덕 이론을 만나본 적이 있다. 그의 핵심적인 도덕 법칙은 이른바 정언명령이었다. "네가 동시에 그것이 또한 마땅히 보편적인 법칙이 되기를 의욕할 수 있는 그런 격률에 따라서만 행위하라." 예를 들어, 당신은 진실을 말해야만 하는데, 그 이유는 거짓말이 수많은 기분 나쁜 귀결을 낳기 때문도 아니며(결과론자들이라면 그렇게 말하겠지만), 당신이 다른 사람들에게 거짓말을 하게 되면 그들이 당신을 좋아하지 않을 것이기 때문도 아니다(사회계약론을 옹호하는 부류라면 그렇게 말하겠지만). 진실을 말해야 하는 이유는 거짓말하기가 일관되지 않은 행동 방침이기 때문이다. 만일 모든 사람이 거짓말을 한다면, 무언가를 약속하거나 다른 사람들이 진실로 받아들이기를 기대하는 주장을 하는 사람은 곧 몽땅 없어질 것이다. 그렇게 할 아무런 의미가 없기 때문이다. 그리고 아무도 진실을 말하지 않으니, 거짓말 역시 할 수가 없다. 그러므로 적재적소에서 언제든 거짓말을 하겠노라는 행동 방침은 스스로 망가지거나 스스로를 무효화하는 방침인 셈이다. 칸트에 따르면, 그것이 바로 거짓말이 그릇된 행위인 이유다.

칸트의 정언명령은 본질적으로 황금률을 이쪽 세계의 전문용어로 표현한 것이다. 그것이 말하는 바는 만일 어떤 행위가 당신이 해도 괜찮은 일이라면, 그것은 또한 다른 모든 사람이 해도 괜찮은 일이어야만 한다는 것이다. 다른 모든 사람이 해도 괜찮은 일이 아니라면, 내가 하는 것도 괜찮은 일이 아니다. 이것이 무슨 뜻인가 하면, 내가 어떤 일을 할까 숙고하고 있다면 스스로에게 이렇게 물어야 한다는 것이다. 모든 사람이 그 일을 하는 게 과연 가능할까? 그리고 모든 사람이 일관되게 그 일을 하는 것이 가능하지 않다면, 당신이건 다른 누구건 그 일은 해도 괜찮은 일이 아니다. 그렇다면 황금률에 대한 칸트의 재해석은 바로 이것이다. 첫째, 도덕적 올바름은 일관성이라는 생각을 통해 이해되어야 한다. 만약 모든 사람이 어떤 행동 방침을 일관되게 채택할 수 없다면, 그것은 도덕적으로 그릇된 규칙이다. 둘째, 일관성은 본질적으로 공평성이라는 생각과 연결되어 있다. 일관되게 채택된 규칙은 모든 사람이 누구든 가리지 않고 공평하게 채택한 것이라는 생각과 결부되어 있다. 만약 어떤 규칙이 내가 해도 괜찮은 것이라면, 그것은 반드시 다른 모든 사람이 하더라도 괜찮은 것이어야 한다. 어떤 사람이든 상관없이 말이다.

공평성이 수행하는 역할은 칸트가 내놓은 정언명령의 대안적인 공식 중 하나에서 더욱 명백하게 드러난다. 그 공식은 근본적으로는 같은 얘기를 하는 것이지만, 칸트는 그것을 다른 이름, 즉 **실천명령**practical imperative으로 부른다. "너 자신에게나 다른 어떤 사람에게나 항상 인간을 단지 수단으로서만이 아니라, 그와 동시에 목적으로서 대우하는 방식으로 행위하라." 이것은 무슨 뜻일까?

어쨌거나 한 가지는 분명한데, 칸트에 따르면 우리는 모든 사람을 똑같이 대우하기로 되어 있다. 단지 수단으로서만이 아니라 목적으로서 말이다. 우선 무엇보다도 수단이란 도대체 무엇인가? 수단이란 기본적으로 우리가 어떤 목적이나 목표를 쫓아가기 위해 사용하는 그 무엇이다. 약은 어떤 목적 달성을 위한, 즉 건강 회복이라는 목표에 이르기 위한 수단이다. 스포츠카는 더 나아간 목적, 즉 스릴 넘치는 속도감을 분출하거나 매력적인 이성에게 강렬한 인상을 심어주거나 하는 등등의 목표를 이루기 위한 수단이다. 돈은 더 나아간 목적, 즉 원하는 것을 사고자 하는 목적을 이루기 위한 수단이다. 수단이라는 개념과 밀접하게 엮여 있는 것이 바로 수단이 갖는 가치의 유형에 관한 주장이다. 수단이란 목표를 달성하는 데 도움이 되는 한도 내에서, 오로지 그 한도 내에서만 가치를 지닌다. 흔히 그런 것을 도구적 가치라고 칭한다. 어떤 것이 다른 무언가를 얻는 데 도움이 되는 한도 내에서만 가치를 갖는다면, 그것은 바로 도구적 가치를 지닌 것이다.

그렇다면, 어떤 인격체를 수단으로 대우한다는 것은 그를 자신의 목표(그 목표가 어떤 것이건 간에)를 추구하는 방법, 즉 도구로 사용한다는 말이다. 그리고 그를 오로지 수단으로서만 대우한다는 것은 자신의 목표를 앞당기는 도구로서 말고는 아무것도 아닌 존재로 그를 대우한다는 것이다. 그것은 그를 꼭두각시, 들러리, 봉, 장기판의 졸, 수족, 끄나풀, 머슴으로 대우하면서, 그를 그저 당신에게 무언가를 해주기 위해서 존재할 뿐 그 이상도 이하도 아닌 자로 다루는 것이다. 그리고 이와 밀접하게 엮여 있는 것은 바로 그런 사람이 갖는 가치의 유형에 관한 암묵적인 주장이다. 만약 어떤 인격체가 오로지 수단에 불과하다면, 그는 당신이 원하는 무언가를 성취하는 데 도움이 되거나 그런 목적을 증진해줄 수 있는 한에서만 가치를 지닌다.

칸트에 따르면, 인간은 단지 수단이 아니다. 칸트는 우리 모두가 각자 목적 그 자체라고 주장한다. 이를 통해 칸트가 의미하는 바의 일부는, 우리 모두는 다른 사람의 이해관계, 목표, 계획, 목적으로 환원되어 그런 것들을 낳는 함수 역할을 하는 데 그치지 않고, 그 나름의 이해관계, 목표, 계획, 목적을 갖고 있다는 것이다. 그리고 우리 한 사람 한 사람이 갖고 있는 가치의 일부는 우리가 나름의 이해관계, 목표, 계획, 목적을 갖고 있다는 사실에서 유래한다. 이 가치는 우리가 다른 어떤 누구와도 독립적으로 갖고 있는 가치이며, 그래서 흔히 내재적 가치 혹은 본래적 가치라고 칭한다. 그래서 칸트에 따르면, 우리는 단지 수단이 아니라 또한 목적이다. 그래서 우리는 또한 도구적 가치 이상의 내재적 가치를 갖는다.

그래서 실천명령에 따르면, 우리는 모든 사람(자기 자신을 포함하여)을 오로지 도구적 가치를 지닌 수단으로만 대우해서는 안 되며, 동시에 내재적 가치를 지닌 목적 그 자체로도 대우해야 한다. 칸트를 아주 잘 읽지 않은 어떤 사람들은 이것을 다른 사람과 어떤 종류의 영리적인 합의도 맺지 못하도록 배제하는 것으로 생각했다. 예를 들어, 내가 꽉 막힌 하수구를 뚫기 위해 배관공을 고용한다면, 그것은 나의 어떤 목적을 이루기 위한 수단으로 그를 대우하는 것이 아닐까? 마치 그의 가치라는 것이 물이 잘 빠지는 하수구를 갖고자 하는 나의 이해관계에 종속된 함수인 것처럼 그를 대우하는 것은 아닐까? 맞다. 나는 지금 그를 수단으로 대하고 있다. 하지만 요점은 내가 그를 단지 수단으로만 대우하는 것은 아니라는 점이다. 그리고 실천명령 안에 사람을 수단으로 대우하는 문제와 관련된 부분은 전혀 들어 있지 않다. 그것은 사람을 단지 수단으로, 오로지 수단으로만 대우하는 문제만을 다룰 뿐이다. 배관공을 고용할 때 나는 그를 단지 수단으로만 대우하지는 않는다. 적어도 내가 그에게 서비스의 대가를 지불하는 한 나는 그렇게 하지 않는다. 칸트에 따르면, 사람을 수단으로 대우하는 것에는 아무런 문제가 없다. 하지만 (바로 이 점이 결정적인데) 단지 수단으로만 대우하는 것은 그렇지 않다.

실천명령에는 공평성이라는 착상이 중심에 포함되어 있다. 모든 사람은 수단으로뿐 아니라 목적으로도 대우받게 되어 있다. 그리고 그것은 다른 사람뿐 아니라 바로 당신도 포함되는 얘기다. 예를 들어 불평등한 관계에 놓여 있는 어떤 사람들처럼, 당신이 당신 스스로를 오로지 당신 협력자의 이익과 목표를 증진하는 한도 내에서만 가치를 지닌 존재로 간주한다면, 당신은 스스로를 목적으로 대우하는 것이 아니라 오로지 수단으로만 대우하는 셈이다. 그리고 실천명령은 타인을 오로지 수단으로만 대우하는 경우 못지않게 그런 경우도 허용하지 않는다. 그런 측면에서, 실천명령의 근본 바탕을 이루는 중추적인 생각은 공평성이다. 모든 사람은 똑같이 존중을 받아야 한다. 모든 사람은 다른 사람의 목적에 기여하는 수단으로서뿐 아니라 목적 그 자체인 존재에 부합하는 존중도 똑같이 받아야 한다.

이런 방식으로, 칸트는 일관성과 공평성이라는 개념을 토대로 삼아 도덕의 구조물을 체계적으로 건설한다. 도덕은 우리가 다른 도덕적 존재자들과 교제할 때 요구되는 일관성에 기초를 두며, 일관된다는 것은 공평성을 필요로 한다. 즉 각각의 모든 사람에게 그들이 단지 수단으로서가 아니라 목적 그 자체로서 받아 마땅한 존중을 부여하는 것이다.

최대 다수의 최대 선

일관성과 공평성이라는 핵심적 개념들을 발전시키는 매우 영향력 있는 또 다른 방식은 공리주의utilitarianism라고 알려진 도덕 이론에 들어 있다. 공리주의의 유명한 신봉자로는 18세기의 영국 철학자 제러미 벤담Jeremy Bentham과 19세기 영국 철학자 존 스튜어트 밀John Stuart Mill이 손꼽힌다. 공리주의는 많은 측면에서 칸트의 이론과는 아주 다르다. 가장 중요한 차이를 들자면, 공리주의는 결과론의 형태를 띤다. 즉 공리주의에서 어떤 행위의 옳고 그름은 그 행위가 낳는 결과에 의해서, 그리고 오로지 그것에 의해서만 결정된다. 다른 그 어떤 것도 없다. 반면에 칸트는 의무론자였다. 즉, 행위의 옳고 그름은 그 행위의 배후에 있는 **격률**, 즉 그 행위가 수행된 동기 또는 의도의 함수로서 결정된다. "지옥으로 가는 길은 선의로 포장되어 있다_{의도가 아무리 좋아도 그것만으로는 아무 소용없다는 뜻}"라는 속담을 들어봤을 것이다. 아마 공리주의자들은 이 말에 동의할 것이다. 물론 칸트는 이것을 조금도 받아들이지 않겠지만.

칸트의 도덕 이론과 공리주의자의 도덕 이론 사이에는 엄청난 차이가 있다. 하지만, 그럼에도 불구하고 두 이론 모두 도덕 추론에서 일관성과 공평성 개념에 핵심적인 역할을 부여한다. 다만 공리주의자들은 공평성에 해당하는 바가 무엇인지를 다소 다르게 이해할 뿐이다. 가장 고전적인 형태의 공리주의는 쾌락주의hedonism라고 알려진 견해에서 가져온 가정과 더불어 출발한다. 즉 행복이 궁극적인 선good이라는 것이다. 어째서 이 가정을 수용할까? 기본적인 발상은, 행복은 있는 그대로의 그것 자체로 우리가 추구하는 유일한 대상이라는 것이다. 우리가 원하는 다른 모든 것, 가령 돈, 고급 자동차, 대저택, 친구 등등은 그런 것들이 우리를 행복하게 만들어줄 것이라고 믿기 때문에 원하는 것이다. 우리가 행복을 원하는 이유는 행복이 우리가 가진 그 이상의 더 큰 목적이나 목표에 도움이 되기 때문이 아니다. 우리는 행복이 우리에게 가져다줄 수 있는 다른 어떤 것 때문에 행복을 원하는 것이 아니라, 행복이 그 자체로 행복이라서 행복을 원한다. 그래서 쾌락주의자들은 행복이 궁극적인 선이라고 주장한다. 다시 말해, 쾌락주의자들에 따르면 행복은 본래적으로 가치가 있는 유일한 것이다. 다른 모든 것은 오직 도구적 가치만을 지닌다. 만일 그것들이 가치를 지닌다면, 그 이유는 단지 그것들이 당신을 행복하게 만드는 데 도움이 되기 때문일 뿐이다. 이것이 고대 그리스인들에게 뿌리를 둔 견해인 쾌락주의의 기본 원리다.

이런 쾌락주의의 발상에 공리주의자들은 사회적 차원을 추가한다. 실제로 공리주의는 종종 일종의 사회적 쾌락주의로 칭해지곤 한다. 행복이 궁극적인 선이자 본래적인 가치를 지닌 유일한 것이라는 생각을 받아들인다고 가정해보자. 그렇게 되면, 행복은 그야말로 으뜸으로 중요한 것이 된다. 그것이 누구의 행복이며, 그런 행복이 언제 생기는지 등과 같은 문제는 부차적인 중요성만 있을 뿐이다. 따라서 공리주의에 따르면, 우리는 세상에서 최대한 많은 행복을 산출하거나 증진하고자 시도해야 한다. 이것이 우리의 으뜸가는 목표가 되어야 하며, 행복을 얻는 것이 누구이며 언제 그런 행복을 얻는가 하는 문제에는 상대적으로 주의를 덜 기울여야 한다. 사람들 각자의 행복은 다른 모든 사람의 행복 그 이상도 이하도 아니다. 그러므로 어떤 상황에 처했을 때 도덕적으로 올바른 행동 방침은 다름이 아니라 전체적으로 가장 많은 양의 행복을 산출하는 방침이다. 그리고 이런 생각은 공리주의자인 제러미 벤담을 떼어놓고 생각할 수 없는 다음의 슬로건으로 요약된다. "최대 다수를 위한 최대의 선(행복)." 우리는 어떤 행위를 할 때마다, 최대 다수의 사람을 위해 최대한의 행복을 산출해내도록 시도해야 한다.

이번에도 역시, 공리주의라는 사상의 중심에는 공평성이라는 생각이 놓여 있다. 우리의 행위는 최대한 많은 행복을 산출해내는 것을 목표로 삼아야 한다. 하지만 그것이 누구의 행복인지는, 즉 당신의 행복이 아니라 내 행복인지 아니면 내 행복이 아니라 당신의 행복인지는, 여기서 아무런 상관이 없다. 공리주의자들에게 도덕적 추론과 의사결정이 사람들 간에 공평해야 한다는 것은 행복이 최우선의 목표라는 견해에 따르는 귀결이며, 여기서 그것이 누구의 행복인가 하는 문제는 상대적으로 그리 중요치 않은 세부 사항일 뿐이다.

〈인디펜던스데이〉

일관성과 공평성은 우리가 도덕에 관해 생각하는 바로 그 방식의 핵심을 관통한다. 따라서 도덕적 추론에서 그런 개념들이 수행하는 역할이 그간 꽤나 많은 SF철학 영화의 주제가 되었다는 사실은 그리 놀랄 일도 아니다. 최근에 눈에 띄는 주목할 만한 시도로는 롤런드 에머리히 감독의 1996년 블록버스터 작품인

〈인디펜던스데이〉가 있다. 많은 사람의 눈에는 이 영화가 정말 터무니없게 보일 거다. 이를테면 대통령의 부인이 죽어가는 장면을 예로 들어 그런 판단을 뒷받침할 수 있다. 분명히 말하지만, 나는 아직도 그 장면을 생각하면 울화 덩어리가 목구멍까지 치밀어 오른다. 영부인은 헬리콥터 추락으로 어딘지 모르지만 하여튼 몸에 구멍이 난 상태가 된 이후로 영화가 진행되는 거의 내내 죽어가는 신세다. 그러면서도 그녀는 부상당한 몸을 이끌고 나라 전체를 거지반 다 돌아다니면서 주인공 윌 스미스의 여자친구에게 들척지근한 훈계를 귀 따갑게 늘어놓는데, 결국 그녀를 대리인 삼아 우리에게 훈계하는 셈이다. 그러나 육군 병원에서 임종하는 장면은 메스껍고 넌더리 나는 위선으로 그 모든 것을 압도하고도 남는다. 나는 관객이라면 누구나 그런 장면을 마땅히 사양하지 않았을까 생각한다.

그러거나 말거나, 우리는 여기서 실로 흥미로운 도덕적 의문을 품게 된다. 외계인들이 우리를 해치고 지구를 파괴하려 할 때 그들은 무언가 그릇된 일을 하는 것일까? 이 의문에 답하려는 시도는 우리의 도덕적 추론에서 일관성과 공평성이 어떤 역할을 하는지 분명하게 밝힐 수 있는 좋은 방법이 될 것이다. 이와 같은 종류의 문젯거리들을 폴 버호벤의 진정한 걸작 〈스타쉽 트루퍼스〉(1998)를 가지고도 논의해볼 수가 있다. 그 얼마나 재기 넘치는 사회정치적 비판이던가! 속을 파고들어가 보면 모두가 파시스트인 인간들이 이전까지 평화로웠던 벌레 행성 클렌다투 거주

생명체들의 공격을 받는다. 이는 기본적으로 그저 자족적인 삶을 살고 싶어 할 뿐인 벌레들의 영토로까지 인간의 제국주의가 확장된다는 흔한 이야기다. 인간 침략자들에 맞서는 벌레들의 유일한 실제 무기는 그저 방귀를 뀌어대는 것 정도처럼 보인다. 확실히 이 방귀는 어쨌거나 매우 강력해서 소행성들을 궤도에서 이탈시켜 수백만 광년 떨어진 지구로 돌진하게 만들 만큼 위력적이다. 술에 절은 사람들이 널브러져 있는 지구 같은 행성에는 방문할 가치도 없을 테니까. 이 영화에서 좋은 편은 누구고 나쁜 편은 누구일까? 정답이야 누가 알랴만, 우리가 어떤 평가를 내리건 간에 일관성과 공평성이라는 동일한 기준이 그 내용을 채워야 할 것이다.

어쨌든 나는 〈스타쉽 트루퍼스〉에 대해 이야기하고 싶은 마음이 굴뚝같지만, 그렇게 되면 버호벤에 관해 세 장이나 할애하는 결과가 될 텐데, 그건 노골적으로 버호벤주의자임을 드러내는 꼴이다. 그래서 수준은 엄청 떨어지지만 별 수 없이 〈인디펜던스데이〉다.

지구가 고도의 지능을 지녔으나 도덕적으로는 의심스러운 외계 종족의 침략을 받는다. 외계인들은 거의 자그마한 행성만 한 크기의 우주 비행 도시들에 탄 채 은하계를 방랑한다. 그들의 생활양식은 외계의 바이킹족이라 할 만하다. 그들은 은하계를 배회하다가 자신들에게 쓸모 있을 것 같은 행성이 나타나면 그별을 유린하고 아무것도 남지 않을 때까지 깡그리 약탈한다. 그리고 문제의 그 행성을 지배하는 종족이 반항이라도 한다면, 그 종족까지 제거해버린다. 그런 다음 계속 이동한다. 이런 방식으로 그들은 이 행성에서 저 행성으로 옮겨 다니면서 자신들이 조우한 모든 행성에서 쓸모 있는 천연자원들을 착취해 사용한다. 그리고 불행히도 그들이 지금 지구에 도착한 것이다.

허나, 아뿔싸, 그 외계인들은 빌 풀먼이 영웅적으로 연기해 낸 영웅적인 미국의 대통령도, 윌 스미스가 다혈질적으로 연기해낸 다혈질적인 미국의 공군 조종사도, 제프 골드블럼이 신경질적으로 연기해낸 신경질적인 컴퓨터 천재도 전혀 안중에 두지 않았다. 그래서 기본적으로 우리가 이긴다. 아니, 미국이 세계를 구한다. 어련하겠냐마는.

외계인과 도덕적으로 논쟁하는 방법

지구의 천연자원을 대하는 외계인의 태도는 당연히 지구를 대하는 수많은 인간의 태도를 떠오르게 만든다. 그것은 다음과 같은 슬로건으로 요약된다. 아마 지금도 어떤 무리 안에서는 그 구호가 회자되고 있을 것이다. "지구가 먼저다! 다른 행성들은 나중에 작살낼 거야!" 그 외계인들이 덜 소비적인 생활양식을 채택했을 수 있지 않을까 생각해볼 수도 있다. 어떤 희생을 치르더라도 기어코 성장하겠다고 생각하지만 그 생각만큼 그리 좋은 결과를 얻지 못한다는 사실을 깨달을 수도 있었을 텐데. 하지만 그들은 그러지 않았다. 대신에 그들은 노골적인 소비주의의 생활양식을 택했다. 어떤 것이든 하나도 남지 않을 때까지 다 써버리고 다른 곳으로 이동한다. 기본적으로 이것은 우리 인간이 나무에서 내려온 이래로 지금껏 해오고 있는 생활양식이다. 다만 우리가 아직 그런 전략을 은하계의 다른 지역들로 수출할 만큼 똑똑해지지 않았을 뿐이다. '우리가 우리 자신의 모습을 더욱 선명하게 들여다볼 수 있는 거울로 내세워진 외계의 존재'라는 바로 그 발상이 여기에 온전히 들어 있는 셈이다. 그것은 'SF영화'와 'SF철학' 둘 다에게 핵심적인 요소다.

어쨌든 그건 여담이다. 이야기를 계속 이어나가자. 이제 빌 풀먼, 윌 스미스, 제프 골드블럼이 더 미묘한 방식으로 지구를 구원하기로 결심했다고 가정하자. 대통령, 조종사, 컴퓨터광으로 각자 따로 노는 것이 아니라, 우리의 삼두마차가 사실은 일군의 철학자들이라고 가정해보자. 그리고 그들은 철학적인 수단으로 세계를 구원할 것이다. 이제 정말 인류의 종말이 찾아왔구나, 이렇게 생각할 수도 있겠다. 그리고 아마도 그 생각이 옳을 것이다. 그럼에도 불구하고, 하여튼 그들은 그것을 시도해볼 것이다.

그들이 어쨌든 기회가 있으리라 생각하는 이유는 외계인들에 대해 다방면에서 사회학적으로 연구한 결과 그들이 우리와 매우 비슷한 도덕 체계를 갖고 있음이 밝혀졌기 때문이다. 특히 도덕적인 옳고 그름에 대한 그들의 감각은 우리와 상당히 유사해서 일관성과 공평성이라는 쌍둥이 개념을 길잡이로 삼고 있다. 외계인들은 서로의 도덕적 교류는 공평성이라는 생각을 통해 지탱되어야 한다고 믿는다. 외계인 각자는 다른 모든 외계인과 똑같이 중요하다. 모든 외계인은, 그들이 주장하는 바대로라면, 모두가 평등하게 창조되었다.* 다시 말해, 적어도 그들이 도덕적 존재자인 한, 그들은 서로를 대우할 때 공평성의 이상에 따라 인도된다. 외계인 각자는 다른 외계인과 똑같은 배려와 존중을 받아야만 한다. 우리의 삼인조 영웅이 파고들게 될 비좁은 틈새가 바로 이것이다. 이들은 외계인들에 맞서서 외계인들의 도덕적 정의감을 이용할 것이다. 간교한 인간 악당들 같으니.

먼저 해야 할 일은, 어째서 이런 공평성이라는 생각이 외계인들의 도덕적 사유를 지배하는지 규명하는 것이다. 그 원리의 배후에 있는 기본적인 발상은 이것이다.

각각의 외계인은 똑같은 배려와 존중을 받아야 한다.

우리는 이것을 외계인의 공평성 원리라고 부를 수 있다. 우리가 규명하고 싶은 것은 그들이 이 원리를 믿는 이유다. 외계인들에게도 외계인판 황금률을 전파해준 일종의 외계 메시아 같은 존재가 있었던 걸까? 사실 그렇지는 않다. 그들은 우리보다 훨씬

---

* 아마도 그들이 그런 식으로 똑같이 주장하지는 않았을 것이다. 왜냐하면 그들이 스스로를 '외계인'이라 칭했을 리는 없기 때문이다.

더 논리적인 종족이다. 그리고 그들은 자신들의 원리가 어디에서 유래했는지 정확히 깨닫고 있다. 즉 그들은 공평성 원리의 논리적인 기반을 이해하고 있다. 우리는 그것을 일관성의 원리라고 부를 수 있다.

유관한 다른 차이가 없으면 도덕적 차이도 없다.

일관성과 공평성이라는 개념에 기초한 도덕 체계라면(우리 것을 포함해서) 황금률을 신봉하는 메시아는 필요치 않다는 사실을 외계인들은 깨달았던 것이다. 그에 대한 정당화는 성서적인 것이 아니라 논리적인 것이다. 그리고 그러한 정당화가 다른 어떤 유관한 차이가 없다면 도덕적인 차이도 없다는 바로 이 원리 속에 들어 있다.

이 원리가 뜻하는 바는 무엇일까? 자, 이제 두 외계인 워프와 슈워프를 고려해보자. 워프와 슈워프는 아주 비슷하다고 가정하자. 사실상, 둘은 성격과 생김새가 아주 많이 비슷하다. 둘 다 정의롭고 용감하고 선량하며(적어도 외계인의 기준에서는 그렇다), 다른 생명체를 병적으로 혐오하는 사이코패스적인 태도를 갖고 있다는 점에서도 아주 닮았다. 간단히 말해서, 그들을 도덕적으로 평가하는 데 고려할 수 있을 법한 모든 특징들을 놓고 볼 때, 워프와 슈워프는 동일하다. 그렇다면 유관한 다른 차이가 없다면 도덕적인 차이도 있을 수 없다는 원리에 따라, 워프와 슈워프는 똑같은 도덕적 평가를 받아야 한다. 즉 둘 다 착하거나 둘 다 착하지 않다. 물론 그 평가들 중에 어느 쪽이 승인되느냐는 당신이 인간인지 외계인인지 여부에 달려 있을 가능성이 크다. 그러나 요점은 설령 워프와 슈워프가 선한지 아닌지에 관해 인간과 외계인의 의견이 일치하지 않을 수 있음에도 불구하고, 우리의 도덕 판단의 바탕을 이루는 일관성의 원리에는 인간과 외계인 모두가 동의한다는 점이다. 우리의 도덕 판단, 즉 누가 선하고 누가 악한가, 누가 옳고 누가 그른가에 관한 판단은 사람과 사람 사이의 유관한 유사성과 차이성에 대한 고려에 기반을 두어야만 한다. 그래서 워프와 슈워프가 다른 모든 유관한 성질에서 똑같다면, 그들은 또한 똑같은 도덕적 성질을 가져야만 한다. 도덕적 평가에서의 차이는 오로지 둘 사이에 유관한 본래의 차이가 있을 때에만 정당화될 수 있다. 그런데 우리의 사례에서 우리는 그런 차이가 없다고 가정했다.

똑같은 논지가 도덕적 평가의 대상이 될 수 있는 것이라면 무엇에든 다 적용된다. 예를 들어, 어떤 행위를 생각해보자. 워프와 슈워프가 둘 다 외계인 노파가 길을 건너는 것을 돕는다. 이들의 행위에 아무런 유관한 차이가 없다고 가정한다면(예를 들어 두 경우 모두 외계인 노파가 길을 건너고 싶어 한다거나 등등), 이럴 때 만약 워프의 행위가 선한 것이라면, 슈워프의 행위 또한 선한 것이 틀림없다. 반대로 만약 그런 워프의 행위가 나쁜 것이라면, 마찬가지로 슈워프의 행위 역시 나쁜 것이어야 한다.

우리나 외계인들은 사람, 행위, 규칙, 제도 등 여러 가지 많은 것에 도덕적 평가를 내린다. 하지만 어떤 경우에든, 즉 두 사람 사이이건, 두 행위 사이이건, 그 어떤 것들 사이이건, 각 유형에 속하는 두 평가대상 사이에 존재하는 평가결과의 차이는 그 둘 사이에 다른 어떤 유관한 차이가 있을 때에만 말이 된다. 유관한 차이가 없다면, 도덕적 평가에서도 적법한 차이란 존재할 수 없다.

지금까지 우리는 공평성에 대한 외계인의 수용을 추적하여 결국 더 기본적인 일관성의 원리에 대한 수용에까지 도달했다. 그것은 도덕적 차이란 다른 유관한 특징들 간의 차이에 의거하거나, 그것으로부터 파생되어야만 한다는 착상이다. 이제 우리는 외계인의 약점을 잡은 셈이다. 우리가 해야 할 일은 외계인에게 그들과 우리 사이에는, 즉 그들과 그들이 박멸할 계획을 갖고 있는 쓰레기 인간 종 사이에는, 유관한 차이가 전혀 없음을 보여주는 것뿐이다. 그리고 나면, 비일관성의 잘못을 저지르려 하지 않는 한, 외계인들은 자기들끼리 주고받는 배려와 존중을 우리도 똑같이 받을 자격이 있다는 사실을 인정할 수밖에 없을 것이다. 식은 죽 먹기다.

외계인의 대응

물론 생각처럼 일이 식은 죽 먹기로 잘 풀리지 않을 수 있다.

외계인들은 우리 처지에서 생각한 이런 수법에 전혀 동요하지 않을지도 모른다. 눈곱만큼도 말이다. 물론 그들도 다른 어떤 유관한 차이가 없다면 도덕적 평가에도 차이가 있을 수 없다는 점은 인정할 것이다. 그리고 그렇기 때문에 만일 외계인 하나하나가 다른 모든 외계인과 다름없는 똑같은 배려와 존중을 받는다면, 인간들도 똑같은 배려와 존중을 받아야만 한다. 단, 인간과 외계인 사이에 어떤 유관한 차이가 존재하지 않을 경우라면 그렇다. 그러나 문제는 (우리에게 문제겠지만) 바로, 외계인들은 우리와 그들 사이에 도덕적인 차이가 아주 많다고 생각할 확률이 무지하게 높다는 점이다.

지능은 외계인 응답자 누구라도 그 목록의 첫 번째 항목으로 올려놓을 가능성이 높다. 그들과 비교할 때 우리는 정말 멍청한 생명체다. 그들은 행성만 한 우주선을 건조해서 은하계를 배회할 수 있는 반면, 우리는 워프항법warp drive이라나 뭐라나 하는 장거리 여행을 할 수 있게 해주는 기술의 기본 원리조차 제대로 알지 못한다. 그리고 아마 외계인들은 이런 점이야말로 자기들이 우리를 벌레 취급해도 무방한 유관한 차이가 아니겠냐고 주장할 것이다.

우리는 이런 외계인의 대꾸에 반박할 수 있을까? 지능 수준이 외계인이 찾는 도덕과 유관한 특징일까? 글쎄다, 나는 사실 그렇게 생각하지 않는다. 문제는 그들의 제안은 이른바 한계 사례로부터의 논증the argument from marginal cases이라고 알려진 반론 앞에 무너지게 된다는 것이다. 대부분의 외계인이 대부분의 인간보다 더 지능적이라는 점은 분명히 사실이지만, 그것이 모든 경우에 다 적용되는 것은 아니다. 첫째, 어떤 외계인은 출생할 때 의료사고가 있었거나 외계인 산모에게 안 좋은 일이 생겨서 심각한 뇌 손상을 입은 채로 태어나고, 그로 인해 정신적인 능력에서도 마찬가지로 심각한 장애를 일으킬 것이다. 둘째, 외계인 유아의 지적 능력은 인간 성인의 지적 능력과 눈에 띄게 다르지 않다. 마지막으로, 노쇠한 많은 외계인이 여러 가지 원인으로 뇌의 기능과 구조에서 점진적인 퇴화를 겪는다. 그런 외계인들의 지능은 확실히 인간 성인들보다 더 훌륭할 리가 없으며, 많은 경우에는 오히려 더 떨어질 것이다.

그러므로 만약 외계인이 인간의 열등한 지능 때문에 인간을 벌레처럼 대우할 수 있다거나, 우리가 비즈니스 세계에서 얘기하듯 인간은 도덕적 자격을 결여하고 있다고 주장하고 싶다면, 적어도 외계인들이 일관되고자 하는 한, 그들은 앞서 언급한 상태에 있는 외계인들 또한 도덕적 자격을 결여하고 있다고 주장해야 한다. 그래서 외계인이 인간에게 무슨 일을 저지르건, 그런 상태에 처한 외계인에게도 똑같이 그 일을 저지르는 것이 합당하다. 우리에게는 다행스럽게도(그리고 우리를 철학적으로 보호하려하는 대통령, 일급조종사, 컴퓨터광에게도 그렇다), 그것은 외계인의 정의감에 정면으로 위배되는 일이다. 외계인들은 꽤나 강한 도덕감각을 갖고 있으며, 그런 감각은 공평성이라는 생각을 중심으로 만들어졌다. 그리고 그 공평성이 바로 그들에게 유아 외계인, 뇌 손상 외계인, 노쇠한 외계인 등도 정신적 능력이 최고조에 달해 있는 젊고 팔팔한 외계인과 똑같이 존중받을 자격이 있음을 말해준다. 그리고 외계인들은 또한 일관된 생명체들이므로, 인간과 외계인 사이에 도덕과 유관한 차이가 될 수 있는 후보 중에서 지능을 탈락시켜야만 한다는 사실을 깨닫게 된다.

외계인의 대응은 대부분 똑같은 유형의 문제에 봉착할 것이다. 한 가지 사례만 더 들어보면, 외계인은 텔레파시, 즉 정신감응 능력을 갖고 있지만 인간은 아니다. 이 커다란 차이가 우리를 박멸하겠노라는 외계인의 결정을 정당화할 수 있을까? 안 된다. 왜냐하면 인간에게 구두로 의사소통할 수 있는 능력을 상실하게 만드는 여러 유형의 뇌 손상이 있듯이, 외계인에게도 텔레파시로 의사소통할 수 있는 능력을 상실하게 만드는 여러 유형의 외계인 뇌 손상이 있기 때문이다. 하지만 일부 사이코를 제외하면, 이런 불행한(내 생각엔 '텔레파시에 어려움을 겪는'이라고 하는 것이 정치적으로 올바른 어구가 아닐까 한다) 외계인이 행운을 타고난 다른 평범한 외계인들보다 덜 배려받고 덜 존중받아 마땅하다고 주장하고 싶어 하는 외계인은 아마 거의 없을 것이다. 그러므로 텔레파시 능력은 도덕적으로 큰 차이가 될 수 없다.

한계 사례의 문제는 외계인과 인간 사이에 도덕과 유관한 차이가 될 수 있으리라 여겨질 법한 것들과 관련된 대부분의 제안을 밑동에서 잘라버린다. 외계인은 전형적으로 가지고 있지만 인간은 그렇지 않은 어떤 특징을 한번 꺼내보라(어떤 특징이건 거의 다 된다). 900에 가까운 지능지수, 텔레파시로 의사소통하는 능력 등등 무엇이든지 말이다. 그리고 우리는 대부분의 외계인이 그 특징을 갖고 있지만, 어떤 외계인들은 그렇지 않다는 사실을 발견하게 될 것이다. 만약 그렇다면, 어쨌거나 그런 특징이 외계인이 인간에게 가하는 포악한 대우를 정당화할 수 있으려면, 외계인은 문제의 그 불행한 외계인들에게도 똑같이 대우할 의사가 반드시 있어야만 한다. 그들에게 그런 의사가 없다면(왜냐하면 대개 외계인들은 적어도 공공연하게는 다른 외계인들을 매우 잘 대우하기 때문이다), 그들은 인간을 향한 인종청소적인 성향을 정당화하는 근거로서 그런 특징을 사용할 수 없다.

그런데 외계인이라면 누구나 갖고 있고, 또한 오로지 외계인만 갖고 있는 한 가지 특징이 있다. 그것은 바로 '외계인임'이라는 성질이다. 정의상 모든 외계인은 이 성질을 갖고 있지만 인간은 그렇지 않다. 그렇다면 이 특징은 한계 사례로부터의 논증에 취약할 리 없다. 이런 사실에 고무된 일부 외계인들은 그것이 바로 자기들이 인간을 대우하는 방식을 정당화해주는 도덕과 유관한 차이라고 주장한다. 인간은 도덕적인 고려의 대상이 아닌데, 그 이유는 인간은 외계인이 아니기 때문이다. 아주 간단한 논리다. 하지만 우리에게는 천만다행으로, 그런 제안 역시 심각한 문제를 안고 있다. 외계인과 인간 사이의 그런 차이는 궁극적으로 유전적인 차이다. 당신이 어떤 종에 속하느냐를 결정하는 것은 바로 당신의 유전자 정보다. 외계인의 제안에 담겨 있는 문제점은 유전적인 차이가 어떻게 도덕과 유관한 차이가 될 수 있는지를 설명해내는 데 있다.

이를 살펴보기 위해, 먼저 유전자와 그것의 효과를 구분해보자. 유전자의 효과는 표현형적phenotypic 효과라고 알려진 것들이다. 외계인과 인간의 지능 차이는 적어도 부분적으로는 그들과 우리의 유전적 차이의 결과다. 그러므로 지능 수준이란 부분적으로 특정 유전자형 또는 유전적 구조의 표현형적 효과인 셈이다. 텔레파시 능력이나 여타의 특징들도 마찬가지다. 이제 유전자의 효과 중 일부가 어떻게 도덕적으로 유관한지를 알아내는 것은 쉬운 일이다. 단지 우리가 지금까지 살펴보았던 것들, 지능이나 텔레파시 능력 같은 것들은 유관하지 않았을 뿐이다. 하지만 거의 확실하게 유관한 표현형적 효과가 여기 하나 있다. 바로 의식consciousness이다. 예를 들어 인간과 식물의 유전자형 차이는 표현형 차이로 귀결되고, 바로 그 차이가 식물과는 완전히 다른 도덕적 지위를 인간에게 부여한다는 점을 쉽게 논증할 수 있다. 결정적으로 인간은 사물들을 경험하고, 고통과 기쁨을 느끼며, 특정 방식으로 존재하는 그 무엇으로서의 세계를 의식적으로 경험할 수 있는 능력이 있다. 식물에게는 그런 능력이 없다. 이 차이는 도덕적으로 유관한 차이로 흔히 인정된다. 세계를 의식적으로 경험하는 능력은 생명체들에게 특정한 종류의 도덕적 지위를 부여한다. 그것은 그런 경험을 할 수 없는 것들은 가질 수 없는 지위다. 그러므로 유전자의 효과 중 일부는(우리가 본 바와 같이 전부 다는 아니다) 도덕적으로 유관한 것일 수 있다. 그러나 그렇다고 해서 유전자 자체가 도덕적으로 유관한 것임을 의미하지는 않는다. 사실, 유기 펩티드사슬상의 특정 분자들의 위치 배열이 어떻게 그 자체로 도덕적으로 유관할 수 있는지 이해하기란 어려운 일이다.

도덕적으로 유관한 것이 유전자 자체일 수는 결코 없으며, 유전적인 차이가 그 자체로 도덕적으로 유관한 차이는 아니다. 도덕적으로 유관할 수 있느냐는 유전자 그 자체라기보다 유전자가 하는 역할에 달린 문제다. 즉 다양한 유전자가 표현형적 효과를 가질 수 있다. 그리고 두 생명체가 보유한 유전자의 차이는 표현형적인 차이로 귀결될 수 있다. 그렇다면 문제는 '외계인과 인간의 유전자적인 차이는 무엇인가?'가 아니다. 왜냐하면 유전자의 차이 그 자체는 도덕적으로 유관하지 않을 것이기 때문이다. 오히려 문제는 '외계인과 인간의 유전자 차이가 어떤 표현형적 차이를 산출하는가?'다. 그런 다음, 우리는 그런 표현형적 차이가 도덕적으로 차이가 있는지를 규명하기 위해 노력해야 한다.

그런데 외계인과 인간의 주요한 표현형적 차이들, 즉 도덕적으로 유관하다고 판명날 가능성이 있을 법한 것들이란 게 도대체 무엇이란 말인가? 외계인과 인간은 둘 다 의식이 있는 생명체다. 그들은 둘 다 의식적으로 세계를 경험할 수 있는 능력이 있으며, 그 능력을 기반으로 해서, 자신들에게 닥쳐오는 고통이나 기뿜을 느낄 수 있다. 그렇다면 거기에 주요한 표현형적 차이란 존재하지 않는다. 사실 주요한 표현형적 차이들은 우리가 이미 살펴보았던 정확히 그런 종류의 것들로 보인다. 지능, 텔레파시 능력 등등 같은. 그리고 그것들이 도덕적으로 유관하다는 제안은 한계 사례로부터의 논증에 의해 논파될 수 있다.

외계인은 우리다

물론 〈인디펜던스데이〉가 전형적으로 보여주는 방식의 외계인 침공 이야기는 얇게 가면을 씌운 도덕적 우화다. 이 우화는 인간이 서로를 대우하거나 다른 생명체를 대우하는 문제와 관련이 있다. 최근 응용 윤리학에서 가장 두드러진 모습을 보이는 주요한 '-주의-ism' 세 개를 다루어보자. 그것은 바로 인종차별주의, 성차별주의, 종種차별주의다.

먼저 인종차별주의를 보자. 외계인들이 우리에 대한 자신들의 처우를 정당화하는 데 사용함직한 형태의 논증은, 인종차별주의자들이 다른 인종에 대한 자신들의 처우를 정당화하는 데 사용하는 논증을 강하게 연상시킨다. 모든 경우에, 인종차별주의자의 논증은 호감 인종(가령 백인)과 다른 어떤 비호감 인종(가령 흑인) 간에 도덕적으로 유관한 어떤 차이가 존재한다는 생각에서 출발한다. 그리고 도덕적으로 유관한 그런 차이가 호감 인종이 비호감 인종을 부당하게 대우하는 것을 정당화한다. 물론 그런 가정 속에 함축되어 있는 것은, 두 대상(여기서는 두 인종)에 대한 도덕적인 차별 대우는 오로지 그 둘 사이에 도덕적으로 유관한 차이가 존재할 때에만 정당화될 수 있다는 생각이다. 즉, 이 논증의 바탕이 되는 것은 일관성의 원리에 대한 암묵적인 찬동이다.

인종차별주의자의 문제는 도덕적으로 유관하다는 그 차이가 대체 무엇인지 확인하려고 할 때 생긴다. 정복자를 자임한 우리의 외계인들처럼, 인종차별주의자의 목록에서 맨 위에 등장하는 것도 역시 지능이다. 일부 인종차별주의자에 따르면, 가령 백인은 흑인보다 지능이 높기 때문에 더 나은 대우를 받아 마땅하다. 물론 지능에 관한 그런 주장이 확실히 거짓이라는 점에서, 인종차별주의자는 더욱더 불리한 처지에 있다. 서로 다른 인종들 간에 타고난 지능의 차이 같은 것은 십중팔구 존재하지 않는다. 그러므로 논리적으로 말하자면, 인종차별주의자는 외계인보다 훨씬 더 취약한 입장에 처해 있다. 하지만 설령 인종에 따라 지적 수준의 차이가 있다는 인종차별주의자의 주장이 참이라 하더라도(물론 참이 아니지만), 그것은 여전히 인종차별주의자들에게 별로 도움이 되지 않는다. 왜냐하면 아무리 그렇다손 쳐도 그는 결국 한계 사례로부터의 논증과 정면으로 맞닥뜨릴 것이기 때문이다. 즉, 설령 백 보 양보해서 백인이 평균적으로 흑인보다 지능이 높다손 치더라도, 그렇지 않은 평균 지능 이하의 백인들도 여전히 다수가 있을 것이다. 그렇다면 논리적으로 백인 인종차별주의자는 자신이 흑인을 대하는 것과 똑같은 방식으로 지능이 평균 이하인 백인들을 대우하는 데 찬동해야 할 것이다.

성차별주의에 대해서도 똑같은 논점이 적용될 수 있다. 이번 경우에는, 외계인 역할을 맡는 쪽은 주로 남성들이다. 즉 남성 성차별주의자는 도덕적으로 유관한 남성과 여성의 어떤 차이를 언급하면서 여성 하대를 정당화하려 할 것이다. 이번에도 역시, 그 바탕에는 일관성의 원리에 대한 암묵적인 찬동이 깔려 있다. 성차별주의자의 문제는 도덕적으로 유관한 남성과 여성의 어떤 차이를 확인하고자 할 때 생긴다. 어떤 특징이 제시되더라도 결국은 도덕적으로 무관하다고 밝혀지거나(예를 들면, 유전자의 차이 등등), 또는 한계 사례로부터의 논증에 의해 논파될 것이 거의 확실하다.

외계인 침공의 우화는 아마도 우리가 다른 종을 대하는 방식과 관련된 쟁점에 가장 분명하게 적용될 것이다. 여기서는 우리 인간이 외계인의 배역을 맡게 되며, 다양한 동물이 인간의 배역을 맡는다. 인종차별주의자나 성차별주의자에 상응하여, 이번에는 종차별주의자가 등장한다. 종차별주의자란 다른 종의 구성원은 단지 인간이 아니라는 이유만으로 인간보다 못한 배려와 존중을 받아 마땅하다고 생각하는 사람이다. 이 책이 결코 무시해서는 안 될 SF장르의 또 다른 고전을 통해 그런 생각을 좀 더 자세하게 살펴보자. 그것은 바로 리들리 스콧이 1979년 첫 편을 시작했던 〈에일리언〉 시리즈다.

에일리언은 사악하다?

그 시리즈물의 원조 악역이 처음 우리에게 모습을 드러낸 것은 1979년이다. 그 악역은 한 우주선 승무원(존 허트 역)의 몸에 알을 낳았고, 이어서 역대 SF영화 장면들 가운데 가장 유명하면서도 또한 가장 야바위 같다고 손꼽히는 명장면에서 부화된 그 새끼가 허트의 가슴을 뚫고 밖으로 튀어나온다. 다소 혐오스러운 시신과 핏자국의 잔해들을 화면 속에 남겨놓은 채 말이다. 후속 작품으로 〈터미네이터〉의 제임스 캐머런이 연출한 1986년작 〈에일리언 2〉에서는, 에일리언을 처음 조우했던 사람들 중 유일한 생존자인 리플리가 57년 동안 우주를 떠돌아다니다가 발견된다. 리플리로 분한 시고니 위버는 자기 연기 경력의 결정판다운 연기를 선보인다. 리플리는 멀리 떨어진 어떤 행성에서 일어난 이주민 집단의 실종 사건을 조사하기 위해서 해병대원들과 함께 현장으로 파견된다. 그것은 악수惡手였다. 왜냐하면 이번에는 에일리언이 한 마리가 아니라 수천 마리이기 때문이다. 선혈이 낭자한 끔찍한 장면들이 난무한다. 물론 그 배후에는 에일리언을 혹시 전쟁무기로 사용할 수 있을지 조사하고 싶어 하는 사악한 군수산업 복합체의 음모가 감춰져 있다. 앞선 3장에서 아널드가 보여준 노력 덕분에 우리가 진지하게 받아들일 수 있게 된 인조 인간 로봇 역인 랜스 헨릭슨의 훌륭한 조역 연기도 볼 만하다.

세 번째 영화인 〈에일리언 3〉(1992)에서, 또다시 전편의 유일한 생존자가 된 리플리는 주위에 오로지 성욕에 굶주린 남자들만 득시글한 유형지 행성에 예기치 않게 당도한다. (그녀는 이번에도 수면 상태로 우주를 떠돌고 난 후다.) 자신의 운수가 이제는 바뀔 것인가 생각하는 순간, 그녀는 (1) 에일리언들이 이 행성에도 서식하고 있으며, (2) 자신도 모르는 사이에 2편에서 에일리언을 '임신'하게 되었다는 사실을 알게 된다. 외계인의 유충을 몸 안에 지니고 있던 리플리는 결국 영화의 마지막 장면에서 불기둥 속으로 뛰어들어 외계인 유충의 '출산'과 동시에 스스로를 파멸시킨다.

그리고 마지막으로(아직까지는 그렇다) 〈에일리언 4: 에일리언의 부활〉(1997)에서, 리플리는 이번에도 또다시 전편 줄거리의 유일한 생존자다. 〈에일리언〉 시리즈에서 시고니 위버와 함께 출연하기로 계약한 배우라면, 속편 출연은 꿈도 꾸지 않는 것이 좋다. 이번에 시고니 위버가 맡은 역은 원래의 그 리플리가 아니라 복제된 리플리다. 복제 리플리의 몸에는 덤으로 에일리언의 DNA가 약간 삽입되었다. 위노나 라이더가 〈에일리언 2〉에서 랜스 헨릭슨이 연기했던 역할을 재연하는데, 인간들에게 용기와 품위를 한두 가지 보여주는 로봇 역할이다. 이 영화는 또다시 끔찍하게 나쁜 결말로 끝난다. 리플리는 간신히 살아남는데, 이번에는 생존자를 몇 명 데리고서다. 〈에일리언 5〉가 나오기 전에 그중 얼마나 많은 사람이 불시에 세상을 하직하게 될지 궁금하다.

물론 에일리언은 악역으로 묘사된다. 그리고 악역에 걸맞게, 그들은 인간의 몸속에 알을 낳는 조금은 역겨운 습성을 갖고 있다. 부화된 생명체가 인간 숙주의 가슴을 뚫고 밖으로 튀어나올 때 마음이 가장 불편해진다. 이를테면 저녁 만찬 자리 같은 데서 만에 하나 그런 일이 일어나기라도 한다면 너무나 너저분하고 꽤나 당혹스러울 것이다. 에일리언들은 사악한 것일까, 아니면 그저 오해받고 있을 뿐인가? 어쨌거나 그들은 다른 종이다. 그렇다면 어째서 그들이 우리에게 어떤 도덕적 의무를 가져야 하는가? 결국 우리도 다른 종에게 끔찍한 일들을 한다. 우리가 저지르는 일들은 가장 잔인한 에일리언이 저지르는 난폭한 행위보다 그 정도가 더 심하다. 집약적으로 사육되는 돼지나 닭에게 한번 물어보라. 아니면 언제 도살장에 한번 가보라. 적어도 에일리언은 우리를 그냥 죽일 뿐이며, 다소 고통스러운 죽음이기는 해도 적어도 그 일은 비교적 빠르고 순식간에 일어난다. 인간은 값싼 식량이라는 명목 아래 이루 말할 수 없는 비참한 삶과 그에 못지않은 소름끼치는 죽음을 매년 수억 마리의 동물에게 부과한다.

물론 과장된 부분이 있다! 동물들, 더 나아가 우리가 먹는 동물들에 대한 인간의 처우와 우리에 대한 사악한 에일리언의 처우를 어떻게 비교하겠는가? 하지만 비교할 수 있다. 실제로, 우리와 비교하면 에일리언은 자애롭고 신사적인 종으로 다가온다. 그 점을 이해하기 위해서, 우리가 먹는 동물 하나를 예로 들어보자. 어떤 동물이라도 좋다. 닭을 예로 들어보자. 자, 당신이 되고 싶은 쪽은 어느 쪽인가? 에일리언 유충을 잉태한 인간인가, 아니면 집약적으로 사육되는 닭인가?

당신이 닭이라고 가정해보자. 먼저 당신이 태어난다. 안타깝게도 나는 바로 그때가 당신에게는 앞으로 닥쳐올 그 어느 순간보다도 좋은 때가 아닐까 생각한다. 당신이 '산란용'으로 태어났는데 아뿔싸 수컷이 되었다면, 당신의 살은 식용으로 쓰기에 썩 좋지는 않다고 간주될 것이며, 그래서 당신의 수명은 짧아질 것이다. 만일 당신에게 가스를 주입한다면, 당신은 행운아다. 하지만 당신이 그런 행운아가 아니라면, 비닐봉지 속에 집어넣어진 채 다른 닭들의 무게에 짓눌려 질식해 죽을 때까지 내버려질 것이다. 아니면 당신은 그냥 산 채로 분쇄기에 갈려서 가루가 될지도 모른다.

반면에 당신이 산란용 닭이면서 암컷으로 태어난다면, 당신의 고난은 이제부터 시작이다. 먼저, 당신은 아마도 생후 하루에서 열흘 사이 어느 시점에 부리가 잘려나간 자신의 모습을 발견하게 될 것이다. 즉 서슬 퍼런 칼날이 달려 있는 단두대 같은 장치가 당신의 부리를 썰어낼 것이다. 1940년대에 태어나지 않은 것만 해도 그냥 감사해야 할 지경이다. 그 당시 같았으면 당신의 부리는 용접용 버너 같은 걸로 지져졌을 테니까! 그런데 그게 그렇게 아프냐고? 정말 아플까? 어쨌든 부리라는 것은 그저 딱딱한 뿔처럼 돌출되어 있는 부위가 아닌가? 그건 그저 손톱을 자르는 것과 비슷한 정도가 아닐까? 실은 그렇지 않다. 부리 아래에는 부드러운 조직으로 된 아주 민감한 피부 층이 있으며, 말초신경이 들어가 있다. 인간의 손톱 밑 피부 층과 비슷한 셈이다. 그러므로 혹시 부리 제거를 손톱 손질과 비슷한 게 아닐까 생각한다면, 그 사람은 손톱을 손질할 때 손톱을 손가락 끝과 함께 그냥 절반쯤 잘라내는 방법을 선호한다는 얘기다.

부리를 한 번 더 잘리고 난 다음에야, 당신은 산란 시설 내의 아파트형 닭장으로 옮겨질 것이다. 만일 당신이 미국에 있다면 닭장 크기는 대략 30×50센티미터 정도이고, 유럽에 있다면 대략 46×51센티미터 정도일 것이다. 당신은 어마어마한 대궐 같은 이 주거시설을 적게는 세 마리, 많게는 여섯 마리의 다른 닭들과 함께 써야 한다. 당연한 얘기지만, 조금은 답답한 여건이다. 당신이 보통 크기의 닭이라 할 때, 그냥 편하게 앉아 있기만 하려 해도 적어도 630제곱센티미터가 조금 넘는 면적이 필요하다. 만일 당신이 몸을 돌릴 수 있는 호사를 누리고 싶다면, 1,700제곱센티미터에 조금 못 미치는 면적이 필요할 것이다. 다른 닭 네 마리와 함께 쓰는 30×50센티미터의 표준 닭장은 당신에게 대략 300제곱센티미터의 면적을 제공한다. 최대로 해서 그 정도다. 우리가 지금 얘기하는 면적이 어느 정도 크기인지 분명하게 감이 오지 않는다면, 500제곱센티미터가 A4 용지 한 장 정도의 면적이라는 것을 생각하면 된다. 만약 당신이 대단히 운 좋은 닭이라서 이 닭장을 단 세 마리의 닭들과만 함께 쓴다면, 당신에게는 375제곱센티미터의 면적이 주어진다. 어느 쪽이든, 최장 75센티미터에 달하는 당신의 날개를 쭉 펴는 일 따위는 그냥 잊어도 좋을 것이다.

당신이 그런 갑갑한 억류 상태에서 어찌할 도리가 없는 일들에는 날개를 쫙 펴거나 몸을 돌리지 못하는 것만 있는 게 아니다. 통상적인 사회적 상호작용의 모든 가능성 또한 확실히 사라진다. 닭은 사회적인 동물로 진화해왔고, 모든 닭 무리의 안정성에 본질적인 요소가 바로 사회적인 서열이다. 그것은 시쳇말로 '쪼는 순서'라고 알려진 서열 구조다. 좀 더 정상적인 상황이라면, 서열이 낮은 닭들은 유력한 동종 개체에게 방해가 되지 않는 구역에 머무른다. 하지만 30×50센티미터의 닭장에서 무언가에 방해가 되지 않는 구역에 머물러 있기란 조금 어려운 일이다. 그래서 많은 닭이 쪼임을 당하게 될 것이고, 당신은 그런 닭들 중 하나가 될 확률이 높다. 만일 당신이 닭장 속 초소형 서열 구조의 맨 밑자리를 차지한 닭이라면, 죽을 때까지 쪼임을 당할 확률이 높다.

지금쯤이면 당신의 부리가 잘린 이유가 무엇인지 분명해졌을 것이다. 너무 많은 닭이 부리에 쪼여 죽는다면, 수익이 떨어진다. 이것은 사육업계에서 매번 계속해서 되풀이되는 패턴이다. 불쾌하고 부자연스러운 환경에서 동물을 기르니까, 동물 역시 불쾌하고 부자연스러운 방식으로 행동하게 된다. 그렇다고 우리가 그런 환경을 바꾸어줄까? 아니다. 그러면 수익이 떨어질 것이다. 대신에, 불쾌하고 부자연스럽게 행동하는 동물을 도살해 손해를 너무 많이 보지 않도록 조치한다.

당신이 닭장에 끊임없이 몸을 부딪히고 다른 닭들에게 계속 쪼임을 당하는 몇 달이 지나고 나면, 당신의 몸은 많은 깃털을, 아니 거의 모든 깃털을 잃고 말 것이다. 깃털이 빠져 뻘건 거죽이 그냥 드러나고, 특히 꼬리 부분은 더 심할 것이다. 당신은 아주 심한 골다공증 증세를 겪을 것이며, 어쩌나 심한지 사람이 손으로 잡기만 해도 다리나 날개가 우두둑 부러지고 흉곽은 함몰되는 결과가 빚어질 것이다. 이때쯤 되면, 당신과 당신의 닭장 단짝들은 확연히 히스테리를 드러내며, 확실히 정신이상 상태가 되고, 동종 개체들을 잡아먹는 성향이 발달해 있을 확률이 매우 높다. 이런 상태로 한두 해 지나면(당신이 아직 살아 있다면 말이다. 당신의 닭장 동료 중 35퍼센트는 그러지도 못한다), 당신의 생산성은 감퇴할 것이고, 농장 주인으로서는 당신을 먹이고 재우는 것이 더는 이익이 되지 않는 상태다. 당신은 가공업자들에게 넘겨져서 고형 수프 원료나 냉동 파이나 애완동물용 사료로 변한다. 이것이 아파트형 닭장 속 암탉의 일생이다.

만일 당신이 산란용 닭이 아니라 '구이용 닭'으로 태어난다면, 그나마 운이 조금 좋은 셈이다. 그리 오래 살지 않을 것이기 때문이다. 태어난 지 하루가 지나면, 당신은 적게는 수만에서 많게는 수십만 마리의 다른 병아리와 함께 육계사育鷄舍로 보내져 강제로 부리를 잘린다. 육계사는 창이 없는 커다란 창고다. 만일 운이 좋다면, 당신은 그런 계사의 바닥에서 사는 것이 허용된다. 일부 생산업자들은 한정된 계사에 더 많은 닭을 쑤셔넣기 위해서 닭장을 층층이 쌓아올리기도 하니 말이다. 처음에는 몸을 움직일 여지가 조금은 있을 수도 있다. 당신이나 당신의 계사 친구들이 아직 몸집이 작기 때문이다. 하지만 닭들이 모두 자라면서 여건은 점점 더 빡빡해져만 간다. 대략 7주쯤 지나서 도축해도 될 만한 몸무게가 되었을 즈음엔, 당신에게 허용되는 공간 면적은 절반 수준으로 떨어질 수도 있다.

물론 당신들이 모두 자라는 동안, 바닥을 뒤덮는 산더미 같은 배설물과 공기를 가득 채운 암모니아의 지독한 악취도 함께 자라난다. 암모니아는 그 자체로도 건강에 심각한 문제를 일으킨다. 당신은 십중팔구 '닭 무릎 화상'과 '흉부 포진'을 앓게 될 것이다. 세상에 이보다 더 나쁜 일을 또 겪을 수가 있을까? 당신은 자기 오줌(과 친구들의 오줌)에 타 죽어간다. 또한 바닥에는 계사 친구들의 시체가 점점 많이 널브러져간다. 너무나 당연한 얘기지만, 당신은 그런 부자연스러운 환경 때문에 불행해지면서, 여러 가지 '악덕'을 길러나간다. 5만 마리가 넘는 닭이 떼를 이루고 있어서 자연스러운 사회적 서열이 확립될 수가 없다. 그 바람에 당신은 계사 친구들과 싸움을 자주 벌이게 되고, 알 낳는 당신 자매들과 마찬가지로 다른 닭을 먹는 성향이 빠르게 발달한다. 하지만 그런 식계 성향은 주인의 이익을 직접 잡아먹는 일이다(말 장난을 용서해주시길). 그러면 주인은 어떻게 할까? 당신의 악행을 야기한 환경을 개선해줄까? 당신이 조금 더 자연스러운 환경에서 살도록 해줄까? 당신에게 움직일 수 있는 공간을 더 줄까? 아니다. 그러면 이윤이 줄어든다. 대신, 주인은 당신의 부리를 자르고, 당신 주변의 조명을 인공적으로 조절한다. 수많은 양계장에서 그것이 의미하는 바는 조도를 고작 2럭스도 안 되게 낮추는 것이다. (촛불의 밝기가 대략 10럭스다.) 그렇게 낮춰진 조도가 공격성을 감소시킨다고 알려져 있기 때문에, 당신은 남은 생애의 몇 주간을 거의 암흑 속에서 살아가게 될 확률이 높다.

기본적으로 도대체 상대가 안 된다. 그런 식의 삶과 에일리언이 내 가슴을 뚫고 나오게 하는 삶 중에서 선택을 해야만 하는 상황이라면, 나는 기꺼이 비닐로 만든 식탁보를 몸에 두르고 매일매일을 에일리언과 함께 나다니겠다. 그리고 우리가 먹는 동물들에 대한 최악의 학대 사례들은 아예 건드리지도 않았다는 점에 유의하라. 예를 들어 식육용으로 길러지는 송아지나 집약적으로 사육되는 돼지와 연관된 행태들 말이다. 나는 그런 동물들이 죽는 방식에 대해서도 전혀 언급하지 않았다. 대부분의 사람들이 상상하는 것처럼 동물들이 고통 없고 깨끗한 죽음을 맞이하는 것은 아니다.

거울아, 거울아

우리는 매년 수십억 마리가 넘는 동물에게 이런 짓을 한다. 이 섬뜩한 대우를 어떻게 정당화할 수 있을까? 우리는 그들이 의식을 갖고 있어서 그들에게 부과되는 그런 기괴한 잔혹행위에 고통을 느낀다는 사실을 너무나 확실히 알고 있다. 그러므로 의식하는 능력은 우리와 그들 간의 도덕과 유관한 차이일 수가 없다. 둘 다 그것을 갖고 있으니 말이다. 물론 그들은 인간이 아니다. 하지만 우리가 〈인디펜던스데이〉의 외계인들과 같은 종이 아니라는 사실이 거기서 도덕적으로 유관한 차이가 아니듯, 동물들이 인간이 아니라는 사실도 여기서 더는 도덕적으로 유관한 차이일 수 없다. 닭과 돼지는 대개 우리보다 지능이 낮다. 하지만 이것을 도덕적으로 유관한 차이로 삼는 것은 한계 사례로부터의 논증에 보기 좋게 부딪힐 것이다. 중도 이상 중증 수준의 뇌 손상을 입은 사람, 갓난아기, 퇴행성 뇌기능 장애를 앓고 있는 사람 등등이 평균적인 돼지보다 더 지능적이지는 않을 것이다. 사실, 세간의 혹평에도 불구하고 돼지는 지능적이고 민감한 생명체다. 그러면 그런 인간들을 우리가 지금 돼지를 다루는 것과 같은 방식으로 대해야 할까? 우리가 완전한 사이코가 아닌 한 그러지는 못할 것이다. 동물들은 언어를 사용하지 못하므로 자신들이 겪는 고통을 우리에게 말로 전달할 수 없다. 하지만 〈인디펜던스데이〉의 시나리오상에서 우리가 텔레파시로 의사소통을 할 수 없다는 사실이 도덕적 대우와 유관하지 않듯, 그것은 유관한 차이가 아니며, 똑같은 얘기가 수많은 인간에게도 역시 적용된다.

우리가 해마다 수십억 마리의 동물에게 심어주는 공포에 비하면 외계생명체들이 우리에게 심어주는 공포는 새 발의 피다. 그리고 설령 우리의 더 심각한 야만성을 눈감아준다 하더라도, 에일리언은 우리를 왜 그렇게 대우하는지에 대해 훨씬 더 나은 변명거리를 갖고 있다. 에일리언이 우리 몸 안에 알을 낳을 때, 그것은 그들의 지극히 중요한 이해관계, 즉 번식을 돕는 일이다. 자신과 자신이 속한 종의 존속을 뜻하는 번식은 두말할 나위 없이 모든 생명체의 가장 중요한 이해관계다. 반면에 우리는 왜 닭이나 돼지를 먹을까? 에일리언과 유사하게 그것이 매우 중대한 우리의 이해관계인가? 생존하기 위해서 우리는 고기를 꼭 먹어야 하나? 아니면, 건강해지기 위해서? 당연히 아니다. 전 세계 수백만의 건강한 채식주의자가 그것을 증언한다. 우리는 한 가지 이유, 단 한 가지 이유 때문에 고기를 먹는다. 우리는 고기의 맛을 좋아한다. 에일리언들이 우리 몸 안에 알을 낳을 때, 그들은 우리의 죽음을 선고하고 우리의 가장 중대한 이해관계를 박탈한다. 하지만 적어도 그들이 그렇게 하는 이유는 자신들의 가장 중대한 이해관계 때문이다. 돼지, 닭, 소 또는 다른 동물들을 다룰 때, 우리는 그들에게 말로 형용할 수 없는 무시무시한 삶을 강요하고 그러다가 결국은 잔혹한 죽음의 선고를 내린다. 그렇게 해

서 또한 그들의 가장 중대한 이해관계를 박탈한다. 하지만 에일리언과 유사한 수준의 결정적으로 중대한 우리의 이해관계가 그 일에 걸려 있지는 않다.

동물들을 대우하는 방식에서, 우리는 우리 자신의 도덕 전통을 규정짓는 일관성과 공평성이라는 핵심적인 이상에 한참을 못 미치고 있다. 에일리언들이 우리보다 더 나쁜가? 그들은 훨씬 더 사악한가? 사실을 말하자면, 내 생각엔 정반대다. 만일 우리가 에일리언들을 비뚤어진 사악한 생명체로 생각한다면, 아마도 우리는 거울을 들여다보아야 할 것이다. 나는 이것이 SF영화의 가장 큰 미덕 중 하나라고 생각한다. 많은 SF영화의 주제는 타고나길 낯선 생물 형태, 즉 우리에게 타자가 되는 존재자들과의 조우를 다룬다. 리플리의 삶을(아니, 삶들을) 그렇게 비참하게 만든 그 원조 악당들보다 더 우리에게 낯선 타자를 상상하기란 어려운 일이다. 그러나 그런 타자와의 조우는 언제나 동시에 우리 자신을 좀 더 면밀하고 명확하게 이해하는 방법이 된다. 타자성과의 조우는 우리 자신의 정서적이고 심리적이고 도덕적인 윤곽선을 더욱 선명하게 비추어주는 거울로 작용한다.

사실상 우리는 이러한 요점을 안과 밖으로부터의 견해라는 생각을 통하여 표현할 수 있다. 자기 자신의 도덕적 지위나 가치를 평가할 때, 우리는 안으로부터의 견해 때문에 눈이 멀게 되는 경향이 있다. 이런 견해의 중심부에 위치한 우리는 흔히 자신의 도덕적 중요성과 미덕을 과장하게 된다. 우리는 도덕적인 존재자들로서 우리를 밖에서 보는 견해도 갖는다는 사실을 잊고 있다. 이는 우리가 다른 생명체에게 비춰지는 방식을 말한다. 철저하게 낯선 어떤 대상과의 조우는 그런 밖으로부터의 견해가 존재한다는 사실을 문득문득 기억하게 만들고, 또한 그 견해를 통해 드러나는 우리의 주요 윤곽을 어느 정도 규명하게 되는 최선의 방법이다. 도덕적인 생명체로서 우리는 우리 행위를 안에서 보는 방식뿐 아니라, 그것들이 밖으로 비춰지는 방식 또한 고려해야 한다. 우리의 행위가 그 삶에 영향을 미치는 타자들에게 비춰지는 방식 말이다.

그리고 이것이 궁극적으로 황금률이 말하고자 하는 바다.

인디펜던스데이Independence Day(1996) | 감독 롤런드 에머리히 | 출연 윌 스미스, 빌 풀먼

에일리언Alien(1979) | 감독 리들리 스콧 | 출연 시고니 위버

에일리언 2Aliens(1986) | 감독 제임스 캐머런 | 출연 시고니 위버, 랜스 헨릭슨

에일리언 3Alien 3(1992) | 감독 데이빗 핀처 | 출연 시고니 위버

에일리언 4 : 에일리언의 부활Alien : Resurrection(1997)| 감독 장피에르 주네 | 출연 시고니 위버, 위노나 라이더

8장

스타워즈 Star Wars

—

선과 악

조지 루카스 : 할리우드의 마니교도

조지 루카스에 대해서 당신은 어떤 얘기를 할 수 있는가? SF 영화 감독으로서, 그는 모든 것을 이루었다. 반면 SF철학의 감독으로서 아마도 그가 가장 미묘한 정신세계의 소유자는 아닐 것이다. 내 말인즉슨, 조지 루카스에게는 흑과 백이 너무도 분명히 나뉘어 있다. 그가 반기를 드는 포스영화 〈스타워즈〉에서 매우 철학적이고 신비로운 우주의 근본 원리로 언급되는 특별한 힘의 편조차도 이른바 '어두운' 편이다. 하지만 그는 캐리 피셔(레아 공주)에게 비키니를 입혀서 기괴한 형상의 외계인 '자바 더 헛Jabba the Hut'과 함께 사슬로 묶어놓는 실로 전대미문의 상상력을 보유하고 있다. 그 장면이야말로 이 책에서 따로 다뤄볼 만한 가치가 있다. 아차, 〈스타워즈〉 3부작(실제로는 이제 3부작이라 부르기는 좀 그렇다. 그렇지 않나?)이 지금껏 제작된 가장 성공적인 SF영화 시리즈라는 사실도 있다. 아마 그럴 거다.

상업적으로 타의 추종을 불허하는 이 시리즈에서 루카스는 흔히 마니교라고 알려져 있는 세계관을 우리에게 선보인다. 고대 페르시아에서 발원한 마니교는 '신의 예언자'인 창시자 마니Mani, 216~276의 이름을 딴 것이다. 마니교도들에 따르면, 세계, 특히 인간의 삶은 선과 악의 거대한 투쟁으로 이루어져 있다. 그들은 선과 악은 한편으로는 빛과 어둠에 해당하고 다른 한편으로는 신과 물질에 해당한다고 생각한다. 마니교도들에 따르면, 선과 악은 동등하게 실재하는 독립적인 원리들, 즉 실재의 특징들로 이해되어야 한다. 어느 원리가 이기게 될지는 아무도 모르지만, 그 투쟁은 한쪽이 이길 때까지 계속될 것이다. 전통적으로 마니교도들은 자신들이 어둠을 이기는 빛의 편에 서 있다고 생각해왔다.

〈스타워즈〉시리즈에서 전개되는 이야기는 대부분 바로 이런 종류의 마니교 사상이 바탕을 이룬다. 영화는 선과 악, 빛과 어둠, 특히 우리 각자의 마음속에 있는 선과 악에 관심을 둔다. 그리고 그런 대립적인 두 힘의 복잡한 관계를 다룬다. 우리 각자의 마음속에는 두 가지가 다 조금씩 들어 있을 것이다. 우리가 그 둘을 깔끔하게 분리해낼 수 있을까? 우리 안의 빛이 어둠과 별개로 존재할 수 있을까? 어둠이 반드시 나쁠까? 아니면 단지 오해일 뿐일까? 이런 것들이 〈스타워즈〉6부작이 답하고자 시도한 유형의 주제들이다.*

---

* 좋다, 내가 그냥 6부작이라고 만들어버렸다. 실제로는 곧 6부작이 될 5부작이다. 하지만 누가 알겠는가? 이 책이 출간될 즈음에는 실제로 6부작이 되어 있을지. 저자가 이 책을 집필할 때는 아직 두 번째 시리즈의 제3편이 개봉되지 않았다

〈스타워즈〉

조지 루카스가 그런 것처럼 우리도 원래의 스타워즈 3부작에 해당하는 에피소드 4~6에서 시작한다. 〈스타워즈〉(1977), 〈제국의 역습〉(1980), 〈제다이의 귀환〉(1983) 말이다. 이 3부작은 루크 스카이워커(마크 해밀)와 악의 화신 다스 베이더(제임스 얼 존스의 목소리와 데이브 프로즈의 신체가 짝을 이룸)의 관계를 다루는데, 결국은 빤하게 다스 베이더가 루크의 아버지로 밝혀진다. 그리고 그 모든 관계는 사악한 황제가 다스리는 역시나 사악한 제국이 은하계를 지배한다는 배경을 뒤에 깔고 펼쳐진다. 그 사악한 황제의 오른팔이 바로 사악한 베이더 경이다. 그래서 하여튼 간에…….

옛날 옛적, 저 먼 은하계의 저 먼 곳에서…… 여차저차, 여차저차……. 제기랄, 그건 어쨌든 다들 아는 얘기다. 기본적으로 루크 스카이워커는 한 솔로(해리슨 포드), 레아 공주(캐리 피셔), 추바카라는 거구의 털북숭이와 함께 악의 제국과 전투를 벌인다. 중간 생략. 그들이 이긴다. 이야기 끝.

끝내주게 재밌는 이 시리즈물을 한 번도 본 적이 없는 사람도 세상에는 혹시 있을지 모르니(그렇다, 그런 게 바로 진정한 가능성이다), 조금 더 부연 설명을 하겠다. 대개의 독자는 다음 꼭지로 건너뛰어도 상관없다. 어쨌든 간에, 루크 스카이워커는 실제로 다스 베이더의 아들이다. 그는 사악한 베이더 경이 아미달라 공주(내털리 포트먼)와 맺은 혼사에서 나온 결실이다. 하지만 우리는 나중에 두 번째 시리즈가 나오고서야 비로소 그 사실을 알게 된다. 이 두 번째 시리즈는 본래 시간 순서로는 첫 번째 3연작의 전편에 해당한다. 물론 아름다운 포트먼 양이 몸통은 금속이요 심각한 호흡 장애가 있는 사악한 압제자와 정상적으로 관계를 맺으려고 하지는 않았을 것이다. 그녀가 다스 베이더와 잠자리를 함께할 때만 해도, 그는 실제로는 다스 베이더가 아니라 제다이 기사인 아나킨 스카이워커였다. 그가 다스 베이더가 되는 것은 나중의 일이다.

어쨌든, 루크가 다스 베이더와 아미달라 사이의 유일한 자손은 아니다. 사실 그에게는 쌍둥이 여동생이 있고, 영화에서(즉 시리즈 전체에서) 아미달라를 제외하면 유일한 여자는 캐리 피셔뿐이므로, 그녀가 바로 그녀라는 건 기정사실이다. 그러나 알렉 기네스(은퇴한 제다이의 기사 오비완 케노비 역을 연기)의 유령이 루크에게 그 사실을 폭로할 때, 조금 충격으로 다가오는 것이 사실이다. 왜냐하면 루크는 분명히 지난 두 편 내내 그녀를 어떻게 해볼 궁리를 계속했기 때문이다. 안됐지만 일이 그리되었다. 어쨌거나, 포트먼 양에게 루크와 레아를 임신시키고 나서 얼마 있다가, 다스 베이더는 포스의 어두운 편 쪽으로 변절하고 사악한 황제에게 속박되는 신세가 된다. 그가 다스 베이더가 된 것은 바로 그때이며, 그전까지는 아나킨 스카이워커였다.

그리하여 다스 베이더는 제국을 건설하러 떠나고, 그동안 루크는 보잘것없는 불모의 지역으로 보내지고, 레아는 일종의 공주 겸 우주의회의 의원 같은 지위에 오른다. 하지만 둘 다 제국에 맞서는 반란에 가담하게 되고, 둘의 행로는 예기치 않게 뒤얽힌다. 루크와 레아는 젊은 해리슨 포드와 함께 첫 편에서 강력한 우주 전투기지 데스 스타를 멋지게 멸망시킨 것을 포함해서 용케도 제국에 당혹스러운 일련의 패배를 안긴다. 그런 결과는 루크의 내면에 강한 포스가 있다는 사실에 힘입은 것이다. 그리고 그는 제다이 기사로 훈련을 받은 석이 있다. 제다이는 은하계를 수호하는 기사단으로, 그들의 힘은 전 우주를 가득 채우고 우주에 생기를 불어넣는다고 설정되어 있는 불가사의한 '포스'와의 신비로운 조율에 근거를 둔다. 이 시리즈는 〈제다이의 귀환〉에서 절정에 이르는데, 거기서 다스 베이더는 황제가 루크를 죽이려는 찰나에 황제를 먼저 파멸시킴으로써 스스로 속죄한다. 그리고 그 과정에서 죽음을 맞이한다. 그리하여 다스 베이더는 죽음을 통해 포스의 빛의 편으로, 아니 적어도 암흑의 편은 아닌 쪽으로 되돌아온다.

이 영화의 두 번째 시리즈는 〈보이지 않는 위험〉(1999)으로 시작해서, 있을 법하지 않은 제목을 단 〈클론의 습격〉(2002)으로 이어졌다. 그리고 이 책을 집필하는 동안에는, 아직 제3편이자 마지막 회가 개봉되지 않은 상태다. 에피소드 3으로 알려진 이 작품은 2005년 〈시스의 복수〉라는 제목으로 개봉했다 이 시리즈는 앞선 3부작의 전편으로, 아나킨 스카이워커가 포스의 어두운 편에 유혹당하는 과정과 작고 귀여운 금발머리 소년(사실 나는 그 소년 배우가 짜증나는 꼬마 허접이라고 생각한다. 하지만 지금 그 얘기로 넘어가지는 말자)이 사악한 다스 베이더로 변해가는 과정 등을 그린다. 아니, 실은 그러지 않을까 추정한다. 왜냐하면 그것은 아직 세상에 나오지 않은 세 번째 영화에 들어 있을 내용이기 때문이다(두 번째 영화의 마지막 장면에서, 우리가 실제 증거를 가지고 있는 내용은 그가 다스의 트레이드마크인 인공 신체 부속기관들 중 하나를 갖고 있다는 것이다. 추정일 뿐이며, 실제로 그걸 가지고 법정에 나가 맹세까지 할 생각은 없다). 1950년대 영화 〈벤허〉의 전차 경주 장면을 많이 흉내 낸 호버크라프트 경주에 깊은 인상을 받은 아나킨은 제다이의 도제가 되어 젊은 오비완 케노비를 따라간다. 젊은 케노비 역을 연기한 이완 맥그리거는 목소리를 알렉 기네스처럼 내기 위해 최선을 다한다. 나이가 들면서, 아나킨은(지금은 헤이든 크리스텐슨이 연기) 아미달라 여왕을 연기하는 내털리 포트먼과 사랑에 빠진다. 그리고 아나킨은 (다시 한 번) 공화국에 대한 음모를 미리 막은 다음에, 제다이 기사단을 떠나 아미달라와 결혼한 후, 그녀에게 루크와 레아를 임신시킨 뒤, 재빠르게 암흑의 편으로 돌아선다.

이와 관련해서 나는 항상 두 가지 점이 마음에 걸렸는데, 한 번도 만족스러운 답을 하지 못한 골칫거리들이다. 첫째, 어째서 여섯 편이나 되는 영화에서 우리는 본질적으로 오로지 두 명의 여성만을 보게 되는 건가? 게다가 그 두 여자 모두 우주의회 의원으로 직업적인 외도를 한 전직 공주들뿐이란 말인가? 그녀들이 그냥 조금이라도 다르게 나올 수는 없었단 말인가? 극히 조금 만도 안 되었을까? 혹시 루카스가 〈보이지 않는 위험〉의 시나리오를 쓰면서 에피소드 1~3에 출연할 유일한 주요 여성 등장인물의 배경이 필요했을 때, 에피소드 4~6으로 돌아가 그 3부작의 유일한 여자 주인공을 찾아낸 다음 그냥 컴퓨터의 '복사해서 붙이기' 신공을 발휘한 것은 아닐까? 둘째, '루크 스카이워커', 홀륭한 이름이다. 죽인다. '다스 베이더', 마찬가지다. 그런데 '한 솔로'라? 무슨 첩보물에 나오는 이름 같지 않나? 그리고 드디어 아미달라 공주라는 이름에 이르게 되면, 루카스는 등장인물의 이름을 지을 때 영감을 얻기 위해서 인간의 신체 부위_{아미달라라는 이름}

_{의 유래로 보이는 아미그달라amygdala는 충격이나 공포의 기억을 저장하는 뇌 속 편도체이다}에 의존할 정도로 작명 작업에 흥미를 잃어버린 듯하다. 나는 마지막 회에서는 '벌바 vulva(음문) 공주'가 등장하기를 대담하게 기대하고 있다.

플라톤 : 선의 부재로서의 악

〈스타워즈〉에 따르면 악은 존재한다. 그것은 실재한다. 그리고 악은 도처에 있다. 악은 우주 전체와 그 안에 존재하는 모든 것을 가득 채우고 그것들에 생기를 불어넣는 포스의 어두운 면으로 존재한다. 옛날 같았으면, 그러니까 종교재판의 시대였다면, 아마 그런 견해에 동조했다는 이유로 루카스가 말뚝에 묶여 화형에 처해지는 장면을 기대해볼 수도 있었을 것이다.* 실제로 마니교는 한때 부당하게도 독자적인 종교라기보다 단지 기독교의 이단 종파로 간주됐다.** 그러므로 루카스는 본질적으로 마니교적인 태도를 승인한다는 점에서, 악이란 실재하는 그 무엇이 아니라 단지 실재하는 무언가의 부재 혹은 결여, 즉 한마디로 선의 부재일뿐이라고 늘 간주해온 기독교 교회의 공식 교리에 꽤나 역행하는 셈이다.

물론 기독교 교회가 이런 생각을 듣도 보도 못한 출처에서 얻은 아니었다. 그들의 독창적인 착상은 더더욱 아니었다. 당치도 않다. 악이 실재하는 세계의 어떤 특성이 아니라 다만 선의 부재일 뿐이라는 생각은 오래고도 유명한 철학의 역사를 지니고 있다. 이는 고대 그리스 철학자 플라톤으로까지 한참을 거슬러 올라갈 정도이며, 어쩌면 더 오래되었을 수도 있다. 플라톤에 따르면, 궁극적인 실재란 순수하고 완벽한 선성善性, goodness에 해당한다. 어떤 것이든 그것으로부터 벗어나는 정도에 따라서 그것은 덜 선한 것이 될 뿐 아니라 덜 실재하는 것이 되기도 한다. 그리고 인간 삶의 궁극적인 목표는 그가 이른바 선의 형상이라 부른 것에 대한 참된 앎을 얻는 것이다.

---

* 나는 '기대한다'라고 말하기는 했지만, 스페인의 종교재판을 기대하는 사람은 세상에 아무도 없다.
** 오늘날의 합치된 의견은 그것이 독자적인 종교라는 것이다.

플라톤의 형상form이라는 생각은 현대적인 어법 안에 스며들어 있다. 이를테면 우리는 어떤 사람이 좋은 상태good form에 있다고(또는 그렇지 않다고) 말한다. 자신의 종목에서 성공 가도를 달리는 운동선수는 좋은 상태에 있다고 얘기된다. 가련한 찬밥신세인 대다수 경우와는 반대로 행복하고 유쾌하게 직장에 출근하는 사람 또한 그런 상태에 있다. 여기서 '상태form'라는 표현은 어원적으로 플라톤까지 거슬러 올라간다. 만일 우리가 문헌학, 즉 우리 언어의 역사를 알았더라면, 어떤 사람이 좋은 상태에 있다고 말할 때 우리가 하는 말은 그 사람이 해당 유형의 완벽한 표본에 아주 가까이 있다는 뜻임을 알았을 것이다. 그리고 이 모든 얘기는 플라톤의 형이상학, 즉 실재의 궁극적 본성에 관한 그의 설명에서 유래한다.

플라톤은 다음과 같은 생각을 마음에 품고 있었다. 어떤 것들은 다른 것들보다 해당 유형의 더 나은 표본이다. 자신이 수학광狂임을 고백한 바 있는 플라톤은 수학이 실재의 참된 구조 또는 그와 비슷한 무언가를 반영한다는 식의 생각을 했다.* 그러면 플라톤이 좋아했을 법한 종류의 사례를 활용해보자. 종이에 원을 몇 개 그렸다 치자. 그중 어떤 원은 다른 원들보다 더 원답게 그려졌을 것이다. 또 어떤 것은 원보다는 타원형에 더 가까울 것

---

* 그는 이런 생각을 피타고라스학파에게서 얻었다. 빗변의 제곱은 직각을 이룬 나머지 두 변의 제곱의 합과 같다는 정리를 통해서 다들 피타고라스(기원전 572~510, 추정)를 잘 알 것이다.

이다. 그런데 우리는 어떤 원이 최고의 원 표본을 제공하고 어떤 원이 최악의 원 표본을 제공하는지 분명히 구분할 수 있다. 어떻게 그럴 수 있을까?

이런 식이든 저런 식이든, 비교를 하려면 일종의 기준이 있어야 한다. 만일 좋은 원 표본과 나쁜 원 표본을 구분할 수 있고, 그 중간의 좋고 나쁜 모든 등급까지 구분할 수 있다면, 우리가 완벽한 원이란 어떤 것인지에 대한 모종의 관념을 가지고 있는 것임에 틀림없다. 그런 관념을 갖고 있지 않다면, 어떻게 나쁜 원과 좋은 원을, 열등한 원의 표본과 우월한 원의 표본을 분별해낼 수 있었겠는가? 그렇다면 우리가 완벽한 원이란 대체 어떤 것인지에 관해 모종의 관념을 가지고 있으며, 바로 그 관념 덕분에 나쁜 형태의 원과 좋은 형태의 원을 구분할 수 있게 된 것이 틀림없다고 가정해보자. 그럼 우리는 그런 관념을 어디에서 얻게 되었는가?

플라톤의 대답은 우리가 물리적인 세계 그 어디서도 그런 관념을 얻을 수 없다는 것이다. 우리가 원을 그릴 때 아무리 주의를 기울인다 해도, 우리가 원을 그릴 때 사용하는 도구들이 제아무리 정밀하다 해도, 우리의 원 그림 속에는 늘 어떤 결점이 있게 마련이다. 우리가 그린 원은 언제나 완벽함에서 조금씩 빗나가 있을 것이다. 그리고 이것은 모든 물리적 원에 다 해당되는 얘기다. 아무리 교묘하게 그린다 해도, 그것들은 완벽한 원형으로부터 적어도 조금씩은 벗어나 있을 것이다. 그런데 우리가 완벽한 원의 관념을 이 세계에서 얻을 수가 없다면, 도대체 우리는 그것을 어디서 얻을 수 있다는 말인가?

플라톤에 따르면, 우리는 물리적인 세계 바깥의 어딘가에서 그 관념을 얻는다. 그는 모종의 다른 어떤 세상이 있어야만 한다고 결론 내린다. 그것은 비非물리적인 존재계이며, 바로 그 세계에 완벽한 원 같은 것들이 거주한다. 단지 완벽한 원뿐 아니라 완벽한 모든 것이 거기에 존재한다. 그 비물리적인 존재계에는 완벽한 남자, 완벽한 여자, 완벽한 말, 완벽한 삼각형, 완벽한 구름, 완벽한 검 등등이 존재한다. 사물들의 이러한 완벽한 전형을 플라톤은 형상이라 칭했고, 그것들을 담아내는 비물리적인 세계를 형상의 세계라 불렀다.

플라톤에 따르면, 이들 형상은 위계적으로 배열되며 그 위계의 맨 꼭대기에는 그가 이른바 선의 형상이라 부른 것이 있다. 우리는 그것을 선성善性 그 자체라 부를 수도 있다. 그 배후의 생각은 원의 경우에서와 거의 똑같다. 다양한 사람, 행위, 규칙, 제도는 적어도 우리 눈에는 좋아 보인다. 그러나 그중 일부는 또한 나쁜 것들이다. 그리고 그 중간에는 좋고 나쁨의 다양한 등급이 있다. 하지만 우리가 좋다고 여기는 것조차도 완전하게 좋은 것은 아니다. 예를 들어, 아무리 선한 사람이라 할지라도, 그는 늘 지금보다 더 선한 사람이 될 수 있다. 그는 아무리 근소한 수준일지라도 완벽한 선성에 비해서는 늘 어느 정도의 도덕적 불완전성을 지닌 채 어느 정도의 일탈과 어느 정도의 탈선을 저지를 것이다. 그리고 그런 일이 일어날 때, 도덕적 감수성 부문에서 적절한 소양을 갖춘 사람이라면 완벽한 선성으로부터의 그러한 이탈을 분별할 수 있을 것이다.

플라톤의 입장에서 이것은 우리가 모호하고 미발달된 상태이기는 하지만 어느 정도는 완벽한 선성에 대한 관념을 갖고 있음을 뜻한다. 적어도 우리가 적절하게 도덕적인 훈련을 받은 상태라면 말이다. 우리가 물리적인 세계에서 그런 관념을 획득했을 수는 없다. 그런 세계에서는 어느 것도 완벽하게 선하지 않기 때문이다. 그러므로 다른 어떤 세계가 반드시 있어야만 한다. 그런 완벽한 선성, 즉 선의 형상이 존재하는 비물리적인 존재계가 말이다. 그리고 물론 그 세계는 바로 비물리적인 형상의 세계다.

그래서 플라톤은 일상적인 물리적 세계에 덧붙여 비물리적인 형상의 세계도 존재한다고 주장했다. 하지만, 플라톤에 따르면, 그런 비물리적인 형상의 세계는 존재할 뿐만 아니라, 사실상 일상적인 물리적 세계보다 더 실재적인 세계다. 그는 이에 대해 두 가지 이유를 내세웠다. 첫째 이유는 그가 변화와 덧없음보다는 영원과 불변함을 더 선호한다는 데에 기초한다. 일상적인 물리적 세계는 시간이 흐르면서 끊임없이 변화한다. 사물들은 생겨났다가 없어지며, 셀 수 없는 방식으로 바뀌어나간다. 하지만 플라톤에게 실재하는 것, 정말로 실재하는 것이라면 영원히 불변해야만 한다. 그런 실재는 일상적인 물리적 세계일 수가 없으며, 따라서 그것은 형상의 세계여야만 한다. 그래서 (정말로) 실재하는 것은 바로 형상의 세계다. 물리적인 세계의 실재성은, 그것이 어쨌든 실재하는 것인 한, 형상의 세계로부터 파생된 것에 지나지 않는다. 둘째, 모든 개별적인 것들, 예를 들어, 종이에 그려진 원은 형상과의 관계 때문에 비로소 지금의 그 모양으로 존재한다. 종이 위에 그려진 어떤 것을 원으로 만드는 것은 그것이 원의 형상, 즉 완벽한 원성circularity과 어떤 식으로든 닮았다는 사실에 있다. 그래서 플라톤은 어떤 물리적인 대상을 바로 그것으로 만드는 것은 그것이 형상과 맺는 관계라고 결론 내린다. 하지만 같은 얘기가 형상 자체에는 적용되지 않는다. 모든 형상은 물리적인 것들과의 관계에서 완벽하게 독립해 있다. 그리고 이런 사실이 형상이 물리적인 것들보다 더 실재적임을 보여준다고 플라톤은 결론 내린다.

플라톤은 유명한 비유를 들어서 물리적인 세계의 파생적이고 부차적인 위상을 설명했다. 이른바 동굴의 비유다. 당신이 동굴에 갇힌 죄수라고 상상해보자. 당신은 다른 죄수 무리와 함께 기둥에 결박된 채 동굴 속에 앉아 있다. 설상가상으로 당신은 평생을 이 동굴 안에서 죄수로 살아왔다. 동굴 안에서 유일한 빛의 원천은 횃불이며, 그 불빛이 당신 뒤에서 벽 쪽으로 그림자를 드리운다. 그런 절망적인 상황에 처한 까닭에 당신은 그림자들을 실재하는 대상으로 착각한다. 당신은 당신의 삶 역시 그림자들 중 하나라고 생각할 따름이다. 이것이 평균적인 인간이 처한 상황이다. 우리는 실재의 그림자를 실재라고 착각하며 물리적인 세계에서 살아가는 죄수 신세인 셈이다.

하지만 어느 날 당신은 사슬을 끊고 탈출하여 동굴 입구까지 빠져나오는 데 성공한다. 처음에는 빛이 너무도 눈부셔서 동굴 벽에 생긴 그림자를 바라보는 것만으로 만족해야 한다. 그러나 이번에는 횃불이 아니라 태양이 드리운 그림자들이다. 마침내 적절한 준비가 갖추어지고 나자, 당신은 바깥 세계로 모험을 떠나서 그림자가 아니라 그 그림자의 원천인 진짜 대상들을 볼 수 있게 된다. 언젠가는 아예 태양까지도 직접 쳐다볼 수 있게 될지도 모른다. 동굴에서 탈출하는 것은 철학자가 되는 과정과 유사하다. 당신은 차근차근 더욱더 실재적인 것들에 점점 익숙해질 수가 있다. 당신이 마침내 볼 수 있게 된 가시적 대상들이란 바로 형상에 해당하며, 그러한 가시성의 원천인 태양은 선의 형상에 해당한다.

그래서 플라톤에 따르면, 일상적인 물리적 사물들과 일상적인 물리적 세계가 나름 지니고 있는 실재성은, 그것이 무엇이든 형상의 세계에서 파생된 것에 지나지 않는다. 그림자가 나름 지니고 있는 실재성이 그것을 드리운 원천으로부터 파생되었듯이 말이다. 따라서 플라톤에게, 물리적인 세계는 오로지 그것이 형상의 세계와 관계를 맺는 정도로만 실재한다. 형상의 세계의 실재성이 으뜸이다. 물리적인 사물들의 실재성은 그것들이 유관한 형상을 어느 정도 닮았느냐에 달려 있다. 그리고 유관한 형상으로부터 벗어나 있는 한, 그것들은 덜 완벽해질 뿐 아니라 덜 실재적이 되기도 한다.

하지만 우리가 보았듯이, 플라톤에게 가장 중요한 형상이자 그렇기 때문에 가장 실재적인 형상은 바로 선의 형상이다. 그래서 플라톤에 따르면 사물들이 선의 형상에서 벗어나게 되면 덜 실재적이게 된다. 나쁨이나 악의 형상 같은 것은 없다. 적어도 플라톤에 따르면 그렇다. 악은 단지 부재이자 틈새이자 결여일 뿐이다. 즉 선이 부재하는 상태다. 그리고 그것이 의미하는 바는 어느 모로 보나 악은 실재하지 않는다는 것이다. 악은 환영幻影일 뿐이다. 어떤 것이 더 악해질수록, 그것은 또한 덜 실재적이게 된다.

그래서 만일 플라톤의 얘기가 옳다면, 아나킨 스카이워커가 어둠의 편으로 돌아서서 다스 베이더가 되었을 때, 그는 덜 완전해졌을 뿐 아니라 덜 실재적이게 된 셈이다. 물론 그런 생각은 〈스타워즈〉에 표현된 조지 루카스의 입장을 정면으로 거스르는 것이다. 비록 다스 베이더가 세 편의 영화에서 망토와 가면과 철모 뒤에 감춰진 존재로 등장했지만 그는 그 시리즈에서 가장 실감 나는 등장인물이다. 다스 베이더의 현존과 그의 사악함은 손에 잡힐 듯 또렷하다. 영화 속에서 그는 단지 부재나 틈새가 아니다. 결과적으로 그는 전체 이야기의 요점이다. 그의 사악한 행위들 역시 마찬가지다. 그가 함대의 제독인 피터 쿠싱과 협력해서 영화 초반부에 데스 스타로 어떤 행성을 파괴해버릴 때, 그런 악행은 단지 무언가의 부재나 실재성이라는 직물 조직에 생긴 해진 틈이 아니다. 오히려 반대로, 그것은 부분적으로 그 직물 조직을 구성하는 요소다.

나는 플라톤과 기독교 교회보다는 조지 루카스의 입장에 보조를 맞추어야 한다고 생각한다. 악은 존재하며, 단지 환영이거나 선한 것의 부재로 있는 것이 아니다. 베이더 경이 수행한 사악한 행위들은 그 자체로 악한 것이다. 그것들이 단지 다른 무언가를 결여하고 있어서 악한 것이 아니다.

플라톤의 생각 베껴먹기

물론 다스 베이더는 천국에 가게 되리라 상상할 수 있는 유형의 사람은 아니다. 만약 전체 은하계를 억압·통치하고 단지 마음의 변덕 때문에 행성들을 통째로 파괴하는 자에게도 천국 입장이 허용된다면, 기본적으로 누구든 천국에 들여보낸다는 얘기다. 변호사나 부동산중개업자까지 포함해 몽땅 다 천국에 가서 이웃사촌이 될 것이다. 그래서 기독교의 형이상학은 그것의 큰 그림 속에 다스 베이더를 위한 자리를 두고 있지 않다. 누군가는 바닥으로 내려가야 한다면, 바로 그가 가게 될 것이다.

그리고 이것은 실제로 그리 놀라운 일은 아니다. 왜냐하면 다른 이의 생각을 그냥 슬쩍한 사람이 그 사람에게 큰 빚을 지게 되는 것처럼, 기독교의 형이상학은 플라톤에게 큰 빚을 지고 있기 때문이다. 우리가 플라톤을 통해 실로 처음으로 얻은 것은 비물리적인 실재라는 생각에 대한 진정한 철학적 변론이다. 그뿐만 아니라, 그 비물리적인 실재가 물리적인 실재보다 더 실재적이라는 생각도 그렇다. 로마의 신新플라톤주의자 플로티노스Plo-tinos, 204~270경가 그 생각을 도용했고, 그런 다음에 나름대로 손질을 해서 아우구스티누스라는 이름의 사내에게 넘겨주었다. 히포의 성聖 아우구스티누스Augustinus Hipponeusis, 354~430라는 바로 그 사람이다. 그리고 그 아우구스티누스가 비물리적 실재라는 생각을 기독교의 형이상학 안에 합쳐 넣었다. 그 이전까지 기독교는 비물리적인 그 무엇에 대해서는 생각지도 않았다. 비물리적인 영혼이 천국에서 생존한다기보다는, 심판의 날에 (물리적인) 육신이 온전히 부활한다는 식이었다. 아우구스티누스가 이 모든 것을 바꾸어놓았다. 이제 우리는 플라톤의 형상의 세계를 본으로 삼아 비물리적인 것으로서의 영혼을 생각하게 되었다. 그리고 그다음 차례로, 그러한 형상의 세계가 천국으로 탈바꿈하게 된다. 이제는 그림이 그려질 것이다.

그렇게 해서, 천국은 진정으로 실재하는 곳이 된다. 그러면 우리가 사는 이 세상, 그리고 세속의 우리 육신은 대체 무엇에 쓰는 것일까? 글쎄다, 기본적으로는 그 덕분에 우리가 천국에 간다. 우리가 여기에 존재하는 것을 정당화해주는 것은 그래야 우리가 천국에 가게 된다는 사실이다. 어떤 인생이든 살아내고 어떤 시험이든 통과하는 것은 우리가 저 바닥이 아니라 저 위로 올라가는 데 반드시 필요하다. 우리 존재의 정당성은 천국에 있고, 천국에는 악을 위한 자리란 있을 수 없기 때문에, 우리가 해야 할 일은 자신에게서 악의 요인이 조금이라도 발견되면 무엇이든 남김없이 도려내는 것이다. 우리는 우리 안의 사악한 요소를 제거하고, 근절하고, 박멸해버려야 한다. 그리고 그렇게 해서 우리는 우리 안의 악한 요소들, 아니, 적어도 의문스러운 요소들을 대하는 기독교의 전형적인 태도에 이르게 된다. 만약 네 손이 너를 그르친다면 그것을 잘라내버려라. 네 눈이 너를 그르친다면, 그것을 파내버려라. 그 밖에도 중세풍의 이런저런 얘기들이 전해진다. 우리 성격의 어두운 측면은 기본적으로 장차 멋지게 축출되어야 할 그 무엇이다.

디오니소스 대 십자가에 못 박힌 자

니체는 그런 얘기라면 어떤 것도 받아들이지 않을 철학자였다. 실제로 니체는 생의 종말에 가까이 갈수록 자신의 태도를 기독교에 반反하는 것으로 더욱 명시적으로, 아니 최대한 명시적으로 규정했다. "내가 십자가에 못 박힌 자에게 맞서는 디오니소스로 이해된 적이 있던가?" 물론 이 글을 쓸 무렵 니체는 거의 미쳐 있었다. 그것은 젊은 날 매음굴에서 철없는 짓거리를 하던 중 옮은 매독 때문인 것이 확실하다. 아마도 그것이 니체가 젊은 시절에 유일하게 저지른 철딱서니 없는 짓거리였을 테니, 그런 점에서 그가 조금은 재수가 없었다고 느낄 수밖에 없다.

그가 말한 '십자가에 못 박힌 자에게 맞서는 디오니소스'란 대체 무슨 뜻일까? 먼저 디오니소스에 대해 살펴보자. 니체는 첫 번째 저서인 《비극의 탄생》에서 고대 그리스인의 정신세계에 관해 특별한 견해를 주장했다. 예술, 건축, 철학 등을 통해 드러난 그리스인의 천재성은 니체가 나중에 승화sublimation라고 부르게 되는 것 안에 놓여 있다. 그리스인은 기본적으로 매우 어두운 성향을 지닌 민족이다. 그리스인의 심성에는 온갖 종류의 어두운 욕망과 감정, 충동이 들어 있었고, 그것들은 표층 바로 아래에서 부글부글 끓어올랐다. 때때로 그리스인은 그런 충동에 몸을 맡기고 포도주의 신 디오니소스에게 바치는 축제들에 참가했다. 축제는 며칠에 걸쳐 열렸고, 심지어는 몇 주간 계속되기도 했으며, 음주와 일반적인 유흥뿐 아니라 차고 넘치는 섹스가 동반되었다. 물론 그런 축제들의 흔적은 오늘날 이비자나 코르푸 같은 지역에서 찾아볼 수 있다. 하지만 요새 하는 식은 고대 그리스인의 축제에 비하면 길들여진 것이다. 그리스인은 파티란 어떻게 하는 것인지 제대로 알고 있었다. 달리 말하면(아마 다스 베이더라면 이렇게 말했으리라), 그리스인은 어두운 면이 지닌 힘을 알아본 것이다.

그런데 니체의 눈에 띈 것은, 그리스인이 총체적으로 타락한 상태가 아닐 때에는 많은 일을 실제로 잘해냈다는 사실이다. 예술, 건축, 철학 등등에서 그들은 두말할 나위 없이 역사상 최고의 문화를 일구어냈다. 그렇다면 어떤 이는 이렇게 생각할 수도 있다. 도대체 얄팍한 허식을 벗겨내고 나면, 그저 타락하고, 도착적이고, 저열하고, 부도덕한 고주망태 건달들 무리에 불과한 그들이 어떻게 그런 일을 용케도 해냈을까? 니체의 대답은, 그들이 제정신이 아닌 이교도 무리임에도 불구하고 역사상 가장 위대한 문화를 창출해낸 것이 아니라, 바로 그랬기 때문에 그렇게 할 수 있었다는 것이다. 그리스인 안에 도사리고 있는 어두운 면은 그들의 위대성에 걸림돌이 된 것이 아니라, 오히려 원동력이 되었다. 그리고 니체의 이런 견해를 이해하는 열쇠는 바로 승화라는 개념에 있다.

포스의 어두운 면이 당신에게 강하게 있다고 가정해보라. 그래서 당신은 여러 가지 어두운 충동과 욕망을 갖고 있다. 아마도 당신은 그것들을 완전히 인식하거나 이해하지 못할 것이다. 하지만 그런 욕망은 거기에 있으며, 아마도 은하계 전체를 지배하겠다는 욕망은 그 목록에서 위쪽에 자리할 것이다. 당신은 당신 성격의 이런 어두운 면을 어떻게 다뤄야 하겠는가? 글쎄다, 세 가지 선택이 있어 보인다.

첫째는 니체가 기독교의 선택지라고 간주했던 것이다. 그런 욕망을 부인하라. 그것들을 근절하고, 박멸하라. 그것들은 나쁘고 사악한 욕망이니 거부하고, 단념하고, 퇴짜를 놓아야 한다. 그래서 만일 당신이 기독교의 선택지를 택한다면, 아침 먹기 전에 행성 몇 개를 날려버리는 대신, 집에 가만히 들어앉아 자신의 죄스러운 실태를 고민하며 안달하게 될 것이다. 당신은 자신의 타락하고 부정한 성품을 아주 많이 참회하면서 그것을 도려내기 위해서 힘닿는 데까지 무슨 일이든 할 것이다. 은유적으로 말하면, 이는 당신을 괴롭히고 신경 쓰이게 만드는 당신 안의 여러 부분을 잘라내고 뽑아버리는 것과 같은 일을 포함할 것이다.

물론 베이더 경이 집에 들어앉아서 자신의 성격적 결함에 관해 번민하는 광경을 상상하기란 쉽지 않다. 게다가 자신의 저열한 부분들을 잘라내고 뽑아버린다는 식의 은유적 책략은 오해를 불러일으키기도 쉽다(우리는 문자 그대로의 의미와 은유적인 의미를 얼마나 쉽게 뒤섞곤 하던가). 그리고 그것은 다스 베이더에겐 재앙이 될 수도 있다. 안 그래도 그는 신체 부위들이 심각히 부족한 상태에 있다.

더 심각한 문제로, 니체에 따르면, 기독교적인 전략에는 두 가지 약점이 있다. 무엇보다도, 자신을 개선할 수 있는 결정적인 기회를 상실한다는 점이다. 파괴하고, 정복하고, 지배하고 싶어 하는 원초적인 충동은 에너지의 상당한 원천이다. 그런 충동이 당신에게 제공하게 될 모든 에너지, 즉 힘은 그것들을 단념하려 할 때 함께 상실된다. 둘째, 그런 거부와 퇴짜의 시도는 무익할 뿐 아니라 건강하지도 못하다. 충동과 그것을 담고 있는 힘은 결코 파괴되거나 꺾일 수 없으며, 다만 다른 형태로 전환될 수 있을 뿐이다. 그리고 만일 그런 충돌이 외적으로 표출되지 않으면, 그것들은 내면적인 분출이라는 다른 형태를 찾을 것이다. 특히, 강한 충동을 표출하는 데 실패하면, 그 충동은 거꾸로 충동의 소유자 본인을 공격하는 형국으로 귀결된다. 이에 따른 전형적인 결과가 바로 신체적으로나 정신적으로, 혹은 그 둘 다에 병이 드는 것이다. 오늘날 우리는 이러한 일반적 생각을 억압이라 부른다. 그것은 프로이트 덕분에 유명해졌고, 그 뒤로 모방자들에게 계승되어 대중화된 개념이다. 예를 들면, 히스테리성 질환에 대한 프로이트의 설명은 당사자가 부끄러워하는 강력한 충동이나 감정(물론 프로이트는 성적인 충동을 강조한다)이 바로 본인에 의해 억압되어 다른 식으로 발현되기에 이른다는 생각과 관련되어 있다. 이를테면 히스테리성 마비 같은 것으로 말이다. 그것은 신체적으로 멀쩡한데도 마비 증세를 일으키게 되는 경우다. 억압과 심신증이라는 연관된 개념이나, 분노 같은 것을 안으로 억누르지 말라는 이제는 진부해진 충고 같은 것들이, 모두 니체에게서 유래했다.

그렇다면 베이더 경은 적어도 한 가지 점에서는 축하받아야 한다. 그는 자신의 충동과 감정을 안으로 억누르지 않았다. 그는 악마 같은 개자식일지는 몰라도, 확실히 억압되거나 신경과민에 걸린 자는 아니다. 그런데 은하계 정복 같은 일이 정말로 우리 전문도 아니고, 그렇다고 신경과민에도 걸릴 마음이 없다면, 그런 경우에 우리는 어떻게 해야 할까? 우리의 충동을 부인하거나 단념하는 기독교식 전략을 활용할 수가 없다면, 그 대안은 무엇인가? 분명한 한 가지 방법은, 부디 그냥 마음 가는 대로 따르라는 것이다. 만약 당신이 행성 몇 개를 파괴하고, 몇 군데 반역적인 폭동들을 분쇄하고, 은하계를 사악한 폭군의 노예 신세로 전락시키고 싶다면, 하고 싶은 대로 하라! 당신을 심판할 자, 누구란 말인가? 이런 충동을 내면에 억누르는 것은 결국에는 건강을 잃고 억압된 상태가 되고 마는 가장 확실한 길이다. 그러므로 친구들이여, 너 자신을 표현하라. 니체가 이런 전략에 따로 이름을 붙이지는 않았다. 우리는 그것을 히피 전략이라고 부를 수 있을 것 같다. 물론 히피들이 변태처럼 은하계 정복에 관심이 있다는 것이 아니라, 만사를 마음 내키는 대로 내버려둔다는 통념 때문에 붙여본 이름이다.

니체라면 이런 전략도 싫어했을 것이다. 그 전략을 채택할 경우에, 기독교적 전략이 정신적으로나 신체적으로 야기하는 해로운 결과를 피할 수 있게 해주리라는 것은 분명하다. 하지만 이 전략 또한 나름의 약점이 있다. 가장 중요한 것은, 자신을 개선할 황금 같은 기회를 잃는다는 점이다. 지배하고 파괴하고 정복하려는 충동이 제공하는 모든 에너지와 힘이 사라져버린다. 그 에너지는 정확히 은하계를 지배하고 파괴하고 정복하는 일에 사용된다. 그건 확실히 재미나긴 하겠지만, 유익한 일이라 보기는 어렵다. 적어도 니체의 견해에 따르면 그렇다. 기독교식의 억압 전략은 당신을 이전보다 더 나빠지게 만드는 반면, 히피의 전략도 당신을 이전보다 더 낫게 만드는 것은 아니다.

니체의 견해에 따르면, 위대성은 당신의 가장 강한 욕망과 충동을 억압하는 것으로도, 자유롭게 표출하는 것으로도 성취되지 않는다. 오히려 위대성은 전혀 다른 무언가를 필요로 한다. 바로 승화다. 그 기본적인 발상은, 강한 충동과 욕망은 전혀 다른 어떤 것, 즉 최소한 니체의 견해에 따르면 더욱 가치 있는 충동과 욕망으로 변환될 수 있다는 것이다. 따라서 그것들의 궁극적인 외적 표출은 그 근원적인 힘과 권능을 제공하는 충동이나 욕망과는 매우 다를 수 있다.

니체에 따르면, 다스 베이더가 가진 다양한 어둠의 충동과 욕망은 무한정한 횟수로 변형될 수 있다. 위대성에 이르는 열쇠는 그런 욕망을 당신의 의지에 따라 변환할 수 있는 능력이다. 원래의 〈스타워즈〉 3부작에서 다스 베이더는 욕망의 주인이라기보다 그것의 포로로서, 그저 자신의 충동에 휩쓸린 존재일 뿐이다. 다스 베이더뿐 아니라 나머지 우리 모두에게도, 위대성이란 (이것이 핵심인데) 우리가 가진 충동을 약화시키지 않으면서 그것의 주인이 되는 것이다. 그런 충동을 근절하는 대신에, 또한 그것을 저 좋은 대로 내버려두는 대신에, 그것을 다른 어떤 더 가치 있는 충동으로 변형하는 것이다. 그렇다면, 예를 들어 다스 베이더는 반란군의 행성을 파괴해 그들의 폭동을 분쇄하려는 욕망을 거두어들이고, 그 욕망을 다른 어떤 것으로 변형하거나 그쪽으로 이행해 승화시켜야 한다. 이를테면 차분히 집 안에 머물면서 소설을 쓰거나 그림을 그리거나 교향곡을 작곡할 수 있을 것이다. 원래의 충동이 지닌 힘은 그 새로운 활동으로 방향 전환되고, 만약 그런 승화가 제대로 이루어진다면 다스 베이더는 새로 선택한 어느 분야에서 천재가 될 가능성이 있다. 니체에 따르면, 천재성은 단지 승화된 힘일 뿐이기 때문이다. 다스 베이더가 지닌 행성 파괴의 어두운 욕망은 저술이나 회화나 작곡에 걸림돌이기는커녕 꼭 필요한 조건이다.

니체의 견해에 따르면, 위대성을 성취할 수 있는 역량은 본질적으로 원초적인 욕망과 충동을 더 고차원적인 욕망과 충동, 이를테면 좀 더 예술적이고 궁극적으로는 좀 더 영적인 충동으로 승화할 수 있는(혹은 변형하거나 방향 전환하거나 이행하는) 능력과 밀접하게 관련된 문제다. 우리는 이것을 니체적인 전략이라 할 수 있다. 원초적인 충동과 욕망을 상대로 벌이는 전쟁은 당신을 고갈시켜서 십중팔구 병들게 만들 것이다. 당신의 충동을 자유롭게 표출하면 어쨌거나 중간은 가게 된다. 위대성의 가능성은 원초적인 욕망이나 충동을 억제하거나 표출할 것이 아니라 승화할 것을 요구한다.

그런 원초적 욕망과 충동이 강하면 강할수록, 위대성을 성취할 수 있는 잠재력은 더 커진다. 어쨌든 그런 것들을 적절히 승화할 수만 있다면 말이다(그게 바로 재주이기는 하지만). 니체에 따르면, 개개인이 기본적으로 지닌 원초적 충동의 세기는 사람마다 다르다. 그리고 그 세기가 바로 그 사람의 건강 척도다. 기본적인 충동이 강할수록, 그런 충동을 지닌 사람은 원리상 더 건강하다. 강력한 기본 충동을 지녔으면서 그것을 점점 더 고차원의 형상으로 지속적으로 승화할 능력을 보유한 사람, 그런 사람을 가리켜서 니체는 위버멘쉬übermensch, 즉 초인超人이라 칭한다. 초인은 기본적으로 고도로 승화된 개자식이다.

우리 대부분은 희망컨대 행성을 파괴하고 지배하고 정복하고픈 진지한 욕망을 조금도 가지고 있지 않다. 아마도 우리가 부끄러워하는 욕망은 대부분 폭력적이거나 파괴적인 유형의 것이라기보다 주로 적나라한 쾌락적 유형의 것들인 경향이 있다. 하지만 똑같은 논지가 여기에도 적용된다. 당신은 자신의 본능적 에너지를 뚝뚝 흘리면서 최근에 성적으로 꽂힌 대상을 찾아가려고 방향을 돌리는 대신에, 그런 충동을 거둬들여 승화할 수 있다. 완전히 더 고귀한 그 무엇으로 변환하는 것이다. 니체는 이런 과정, 즉 승화와 재승화의 지속적인 과정 속에 위대성의 유일하고 진정한 가능성이 놓여 있다고 생각했다.

실제로, 니체에게는 똑같은 종류의 논지가 개인에게만이 아니라 문화에도 적용된다. 하나의 문화로서 그리스인들이 너무나 어두웠던 것은 사실이다. 즉 그들은 어두운 면이 지닌 힘을 인정했다. 그리고 바로 그것이 그들이 이룬 위대성의 궁극적인 원천이다. "한 시대가, 한 민족이, 한 개인이 스스로 허용할 수 있는 열정이 더 크고 더 엄청날수록, 그들의 문화는 더 높이 우뚝 서게 된다. 그런 것들을 수단으로 채택할 수 있기 때문이다."*

---

* 니체,《우상의 황혼*Götzen-Dämmerung*》

예술작품처럼 인생을 살아라

니체의 경구인 '십자가에 못 박힌 자에게 대항하는 디오니소스'에서 디오니소스는 강력한 기본 충동을 갖고 있으면서 그것을 점점 더 고차원적인 형상으로 끊임없이 승화해나가는 사람, 즉 초인을 표상한다. '십자가에 못 박힌 자'와의 대조는 그보다 더 또렷할 수가 없다. 십자가에 못 박힌 자는 그런 충동을 단념하고 거부하려는 무익하고 자멸적인 시도를 하면서 인생을 낭비하는 사람을 표상한다.

우리의 친구 다스 베이더는 이 도식에서 어디에 들어갈까? 글쎄다, 어쨌든 나는 그가 집에 가만히 들어앉아 자신의 원초적인 욕망을 단념하기 위해 무익하고 자멸적인 노력이나 할 자는 아니라고 안심하며 말할 수 있다. 이른바 기독교식 전략은 위대한 베이더 경에게 전혀 바람직해 보이지 않는다. 그렇다면 그가 니체가 말하는 위버멘쉬라는 뜻인가? 그런 것 같지 않다. 내 생각에 니체의 관점에 따르면 아마도 이럴 것이다. 다스 베이더의 시도는 초인이 되기에는 치명적인 결함이 있다. 잠재력은 있었지만, 그는 그것을 제대로 요리해내지 못했다. 그 이유를 알아보자.

우선 우리가 이런 초인 이야기에 신경을 쓰는 이유는 무엇일까? 어쨌거나, 본능적 에너지를 뚝뚝 흘리면서, 술에 취해 망가져가고, 성적 욕망의 대상을 쫓아다니는 일이 집에 들어앉아 책을 쓰거나, 그림을 그리거나, 작곡을 하는 것보다는 훨씬 더 재미 있는 일이 아닐까? 그건 하느님만이 아실 일인가? 그리고 무엇보다 행성 몇 개를 파괴하는 일은 그것을 세속적인 예술적 창조의 과정 너머로 상승시키는 '뭐라 말할 수 없이 좋은 어떤 것je ne sais quoi'을 담고 있는 것은 아닐까? 특히나 히피의 전략을 채택하는 쪽이 니체식의 전략보다는 훨씬 더 행복한 일이 되지 않을까? 어쩌면 그럴지도. 하지만 그래서 어쩌라고? 그러한 생각의 밑바탕에는 행복이 인생의 전부라는 암묵적인 가정이 깔려 있다(그것은 앞 장에서 쾌락주의로 간주했던 견해다). 니체라면 이 가정을 절대적으로 부인할 것이다. 그는 쾌락주의를 증오했고, 그래서 공리주의도 증오했고, 그래서 그 대리로 그 사상이 유래한 나라까지 증오했다. "인간은 행복을 애써 추구하지 않는다. 오로지 영국인만 그런다."

니체에 따르면 우리는 행복하기 위해서 여기에 있는 것이 아니다. 적어도, 그 행복이 공리주의와 흔히 결부되곤 하는 단순한 유형의 쾌락을 의미하는 것이라면 그렇다. 만일 당신의 삶에 의미가 있다면, 그것은 본성상 쾌락적이라기보다 미적인 것이다. "오로지 미적 현상으로서만 인간의 생과 실존은 영구적으로 정당화된다." 니체는 우리가 예술작품으로서의 삶을 살아야 한다고 주장한다.

표준적인 니체의 조리법에 따르면, 예술작품으로서의 삶을 산다는 것은 끊임없이 자신을 극복하고, 지속적으로 자신의 욕망과 충동을 승화하며, 그럼으로써 그것들을 더 고차원적인 것들로 탈바꿈시키는 일과 결부되어 있다. 그리고 결정적으로, 그런 일은 균형 잡힌 방식으로 수행할 필요성이 있다. 허가가 아니라 금지가 미학적으로 즐거운 인생을 사는 열쇠다. 다스 베이더는 니체의 이런 요구 사항들에 미치지 못한다. 다스 베이더가 자신의 어두운 면을 건드린 것은 분명 사실이지만, 초인이 되는 데 필수적인 승화의 요구 수준을 성취하지 못한 것도 사실이다. 정복하고 통제하고 파괴하고픈 충동은 전부 다 꽤나 원초적인 것이다. 베이더 경은 그런 원초적 충동을 더 높은 차원의 그 무엇으로 승화하려 노력하기보다, 단지 그것을 표출하고 그것에 따라 행위하는 쪽에 훨씬 더 관심이 많았던 것 같다. 그 결과는 초인이 아니라 균형 감각을 잃은 과대망상증 환자다.

아나킨 스카이워커의 내면의 포스는 강했다. 그의 어두운 면 역시 강했고, 그 점 때문에 다스 베이더는 잠재적 위대성을 지닌 자가 되었다. 기본적인 충동이 그리 강하지 않고, 그것들이 어떤 식으로든 나약하거나 빈약해져 있다면, 당신은 초인이 될 수 있는 능력마저도 갖지 못한다. 그런데 그 기본 충동은 틀림없이 아나킨 스카이워커에게 매우 강했을 것이다. 하지만 다스 베이더로 변신한 것은 대체로 이 어두운 충동과 욕망이 무제한의 자유를 누리게끔 내버려두는 식이었던 것 같다. 그리고 그것이 바로 그가 결코 니체의 초인이 될 수 없었던 이유다. 그렇게 하려면 반드시 승화, 즉 기본적인 충동을 점진적으로 더 높은 차원의 형상으로 끊임없이 변형해나가는 과정이 필요하다. 이것이 바로 아나킨 스카이워커가 다스 베이더로 변신할 때 빠진 요인이다.

다스 베이더에 대한 니체의 태도는 아마도 그가 르네상스 시대 이탈리아의 냉혹한 전제 군주 체사레 보르자Cesare Borgia를 대하는 태도와 비슷한 것이 아닐까 싶다. 그의 마지막 저술인《이 사람을 보라Ecce Homo》에서, 니체는 파르치팔Parsifal(독일 신화 속 인물로 바그너의 오페라에서 핵심적인 등장인물이다)보다는 차라리 체사레 보르자가 더 낫다고 빈정댄다. 파르치팔은 나약한 열정과 충동을 지닌 인간 혹은 자신의 열정과 충동의 근절을 맹세한 인간 같은 기독교적 유형의 인간상을 대표한다. 체사레 보르자는 믿을 수 없는 난폭성과 혐오스러운 잔인성을 지닌 인간, 고삐 풀린 열정의 소유자로서의 인간을 대표한다. 니체는 파르치팔보다 차라리 체사레 보르자를 더 좋아한다. 왜일까? 적어도 위대성을 성취할 수 있는 잠재력이 그쪽에 있었기 때문이다. 체사레 보르자를 파르치팔보다 더 선호할 만한 이유는 비록 그가 위대성을 성취하기에는 한참 못 미치지만 적어도 위대성을 이룰 잠재력이 있었기 때문이다. 위대성은 그가 지닌 기본적 충동의 세기와 강도 속에 자리한다. 만일 그가 그것들을 승화하는 법을 배울 수만 있었더라도, 위대성은 눈감고도 그의 차지가 되었을 것이다.

체사레 보르자를 빼면, 다스 베이더에 대한 니체의 태도는 나폴레옹에 대한 그의 태도 안에서 아마 가장 잘 나타날 것이다. 니체는 나폴레옹을 존경하면서도 경멸했다. 그는 나폴레옹을 위버멘쉬(초인)와 운멘쉬unmensch(비인간)가 혼합되어 있는 인물로 보았다. 인간 그 이상이자 또한 인간 그 이하인 존재다. 니체가 보기에, 그의 위대성은 그가 거둔 군사적 성공에 있는 것이 아니라, 그가 자신의 충동과 욕망을 단련하고 승화할 수 있었다는 사실에 있다. 그럼으로써 그는 그렇게 하지 않았을 때보다 자신을 더 위대하게 만들 수 있었다. 하지만 결국 이러한 승화 과정은 부분적이고 불완전했으며, 그 바람에 우리는 그가 남긴 수많은 비인간적 자질을 목도하게 되었다. 니체에 따르면 나폴레옹은 "자기가 채택해야만 했던 수단 때문에 타락했으며 그리하여 자신의 고귀한 성품을 잃어버린" 인물이다. 승화 과정은 지속적인 것이며, 승화가 주는 보상은 승화 그 자체일 뿐이다. 그런 승화가 전 유럽을 정복하는 데 필요한 종류의 단기적 방편 같은 것을 제공해주는 것은 아니다. 그래서 나폴레옹의 승화와 초인으로의 변신은 그의 지배 욕구와 그런 욕구를 채우기 위해 채택할 수밖에 없었던 방법들 때문에 결국 종지부를 찍고 말았다. 그리고 나는 이것이 바로 다스 베이더의 삶에 대해서도 꽤나 적절한 평가가 된다고 생각한다.

도대체 다스 베이더는 어떤 의미에서 나쁜 자식인가? 그러니까 내 말은, 그가 무얼 그렇게 나쁜 짓을 했다는 것인가? 단지 루크 스카이워커를 죽이려 했던 것뿐이라면, 내가 생각할 때 누구도 그 정도를 정말로 문제 삼지는 않을 것이다(나중에 밝혀지는 바와 같이, 다스 베이더가 그의 아버지라는 점이 있기는 하지만, 지금 그것은 다른 얘기다). 다스 베이더에 대한 우리의 반감은 단지 플라톤적이자 기독교적인 우리의 암묵적 가치 체계의 산물일 뿐인가? 그러면 우리는 오히려 베이더 경을 일종의 니체적인 슈퍼 영웅으로 간주해야 하는 걸까? 자신의 어두운 면 덕분에 비로소 가능해진 창조성의 흥취에 흠뻑 취해 있는 자로서 말이다. 실은 그렇지 않다. 다스 베이더는 위버멘쉬와 운멘쉬가 혼재된 자다. 그의 인생은 예술작품이 아니었다. 그의 두려움(〈보이지 않는 위험〉의 결말로 향해 가는 과정에서 암시된 바 있는)은 정복 욕구로 이어졌다. 무언가에 대한 두려움은 그것을 통제하고 싶은 욕망으로 이어지기 마련이다. 그리고 그의 그런 지배 욕구 때문에 지속적인 승화 과정은 차단되고 만다. 그러지만 않았던들 결국 참된 위대성으로 인도되었을 텐데. 젠장!

다른 한편으로, 만에 하나 다스 베이더가 용케도 초인이 되었더라면 〈스타워즈〉 시리즈가 어떤 꼴이 되었을지는 상상하기도 어렵다. 만약에 우리가 니체를 진지하게 받아들일 작정이라면, 우리는 어쩌면 검은 망토에 철모를 쓴 이 거구의 사내가 책을 저술하는 데 뭔가를 조사할 필요가 있다거나, 그림으로 남기고 싶은 특별히 아름다운 폭포가 있어서, 은하계 이곳저곳에다 광선총을 갈기는 모습을 발견하게 될지도 모를 일이다. 그런 영화가 조지 루카스에게 셀 수도 없을 만큼 엄청난 돈을 벌어줄 것이라 보기는 어렵다. 그리고 초인이 된다는 것이 바로 그런 것이라면, 나는 어쨌든 악당 버전의 다스 베이더가 되는 쪽을 택할 것 같다. 결점이 있는 편이 확실히 훨씬 더 재미있으니까.

스타워즈 에피소드 4 : 새로운 희망Star Wars(1977) | 감독 조지 루카스 | 출연 마크 해밀, 해리슨 포드

스타워즈 에피소드 5 : 제국의 역습Star Wars : Episode 5-The Empire Strikes Back(1980) | 감독 어빈 케슈너 | 출연 마크 해밀, 해리슨 포드

스타워즈 에피소드 6 : 제다이의 귀환Star Wars : Episode 6-Return Of The Jedi(1983) | 감독 리처드 마퀸드 | 출연 마크 해밀, 해리슨 포드

스타워즈 에피소드 1 : 보이지 않는 위험Star Wars : Episode 1-The Phantom Menace(1999) | 감독 조지 루카스 | 출연 리암 니슨, 이완 맥그리거

스타워즈 에피소드 2 : 클론의 습격Star Wars : Episode 2-Attack Of The Clones(2002) | 감독 조지 루카스 | 출연 이완 맥그리거, 내털리 포트먼, 헤이든 크리스텐슨

스타워즈 에피소드 3 : 시스의 복수Star Wars : Episode 3-Revenge Of The Sith(2005) | 감독 조지 루카스 | 출연 이완 맥그리거, 내털리 포트먼, 헤이든 크리스텐슨

9장

반지의 제왕 The Lord of the Rings

—

도덕 상대주의의 문제

The
Philosopher
at the End of
the Universe

간단히 요약하자면

하늘 아래 요정의 왕들에게 반지가 세 개 있고, 돌로 만든 저택의 난쟁이 부족 영주들에게 일곱 개가 있고…… 어쩌고저쩌고. 우리 모두가 아는 바와 같이, 함정은 그 모든 반지를 지배하는 또 하나의 반지가 더 있다는 것이다. 나머지 모든 반지를 찾아내서 모조리 소환할 수 있고, 어둠 속에 속박할 수 있는 힘을 가진 반지 말이다. 달리 설명하자면, 모르도르의 지배자이자 지독한 만능 악당 사우론은 몇 개의 반지를 만들어서 요정들에게 세 개, 난쟁이들에게 일곱 개, 그리고 '죽을 운명을 타고난 유한한 인간들'에게 아홉 개를 준다. 그리고 이 반지들이 각자 나라의 백성들을 지배할 수 있는, 즉 조종할 수 있는 힘을 줄 것이라 약속한다. 그러나 비열하고 음흉한 개자식답게, 그는 그렇게 나눠준 나머지 모든 반지를 조종하는 또 하나의 반지, 절대반지를 만든다. 그는 말하자면 조종자들을 조종하는 자가 된 셈이다.

분명히 그 반지는 없어져야 한다. 말은 쉽지만 어려운 일이다. 그 절대반지는 파괴하는 것이 거의 불가능하며, 유일한 방법은 그것을 만든 원래 장소로 가져가 파괴하는 길뿐이다. 그곳은 불길이 치솟아 오르는 '파멸의 산' 내부이다. 난관은 그 산이 정확히 모르도르 한복판에 있으며, 그래서 그 일대에 사우론과 그의 수하인 오크, 고블린, 트롤, 나즈굴, 드래곤, 그리고 적어도 한 마리의 대왕 거미가 득치고 있으리란 게 불을 보듯 빤하다는 것이다.

절대반지는 파란만장한 역사를 지녔다. 첫 번째 파괴 시도는 인간, 요정, 난쟁이가 한편을 이룬 연합군이 사우론의 병력을 상대로 벌인 어마어마한 전투에서 그 정점에 달했다. 곤도르의 왕 이실두르는 사우론의 팔을 잘라서 절대반지에서 사우론을 떼어 놓았고, 그렇게 해서 겉보기에는 사우론을 파멸시켰다. 하지만 실제로는 당연히 아니었다. 이실두르는 절대반지를 파멸의 산 불구덩이 속으로 집어던져 파괴하기로 되어 있었으나, 그는 이미 자기가 물리치려 했던 그 반지에 매료된 상태다. 그는 고생한 보람도 없이 죽음을 당하고, 절대반지는 사라진다. 그리고 한참 후에 골룸이 그 반지를 발견한다. 아니, 골룸이 아니라 그 당시에 알려진 이름으로는 스미골이다. 아니, 좀 더 정확하게 말하면, 원래는 스미골의 절친한 친구가 발견했는데, 스미골이 그를 죽이고 반지를 빼앗은 것이다. 어느 정도의 시간이 흐른 후에, 절대반지의 해로운 영향으로 스미골은 온몸이 흑투성이인 정신분열적인 생명체 골룸으로 변했고, 빌보 배긴스라는 이름의 호빗이 나타나서 그 반지를 훔쳐간다. 마침내 회색의 간달프(얼마 안 돼 백색의 간달프가 되는 마법사)가 빌보의 소지품에서 그 반지를 발견하고 반드시 그것을 파괴해야 한다고 판단한다. 그렇게 해서, 이야기는 길지만 앞뒤 자르고 요점만 말하자면(당신이 영화를 보았거나 책을 읽었다면, 이야기가 길다고 말한 게 무슨 뜻인지 알 것이다), 아홉 명의 동지들이 절대반지를 파괴하는 임무를 띠고 요정들의 도시인 리븐델에서 길을 나선다. 이것저것 짬뽕이 된 그 무리, 이른바 반지원정대는 호빗 네 명(빌보의 조카인 프로도, 샘, 피핀, 메리), 인간 두 명(아라곤, 보로미르), 요정 한 명(레골라스), 난쟁이 한 명(김리), 그리고 마법사 한 명(앞서 언급한 간달프)으로 구성된다.

그들의 수는 당연히 곧 감소한다. 간달프는 모리아의 광산에서 발록이라는 불의 악마와 싸우다가 실종된다. 보로미르는 우르크 하이의 손에 아주 천천히 죽는다. 우르크 하이는 얼마 전에 등을 돌리고 배신한 사악한 마법사 사루만이 오크와 고블린을 명확히 언급되지 않은 어떤 수법으로 뒤섞어 만들어낸 피조물이다. 그리고 제1편의 마지막 장면에서 우리는 프로도와 샘 둘만 모르도르를 향해 나아가는 모습을 보게 된다. 피핀과 메리는 오크와 우르크 하이에게 사로잡히고, 아라곤, 레골라스, 김리는 그들을 구출하기 위해 떠난다. 세 시간 분량이 끝났다. 아직도 여섯 시간이 더 남았다.

〈두 개의 탑〉에서 프로도와 샘과 골룸은 검은문이라고 알려진 정문을 통해 모르도르에 진입하려 애쓰지만 실패한다. 어이구야, 그 방법이 안 통할지 아무도 몰랐나 보지? 사우론의 명령을 받은 사루만은 우르크 하이와 오크로 구성된 거대 병력을 소집하고, 로한 사람들을 죽이기 위해 대군을 출동시킨다. 로한 사람들은 긴 금발 머리와 말에 대한 과도한 사랑으로 널리 알려져 있다. 아라곤, 레골라스, 김리가 결국에는 로한 사람들의 요새인 헬름 협곡에 당도하고, 그곳에서 한층 더 사악해진 사루만의 군대에 맞서 주목할 만한 승리를 거두는 데 일조한다. 그 승리는 백색으로 회춘하여 귀환한 간달프가 처음부터 꾸민 일이나 다름없다. 이른바 로한 '땅'의 전 인구가 대략 800명 정도로 보인다는 점을 고려할 때, 실로 경이로운 승리다. 더구나 그 800명에는 막판에 가서야 비로소 등장하는 기병들도 포함된다.

어쨌거나, 그러는 동안 로히림이 적시에 개입한 덕분에 용케도 오크에게서 탈출한 피핀과 메리는 엔트들을 설득해서 사루만과의 전쟁에 나서게 된다. 엔트들은 그 자체가 나무와 똑같이 생긴 (걷고 말하는) 나무의 인도자들이다. 그렇게 해서 사루만 군대의 잔당들이 괴멸된다. 하나의 탑이 무너지고, 하나가 남는다. 하지만 간달프가 언급한 것처럼, 헬름 협곡 전투가 끝난 것뿐이다. 중간계의 전투는 이제 시작이다.

〈왕의 귀환〉에서 아라곤, 레골라스, 김리는 사자死者들의 영혼을 데리고 와서 곤도르의 수도인 미나스 티리스에서 사우론의 군대를 물리치고 큰 승리를 거둔다. 사자들은 사우론과 싸운 첫 전투에 참전을 거부했기에 그 이후로 줄곧 땅속을 방랑하도록 저주받은 자들이었다. 한편, 샘과 골룸과 함께 다니면서 오랫동안 고초를 겪은 프로도는 마침내 파멸의 산의 움푹 들어간 내부로 침투하는 데 용케도 성공한다. 그리고 전혀 의도되지 않은 골룸의 도움을 조금 받아서 절대반지를 파괴하고, 그 결과 사우론도 파멸시킨다(이번에도 역시 적어도 겉보기에는 그렇다). 이로써 궁지에 몰려 있던 아라곤과 그 동료들이 위기를 벗어난다.

샘은 비탈진 파멸의 산을 오르다가 프로도와 함께 죽게 될 것이라 생각하고 그와 다소 동성애적인 대화를 주고받더니만, 결국은 술집 여자와 결혼해버린다. 아라곤은 곤도르의 왕이 되고 요정으로 출연한 멋진 여배우 리브 테일러를 낚아챈다. 반면에 프로도는 중간계를 구원한 사람치고는 약간 부당한 취급을 받는다.

오크 : 그들은 정말로 모두 나쁜 자들인가?

프로도에게는 모든 일이 나쁘게 끝난다. 아주 나쁜 건 아니라고 해도, 어지간히 나쁘긴 하다. 그는 제대로 회복하지 못하며, 그래서 고향인 샤이어로 되돌아가지 못한다. 시간이 모든 것을 치유해주지는 않는다. 그가 마지막 장면 즈음의 독백에서 언급한 것처럼, 어떤 상처는 너무나 깊다. 그는 결국 서쪽으로 가서 요정들과 함께 살기로 결심하지만, (현실을 직시하자) 요정들이란 잘나가는 파티의 제왕들이 아니다. 요정들은 마음껏 마시고 모두가 노래하며 춤추는 호빗과는 다르다. 요정들은 서쪽으로 가는 것을 소멸이라 부른다(제1편 〈반지원정대〉에서 갈라드리엘이 "나는 소멸되어 서쪽으로 갈 것이다"라고 말한 것을 기억하라). 올바른 일을 하는 것은 때로는 꽤나 불쾌한 일이 될 수 있다. 도덕에 관한 일이 그렇다. 사람들은 당신이 올바른 일을 할 것으로 기대한다. 심지어 당신이 그 일을 원치 않거나 그 결과를 좋아하지 않는다 하더라도 말이다. 그리고 프로도가 그랬던 것처럼, 설령 그 일이 당신을 소멸시키더라도 말이다.

설상가상으로, 때때로 도덕은 슬그머니 다가온다. 삼촌의 백열한 번째 생일잔치에 참석한 지 채 일 분 만에 상상할 수 있는 가장 묵직한 책임이 당신에게 건네진다. "온 세상과 그 안의 모든 인간, 요정, 난쟁이 족속들을 모조리 구원하라." 아마도 그것은 당신이 그날 초저녁에 기대했을 법한 일은 아닐 거다. 이는 도덕법칙이 등 뒤로 스멀스멀 기어 올라와서 이렇게 말하는 것이나 마찬가지다. "술래잡기 놀이, 네가 술래." 당신도 알다시피, 이제 당신의 인생은 거의 끝장난 셈이다. 지금부터 모든 문제는 중간계를 구원하는 것이고, 더불어 당신 목에 걸고 다니는 그 힘에 굴복하지 않는 것이다. 그 힘을 가지면, 당신은 거의 모든 일을 할 수가 있다. 하지만 당신은 그래서는 안 된다. 당신은 반드시 올바른 일을 해야만 한다. 설령, 원치 않거나 꼭 그래야 할 필요가 없다고 해도 말이다.

어떤 사람들은 힘이 곧 옳은 것이라 주장한다. 물론 프로도는 동의하지 않는다. 절대반지를 파괴하는 일의 전체 요점은 힘보다 옳음이, 권력보다 도덕이 더 우위에 있음을 재확인하는 것이다. 그런데 무엇이 옳은 것인가? 그리고 세상에 어떤 것이 힘보다 더 우선권을 가질 수 있단 말인가? 힘이 곧 옳은 것이라는 생각은 일종의 도덕 허무주의moral nihilism이다. 도덕이란 것은 궁극적으로 존재하지 않으며, 그렇기 때문에 정말로 중요한 문제는 오로지 누가 힘을 쥐느냐에 있을 뿐이라는 것이다. 이런 종류의 도덕 허무주의는 흔히 옳다 할 수 있는 다른 어떤 것을 발견하는 데 실패한 결과이다. 힘이 곧 옳은 것이라는 생각은 일종의 지불 불능 상태 혹은 퇴각 상태로, 도덕에 환멸을 느낀 사람들의 마지막 종착지이다. 〈반지의 제왕〉은 이런 종류의 쟁점에 대해 매력적인 연구 재료를 제공한다. 이 영화는 도덕적으로 옳고 그른 것이 존재한다는 전제에 입각해, 누가 좋은 녀석들이고 누가 나쁜 녀석들인지를 확신에 찬 어투로 말해준다. 반면, 누군가를 도덕 허무주의로 이끄는 추론에 대한 아주 훌륭한 통찰을 동시에 제공한다.

오늘날 우리 시대에 도덕 허무주의로 빠져드는 가장 흔한 경로는 아마도 소위 도덕 상대주의moral relativism라고 알려진 입장을 통해서일 것이다. 도덕 상대주의는 도덕의 기준이 특정한 문화나 사회에 상호 환원할 수 없는 방식으로 상대적이라는 발상이다. 그 발상은 로마에 가면 로마 법을 따라야, 식으로 표현된다. 마찬가지로, 모르도르에 가면 모르도르의 법을 따라야……. 그 출발점은 명백한 문화적 차이들, 특히 도덕적 가치에 관련된 차이들이 존재한다는 사실에 있다. 무엇이 옳고 그른지에 관해 서로 다른 문화마다 매우 다른 생각을 가질 수 있고, 또 실제로 그런 경우가 흔하다는 것은 꽤나 분명한 사실이다. 물론 〈반지의 제왕〉은 이러한 문화적 불일치에 근거하고 있다. 우리는 좋은 녀석들이다, 아니 그렇게 생각하고 싶다. (여기서 내가 말하는 '우리'란 인간, 요정, 난쟁이, 그리고 호빗 들을 가리킨다.) 우리는 좋은 녀석이 가져야 할 소질들을 모두 가치 있는 것으로 여긴다. 고결함, 진리, 명예, 용기 등등의 것들을 말이다. 그리고 다소 시대착오적인 왕정 체제에 집착하고 있음에도 불구하고(적어도 인간족의 경우에는 그렇다), 우리 모두는 자유주의자들이다. 왜냐하면 우리는 각자 자신의 방식대로 삶을 살고 다른 사람들도 스스로 살게 내버려두어야 한다고 믿기 때문이다. 관용은 우리의 또 다른 도덕 덕목으로 여겨진다.

반면에 오크들은 관용 따위는 안중에도 없다. 살해하고, 고문하고, 사람들을 묶어서 자기들 가마솥에 집어넣는다. 그게 그자들 전문이다. 우리의 관점에서 보면, 오크들은 추악하게 생긴 개자식들이라는 점을 넘어서서, 병적인 흉악범들이다. 그러나 문제는 이거다. 우리 삶의 방식이 오크들의 삶의 방식보다 더 낫다는 것을 어떻게 보여줄 수 있을까, 아니 어떻게 증명할 수 있을까? 문제를 또 다른 측면에서 보자면 이렇다. 우리는 우리가 좋은 녀석들이라 생각한다. 하지만 추측건대 그들 역시 자기네가 좋은 녀석들이라 생각할 것이다. 적어도 그들이 생각하는 '좋다'라는 말의 의미에 따르면 그럴 것이다. 우리는 고결함, 진리, 명예, 용기, 관용을 가치 있게 생각하기 때문에 우리가 좋은 녀석들이라 생각한다. 그러나 오크들은 그런 건 전부 개똥 같은 것들이라 생각한다. 그렇다면 우리와 오크가 '좋다'라는 단어로 의미하는 바가 각기 다른 셈이 된다. 그리고 각자의 상이한 관점에 따라서, 우리나 오크나 모두 좋은 편에 속한다.

하지만 우리는 오크들보다 우리가 도덕적으로 더 낫다는 것이 단지 우리의 의견만은 아니라고 말하고 싶다. 우리는 실제로 오크들보다 더 낫다. 우리는 그들이 어떻게 생각하건 상관없이 그들보다 더 낫다. 그런데 만일 그렇게 말하고 싶다면, 그렇게 말할 수 있는 또 다른 관점 내지 시각이 있어야 할 것으로 보인다. 우리가 도덕적으로 오크들보다 더 낫다고 말할 때, 그게 단지 우리의 도덕적 관점에서 볼 때 우리가 그들보다 더 낫다는 정도를 의미하고 싶었던 건 아니다. 그들의 관점에서 보면 그들도 우리에 대해 똑같은 얘기를 할 수 있을 테니 말이다. 우리가 원하는 것은 우리가 객관적으로, 혹은 절대적으로 더 낫다고 말하는 것이다. 우리에게는 우리를 높이 띄워주는 동시에 오크들을 낮춰 볼 수 있는 객관적 혹은 절대적 시각이 필요하다. 문제는 이거다. 도대체 어떻게 그러한 시각을 확보할 수 있을까?

객관적 시각과 절대적 시각은 때때로 혼동되지만, 사실 그 둘은 다른 것이다. 도덕 가치가 객관적이라는 말은 그것에 관해 누가 어떻게 생각하건 상관없이 그것이 참 혹은 거짓이라는 뜻이다. 예를 들어, 만일 '고문은 그르다'는 것이 객관적으로 참이라면, 사람들이 어떻게 생각하건 그것은 참이다. 설령 오크들이 최후의 승리를 거두어서 모든 인간, 요정, 난쟁이, 호빗 들이 모조리 죽음을 당하는 바람에 중간계가 고문이 옳다고 생각하는 생명체들로만 완전히 꽉 찬다 하더라도, 고문은 여전히 그른 것이다. 한편, 어떤 도덕 가치가 절대적이라는 말은 그것이 모든 문화에서 성립한다거나 모든 문화가 그것을 받아들인다는 뜻이다. 그러므로 어떤 도덕 가치가 객관적이라는 말은 그것이 절대적이라는 말과는 뜻이 다르다. 그러나 많은 사람들은 어떤 가치가 절대적이지 않으면, 즉 모든 문화에서 나타나지 않으면, 그것이 객관적일 가망이 없다고 생각하는 경향이 있다. 나는 개인적으로 그 말은 옳지 않다고 생각한다. 그렇기는 하지만 그것은 우리가 살펴보고 있는 문화적 차이 문제에 대한 관심을 유발하는 데 큰 역할을 한다. 옳고 그름에 관해 우리와 오크가 매우 다른 생각을 갖고 있을 때, 어느 쪽이 옳다고 누가 말할 수 있는가? 무엇이 옳은지에 대해 과연 말이라도 할 수 있는 것일까? 그런 말에 의미를 부여할 객관적 시각이나 관점을 어디에서 찾을 것인가? 절대적인 도덕 기준이 부재한 상황에서, 도대체 어떤 근거로 객관적인 도덕 기준이란 것이 존재한다고 생각할 수 있는가?

물론 당신은 순전히 상상 속의 종족이 갖는 도덕적 함축에 지나치게 신경을 쓰는 부류의 인간은 아닐 수도 있다. 그건 뭐, 좋다. 하지만 똑같은 요점이 중간계만이 아니라 바로 우리 세상에도 적용된다는 사실을 깨달아야 한다. 대학교 철학 개론 수업 시간에 흔히 활용되는 사례를 하나 들어보자. 그것은 우리와 에스키모 간의 차이(에스키모 중에서 가장 큰 부족은 이누이트 족이다), 그리고 그들이 보유한 것으로 전해지는 매우 다른 일 처리 방식이다. 예를 들면 당신은 할머니를 어떻게 대하는가? 당신의 소중하고 다정한 할머니를 말이다. 추측건대, 할머니는 약간 냄새가 날 수도 있지만, 아마도 당신은 토요일 오전에 할머니를 쇼핑센터에 모셔 가고(그래서 위스키를 댁에 재놓을 수 있으시게 하고) 가끔은 저녁식사 자리에도 모실 것이다. 그러면 할머니는 예전이 얼마나 좋은 시절이었는지 이야기보따리를 풀어서 당신을 재밌게 해줄 것이다. 물론 할머니가 오랫동안 곁에 머물러 계시지는 않을 거라는 명백한 암시들을 곳곳에 감춘 채로 말이다. 적어도 당신은 그 정도는 할 수 있다. 할머니에게 신의 축복이 있기를! 하지만 만약 당신이 이누이트 부족 사람이었다면, 떠다니는 얼음 위에 할망구를 던져놓고 그 노파가 살던 이글루에는 당구대나 들여놓을 것이다. 그러면서 아마 이렇게 말할지도 모른다. "북극곰이나 조심하쇼!"

문화 다양성에 관해 저마다 특히 잘 써먹는 비슷한 유의 사례들이 있을 것이다. 시체를 먹었다는 고대 인도의 칼라티안 부족 이야기를 할 수도 있다. 아프리카 일부 지역에서 오늘날에도 여전히 행해지고 있는 여성 할례(즉, 성기 손상)에 관해 말할 수도 있다. 아니면, 여러 중동 국가들의 성 풍습 관련 정책에 대해 얘기해볼 수도 있다. 혹은 19세기 폴리네시아 지역의 성 풍습도 꽤

찮을 것이다. 게다가 중국의 유아 살해 풍습은 오늘날에도 드물지 않게 눈에 띈다. 다른 문화는 다른 도덕 기준을 갖는다. 누구나 그것을 알고 있다. 그렇다면 누가 옳고 누가 그른지 누가 말할 수 있단 말인가? 절대적인 도덕 기준이 부재한 상황에서, 무엇이 객관적으로 참인지 누가 말할 수 있단 말인가?

다음은 도덕 상대주의를 옹호하는 가장 흔한 논증이다.

(1) 다른 문화는 다른 도덕 규정을 갖는다.

(2) 따라서 문화와 독립된 도덕적 진리란 존재하지 않는다.

이것은 좋은 논증일까?

반지원정대의 역습

사실 철학자들은 이 논증을 논리적으로 타당한 논증이라 보지 않는다. 타당하지 않다는 말의 의미는 결론 (2)가 전제 (1)에서 도출되지 않는다는 것이다. 전제 (1)은 문화 상대주의cultural relativism라고 알려진 입장을 표현한 것이다. 문화 상대주의는 세계가 지금 어떤 상태인가를 기술하는 주장이다. 즉 문화 상대주의는 사람들이 옳고 그름에 관해 어떻게 생각하는지 혹은 어떻게 믿고 있는지에 관한 주장이다. 이누이트족의 문화에서 자기 할머니

를 얼어 죽게 내다 버리는 일은 도덕적인 측면에서 완벽하게 괜찮은 일로 간주된다. 반면에 우리 문화는 그런 일을 썩 좋지 않게 보는 경향이 있다. 그들의 난방 연료가 대개 10월 정도면 바닥이 난다는 점은 인정해도, 할머니를 얼어 죽게 하는 건 좋은 일이 아니라는 것이 우리의 공식적인 입장이다. 그러나 여기까지는 우리와 이누이트 부족 간의 차이란 단지 사람들이 옳거나 그르다고 믿거나 혹은 생각하는 것의 차이일 뿐이다.

도덕 상대주의는 여기서 더 멀리 나아간다. 이것은 단지 사람들이 옳거나 그르다고 믿고 있는 게 무엇인지에 관한 주장이 아니라, 무엇이 실제로 옳고 그른지에 관한 주장이다. 도덕 상대주의자에 따르면, 옳고 그름은 단지 문화적으로 굳어진 우리의 믿음에 불과한 것이다. 만일 어떤 문화에서 할머니를 살해하거나 죽도록 방치해도 괜찮다는 믿음이 통용된다면, 적어도 그 문화 내에서 그것은 문제가 되지 않는다. 그리고 만일 다른 문화에서는 그런 일이 잘못이라고 생각한다면, 그건 잘못인 것이다. 적어도 그 문화 내에서는 말이다.

어떻게 그럴 수가 있을까? 어떻게 한 가지 일이 동시에 옳으면서 그를 수 있단 말인가? 그 대답은 다음과 같다. 사실 '할머니 죽이기는 도덕적으로 괜찮다'라는 말은 기본적으로 일종의 축약 어법이다. 이는 '할머니 죽이기는 문화 C에서는 괜찮다'라고 장황하지만 보다 정확하게 말하는 대신에, 그것을 일부 생략해 짧게 표현한 것이다. 도덕 상대주의자에 따르면, 도덕 가치들은 법규와 유사한 것으로 생각해야 한다. 법은 사회마다 다르다. 동성애는 유럽과 미국에서(적어도 대부분의 주에서는) 합법이지만, 자메이카에서는 아니다. 그리고 어떤 것의 합법성 여부는 단지 해당 사회가 어떻게 하고 있는지에 달린 문제다. 즉 해당 문화의 관행이 무엇이냐에 달린 문제라는 것이다. 그리고 실제로 그 외엔 아무것도 없다. 예를 들면, 도로에서 어느 쪽으로 운행할 것인가의 문제에서 해당 문화를 떠난 독립적인 합법성 기준 같은 것은 존재하지 않는다. 오른쪽이나 왼쪽으로 운행하는 것이 그 자체로 무조건 준수해야 하는 법적 사항인 것 같지는 않다. 그건 순전히 우연찮게 당신이 어디에서 살게 되었느냐에 달린 문제다. 다르게 말하자면, 올바른 운행 방향에 관한 얘기는 일종의 생략된 표현으로, 'X 문화 혹은 X 나라에서의 올바른 운행 방향'의 줄임말인 것이다.

도덕 상대주의자가 도덕 기준에 대해서 말하려는 방식도 똑같다. 만일 당신이 'X는 도덕적으로 옳다'라고 말한다면, 당신이 말하는 것은 실제로는 'X는 문화 C에서 도덕적으로 옳다'를 생략해 표현한 것이다. 전자의 축약된 주장을 정당화하는 데 이용될 수 있는 문화 독립적인 기준은 존재하지 않는다. 도덕은 그런 것이 아니다. 도덕은 본질적으로 문화 상대적이다.

얘기를 이렇게 풀어갈 수 있을 것이다. 어쩌면 도덕 상대주의가 참일 수도 있다. 그러나 단지 문화적 차이가 존재한다는 사실이 그걸 증명하는 것은 아니다. (1)을 근거로 해서 (2)의 결론을 합당하게 이끌어낼 수 없는 이유가 바로 그것이다. 문화마다 사람들이 옳고 그름에 관해 다르게 믿는다는 사실은 문화마다 옳고 그른 것이 실제로 다르다는 것을 함축하지 않는다. 예를 들어, 일부 문화에서는 사람들이 지구가 평평하다고 믿었다. 내가 아는 한, 그중의 일부는 아직도 그렇게 믿고 있다. 다른 문화 사람들은 지구가 둥글다고 믿는다. 그렇게 해서 우리는 지구의 모양에 관한 일종의 문화 상대주의에 도달한다. 지구의 모양에 관한 믿음은 문화마다 다르다. 이로부터 지구의 모양이 문화마다 다양하다고 결론 내릴 수 있을까? 우리가 심각하게 멍청하지 않다면 그럴 수는 없다. 대신에 우리가 내려야 할 결론은 단지 어느 한쪽 문화가 **틀렸다**는 것이다. 즉 사실에 부합하지 않는다는 의미에서 틀렸다는 것이다. 사실적 문제들의 경우에서는, 사실에 관한 의견의 차이가 문화 독립적인 사실이 존재하지 않는다는 결론으로 이어지지 않는다. 그렇다면 어째서 도덕 가치들에 관한 의견 차이는 문화 독립적인 가치들이 존재하지 않는다는 결론으로 이어져야 한단 말인가? 달리 말하면, 사람들이 옳고 그르다고 믿는 것이 문화마다 다르다는 이유만으로 실제로 옳고 그른 것이 문화마다 다르다는 결론을 추리할 수는 없다. 그것은 마치 지구의 실제 모양이 사람들이 지구 모양을 어떻게 믿고 있는지에 의존한다고 추리하는 것과 마찬가지다. 그것은 당연히 개똥 같은 얘기다. 만약 상이한 문화가 무엇이 옳고 그른지에 대해 상이한 믿음을 보유하고 있다면, 그것은 적어도 그 문화들 중 하나가 잘못되었음을 보여줄 뿐이다.

결국 도덕적인 옳고 그름에 관한 두 가지 상이한 사고방식이 있는 셈이다. 하나는 그것들을 법적인 옳고 그름과 유사하게 간주하는 방식이다. 물론 불법만 아니면 도덕적이라는 의미는 아니다. 합법성 여부에 따라 도덕을 정의하려는 것이 아니라, 다만 그 두 개념 간에 어떤 유사성이 있음을 지적한 것이다. 합법적인 것이 사회마다 다르듯이 도덕 역시 그러하다. 문화 독립적인 합법성이 아무런 의미가 없는 것처럼, 문화 독립적인 도덕 또한 말이 되지 않는다. 다른 하나는 도덕 가치를 어떤 의미에서 사실과 유사한 것으로 간주하는 방식이다. 도덕 가치는 사람들이 어떤 식으로 생각하든 상관없이 독립적으로 존재한다고 보는 것이다. 지구의 모양에 관한 사실이 우리의 믿음과 별개이듯이, 도덕 가치 역시 우리의 믿음과 별개의 문제다. 도덕 가치에 대한 이 두 가지 사고방식 중에서 우리는 어떤 것을 선택해야 할까?

도덕적 사실이라는 개념을 좀 더 자세히 들여다보자. 만일 도덕적 사실 같은 게 존재한다면, 즉 문화적으로 굳어진 도덕적 믿음과 무관한 도덕적 사실들이 존재한다면, 그건 어떤 종류의 것일까? 한 가지 전형적인 제안은 이렇다. 도덕적 사실들은 어떤 문화건 반드시 수용해야 하는 그런 가치들에 해당한다. 왜냐고? 그것들은 문화가 존재하기 위한 필수 조건이기 때문이다.

어떤 가치가 그런 게 될 수 있을까? 확실한 예로 진실 말하기를 들 수 있다. 거짓말을 일삼는 쓰레기가 세상에 얼마나 많은지

경악을 금치 못할 정도다. 하지만, 믿거나 말거나 그 수에도 나름 한계가 있다. 거짓말하기는 진실 말하기라는 일반적인 배경에 대비시킬 때에만 의미를 지닐 수 있다. 왜 그런지 알고 싶으면, 스스로에게 물어보라. 모든 사람이 항상 거짓말을 하는 사회란 도대체 어떤 모습일까? 그런 사회란 누가 무슨 말을 해도 아무도 그 사람이 진실을 말하고 있을 것으로 추정하지 않는 사회이다. 그가 진실을 말하는 것일 수도 있지만, 똑같이 손쉽게 거짓말을 하는 것일 수도 있다. 어느 누구도 진실에 가치를 부여하지 않기 때문에, 거짓말쟁이에게 어떠한 사회적 낙인도 찍지 않는 사회를 상상해보라. 그런 거짓말 문화에서는 누가 무슨 말을 하건 관심을 기울일 이유가 하나도 없다. 지금 몇 시지, 친구? 에이, 그건 알아서 뭐해! 그런데 누가 무슨 말을 하건 관심을 기울일 이유가 전혀 없다면, 그들에게 무언가를 말하라고 할 이유도 역시 전혀 없다. 의사소통을 하려는 모든 시도가 무의미할 것이다. 의사소통의 부재와 함께 모든 형태의 사회적 유대 또한 부재하게 된다. 진실에 아무런 가치도 부여하지 않는 사회란 도저히 존재할 가능성이 없는 사회인 것이다.

또 다른 사례를 들어보자. 이번에는 살인이다. 일반적으로 우리 사회는 사람을 살해하지 않는 것에 가치를 둔다. 그런데 이와 정반대로 생각하는 사회가 존재할 수 있을까? 즉 사람들이 살인을 긍정적으로 평가하는 그런 사회 말이다. 그런 사회가 어떻게 존재할 수 있을지를 알기란 어려운 일이다. 스스로에게 물어보라. 그런 사회는 도대체 어떨 것 같은가? 그런 '사회'에서 최선의 행동 방침은 다른 모든 사람을 최대한 피하는 일이 될 것이다. 왜냐하면 당신은 조만간 어떤 멍청한 놈이 당신을 죽이리라는 것을 정확히 알고 있기 때문이다. 그러나 모든 사람이 서로를 최대한 피하려는 사회는 전혀 사회가 아니다. 협력 활동에 참여하고 합동 프로젝트를 수행하는 데 필요한 어떤 종류의 사회적 유대도 가능하지 않다. 그것은 전혀 사회가 될 수 없고, 그냥 고립된 채 매우 불안해하는 개인들의 무리에 불과할 뿐이다.

기본적인 도덕에서, 일부 도덕 가치들은 문화마다 달라질 수 있으나 모든 문화가 공통적으로 갖고 있는 도덕 가치들이 있다. 왜냐하면 그런 규칙들은 어떤 문화든 자체의 존립을 위해 반드시 필요하기 때문이다. 진실에 적어도 최소한의 가치를 부여하지 않는 한, 사회가 존립할 수 없음은 하나의 사실이다. 사람을 살해하지 않는 일에 적어도 모종의 가치를 부여하지 않는 한, 사회가 존립할 수 없음은 하나의 사실이다. 우리가 도덕적 사실들에 관해 말할 때, 실제로 우리는 자칭 사회라 부르는 어떤 것 안에서 나타나는 이러한 핵심적인 도덕 가치들에 대해 말하고 있는 것이다.

도덕 절대주의자는 표면적인 도덕 불일치의 많은 사례들이 단지 겉으로만 그럴 뿐 진짜로 그런 것은 아님을 증명함으로써 이 논증을 강화할 수 있다. 그 발상은 이렇다. 표면적인 도덕 불일치의 많은 사례들은 진정한 도덕 불일치의 사례들이 아니라 그와 연관된 배경 믿음들의 불일치 혹은 아주 다른 환경적 요인으로 인한 상이한 반응들일 뿐이다. 이런 얘기가 어떻게 먹혀드는지 이해하기 위해서, 다시 할머니에게 되돌아가보자. 당신은 할머니를 노년에도 돌볼 텐가, 아니면 북극곰에게 먹잇감으로 내줄 텐가? 우리라면 전자를 택할 거고, 이누이트 부족은 후자를 택할 것이다. 이것이 근본적인 도덕 불일치를 의미할까? 이것이 핵심적인 도덕 가치의 불일치일까?

꼭 그런 건 아니다. 할머니를 대우하는 방식에는 분명히 차이가 있다. 하지만 그 주된 이유는 각자가 처해 있는 물리적인 환경의 차이 때문이다. 이누이트 부족은 생존의 극한 지대에서 살아간다. 생존의 여건은 가혹하고, 삶과 죽음의 차이는 크지 않다. 그리고 불행하게도 할머니를 돌보는 일은 단지 당신 인생을 망치는 일 중의 하나일 수가 있다. 만약 할머니가 생활에 아무런 공헌도 할 수 없다면 말이다. 분명히 당신은 그 노인네를 곁에 모시고 싶을 수 있고, 유난히 호시절이라면 마땅히 그렇게 할 수도 있다. 단, 상황이 다시 나빠지기 전까지는 말이다. 상황이 다시 나빠지면, 할머니를 부양하는 호사를 감당할 수 없게 될 것이다. 할머니를 대우하는 방식에서 눈에 띄는 확연한 차이가 있음은 충분히 인정되지만, 이 차이는 대체로 도덕의 근본적인 핵심 가치보다는 물리적인 환경의 차이에서 기인한 것으로 보인다. 이것이 당신 할머니에게는 큰 위안이 되지 않을지 모르지만, 도덕 객관주의자에게라면 사정이 다르다.

도덕 관행이 다를 수 있는 또 다른 이유는 그런 관행에 참여하는 사람들이 보유한 배경 믿음의 차이 때문이다. 당신 할머니가 어떤 식으로든지 간에 돌아가셨다고 가정해보자. 이제 할머니에게 무엇을 해드려야 하나? 우리 문화에서는 꼭 필요할 때 주변에 북극곰이 없기 때문에, 할머니를 땅속에 묻거나 불 위에 올려놓을 것이다. 만일 우리가 고대 칼라티안 부족 사람이라면, 우리는 할머니를 먹을 수도 있다! 고약한 일이지만, 사실이다! 이것이 죽은 자를 존중하는 것과 관련된 근본적인 도덕 가치의 차이를 보여주는 것일까? 설마, 그렇지는 않다. 그 차이는 믿음 체계의 차이에서 기인한다. 고대 칼라티안 부족 사람들에게 죽은 자를 먹는 일은 그들의 영혼이 당신 안으로 들어오도록 하는 확실한 방법이었다. 그래서 그 일은 떠나간 소중한 사람을 그냥 내버려두기보다 조금이라도 더 곁에 두고 싶다는 바람에서 행해졌다. 그러므로 죽은 자를 먹지 않는 것이 오히려 존중의 결여를 나타낸다. 죽은 자를 먹지 않는 경우에, 당신은 기본적으로 그에게 엿 먹고 꺼지고 이후로는 절대 내 문간에 얼씬거리지 말라고 말하는 것이다. 곰곰이 생각해보면, 그건 너무 가혹한 일이 아닌가.

자, 이 경우 관행상의 명백한 차이가 있다. 하지만 그것은 핵심적인 도덕 가치들의 차이에서 기인한 것이 아니다. 고대 칼라티안 부족 사람은 우리 못지않게 죽은 자를 존중하는 마음을 가졌다. 어쩌면 우리보다 더했을지도 모를 일이다. 그들은 다만 그런 존중의 마음을 표현하는 방법에 관해 우리와 매우 다른 믿음을 가졌을 뿐이다. 그들은 영혼에 관해서, 그리고 사후에 영혼이 겪는 일에 대해서 우리와 다른 믿음을 가졌던 것이다.

결국 도덕 객관주의자의 전략은 다음과 같다. 우선, 일부 도덕 가치들은 문화마다 다양할 수 있지만, 어떤 문화든 존립에 반드시 필요하기 때문에 모든 문화가 공유할 수밖에 없는 어떤 핵심적인 도덕 가치들이 존재한다고 주장한다. 그다음에, 두 번째 논증을 사용하여 이 첫 번째 논증을 보강한다. 즉 문화 간에 우리가 생각하는 것만큼 큰 도덕적 불일치가 존재하지는 않음을 보여주려 노력하는 것이다. 표면적인 도덕 불일치는 대개 핵심 도덕 가치의 차이가 아니라 물리적 환경이나 배경 믿음의 차이로 설명될 수 있다.

이 논증들은 충분히 훌륭한가? 우리는 오크들이 사악하며, 이런 판단이 단순히 문화적 편견의 소산이 아님을 마침내 입증한 것일까?

오크의 문제

내가 보기에 도덕 객관주의자의 논증에는 문제가 있다. 오크들에 대해 몇 가지를 더 생각해보면 그 점을 이해할 수 있다.

우리가 아는 오크들은 우리와 매우 다른 문화를 형성하고 있다. 요정이나 난쟁이나 호빗과도 매우 다르다. 인간적 관점에서 보면, 오크들은 제대로 개자식들이다. 우리를 죽이고, 불구로 만들고, 고문하고, 가마솥에 집어넣는 등등의 일들을 하는 걸 보면 그렇다. 그들은 추잡하고, 우스꽝스럽고, 시골 사투리 같은 억양으로 말한다. 언제나 악당을 상징하는 그 어투로 말이다. 그들과 그들 두목 사우론의 정치 의제는 주로 부정적인데, 그저 모든 사람과 모든 것을 깡그리 죽이고 세계 전반을 파괴하자는 것이나 크게 진배없다. 어쩌면 이는 그들의 정치적 반대자들이 지어낸 중상모략에 지나지 않을지도 모르지만 말이다. 어쨌거나 그래서 우리와 사악한 오크들 간의 문화적 관행에는 광대한 차이가 있는 것처럼 보인다. 도덕 객관주의자는 이것을 어떻게 설명할 것인가? 기본적으로 두 가지 선택지가 있어 보인다.

첫 번째 선택지는 그의 입장이 오직 인간의 문화에만 적용된다고 주장하는 것이다. 도덕 객관주의자는 특정한 핵심 도덕 가치들이 오로지 인간 문화들 사이에서만 공유된다고 주장할 수 있다. 오크 문화는 인간 문화가 아니다. 그것은 순전히 상상 속의 문화에 지나지 않으므로, 거기에 도덕 객관주의가 적용되거나 혹은 어떤 관계가 있으리라고는 도저히 기대할 수 없다. 그래 좋다! 하지만 이러한 선택에는 치러야 할 대가가 있다. 기억해보자. 도덕 객관주의자와 도덕 상대주의자 간의 논쟁의 출발점이 무엇이었던가? 기본적으로 우리는 우리가 좋은 녀석들이고 오크와 그들 두목 사우론은 나쁜 녀석들이라고 말할 수 있는 시각이나 관점을 원했다. 우리는 이 판단이 단지 우리 자신의 고착화된 문화적 믿음의 반영에 불과한 것이 되기를 원치 않았다. 우리는 이 판단이 참이기를, 객관적으로 참이기를 바랐던 거다. 제기랄! 그러나 만일 우리가 도덕 절대주의를 인간의 범위에 한정한다면, 그렇게 말할 기회를 잃게 된다. 도덕 절대주의를 이런 식으로 한정하는 것은 인간의 영역 바깥에서는 선과 악을 판단할 수 없음을 의미한다. 사우론과 그의 오크, 고블린, 우르크 하이 연합군은 나쁘지 않다. 그 이유는 단지 그들이 인간이 아니기 때문이다.

물론 이것은 톨킨J. R. R Tolkien의 작품에서 볼거리를 전부 없애버리는 꼴이다. 〈반지의 제왕〉의 알맹이가 송두리째 사라져버린다. 다른 관점에서 얘기하자면, 이런 노선의 논증은 도덕 가치의 객관성과 절대성을 분리시키는 결과를 낳는다. 도덕 가치 혹은 그 가치를 표현하는 주장이 객관적으로 참이라고 말하는 것은 누군가가 그것에 관해 생각하고 믿는 것과는 독립적으로 그것이 참이거나 거짓이라고 말하는 것이다. 말하자면, 가치는 누가 그것을 지지하는 것과는 무관하게 타당하거나 부당하며, 참이거나 거짓이다. 만약 도덕 가치의 절대성을 인간의 문화에 한정한다면, 인간의 모든 문화에서 어떤 핵심 도덕 가치가 발견되더라도 그 도덕 가치가 객관적으로 타당함을 보증하는 데 아무런 기여를 하지 못한다. 따라서 사우론이나 오크가 악당이라고 말할 방도가 없어진다. 그것은 단지 인간의 정서이자 인간의 견고한 문화적 관행에 자리 잡은 표현일 뿐이며, 더 넓게 적용될 수 있는 그 어떤 객관적 타당성도 지니지 않는다.

이는 불행한 결과다. 도덕 언어와 도덕 개념의 목적은 분명 우리로 하여금 대상이 인간이건 인간이 아니건 모든 형태의 악을 분간하도록 해주는 데 있기 때문이다. 물론 사우론은 중간계에 속하는 사탄의 화신 내지 그와 비슷한 어떤 존재다. 사탄은 당연히 인간이 아니다. 물론 사탄이 실제 존재한다는 얘기는 아니다. 그런데 도덕 객관주의를 인간의 문화에 한정 짓는다면 설령 사탄이 존재해도 그가 악하다고 합당하게 주장할 수 없게 된다. 그런데 사탄이 악하다는 것은 동어 반복이나 다름없다. 사우론도 마찬가지지만, 사탄의 요체는 그가 악이라는 점, 실제로 의인화된 악이라는 점에 있다. 동어 반복을 부정하게 만드는 것이 좋은 것일 리 없다. 따라서 나는 우리가 객관주의자의 첫 번째 전략을 거부해야 한다고 생각한다. 도덕 객관주의의 범위를 인간의 문화에 한정 지을 수는 없다.

객관주의자가 취할 수 있는 두 번째 선택지는 우리 문화와 오크 문화의 차이가 실제로는 기본적인 핵심 도덕 가치의 차이에 따른 결과가 아니라고 주장하는 것이다. 이누이트 부족의 경우처럼, 우리와 오크는 실제로는 동일한 핵심 가치를 공유하며, 문화적 관행의 차이는 물리적인 환경이나 주변 믿음과 같은 다른 요소들의 차이에서 기인함을 발견하리라는 것이다.

물리적 환경이 이러한 차이들을 설명하는 데 모종의 역할을 할지도 모른다. 인간 사회는 대체로 자식을 소중히 여긴다. 오크는 그렇지 않다. 왜 그렇지? 바보 같으니! 오크들은 아이가 없지 않은가. 사우론은 요정들을 고문하고 타락시켜 오크를 만들어낸다. 요정이 불멸하므로, 오크도 불멸한다. 물론, 대부분의 오크가 그렇듯, 전투에서 살해당하지 않는다면 말이다. 사우론은 어린이 오크가 필요 없고, 그래서 어린이 오크는 한 명도 없다. 이것이 바로 물리적 환경의 차이겠다. 만약 그런 게 있다면 말이다. 동일한 요점이 당연히 할망구 오크들에게도 적용될 것이다.

그런데 인간 문화와 오크 문화 사이에 존재하는 대부분의 차이는 오크가 가진 상이한 믿음 체계로 설명될 수 있다. 예를 들어, 오크들은 위대한 제왕 사우론이 중간계의 주인이며 어떤 대가를 치르더라도 그에게 복종해야 한다는, 우리의 관점에서는 불행한 믿음을 가지고 있다. 오크들은 또한 인간은 쓰레기 같은 쓸모없는 존재이며, 유일한 용도는 인간을 죽이거나 고문할 때 얻게 되는 여흥이나, 가마솥에 집어넣어서 영양분을 얻는 것뿐이라고 믿는다. 객관주의자는 만약 오크들이 이런 믿음을 갖지 않았다면, 그들도 우리와 본질적으로 똑같은 핵심 도덕 가치들을 가졌다는 걸 알 수 있었으리라 주장할 수도 있다.

어쨌든 좋다! 당신은 아마 이런 식의 주장에 어떤 문제가 있는지 이미 알아차렸을 것이다. 객관주의자의 전략은 핵심 도덕 가치를 주변 믿음들과 분리하는 전략에 의존하고 있다. 이처럼 그 둘을 분리해야 하는 이유는 그래야만 핵심 가치를 공유한다고 주장하면서 동시에 문화적 관행의 차이를 설명할 수 있기 때문이다. 그러나 이는 명백하고 타당한 어떤 사실을 무시하는 것이다. 그런 주변 믿음은 그 자체로 도덕적 믿음인 경우가 흔하다. 항상 그렇지는 않더라도 말이다. 말하자면, 그런 믿음 자체가 도덕적 가치들의 표현이라는 것이다. 따라서 우리는 객관주의자가 요구하는 방식으로 주변 믿음과 핵심 도덕 가치를 분리할 수가 없다.

사실상, 이 세상의 흥미로운 도덕적 논쟁은 대부분 믿음들의 차이에 달려 있다. 그렇다고 그게 도덕적 논쟁이 안 되는 게 아니다. 그 믿음들 자체가 도덕적 믿음인 것이다. 도덕적 믿음은 어떤 방식으로로건 도덕적 가치를 표현하는 믿음들이다. 달리 말해서, 문화 간에 존재하는 도덕 불일치의 경우에, 객관주의자는 우리가 어떤 방식으로로건 사실적 믿음들을 도덕 가치들에서 깔끔하게 떼어낼 수 있다고 가정하지만, 나는 궁극적으로 우리가 그렇게 할 수 없다고 생각한다.

사실적 믿음들은 세계가 존재하는 방식을 기술한다. 그 믿음들은 때때로 참이다. 만약 세계가 기술한 그대로 존재한다면 말이다. 만약 세계가 그런 방식으로 존재하지 않으면, 그것들은 거짓이다. 도덕 가치의 표현으로서 도덕적 믿음들은 세계가 존재하는 방식을 기술하지 않는다. 그것들은 세계가 마땅히 그래야만 하는 방식을 기술한다. 그런데 우리의 많은 믿음은 이 두 가지 요소 모두를 결합하고 있다.

오크들은 단순히 사우론이 중간계의 주인이라는 것만을 사실적으로 믿고 있는 것이 아니다. 그들은 또한 이로부터 도출되는 다양한 도덕적 함축들도 믿는다. 예를 들어, 그들은 중간계에 인간이나 요정, 난쟁이, 호빗이 없는 편이 더 낫다고 믿고 있다.

그들은 인간이 영양분을 제공하는 가치 있는 자원임을 사실적으로 믿고 있을 뿐 아니라, 인간을 가마솥에 던져넣는 것이 완벽하게 합당한 일이라고 믿는다. 만약 도덕적 믿음이라는 것이 있다면, 바로 이것이 도덕적 믿음에 해당한다. 그들은 오크의 삶이 중간계의 지배적인 삶의 형태가 되리라고 믿을 뿐 아니라, 그로부터 도덕적으로 도출되는 모든 것들을 믿는다.

초점을 중간계에서 지구로 돌리면, 동일한 패턴을 발견하게 된다. 이교도를 죽이는 일이 천국으로 가는 길을 보장해준다고 믿는 이슬람 파시스트들은 사실적 믿음뿐 아니라 도덕적 믿음도 가지고 있다. 그는 자신이 천국에 갈 것이라 믿을 뿐 아니라, 천국에 가는 것은 좋은 일이며 도덕적으로 쓸모없는 이교도들을 희생시켜서라도 추구할 만한 일이라고 믿는다. 혹은 자기 딸이 일정한 나이에 이르면 생식기를 일부 잘라내는 것이 적절한 일이라고 믿는 서아프리카의 어느 아버지를 생각해보자. 그 믿음은 다른 여러 도덕적 믿음들과 결합되어 있다. 사회에서 여성이 차지하는 상대적 지위에 관한 믿음, 성인 여성의 삶에서 성적인 즐거움을 느끼는 일이 상대적으로 중요하지 않다는 믿음 등등 말이다. 흑인이 백인에 비해 본래 열등하다고 믿는 인종주의자는 단지 자신이 사실로 여기는 것을 믿을 뿐 아니라, 이로부터 다양한 도덕적 귀결이 도출된다고도 생각한다. 가령 흑인은 사회적으로나 경제적으로 열등한 지위를 가져야 한다는 따위의 생각이 그런 것이다. 마찬가지로, 여성이 남성에 비해 본래 열등하다고 생각하는 성차별주의자는 자신이 사실로 여기는 것을 믿을 뿐 아니라, 또한 그에 따라 여성을 특정한 방식으로 대우해야 한다고 생각한다. 이는 사실적인 믿음이 아니라 도덕적인 믿음이다. 환경 파괴의 문제에 관해서라면 사우론보다 몇 수 위인 다국적 기업의 CEO가 단지 세계나 그 속에 살고 있는 사람들이 자기 회사가 마음대로 착취해도 되는 자원들의 집합이라는 것만을 믿고 있는 것은 아니다. 그는 그런 사실적 믿음들을 갖고 있을 뿐 아니라, 또한 그러한 착취가 자신의 회사가 행동하는 합당한 방식이라고도 믿는다. 그리고 이것은 사실적인 믿음이 아니라 도덕적인 믿음이다.

사람들이나 문화 사이에 생겨나는 대개의 흥미로운 도덕적 논쟁에서 사실적 믿음과 도덕적 믿음은 매우 단단히 얽혀 있어서 그것들을 분리하는 일은 불가능하다. 따라서 도덕 가치로부터 사실적 믿음을 구별하고자 하는 도덕 객관주의자의 전략은 애당초에 가망이 없는 일이다. 이는 일부 사람들의 주장처럼 우리가 도덕적인 요소에서 사실적인 요소를 절대로 분리할 수 없기 때문은 아니다. 당연히 그렇게 할 수 있다. 요점은 결정적인 시점에서 그렇게 분리할 수 없는 경우가 생긴다는 것이다. 말하자면, 다른 문화 사이의 도덕적 논쟁을 심판해야 하는 결정적인 시점에서 우리는 그것들을 분리할 수 없다. 그러한 경우들에서는 사실적인 요소가 도덕적인 요소와 너무 밀접하게 결합되어 있다.

인식적 책임

오늘날 우리가 직면하고 있는 흥미로운 대부분의 도덕적 논쟁의 경우에, 도덕적 가치는 사실적 믿음들과 밀접하게 결합되어 있다. 이런 논쟁들의 맥락 속에서 우리는 도덕적인 요소와 사실적인 요소를 적절하게 분리할 수가 없다. 나는 도덕 불일치를 설명하기 위한 도덕 객관주의자의 전략을 비판하기 위한 논증으로서 이것을 이용했다. 그런데 결국 이는 우리가 도덕 가치에서 실제로 존재하는 것만큼의 객관성을 짜낼 수 있도록 해주는 것이기도 하다. 흥미로운 도덕적 논쟁의 경우에 우리가 사실적인 요소와 도덕적인 요소를 분리할 수 없다고 인정해보자. 좋다! 이제 우리는 사실적 믿음들을 공격하거나 옹호함으로써 도덕적 논쟁의 해결을 시도할 수 있다. 사실적 믿음을 공격하거나 옹호하는 것이 도덕적 믿음을 공격하거나 옹호하는 한 가지 방법이 되는 것이다. 이것은 사실적인 것과 도덕적인 것을 분리할 수 없다는 귀결이 낳은 한 가지 함축이다.

세상은 왜 이렇게 문제가 많을까? 문화들 사이에 깊은 도덕 불일치가 존재하기 때문이다. 그렇다면 왜 그러한 불일치가 존재할까? 기본적으로는 많은 사람들이 세상에 관해서 정말로, 정말로 멍청한 믿음들을 가지고 있기 때문이다. 그리고 정말로, 정말로 멍청한 믿음들은 심각한 도덕적 귀결들을 불러올 수 있다.

문제는 우리가 이에 대해 무엇을 할 수 있는가이다. 우리는 세상에 존재하는 믿기 힘들 정도로 엄청나게 많은 멍청함에 어떻게 대응해야 할까? 우리는 여기서 발걸음을 정말로 조심히 내디뎌야 한다. 그러지 않으면, 눈 깜빡할 사이 순식간에 파시스트 악당으로 변해 있는 자신의 모습을 쉽사리 발견하게 될 것이다. 추정컨대, 우리 중 그 누구도 파시스트 악당이 되기를 원치 않을 것이다. 최소한 이 책을 구입한 일반적인 독자라면 말이다. 우리는 대부분 표현의 자유가 좋은 것이라 생각한다. 생각의 자유가 없다면 표현의 자유도 가질 수 없다. 따라서 사람들이 아무리 허튼 소리라도 말할 수 있으려면, 어쨌든 허튼 생각을 하는 것이 허용되어야 한다. 만약 이 같은 소리를 믿는다면, 당신은 19세기 영국 철학자인 존 스튜어트 밀의 지적 후손이다. 내가 그렇다. 유행에는 뒤떨어졌지만, 나는 아직도 그의《자유론》이 지금까지 쓰인 최고의 정치철학 책이라고 생각한다.

우리가 아무리 허튼 소리라도 일단은 말할 수 있다는 것이 왜 중요한가? 가끔은, 정말 가끔은, 소 뒷걸음치다 쥐 잡듯이, 일이 제대로 터질 때가 있기 때문이다. 다시 말해서, 어쩌다 새롭고 흥미로운 어떤 것, 심지어는 가치 있고 유용한 것을 생각해내기 때문이다. 달콤한 꿀을 맛보기 위해서는 악취 나는 진창을 기꺼이 건널 마음의 준비가 되어 있어야 하는 것이다.

나는 생각의 자유에 입각한 표현의 자유라는 밀의 자유주의가 이상적 사회의 기초가 된다고 아직도 믿고 있다. 밀의 이론에는 단지 한 가지 결함이 있을 뿐이다. 그 이론은 참이 아니다. 불행하게도 이상적인 사회는 작동하지 않는다. 좀 더 정확히 말하면, 이상적인 사회는 이상적인 사람들로 이루어져 있을 경우에만 작동한다. 그런데 우리는 대부분 이상적인 사람과는 한참 거리가 멀다. 우리 모두 그냥 잘 지낼 수는 없을까? 미안하지만 그럴 수가 없다. 우리가 살고 있는 이 시대를 보면 그것을 확실히 알 수 있다. 다른 사람들에게 끔찍하고 불쾌한 일을 하라고 부추기는 나쁜 놈들이 언제나 있다는 것이 문제다. 자유주의는 언제나 이것이 문제였다. 자유주의자가 아닌 사람들을 어떻게 할 것인가? 자유주의 통치 체계가 붕괴되는 것을 보고 싶어 하는 사람들을 어떻게 자유주의적인 방식으로 상대할 것인가?

밀 방식의 자유주의자는 아무런 문제가 없다고 말한다. "나는 제한받지 않는 행위의 자유가 괜찮다고 말한 적이 결코 없다. 단지 제한받지 않는 생각과 표현의 자유를 말했을 뿐이다." 따라서 당신이 예컨대 유대인이나 회교도, 불신자, 힌두교 신자를 살해하는 일을 생각하는 것은 괜찮다. 심지어 그 짓이 괜찮다고 말할 수도 있다. 당신이 실제로 누군가를 살해하지만 않는다면 말이다. 사람들은 자신을 행복하게 해주는 한에 있어서 자기가 원하는 대로 믿을 수 있다. 만약 당신이 최고로 멍청하고 가당찮으며 터무니없고 우스꽝스러우며 편협한 것을 굳이 믿고 싶어 한다면, 그건 당신 소관일 뿐이다. 만약 당신이 이상한 나라의 하얀 여왕처럼 아침식사 전에 세 가지 불가능한 것을 믿고 싶어 한대도, 그것도 당신의 일일 뿐이다. 당신의 믿음이 행동으로 이어지지 않는 한, 그 누구도 당신을 비난할 근거가 없다.

생각과 행동을 분리하는 우리 능력에 대한 이런 신앙심에 거의 눈물이 날 지경이다. 향수를 자극하는 예스러운 그 방식을 떠올려주다니. 그러나 불행히도 그건 지나간 시대의 유물일 뿐이다. 하긴 그런 시대가 과연 있었는지도 의심스럽다. 우리는 결함 있는 사람들로서 결함 있는 사회에서 살 준비가 되어 있을 뿐이다. 현 시대의 특징은 표현의 자유에 대한 제약이 눈에 띄게 증가하고 있으며, 덩달아 생각의 자유에 대한 제약도 점점 증가하고 있다는 것이다. 우리가 이전에 표현으로 간주했던 것들이 점점 더 선동이란 이름하에 묶이고 있다. 선동의 범주는 계속 증가하고 있다. 이는 유감스러운 만큼이나 불가피한 일이다.

철학에는 사람들의 행위뿐 아니라 믿음에 대해서도 책임을 묻는 오랜 전통이 있다. 혹자는 이를 인식론의 의무론적 전통이라 부른다. 그 기본적인 생각은, 당신은 당신이 행하는 일뿐 아니라 믿는 것에 대해서도 책임, 즉 도덕적 책임을 져야 한다는 것이다. 이는 단지 당신의 믿음이 보통 당신의 행위에 밀접한 영향을 미치기 때문만은 아니다. 물론 그렇게 영향을 미치는 것은 사실이다. 하지만 좀 더 중요한 이유는, 믿음과 행위가 뚜렷하게 구분된다는 생각 자체가 의심스럽다는 데에 있다. 무언가를 믿는다는 것은 어떤 의미로 무언가를 행하는 것임이 분명하다. 무언가를 믿는다는 것은 세계가 제공하는 경험적 증거와 우리가 하는 추론의 과정에 기초해서 우리가 행하는 어떤 일이다. 우리가 책임을 져야 하는 다른 일들과 마찬가지로(5장을 보라), 무언가를 믿는 일도 우리가 행하는 그 무엇으로서 우리가 책임을 져야 하는 어떤 것이다. 당신은 경험적 증거들을 꼼꼼히, 또는 건성으로 살펴보며 고려할 수 있다. 당신은 추론 과정을 철저하게, 또는 대충 검토할 수 있다. 증거를 저울질하는 것은 당신이 하는 어떤 일이다. 당신은 그 일을 잘할 수도 있고 못할 수도 있다. 추론은 당신이 하는 어떤 일이다. 당신은 그 일을 잘할 수도 있고 못할 수도 있다. 증거를 신중하게 저울질하고 추론 과정을 엄격히 따지는 것은 오직 당신 혼자서 책임을 져야 할 일들이다.

따라서 조심스럽긴 하지만, 우리는 사람들의 행위뿐 아니라 그들의 믿음에 대해서도 비난하는 습관을 들일 필요가 있다. 몰랐다는 건 더 이상 핑계가 되지 않는다. 어리석음도 핑계가 되지 않는다. 전통도 마찬가지다. 우리는 언제나 이런 식으로 해왔어! 그것은 우리 전통의 일부, 우리 문화의 일부, 우리 믿음의 일부야! 애석한 일이지만, 만약 어떤 믿음이 멍청한 것일 경우에는, 얼마나 많은 사람들이 그것을 믿고 있다거나, 얼마나 오랫동안 그것을 믿어왔다거나 하는 얘기는 중요하지 않다. 세상에 이렇게 많은 도덕적 문제가 널려 있는 이유는 사람들이 멍청한 믿음들을 고수하고 있기 때문이다. 누군가가 어리석은 믿음을 고수하고 있다면, 이는 그가 자신의 믿음 형성에 책임을 충분히 다하지 않았기 때문이다. 이는 그들이 관련된 증거들을 불충분하게 다루었거나, 잘못된 추론 과정을 거쳤기 때문이다. 어떤 방식이

건 간에, 그 결함은 그들의 책임이다.

우리는 개인적인 책임, 성적인 책임, 부모의 책임에 관해 거리낌 없이 말한다. 이제 우리가 믿는 것에 대한 책임인 인식적 책임epistemic responsibility에 관해서도 말을 꺼낼 필요가 있다. 우리는 우리의 가치에 대해서만큼이나 우리가 믿는 바에 대해서도 책임이 있음을 깨달아야 한다. 만약 우리의 가치가 멍청한 믿음에 기반을 두고 있다면 부끄러운 일이다. 우리는 그렇게 믿는 일을 중단해야 한다.

당신은 파시스트인가? 식민주의자인가? 엘리트주의자? 거만한 놈? 단지 재수 없는 놈인가? 물론 내 변명을 좀 하자면, 내가 이런 비난으로부터 자유롭다고 말하고 있는 건 아니다. 나는 젊었을 때 멍청한 믿음들을 가지고 있었으며, 지금도 확실하게 그렇다. 우리 중 어느 누구도 완벽한 인식 기계가 아니다. 그리고 우리 중 일부는 다른 사람들보다 더 상태가 안 좋다. 그러나 우리 모두가 최선을 다할 수는 있다. 인식적으로 최선을 다하려는 이런 시도가 지금 이 시대에는 세상 어디를 둘러보아도 눈에 띄게 결여되어 있다. 대체 어떤 믿음이 멍청한 믿음인지를 내가 아직 말하지 않았음에 주목하자. 그러고 싶지는 않다. 그건 꽤나 오만한 일일 것이고, 어떻든 내가 틀렸을지도 모른다. 만약 이 책이 어떤 메시지를 갖고 있다면, 당신이 스스로 이런 일들을 해결할 수 있어야 한다는 것이다. 멍청하지 않으려고 노력해라. 그러면 좀 더 나은 세상이 될 것이다.

더 친절하고 온화한 오크?

오크는 물론 어처구니가 없을 정도로 멍청하다. 적어도 자신들이 저지르고 있는 일들의 책임을 회피할 수 있다고 생각하는 한 그렇다. 가장 분명하게는, 환경에 대한 그들의 행적은 아무리 좋게 말해도 형편없다. 〈두 개의 탑〉을 보면, 그들은 삼림 파괴란 어떻게 하는 건지 브라질의 목축업자들에게 넉넉히 훈수해줄 수 있을 정도다. 일반적으로, 환경에 대한 그들의 관심은 사담 후세인이 이끄는 다국적 석유·벌목·포경 사업에서 기대할 수 있을 법한 수준이다. (이 문제라면 미국의 부시 행정부라고 크게 다를 바는 없다.) 환경에 대한 오크들의 행적은 조상 전래의 그들 본거지인 모르도르가 왜 똥구멍 같은 곳인지를 설명해준다. 그리고 이러한 짓거리들은 언제고 되돌아와 그 비늘 돋은 오크 엉덩이를 깨물어버리고야 마는 경향이 있다.

이것이 다가 아니다. 정말로 오크들은 결코 행복해 보이지 않는다. 놀랄 일은 아니다. 한 걸음만 삐끗하면 그 결과가 가혹하다. 가령 당신은 보급품에 고기가 부족하다고, 전적으로 합당한 문제 제기를 한다. 특히 이제 막 출발 명령을 받은 고된 행군을 고려한다면 더욱 그렇다. 당신은 특별한 일이 없다면 지금이 호빗 한두 마리 잡아먹을 적당한 때가 아니겠냐고 제안한다. 그러면 어떤 일이 벌어질까? 당신 상관이라는 작자가 당신을 죽여서 가마솥에 집어넣는다. 건설적인 비판에 대한 대가치고는 너무 가혹하다. 일반적으로 오크의 삶은, 토머스 홉스가 말하듯, 고독하고, 비참하며, 끔찍하고, 짐승 같으며, 짧다.

아무리 오크라도 이러한 공포 속에서 행복하게 살아갈 수는 없다. 만약 오크들이 조금만 더 눈을 떠서 아주 조금이라도 덜 멍청했다면 어땠을까? 만약 그들이 생명, 자유, 행복 추구 등에 대한 모종의 헌법적인 보호를 받았다면? 만약 그들이 다른 이의 실패에 조금만 더 관용을 보이고, 다른 이의 감정을 조금만 더 배려했다면? 만약 그랬다면, 오크들에게도 실제로 즐거운 삶을 누릴 기회가 있었을지도 모른다. 그랬다면 더 친절하고 온화한 오크 사회를 볼 날이 찾아왔을지도 모른다. 관용과 존중의 원리에 입각한 사회, 생각과 표현의 자유가 가장 중요한 사회, 모든 오크가 동등하게 취급되며 어떤 오크도 남보다 더 낮게 대우받지 않는 사회. 어쩌면 그들에게 필요한 것은 그들이 나아가야 할 방향을 알려줄 존 스튜어트 오크가 아닐까? 그렇게 간단하다면 얼마나 좋을까.

반지의 제왕 : 반지원정대The Lord of the Rings : The Fellowship of the Ring(2001) | 감독 피터 잭슨 | 출연 일라이저 우드, 이안 매켈런

반지의 제왕 : 두 개의 탑The Lord of the Rings : The Two Towers (2002) | 감독 피터 잭슨 | 출연 일라이저 우드, 이안 매켈런

반지의 제왕 : 왕의 귀환The Lord of the Rings : The Return of the King(2003) | 감독 피터 잭슨 | 출연 일라이저 우드, 이안 매켈런

10장

블레이드 러너 Blade Runner

–

죽음과 삶의 의미

The
Philosopher
at the End of
the Universe

더 살고 싶다!

많은 사람들이 역사상 최고의 SF영화로 생각하는 작품을 검토하지 않은 채로는 당연히 어떤 SF철학 책도 완전할 수 없다. 리들리 스콧의 SF고전 〈블레이드 러너〉(1982) 얘기다.

바야흐로 2019년의 로스앤젤레스. 세상은 얼마나 우울한지! 지구 인구의 대부분은 '오프월드_off-world', 즉 다른 행성으로 이주해버린 상태고, 다양한 유형의 부적격자들만이 그곳에 남겨져 있다. 그러니 누가 그들을 나무랄 수 있으랴? 2019년의 로스앤젤레스에는 늘 비가 내린다. 하지만 오프월드에는 기후 말고도 끌리는 이유가 더 있다. 특히나 아무도 원하지 않는 진절머리 나는 일들을 이른바 리플리컨트_replicant라고 하는 존재들이 대부분 처리해준다. 리플리컨트란 생명공학의 산물로서 로봇과 유기체가 결합된 휴머노이드 생명체이다. 그들은 인간과 거의 구별되지 않지만, 대단히 뛰어난 근력과 민첩성, 인내력에다 지능까지 갖추었다. 리플리컨트는 타이렐이라는 회사가 위험하거나, 비천하거나, 또는 그냥 하기 싫은 오프월드의 잡일들을 처리할 목적으로 창조해냈다. 군인 리플리컨트, 경찰관 리플리컨트, (환경미화원들에게는 미안한 이야기지만) 청소부 리플리컨트, 거기에 매춘부 리플리컨트까지 있다.

오프월드에서 리플리컨트들이 일으킨 반란(일종의 "(오프) 만국의 리플리컨트여 단결하라, 그대들이 잃을 거라곤 그 진절머리 나는 잡일뿐이니까" 식의 사건이었다)의 여파로 리플리컨트들은 일찍이 지구에서 추방되었고, 어기면 죽음을 당하는 처지다. 지구로 되돌아오는 불순한 리플리컨트들을 사냥해 제거하는 최정예 수사반이 꾸려졌는데, 바로 그들이 '블레이드 러너'로 알려진 조직이다. 그리고 영화 초반에 전반적인 배경 설명을 할 때 표현한 바와 같이, 리플리컨트를 죽이는 일을 처형이라 부르지 않는다. 대신 '해고'라 부른다.

버림받은 황량한 사회가 되어버린 지구로 네 명의 리플리컨트가 잠입한다. 로이, 리언, 프리스, 조라. 이들은 모두 최상급 모델 라인인 '넥서스 VI'형 리플리컨트들이다. 로이가 이들의 우두머리인데, 룻거 하우어가 맡은 이 로이라는 배역은 틀림없이 그의 연기 인생 최고의 역할이었을 것이다.* 로이는 군인 리플리컨트이고, 프리스(대릴 해나가 연기한)는 이 영화에 로맨스를 제공하는, 아니 적어도 로이에게 로맨스를 제공하는 매춘부 리플리컨트다. 그들은 오프월드 어딘가에서 우주왕복선을 납치한 뒤 승무원과 승객을 살해하고, 지구로, 조금 더 구체적으로 말하자면, 로스앤젤레스로 향한다. 왜냐고? 우선, 리플리컨트들에 관한 분

---

* 그는 연기자로서뿐만 아니라 대본 작가로서도 이때 생애 최고의 순간을 맞이한 셈이다. 룻거가 영화 후반부의 그 유명한 '죽음의 독백'을 직접 쓴 것이 확실하다. 멋지다.

명한 한 가지 사실은 그들은 4년 이상의 수명은 누릴 수 없도록 만들어졌다는 것이다. 타이렐 사의 배후 실력자인 천재 과학자 엘든 타이렐은 그것이 감정의 발달과 관련된 사안이라고 설명한다. 리플리컨트는 감정을 갖지 않도록 설계되지만 일정한 시간이 지나고 나면 사물들에 대한 감정을 발달시키기 시작한다. 감정을 지닌 리플리컨트들이 세상에 돌아다니는 것은 바람직한 일이 아니다. 예를 들어, 리플리컨트들이 자기들에게 주어진 진절머리 나는 일들을 증오한다거나, 그런 진절머리 나는 일들을 강제로 시키는 사람들에게 원한을 품는다거나 하는 감정을 가진다면 말이다. 그래서 그들에게 자동 안전장치를 미리 걸어놓은 것이다. 그들은 4년이 지나면 죽는다. 로이, 프리스, 리언, 조라는 모두 다 현재 할당된 4년 중 3년을 살았고 마지막 삶을 향해 가고 있는 중이다. 그래서 그들은 생명을 연장할 수 있는 방법을 찾아 지구로 돌아온 것이다. 로이가 자기를 창조한 엘든 타이렐을 만났을 때 인상적으로 내뱉은 말을 빌리자면 다음과 같다. "더 살고 싶단 말이야, 이 씨발놈아!"

해리슨 포드가 연기한 데커드는 모든 의욕을 완전히 소진한 블레이드 러너의 전형으로서 스스로는 은퇴 상태라고 생각하는데, 옛 상관이 그에게 마지막 임무를 수행하라고 강요한다. 수사를 진행하는 동안, 데커드는 숀 영을 만난다. 그녀는 자신이 리플리컨트인지 모르는 리플리컨트로, 물론 데커드와 사랑에 빠진다. 이로 인해 그는 리플리컨트들의 지위에 대해서 근본적으로 눈을 뜬다(필립 딕의 원작이나 이 영화의 디렉터스 컷을 보면 데커드 역시 리플리컨트임을 암시하는 것처럼 보이니, 어쨌든 그건 나쁜 일이 아니다). 리플리컨트들은 정서적으로나 지적으로 예민한 피조물로서, 자신의 유한성과 그에 따른 죽음의 공포를 명확히 감지한다. 아니, 꼭 그래 보인다. 그리고 유한성은 (저명한 영화 평론가 배리 노먼이 언급한 바와 같이) 어떤 의미에서는 이 영화가 말하고자 하는 전부다. 데커드는 점차 리플리컨트들의 참된 본성을 깨닫게 되지만, 그렇다고 그들을 때려잡는 일을 멈추지는 않는다. 물론 공정하게 말하자면, 대개는 정당방위지만 말이다. 내 말인즉슨, 만일 대릴 해나가 가랑이 사이로 당신의 얼굴을 짓누르려고 한다면, 그건 그냥 그녀가 자신을 죽여달라고 부탁하는 것이 아니겠는가, 안 그런가? 하지만 데커드를 사로잡아 마음껏 요리할 수 있게 된 로이가 그의 목숨을 살려주면서 데커드의 변신은 완성된다. 그러고 나서 로이는 죽는데, 그는 아마도 영화 역사상 가장 감동적인 죽음의 독백을 남긴다. 이 명대사는 인간의 절망(그리고 당연히 곁으로는 리플리컨트의 절망)을 멋지게 포착하고 있다. "난 너희 인간들은 믿지도 못할 것들을 봤어. 오리온 성운 근방에서 불붙은 전투함들 속으로 뛰어든 적도 있고, 탠하우저 게이트 근처에서 바다 광선들이 춤추는 것도 봤지. 이제 그 모든 순간은 시간 속에 사라지겠지. 빗속의 눈물처럼 말이야. 이제 죽을 시간이군."

죽음은 나쁜 것일까?

대체 죽음은 어떤 의미에서 나쁜 것일까? 일반적으로는 나쁘지 않으나 죽는 당사자에게만 그런 건가? 일반적으로는 죽음이 꽤 좋은 것일 수도 있다. 예를 들면 죽음은 인구과잉을 누그러뜨리고, 유전변이를 막아준다. 그 외에도 여러 가지가 있다. 그리고 개별 인간의 죽음이(히틀러나 오사마 빈 라덴이 분명한 사례가 되겠지만) 다른 사람에게는 큰 혜택이 될 수도 있다. 하지만 이런 고마운 경우는 극히 드물며, 죽음은 죽음을 겪는 당사자에게는 아무런 혜택을 주지 않는다. 실제로 죽음은 흔히 그 사람에게 해를 끼치는 것으로 당연시된다. 로이와 그의 리플리컨트 패거리들도 확실히 그렇게 생각하고 있다. 그리고 우리 대부분도 같은 생각을 당연한 것으로 공유한다.

물론 반드시 그런 생각을 당연시할 이유는 없다. 죽음은 진정으로 끝이어야만, 즉 삶에 종지부를 찍는 것이어야만, 죽는 당사자에게 해를 미친다. 그런데 혹시 죽음이 끝이 아닐지도 모른다. 어쩌면 우리 모두가 정말로 천국에 가서 더없는 축복 속에서 영생을 누릴지도 모를 일이다. 아니, 적어도 우리 중 몇몇은 그럴 수도 있다. 하지만 나는 죽음이 끝이라는 가정을 당연시할 것이다. 만일 당신이 그런 말을 믿을 마음이 생기지 않을 정도의 행운아라면, 그냥 질문을 이렇게 바꾸면 될 것이다. 대체 어떤 의미에서 누군가의 끝은 나쁜 일일까(그런 일이 언제 발생하든 간에)? 죽음 즉 누군가의 끝은 나쁜 걸까? 혹은, 만약 당신이 그런 일은 결코 일어나지 않는다고 생각한다면, 이렇게 자문해보라. 만일 그런 일이 일어난다면, 그것은 나쁜 일일까? 그리고 만일 그렇다면, 그 이유는 무엇일까?

물론 지금의 문화에서 우리는 그런 종류의 질문을 건전하지 않은 병적인 것으로 생각하게끔 조건화되어 있다. 어째서 그냥 가볍게 떨쳐버리지 않느냐고? 사실 나는 죽음 그 자체만을 가지고 이야기하려는 것은 아니다. 나는 실제로 죽음이 왜 나쁜 것인가보다는 삶이 왜 좋은 것인가에 훨씬 더 관심이 많다. 로이와 그의 리플리컨트들은 더 오래 살기를 원했기 때문에 죽음을 피하려 했다. 그리고 여기서 바탕에 깔려 있는 가정은 삶이란 좋은 것이라는 생각이다. 그것은 우리가 로이와 전형적으로 공유하고 있는 또 다른 가정이다. 죽음은 삶을 앗아간다. 그러므로 죽음이 왜 나쁜 것인지를 규명할 수 있다면, 그로써 왜 삶이 좋은 것인지에 대해 말할 수 있게 될지도 모른다. 즉 죽음이 앗아가는 것의 가치를 규명할 수 있다면, 그럼으로써 결국 삶의 가치를 규명할 수도 있다는 것이다. 만일 우리가 삶의 가치를 규명할 수 있다면, 혹시 누가 알겠는가, 정말로 혹시, 이 책을 열며 제기한 바로 그 의문, 즉 삶의 의미에 관한 의문을 푸는 데 어떤 진척을 이뤄낼 수 있을지도 말이다.

에피쿠로스의 논증

왜 죽음이 나쁜 것인가를 규명하는 일은 생각만큼 쉽지가 않다. 문제는 죽음이란 이러고저러고 간에 삶 속에서 발생하는 어떤 것이 아니라는 사실에서 비롯된다. 철학자 비트겐슈타인이 말했듯, 죽음은 삶의 한계이며, 삶의 한계는 그 삶의 안쪽에서 일어날 수 있는 무언가가 아니다. 시야의 한계가 그 시야 안쪽에 생길 수 없는 것과 마찬가지다. 어떤 것의 한계는 그것의 일부가 아니다. 그렇지 않다면, 그것은 한계가 아닐 것이다.

이런 생각을 받아들인다면, 고대 그리스 철학자 에피쿠로스 Epicouros의 잘 알려진 논증과 직접 맞닥뜨리게 된다. 그것은 바로 죽음이란 우리를 해롭게 할 수 있는 그 무엇이 아니라는 논증이다. 논증은 이런 식으로 전개된다. 죽음은 우리를 해롭게 할 수 없는데, 왜냐하면 우리가 살아 있는 동안에는 죽음이 아직 발생하지 않았고(그렇기 때문에 아직 우리를 해롭게 할 수 없다), 우리가 죽은 뒤에는 죽음이 해를 입힐 것이 아무것도 남아 있지 않기 때문이다. 죽음은 그것이 실제로 발생하기 전에는 우리를 해롭게 할 수 없고, 발생하고 난 다음에는 그것이 해롭게 할 우리가 더 이상 존재하지 않는다. 그런데 만일 죽음이 우리를 해롭게 할 수 없다면, 죽음은 나쁜 것이 아니다. 적어도 죽은 당사자에게는 그렇다.

이 논증에서 무엇이 잘못된 걸까? 아니, 잘못된 점이 있기는 한가?

죽음과 박탈

죽음이 삶의 한계라면, 그것은 삶 속에서 일어나지 않는다. 그 사실은 부인할 수 없을 것 같다. 죽음이 우리를 해롭게 할 수 있는 유일한 방법은, 그 사건이 일으키는 해악이 사건이 발생한 바로 그 시점에 엄격하게 묶여 있지 않은 것이다. 그러니까 예를 들면, 설령 누군가의 죽음이 시점 T에 발생한다고 할지라도, 그 죽음이 함께 불러올 해악은 반드시 그 시점에 국한되지 않아야 한다는 얘기다. 이것이 죽음이 우리를 해롭게 할 수 있는 유일한 방법인 것 같다. 왜냐하면 죽음이라는 사건이 발생할 때 우리는 이미 존재하지 않기 때문이다. 그러므로 이제 의문은 이것이다. 그런 종류의 해악이 과연 존재할까?

나는 그런 것들이 있다고 생각한다. 이를테면 이른바 시간적으로 연장된 특정 유형의 해악들이 존재한다는 것이다. 이 말이 의미하는 바는 대략 이렇다. 즉 그런 해악들은 정의상 특정 시점에 존재할 수 없고, 다만 시간의 흐름을 **통해서만**, 달리 말해, 어떤 한 시점과 나중의 한 시점의 관계 속에서만 존재할 수 있는 것들이다. 이런 유형의 해악에 속하는 고전적인 사례가 바로 철학자들이 박탈의 해악이라고 부르는 해악이다.

예를 들어, 영화에서 엘든 타이렐이 로이의 공격을 받는 장면을 떠올려보자. 로이는 타이렐의 머리를 짓누르는 등의 폭행을 가하기 시작한다. 하지만 로이가 그날 운수가 나쁜 건지, 약간 엉거주춤하는 바람에 일을 깔끔하게 마무리하지 못했다고 해보자. 그래서 타이렐은 심각한 뇌 손상을 입었으나 죽지는 않았는데, 하지만 부상이 너무 심해서 이를테면 생후 3개월 된 아기 수준으로 정신연령이 (영구히) 떨어졌다 치자. 누구든 타이렐이 그 부상과 그로 인한 뇌 손상으로 해를 입었다고 생각할 것이다. 하지만 그가 해를 입었다는 것은 정확히 어떤 식인가? 부상을 입기 전에 타이렐은 무척 행복했을 수 있다. 하지만 부상을 입은 후에도 역시 똑같이 행복할 수 있다. 단지 이제는 매우 다른 방식으로 행복할 뿐이다. 부상 전에는 체스를 두고 리플리컨트를 설계하는 일이 그를 행복하게 만들었다. 부상 후에는 깨끗하고 보송보송한 기저귀가 행복이다. 대부분의 사람들은 타이렐이 뇌 손상으로 해를 입었다는 사실을 받아들일 것이다. 하지만 해악은 부상 이전에도, 부상 이후에도 발견되지 않는다. 해악은 오직 그의 이전 상태와 이후 상태의 관계, 특히 그 두 상태의 대조 속에서만 드러난다. 그가 겪는 해악은 이전 상태를 박탈당했다는 데에 있고, 그 박탈은 부상 이전 상태와 이후 상태의 관계 속에서만 존재한다.

그러므로 박탈의 해악은 특정 시점에 존재하는 것이 아니라, 시간의 흐름 속에서만 존재한다. 죽음이 어떻게 우리를 해롭게 할 수 있는지 이해하려면, 그 첫 단계는 죽음이 박탈의 해악이란 사실을 간파하는 것이다. 죽음이 우리에게 해로운 이유는 죽음이 앗아가는 것 때문이다. 그리고 죽음의 해악은 그 자체로 특정 시점에 존재하는 것이 아니라 시간의 흐름 속에 존재하는 해악이다.

물론 죽음을 머리 부상에 비유하는 게 꼭 맞진 않다. 머리 부상의 경우, 부상 이전과 부상 이후에 모두 한 사람이 존재하는데, 단지 그게 동일한 사람인지 아닌지가 분명치 않을 뿐이다. 그러나 죽음의 경우에는, 죽음이 발생한 이후에는 사람이 전혀 존재하지 않는다. 하지만 그 점이 둘 간의 비유에 실제로 불리한 요인은 아니다. 우리가 4장에서 보았던 것처럼, 어떤 사람이 누구인가 하는 문제는 심리적 연속성의 개념을 통해서 가장 잘 설명될 수 있다. 그리고 그 말이 옳다면, 뇌 손상이 발생하기 이전에 있던 타이렐이라는 사람은 뇌 손상이 발생한 이후에 있게 된 그 사람과 동일한 사람이 아닌 것이 거의 확실하다. 이전의 그 사람과 이후의 그 사람 간에는 어떤 형태의 심리적인 연속성도 존재하지 않는다. 그래서 그 두 사람은 심리적으로 단절되어 있으며, 후자는 전자와 다른 사람일 뿐만 아니라, 후자가 전자의 생존자도 아니다. 머리 부상 이전에 있었던 엘든 타이렐이라는 사람은 손상이 발생했을 때 더 이상 존재하지 않게 된 것이다. 우리가 죽음을 삶의 한계로 상상하는 것처럼 뇌 손상은 그의 실존의 한계다. 그러므로 부상이 발생한 시점에는 그로 인해 해를 입을 타이렐이 더 이상 존재하지 않는다. 그럼에도 불구하고, 타이렐은 해를 입었다. 우리가 이해해야 할 의문은 바로 이거다. 도대체 어떻게 그런 일이 가능할까? 죽었을 때(혹은 심각한 뇌 손상이 발생했을 때) 그 해를 입을 수 있는 당사자가 더 이상 존재하지 않음에도 불구하고, 바로 그 사람이 죽음으로 인해 입을 수 있는 그런 해악의 본성이란 무엇일까? 죽음이 박탈의 해악이라고 말하는 것, 즉 죽음은 우리에게서 무언가를 박탈하기 때문에 우리를 해롭게 한다고 말하는 것은 단지 첫걸음을 뗀 것에 불과하다. 이제 우리가 이해해야 하는 것은 더욱더 근본적인 문제이다. 박탈이 발생할 때 우리가 더 이상 존재하지 않는다면 그런 박탈이 어떻게 우리를 해롭게 할 수 있다는 말인가?

죽음과 가능성

그렇다면 우리가 해야 할 일은, 무언가를 박탈당할 우리 자신이 더 이상 존재하지 않는 상황임에도 불구하고 어떻게 우리가 그것을 박탈당할 수 있으며, 또 그 박탈로 인해서 우리가 어떻게 해를 입을 수 있는지를 이해하는 것이다. 결과적으로, 그것이 의미하는 바는 우리가 더는 있지 않아서 어떤 일이 우리에게 일어나지 못하게 된 상황임에도, 그 일이 우리에게 일어날 수 있다는 생각이 말이 돼야 한다는 것이다. 달리 말해, 우리에게 일어나는 일들 중 상당수가 우리 삶의 경계선 안쪽에서 일어나는 것이 아니라는 생각이 말이 되게 해야 한다는 것이다. 만약 그렇게 할 수 있다면, 마침내 무언가를 이룬 셈이 된다. 그런데 과연 그게 말이 될까?

여기 그 일에 착수하는 한 가지 방법이 있다. 그것은 가능성이라는 개념에 기초한 접근방식이다. 발상은 이렇다. 즉 해악이 발생할 때 설령 우리가 더는 존재하지 않더라도 해를 입을 수 있는 이유는 그 때문에 실현되지 않게 된 어떤 가능성 때문이다. 다시 말해, 죽음은 우리가 가진 일부 가능성의 실현을 저해하기 때문에 우리에게 해를 가한다. 죽음은 죽는 당사자의 가능성을 박탈하기 때문에 그에게 해로운 것이다. 이 발상이 과연 통할까?

나는 그렇게 생각하지 않는다. 가능성이라는 것은 이 작업을 해나가는 데 쓸모가 있는 올바른 도구가 아닌 듯하다. 가능성에 관해 분명히 말할 수 있는 것은 그것은 뭐랄까 난잡_{promiscuous}하다는 것이다. 로이의 죽음을 놓고 보자. 그 죽음은 적어도 로이에게는 꽤나 불행한 일이다. 하지만 이는 그로 인해 로이가 꽃꽂이 애호가가 될 가능성이 실현되지 않아서가 아니다. 어떤 의미에선 그것도 하나의 가능성이다. 하지만 내 생각에, 그런 가능성은 어째서 로이의 죽음이 그에게 해가 되는지 이해하는 문제와 아무런 상관이 없다. 로이가 꽃꽂이 애호가가 되는 일에 관심이 없다는 것은 영화의 전반적인 골자로부터 안전하게 추론할 수 있으리라 생각한다. 그리고 죽음이 우리가 전혀 관심도 없는 어떤 가능성을 박탈해간다면, 그것은 분명 우리에게 전혀 해가 될 일이 아니지 않을까?

이런 것이 바로 가능성의 난잡성을 보여주는 일례다. 가능성은 너무나 많다. 그리고 그런 가능성 안에는 그 가능성을 본래적으로 로이의 것(혹은 나나 당신의 것)으로 만들어주는 요소가 전혀 들어 있지 않다. 문제의 핵심에 놓여 있는 것이 바로 이 난잡성이다. 가능성에 호소해서 풀고자 했던 원래의 문제는, 어떤 사람의 삶의 시간적 한계 바깥에 놓여 있는 죽음 같은 사건들이 대체 어떻게 그 사람과 연결될 수 있는지를 밝혀서 그런 사건들이 진정으로 그 사람에게 일어났다고 말할 수 있게 하는 것이었다. 즉 그 문제는 그 사람과 그런 사건들이 연결되는 방식을 찾아내서 진정으로 그 사건들이 그 사람에게 일어났다고 말할 수 있게 하는 것이다. 죽음이 발생했을 때, 그로 인해 해를 입을 우리가 더는 존재하지 않게 되었음에도, 죽음이 어떻게 우리에게 해를 입힐 수 있는지를 설명하려면 바로 이 문제를 풀어야 한다. 하지만 가능성에 호소하는 것은 단지 이 문제를 어떤 사람과 그 사람의 가능성을 연결하는 것이 무엇인지를 설명하는 문제로 대체하는 것일 뿐이다. 우리는 조금도 진척을 보지 못했다. 그냥 하나의 문제를 다른 문제로 바꿔놓았을 뿐이다.

미래를 잃다

지금 우리가 어디까지 와 있는지 정리해보자. 만일 죽음이 (죽는 당사자에게) 나쁜 것이라면, 그것은 죽음이 해악을 끼치기 때문임에 틀림없다. 하지만 만일 죽음이 해악을 끼친다면, 그 해악은 박탈임에 틀림없다. 즉 죽음이 우리에게서 무언가를 박탈하기 때문에 우리에게 해악을 끼치는 것이다. 그러면 죽음이 발생할 때 우리는 이미 있지도 않은데, 죽음은 우리에게서 어떤 것들을 박탈할 수 있는 걸까? 가능성에 호소하는 것은 통하지 않는다. 왜냐하면 가능성은 너무 난잡해서 제 구실을 수행하지 못하기 때문이다. 우리 각자는 너무도 많은 가능성을 가지고 있어서, 어떤 가능성 안에는 그것을 당신 것이 아니라 내 것으로, 혹은 내 것이 아니라 당신 것으로 만들어주는 어떤 요소도 들어 있지 않다. 간단히 말해, 우리는 가능성들과 그다지 긴밀하게 결속되어 있지 않아서 그것들을 박탈당한다고 해도 명백하게 해를 입거나 하지 않는다. 죽음이 무언가를 박탈하기 때문에 해악이라고 이해하고자 한다면, 단순한 가능성보다 우리와 더욱 긴밀하게 연결되어 있는 그 무언가를 찾아내야 한다. 우리는 죽음이 우리가 어쩌면 가질 수도 있는 것을 박탈하는 것이 아니라 실제로 가지고 있는 무언가를 박탈하는 것으로 이해해야 한다.

죽음이 우리에게서 앗아가는 한 가지는 미래다. 당신의 삶에서 어떤 특정 시점에 어떤 일이 일어날지 상상해보라. 그게 무엇이 될지는 종마다 다를 것이고, 일정 한도 내에서는 사람마다도 다를 것이다. 인간이나 리플리컨트에게, 특정 시점에 당사자의 삶에서 벌어지게 될 일들은 경험, 믿음, 욕구, 목표, 계획, 활동, 그리고 그 밖의 다양한 것들을 포함하는 집합체일 것이다. 먼저 어떤 특정 시점의(이를테면 지금이라고 하자) 경험, 믿음, 욕구, 목표, 계획, 활동 등에 주의를 기울인 다음, 지금보다 더 나중의 어떤 시점에도 그와 동일한 종류의 것들을 갖거나 겪고 있으리라 가정해보라. 그러면, 이제 내가 의미하는 미래가 무엇인지 그 골자를 이해한 것이다. 즉 여기서 나는 '미래'라는 단어를 그런 다양한 것들을 가리키는 줄임말로 사용한 것이다. 우리는 죽을 때 이런 의미의 미래를 잃는다. 이것이 죽음이 우리에게 해로운 이유다. 간단한걸.

아니, 간단치 않다. 간단명료성의 광채는 그저 겉모습일 뿐이다. 곰곰이 생각해보면 미래를 잃는다는 건 아주 이상한 발상이다. 그리고 그것이 이상한 이유는 미래라는 생각에 이상한 점이 있기 때문이다. 미래는 아직 존재하지 않는다. 그런데 그것을 어떻게 잃을 수 있나? 실제로, 어떤 의미로든 지금 미래를 가지고 있어야만 그것을 잃어버릴 수 있다. 하지만 아직 존재하지도 않는 것을 어떻게 가질 수 있단 말인가? 이것이 보여주는 바는, 지금의 맥락에서 소유와 손실의 개념은 이 개념들이 다른 좀 더 일상적인 맥락에서 사용될 때와는 사뭇 다른 의미를 갖는다는 점이다. 미래를 갖는 것은 가능하다. 하지만 그것은 넓은 어깨나 롤렉스시계를 가질 때 같은 그런 의미에서가 아니다. 만약에 어떤 반란자 리플리컨트가 당신의 미래를 박탈했다면, 그때 박탈의 의미는 노화가 당신에게서 넓은 어깨를 박탈한다거나 강도가 당신에게서 시계를 박탈할 때와는 전혀 다른 의미가 될 것이다.

그렇다면 우리는 어떤 의미에서 미래를 갖는 것일까? 여기서 위험한 부분은, 미래 그 자체는 당연히 단순한 가능성과 다를 바가 없다는 것이다. 만일 그런 의미라면, 죽음이 우리의 가능성을 박탈함으로써 우리에게 해악을 끼친다는 좀 전의 생각으로 되돌아갈 것이다. 그리고 그런 생각은 앞서 살펴본 바와 같이 잘 통하지 않을 것이다. 그러므로 우리에게는 미래를 단순한 가능성 이상의 것으로 이해할 수 있는 방식이 필요하다. 가능성이란 단지 어쩌면 가질 수도 있는 것이다. 그러므로 우리에게 필요한 것은, 어쩌면 가질 수도 있는 어떤 것으로서가 아니라 실제로 갖고 있는 어떤 것으로 미래를 이해할 수 있는 방식이다. 그리고 비록 미래가 아직 존재하지 않는다 하더라도, 우리는 그 미래를 지금, 바로 이 순간에 실제로 갖고 있어야 한다. 어려운 문제다. 그래도 그게 말이 되게끔 만들어보자.

최소 미래

사실상, 어떤 것이 미래를 갖는다고 얘기할 수 있는 적어도 세 가지 상이한 방식이 있다. 첫째, 존재하는 모든 것들은(즉시 파괴되지 않는 한) 미래를 갖는다는 최소한의 의미가 있다. 당신이 손에 쥐고 있는 물리적 대상인 이 책도 적어도 이런 의미에서는 미래를 갖는다. 그건 현재보다 나중의 시점들에도 이 책이 존재하리라는 의미다. 물론 당신이 이 책이 실상 낡아빠진 허튼소리들로 가득 차 있다고 오해해 장작불에 집어넣어 버리겠다고 마음먹는다면, 이 책은 더는 미래를 갖지 않을 것이다. 책을 불 속에 던지는 일은 책이 미래를 잃게 만든다. 당장 책을 불 속에 던져 화염이 책의 마지막 남은 한 부분까지 모두 삼키고 나면, 그 한 권의 책이 존재하는 더 나중의 시점은 존재하지 않을 것이다. 분명히, 모든 것은 미래를 가지며, 거의 모든 것이 이런 의미에서 미래를 잃을 수 있다. 이런 식으로 당신이 어떤 책을 불 속에 내던질 때 그 책이 해악을 입는다고 말하는 것이 말이 되게끔 '해악'이라는 단어를 사용할 수 있다. 하지만 이 경우의 해악은 누군가가 생명을 빼앗길 때 겪는 해악과는 분명히 매우 다르다. 나는 그 이유가 이 두 경우는 박탈의 의미가 매우 다르기 때문이라고 말하고 싶다.

이런 의미로 미래를 갖는다는 것은 그저 하나의 가능성에 지나지 않는 셈이 될 것이다. 지금보다 나중의 시점들이 존재할 개연성은 물론 매우 크지만, 확실하진 않다. 따라서 이런 의미에서의 미래는 그저 실현될 개연성이 매우 높은 하나의 가능성처럼 보인다. 그리고 결정적으로, 당신이 현재 하고 있는 일 가운데 이런 의미에서 미래와 당신을 연결시킬 수 있는 것은 아무것도 없다. 만일 우리가 미래를 잃는다는 생각을 통해 죽음의 해악을 이해하고자 한다면, 좀 더 강건한 의미에서 미래를 가질 수 있고 그래서 또 잃을 수도 있는 방식들을 찾을 필요가 있다.

미래지향적인 존재

죽는 것과 관련하여 무엇이 그렇게 나쁜지를 이해하고 싶다면, 미래를 가질 수 있는 좀 더 실질적인 다른 방식을 찾아야 한다. 또한 그 미래란 아직 존재하지 않음에도 불구하고 우리가 지금 현재 실제로 가질 수 있는 그런 것이 되어야 한다. 그렇지 않다면, 죽음이 우리로부터 그것을 박탈하지 못할 테니 말이다. 이 일을 어떻게 해내야 할까?

여기서 출발해보자. 어떤 유형의 심적 상태들은 이른바 미래지향적이라 불린다. 그런 심적 상태들은 우리가 지금 현재 시점에 실제 소유하고 있는 것들이다. 그래서 이 발상에서는 당신은 지금 현재 시점에 어떤 의미에서 지금보다 나중의 시점들을 지향하게 만드는 특정한 상태들을 실제로 갖고 있기 때문에 미래를 가질 수 있다. 그런 상태의 전형적인 사례로는 **욕구, 목표, 계획** 같은 것들이 있다.

욕구는 어떤 의미에서 미래지향적인가? 자, 이렇게 생각해보자. 욕구는 충족될 수도 있고 좌절될 수도 있다. 맥주를 마시고 싶은 나의 욕구는 내가 냉장고로 걸어가서 병을 집어 든다면 충족될 것이다. 만약 냉장고 문을 열었는데 음료 칸이 텅 비어 있다면 욕구는 좌절될 것이다. 납치한 우주왕복선의 승객과 승무원을 죽이려는 로이의 욕구는 그가 그 짓을 저지르는 데 성공하면 충족될 것이고, 그렇게 못하면 좌절될 것이다.

욕구에 관한 분명한 사실은 욕구를 충족하는 데 일반적으로 시간이 걸린다는 것이다. 냉장고로 걸어가 문을 열고 맥주병을 직접 따려면 시간이 걸린다. 우주왕복선을 돌아다니며 탑승한 사람을 모두 없애버리는 데도 시간이 걸린다. 이것이 바로 욕구가 미래지향적이 되는 한 가지 의미다. 욕구 충족에는 시간이 걸린다. 목표와 계획에 있어서는 이 점이 훨씬 더 분명한데, 그 둘 다 본질적으로는 장기적 욕구이다. 주당 6일 운동을 하겠노라는 나의 계획은 시간이 걸리며, 올림픽 철인3종경기 선수가 되겠노라는 나의 목표도 그렇다(아니, 적어도 내가 그 계획을 실제로 추진하거나 그런 목표를 세우는 데도 시간이 걸릴 것이다). 우주왕복선을 납치하여, 지구로 이동하고, 그런 다음 엘든 타이렐을 납치하여, 그로 하여금 자기 몸에 설치된 수명 제한장치를 풀게 만들려는 로이의 계획도 시간이 걸린다. 욕구는 충족되거나 좌절될 수 있으며, 목표와 계획 역시 성공하거나 실패할 수 있다. 그리고 충족과 성공에는 시간이 필요하다.

따라서 나는 지금 현재 시점에서 상당히 명료한 의미로 나를 미래로 향하게 만드는 상태들을 갖고 있다. 로이도 그렇다. 우리 모두 그렇다. 그렇다고 모든 욕구가 반드시 미래지향적이라는 얘기는 아니다. 예를 들어 당신은 과거가 그렇게 되지 않았었기를 (혹은 과거를 보는 관점에 따라 지금의 과거와 다른 과거를) 욕구할 수도 있다. 그렇더라도 많은 욕구들, 절대 다수의 욕구들은 확실히 충족하는 데 시간이 걸리는 미래지향적인 것들이다. 미래는 아직 존재하지 않기 때문에, 진정한 의미로 미래를 가질 수 있는 유일한 방법은, 지금 현재 당신을 미래로 향하게 만드는 상태를 가지는 것이다. 그런 상태들이 지향하는 미래는 지금 실제로 존재하지 않더라도, 바로 그 상태들만큼은 지금 실제로 존재한다. 지금 존재하는 이 상태들은 미래지향적이다. 그것들은 당신을 미래와 연결시키고, 그래서 은유적이지만 완벽하게 유의미한 맥락에서 당신이 미래를 갖게 해준다. 따라서 어떤 사람이 특정한 미래지향적 상태들을 소유하고 있다면, 일차적인 어림셈으로 우리는 그 사람이 최소 의미가 아닌 미래를 갖고 있다고 말할 수 있다.

우리 개개인은 지금 아직 존재하지 않는 미래로 향하게 만드는 실제의 상태들을 소유하고 있기 때문에 철학자 하이데거가 말한 바와 같이 미래지향적인 존재다. 우리 개개인은 본성적으로 아직 존재하지 않는 미래를 지향한다. 그리고 적어도 이런 의미에서 우리가 미래를 갖고 있다고 말할 수 있다.

하지만 이는 단지 일차적 어림값에 불과하며, 여기에는 아주 결정적인 구분이 빠져 있다. 바로 미래지향적 상태의 두 가지 유형에 대한 구분이다. 어떤 상태는 두 가지 다른 방식으로 미래지향적일 수 있다. 한편으로, 어떤 상태는 그 내용의 일부로서 미래라는 개념을 포함할 수 있다. 우리는 그런 상태를 개념적으로 미래지향적인 상태라고 부를 수 있다. 다른 한편으로, 어떤 상태는 비록 그 내용의 일부로서 미래의 개념을 포함하지는 않지만, 그럼에도 어쨌든 그 상태를 충족하려면 그것을 소유한 사람이 현재의 순간을 지나서 특정 시점까지 존속해야만 한다는 의미에서 미래 지향적일 수 있다. 나는 그런 상태를 비개념적으로 미래지향적인 상태라고 부르겠다. 이 두 가지 유형의 상태는 아주 다른 방식으로 우리를 미래로 향하게 만든다. 그리고 내 생각에 바로 그 차이가 죽음이 해로운 이유를 이해하는 데 중요한 역할을 하게 된다.

미래의 개념들

다음 두 상황은 큰 차이가 있으며, 각각의 상황에 결부되는 심적 상태들도 그렇다.

상황1

로이는 우주왕복선에 탑승한 승객과 승무원을 없애버리려는 욕구가 있다. 이 욕구를 충족하려면, 그는 왕복선을 돌아다니면서 승객과 승무원의 위치를 파악한 뒤 총을 쏘아야 한다. 그렇다면 로이의 욕구는 미래지향적인데, 그 욕구를 충족하려면 적어도 그 미래에 이르는 동안만큼은 그가 존속해야만 한다는 점에서 그렇다. 그가 꼭 필요한 단계들을 밟아나가는 데 걸리는 시간만큼은 말이다. 그 욕구는 이런 의미에서 로이가 미래를 향하도록 하거나 혹은 그렇게 그를 미래와 연결시킨다.

상황2

프리스가 로이에게 만일 타이렐이 수명 제한장치를 제거해준다
면 미래에 무엇을 할 계획인지 묻는다. 삶에서 무엇을 얻고 싶은
지, 향후 20년간 어디에 있고 싶은지 등등. 로이가 자신의 계획과
목표를 달성하려면 당연히 미래에도 존속해야 한다. 그렇다면 이
런 의미에서 그의 계획과 목표는 미래지향적이다. 하지만 이번 경
우에는 그를 미래로 향하게 하는 것 속에 또 다른 무언가가 더 있
는 것 같다. 이번 경우는 로이가 자신의 계획과 목표들이 '미래를
위한' 것임을 명시적으로 자각하고 있다. 즉 그는 그런 계획과 목
표가 지금 당장은 충족될 수 없지만, 그의 현재 행동과 활동이 그
것들을 충족하는 데 공헌할 수 있음을 자각하고 있다. 마찬가지
로, 로이는 자신의 창조자를 만나서 더 오래 살 수 있게 되기를 원
한다. 그게 바로 지금 우주왕복선을 납치해 위험천만한 지구 귀환
을 시도하고 있는 이유다. 그는 자신의 현재 노력이 무언가를 지
향하고 있음을, 즉 수명 제한장치의 제거를 지향하고 있음을 자각
하고 있다. 그것은 지금 당장은 일어날 수 없지만, 그가 똑똑하고,
주도면밀하고, 운이 좋다면, 미래에 일어날 수도 있는 일임을 말
이다.

첫 번째 상황과 달리 두 번째 상황은 미래라는 개념과 결부되
어 있다. 승객과 승무원을 죽이고자 하는 로이의 욕구는 그 욕구
를 충족하기 위해서 적어도 그들을 죽이는 데 걸리는 시간만큼

은 그가 계속 존속해 있어야 한다는 의미에서 미래지향적이다. 하지만 로이가 그런 욕구를 갖기 위해서 '이 왕복선 안에 있는 사람들을 죽이는 것이 곧 나의 욕구를 충족시켜줄 텐데, 그 사건은 장차 미래에 일어나게 될 거야'라고까지 생각해야 할 이유는 없다. 그런 욕구를 갖거나 충족하기 위해 로이가 그 자체로 미래 개념을 가져야 할 필요는 없다. 그러한 욕구는 미래와 결부되어 있으며, 그것도 매우 핵심적으로 그렇다. 왜냐하면 그 욕구의 충족에는 시간이 걸리기 때문이다. 그러나 그것이 미래 개념과 결부되어 있지는 않다. 그런 욕구를 갖기 위해서 미래 개념이 필요한건 아니다.

하지만 두 번째 유형의 상황에서는, 로이는 현재 자신의 욕구와 행위가(예를 들어, 왕복선에 탑승한 승객과 승무원을 죽이려는 욕구, 그리고 그 욕구를 충족하기 위해 그가 들이는 노력) 추가적인 또 다른 목표들을 지향하는 것들로서, 그것들이 지금 당장 충족될 수는 없고 다만 미래에 가야만 충족될 수 있다는 사실을 명시적으로 자각하고 있다. 그러므로 두 번째 상황에서는 로이가 미래를 명시적으로 생각하거나 표상할 수 있어야만 한다. 두 번째 상황에서 로이가 갖고 있는 욕구와 로이가 하는 일들은 미래 개념을 미리 전제하는 것이며, 또한 미래 개념에 의거할 때에만 유의미한 것들이다.

이 모든 얘기의 요지는 욕구, 목표, 계획 같은 심적 상태가 인간을 미래로 향하게 만드는 데에는 두 가지 다른 방식이 있다는 것이다. 첫째, 왕복선에 탄 인간을 죽이려는 로이의 욕구처럼, 비개념적인 방식이라 부를 수 있는 것이 있는데, 그것은 명시적으로 미래 개념과 결부되지 않는 방식이다. 둘째로, 타이렐을 시켜서 수명 제한장치를 풀게 만들려는 로이의 욕구 같은 개념적인 방식이 있는데, 그것은 명시적으로 미래 개념과 결부되는 방식이다. 이 구분을 분명하게 드러내기 위해 이제부터 개념적으로 미래지향적인 심적 상태와 비개념적으로 미래지향적인 심적 상태들에 대해 살펴보려 한다.

약한 미래와 강한 미래

어떤 상태가 미래를 지향할 수 있는 두 가지 다른 방식, 즉 개념적인 방식과 비개념적인 방식이 있다고 할 때, 당신이나 나나 로이 같은 개개인이 미래를 가지는 방식에도 그렇게 두 가지가 있다. 어떤 이가 비개념적으로 미래지향적인 심적 상태들을 갖고 있다면, 그 사람은 비개념적 의미로 미래를 가질 것이다. 하지만 어떤 이가 개념적으로 미래지향적인 심적 상태들을 갖고 있다면, 그 사람은 개념적으로 미래를 가질 것이다. 우리 각자는 하이데거가 말한 바대로 미래지향적인 존재다. 하지만 그렇게 되는 데에는 비개념적 방식과 개념적 방식이라는 두 가지 방식이 있다.

내 생각엔, 직관적으로 봤을 때 개념적인 의미로 미래를 갖고 있는 사람이 오로지 비개념적인 의미로만 미래를 갖고 있는 사람보다 자신의 미래에 더 단단하게 직접적으로 결속되어 있을 것 같다. 이런 생각에 단지 직관 이상의 어떤 얘깃거리가 있을까? 혹시 우리가 논증으로 그런 생각을 뒷받침할 수 있을까?

나는 상당 부분 그렇게 할 수 있다고 생각한다. 개념적인 의미로 미래를 갖고 있는 사람은 그렇지 않은 사람보다 자신의 현재 행동과 규율을 훨씬 더 제대로 파악하여 조율할 수 있고, 자기가 바라는 미래를 성취하는 쪽으로 현재의 욕구를 훨씬 더 잘 지향해나갈 수 있다. 로이가 엘든 타이렐이 있는 방으로 들어가려고 현재 자신이 가진 모든 힘을 쏟아 부을 수 있는 이유는, 수명 제한장치가 제거된 미래에 대해 명시적인 개념을 갖고 있기 때문이다. 로이가 지금 당장은 불가능하고 오로지 미래에만 획득될 수 있는 목표에다 자신의 온 힘을 다 쏟는다는 것은 미래의 목표에 자신이 현재 갖고 있는 시간과 에너지 대부분을 투자하는 것이며, 이 투자는 오로지 그가 명백한 미래 개념을 갖고 있기 때문에 가능한 것이다. 그러므로 로이가 미래와 맺고 있는 연결이 더 강하다는 점은 그가 현재 갖고 있는 행동과 욕구, 그리고 다른 심적 상태들을 더 열심히 단련하고, 가다듬고, 조직화한다는 점으로 설명된다. 그리고 이렇게 더 열심히 단련하고, 가다듬고, 조직화한다는 것은 그가 미래의 개념을 갖고 있으며 바로 그 개념에 입각하여 자신의 미래는 어떠어떠해야 한다는 식의 욕구를 갖고 있다는 사실 때문에 비로소 가능해진다.

우리 대부분은, 적어도 어느 정도는 '내일을 위해 사는' 경향이 있다. 현재 우리가 하는 많은 일들은 현재를 위한 것이 아니라 미래를 위한 것이다. 교육, 경력 쌓기, 충실한 결혼생활, 체중 관리, 생명보험 가입 등등은 모두 다 결국 미래를 위한 것이다. 하지만 아주 단순하고 평범한 결정들, 너무 사소해서 거의 주의를 기울이지 않는 그런 결정들에도 종종 미래가 영향을 미친다. 아냐, 술 더 안 마실 거야, 안 그러면 내일 고생할 테니까. 아냐, 저 초콜릿 바 안 먹을 거야, 입맛을 버릴 테니까. 몇몇 사람들에게 우리의 미래지향성은 신경증적이기까지 하다. 하지만 보통의 사람들이 현재 하고 있는 많은 일들이(어쩌면 거의 모든 일들이 그럴지 모른다) 실제로 미래에 의거해 있으며, 그보다 더더욱 중요한 점은 그것들이 미래 개념에 의거하기 때문에 비로소 의미를 갖게 된다는 사실이다.

　　미래 개념을 갖고 있고 또한 그것에 의거하여 자신의 미래를 개념적으로 지향하는 로이 같은 개인은, 단지 비개념적으로만 미래와 연결되어 있는 사람들보다 자신의 미래에 더 많은 투자를 한다. 그는 자신의 미래가 어떠했으면 좋겠다는 구상에 의거하여 자신의 현재 행동을 명확히 점검하고 조율하며, 자신의 현재 욕구를 통제하고 감독한다. 미래 개념 없이는 이런 일은 이루어질 수가 없다. 따라서 이런 이유로 나는 다음의 용어들을 사용하고자 한다. 비개념적인 의미로 미래를 갖고 있는 개인은 약한 의미의 미래를 갖고 있다고 말하겠다. 반면에 개념적인 의미로 미래를 갖고 있는 개인은 강한 의미로 미래를 갖고 있다고 말하겠다. 그러므로 강한 미래를 소유하는 것과 약한 미래를 소유하는 것의 차이는 궁극적으로 그 사람이 자신의 미래에 얼마만큼 투자하느냐의 차이를 반영한다.

그 둘의 관계는 이렇다. 만일 당신이 강한 의미의 미래를 갖고 있다면, 자동적으로 약한 의미의 미래도 갖고 있는 것이다. 강한 의미의 미래 소유는 약한 의미의 미래 소유를 논리적으로 함축한다. 명시적인 미래 개념을 갖고 있고, 그 개념으로 자신의 현재 행동을 점검하고 자신의 현재 욕구를 통제할 수 있는 로이는 강한 의미에서 미래를 갖고 있다(따라서 약한 의미의 미래 역시 갖고 있다). 하지만 강한 의미의 미래를 갖지 않아도 약한 의미의 미래를 갖는 일은 가능하다. 당신이 명시적인 미래 개념 없이 욕구를 가질 수 있는 유형의 인간이라면 그런 일이 벌어질 것이다. 당신이 욕구를 충족시키는 데는 시간이 걸리고, 이 점이 당신을 미래와 결속시켜준다. 하지만 이때 당신은 보다 강한 의미에서 미래와 당신을 결속시켜서 자신의 현재 행동을 점검하고 현재 욕구를 통제할 수 있게 해주는 명시적인 미래 개념은 갖고 있지 않다.

미래의 상실과 죽음의 해악

죽음은 우리에게서 미래를 박탈하기 때문에 나쁜 것이다. 그런데 이제 우리는 강하고 약한 두 가지 다른 방식으로 미래를 갖는 것이 가능하다는 사실을 알고 있다. 이것이 죽음의 해악이나 부정적인 면에도 차이를 불러올까? 죽음은 오로지 약한 의미에서만 미래를 갖고 있는 사람보다 강한 의미의 미래를 가지고 있는 사람에게 더 나쁜 일일까?

나는 그렇다고 생각한다. 강한 의미의 미래를 갖고서 자신의 미래가 어떠했으면 좋겠다는 구상을 위해 자신의 현재 행동의 상당 부분을 점검하고 자신이 현재 지닌 욕구의 상당수를 통제하는 사람이라면, 오로지 약한 의미의 미래만을 가지고 있는 사람보다 자신의 미래에 훨씬 더 단단하게 매여 있다. 즉 결속되어 있다. 그러므로 강한 의미의 미래를 갖고 있는 사람은 미래를 잃을 때 약한 의미의 미래만을 소유한 사람보다 더 많은 것을 잃는다.

아직도 분명하지 않다면, 다음의 비유를 생각해보라. 두 사람이 올림픽에 출전해 철인3종경기에서 경쟁을 한다. 한 사람은 몇 년 동안 훈련을 해오면서 그 목표를 이루기 위해 자신의 삶을 점검하고, 자신의 행동을 조절하며, 자신의 욕구를 통제했다. 다른 한 사람은 신원 확인 착오로 어쩌다 올림픽 무대에까지 오게 된 게으르고 아무런 의욕도 없는 선수라 치자. 두 사람 다 메달을 따지 못했다. 사람들은 흔히 이들을 두고 메달을 '놓친' 선수들이라고 한다. 만일 메달을 놓친 게 정말로 무언가의 상실이 맞다면, 첫 번째 선수가 더 큰 상실감을 겪을 것 같다. 왜냐하면 그 선수는 메달 획득이라는 목표에 맞춰 자신의 삶을 조율해왔기 때문이다. 그 선수는 삶의 많은 부분을 미래의 목표를 위해 살았지만, 결국 그 목표를 달성하지 못했다. 엄연히 그 선수가 의욕이 없던 다른 선수보다 메달을 따기 위해 더 많은 투자를 했다. 따라서 그 선수의 손실이 더 크다.

기본적으로 미래를 잃는 해악도 동일한 맥락이다. 현재의 행동과 욕구를 조직화하고, 점검하고, 통제하고, 감독하는 등 당신이 미래에 더 많은 투자를 할수록, 그 미래를 잃었을 때 더 많은 것을 잃는다. 만일 당신이 개념적인 의미 즉 강한 의미의 미래를 가지고 있다면, 죽을 때 당신은 비개념적인 의미 즉 약한 의미의 미래만 가졌을 경우보다 잃는 것이 더 많다. 죽음은 강한 의미의 미래를 갖고 있는 사람들에게 더 큰 해악이다. 왜냐하면 이들은 죽을 때 오로지 약한 의미의 미래만 갖고 있는 사람보다 더 많은 것을 잃기 때문이다.

죽음과 삶의 의미

이렇게 해서 우리는 어째서 죽음이 죽는 당사자에게 나쁜 것인지를 규명했다. 다시 말해, 죽음이 어째서 우리에게 해로운지 규명했다. 죽음은 미래를 앗아가기 때문에 해롭다. 그런데 우리 개개인은 미래지향적인 존재라는 이유만으로 미래를 가진다. 개개인은 본성상 미래를 지향하는 존재이다. 이것이, 오직 이것만이,

죽음으로 해를 입을 우리가 더 이상 존재하지 않을 때도 죽음이 우리를 해롭게 할 수 있는 이유이다.

그런데 죽음의 해악은 죽음이 빼앗아가는 가치에 비례해 결정된다고 가정하는 것이 합리적인 것 같다. 만약 죽음이 우리를 해롭게 한다면, 그 이유는 죽음이 가치 있는 무언가를 앗아가버리기 때문임에 틀림없다. 그리고 그것은 아마도 삶의 가치일 것이다. 죽음은 미래를 빼앗아간다. 그리고 우리는 미래를 갖고 있다. 그 유일한 이유는 우리가 미래지향적인 존재이기 때문이다. 그렇다면, 삶의 가치란 우리가 미래지향적인 존재라는 사실과 밀접하게 결부되어 있는 것 같다. 그리고 만일 삶의 가치가 그와 결부되어 있다면, 삶의 의미도 역시 그럴 것이다. 하지만 어떤 식으로 그렇다는 걸까?

우리는 죽음이 삶의 한계이며 그렇기 때문에 삶 속에서 일어나는 사건이 아니라는 생각에서 출발했다. 시야의 한계가 그 시야 속에 있지 않듯이 말이다. 우리는 삶의 매 순간순간에 대해서도 똑같은 논점을 적용할 수 있다. 우리가 어떤 이의 삶을 임의적인 시간 조각들의 연쇄로 나눈다고 가정해보자. 그런 시간 조각들의 단위가 각각 어느 정도 길이인지는 중요하지 않다. 다만 우리는 그런 각각의 시간 조각을 순간이라 부를 것이다. 그렇게 해서, 삶을 그냥 통째로 고려하지 말고, 삶 속의 각 순간순간으로 나눠서 고려해보라(각 순간의 길이가 얼마나 길건 상관없이 말이다). 이제 한 순간이 다음 순간으로 넘어갈 때 어떤 일이 일어나는지 생각해보자. 바로 그 전환점에 이전 순간의 끝과 이후 순간의 시작에 해당하는 경계선이 있다. 이 전환점은 하나의 경계로서 이전 순간에도 이후 순간에도 속하지 않는다. 그게 아니면 그것은 각 순간의 경계가 될 수 없을 것이다. 삶의 각 순간의 죽음은 그 순간에 속하는 일부분이 아니다.

이런 차원에서, 우리가 미래지향적인 존재라고 말하는 것은, 우리가 매 순간마다 미래의 순간들에 연결되어 있다고 말하는 것이다(비록 그 미래의 순간들이 아직 존재하지 않는다 하더라도 말이다). 그리고 그렇게 연결되는 이유는 우리가 원래의 그 순간에 존재하는 방식 때문이다. 이런 식으로 미래의 순간들은 우리의 것이 되고, 단선적으로 서로 이어진다. 한 순간의 탄생이 바로 그 앞 순간의 죽음이 되는 이유도 여기에 있다. 우리가 시간을 단선적으로 생각하는 이유는 내 것인 무언가의 탄생이 동시에 내 것인 또 다른 무언가의 죽음이 된다고 하는 이러한 이해에서 비롯된다. 열쇠는 바로 이 단선성의 의미다.

내 것인 무언가의 탄생이 또한 내 것인 다른 무언가의 죽음이기도 하다는 이해와 더불어, 배제라는 개념이 부각된다. 어떤 욕구나 목표 또는 계획의 충족은 다른 것의 충족을 배제한다. 왜냐고? 시간은 단선적이기 때문이다. 미래지향적인 존재로서 우리는 미래에 어떻게 존재할 것인가 하는 측면에서 스스로를 이해한다. 어떤 욕구는 희생하고 그 대신에 다른 욕구를 충족하는 것, 어떤 대안은 무시하고 그 대신 다른 계획을 이행하는 것, 이것이 바로 어떤 사람의 존재 양식을 구성하는 요소들이다. 이것이 바로 지금의 당신이 어떤 사람인지와 결부된 요소들이다.

당신이 지금의 당신이 될 수 있었던 것은 오로지 다른 것들을 잃어버렸기 때문이다. 당신은 무언가가 될 수 있고, 그래서 무언가가 된 상태이다. 그 이유는 하나의 가능성을 추구하는 것이 필연적으로 다른 가능성들을 배제하기 때문이다. 어떤 하나의 존재 방식은 오로지 다른 존재 방식들을 자동적으로 배제하는 한에서만 가능하다. 그러지 않고서는, 우리는 아무것도 아니다. 이른바 형태 없는 존재론적 덩어리일 뿐이다.

시간, 특히 시간의 단선성은 하나의 가능한 존재 방식을 허용하여 다른 방식들을 배제한다. 하나의 가능한 존재 방식이 다른 존재 방식들을 배제하는 것은 오로지 하나의 순간이 다른 순간들을 배제하기 때문이다. 그리고 하나의 순간이 다른 순간을 배제하는 것은 우리가 미래지향적인 존재이기 때문이다. 우리가 미래지향적인 존재가 아니라면 우리는 아무것도 될 수 없을 것이다.

그렇다면 어떤 것이든 무언가가 된다는 것은 단선적인 시간을 요구하고, 단선적인 시간은 한 순간의 탄생이 곧 그에 선행하는 순간의 죽음일 것을 요구한다. 순간에서 순간으로의 전환은 무언가를 하나의 존재 방식으로서 가능하게 만드는 한계 또는 지평이다. 그리고 그 궁극적인 한계, 궁극적인 지평이 바로 죽음이다.

한번 생각해보라. 시야가 시야이기 위해서는 어떤 조건이 필요할까? 예를 들면, 시야에 한계가 없다면 어떻게 될까? 그것은 거의 상상조차 불가능하다. 사물들은 (대개는) 어떤 시야에 들어 있을 때 의미를 갖는다. 그러면 어떤 시야가 의미를 가지려면 무엇이 요구될까? 글쎄다, 시야는 공간적으로 구조화된다. 즉 공간적으로 조직화된다는 뜻이다. 주위를 둘러보라. 탁자가 창문 바로 아래 왼쪽, 조명등의 오른편에 있는 게 눈에 띈다. 이런 식의 공간 배열은 참조틀a frame of reference에 상대적으로만 의미가 있다. 즉 사물들이 상대적으로 배열될 수 있는 어떤 기준점이 있어야 한다는 것이다. 이 참조틀은 한계를 필요로 한다. 예를 들어, 우리는 보통 시야의 중심으로부터 그 시야 안에 있는 사물들의 위치를 정한다. 탁자는 중심에서 약간 왼쪽에 있고, 조명등은 조금 더 그렇고 등등. 하지만 한계가 없는 시야라면 필시 중심도 없다. 시야에 한계가 없다면 거기에는 아무런 구조나 질서도 없을 것이다. 그것은 무의미한 것이 되어버릴 것이다.

우리 개개인에게 구조와 질서를 부여하는 것이 바로 시간이다. 시간은 우리가 지금의 우리가 되는 것을 가능하게 한다. 시간이 없다면 우리는 아무런 의미도 없을 것이다. 시간은 공간을 존재하게 만들지는 않지만, 사물들이 공간 안에서 중요성을 가질 수 있는 전제 조건이다. 로이의 죽음의 독백을 생각해보라. 그 독백의 의미는 도대체 무엇이던가? 만일 로이가 삶의 다른 어떤 시점에서 그런 독백을 읊었더라면, 아마도 전혀 다른 의미를 지녔을 것이다. 예를 들어, 로이가 그 발언을 하고 나서 곧바로 의식을 또렷이 되찾았다면, 그의 대사는 아마도 꽤나 우스꽝스럽게 들렸을 것이다. 만일 그가 죽음의 가능성이 임박하지도 않았는데 그런 소리를 했다면, 우리는 아마도 그가 단지 신경과민일 뿐이라고 여기고 그따위 헛소리를 억지로 지어내지 말라고 충고했을 것이다. 아니, 로이가 불안한 심리 상태에 있는 위험천만한 킬러 리플리컨트가 아니었다면 그렇게 말했을 거란 얘기다.

요점은 삶에서 어떤 사건이 지닌 의미는 그 사건이 언제 일어나느냐에 달린 문제라는 것이다. 그런데 삶에 시간적인 한계가 없다면, 어떤 사건도 삶에서 시간적인 위치가 정해질 수 없다. 무한한 시야 속에서 어떤 것도 공간적 위치가 정해질 수 없듯이 말이다. 공간적 한계가 없는 시야는 시야가 아니다. 그리고 시간적 한계가 없는 삶도 궁극적으로는 삶이 아니다. 삶의 한계는 그 삶 속에 있는 개별 사건들이 지금의 제 모습을 드러낼 수 있게 해주는 지평이다. 그리고 그 지평이 없다면 무언가 의미를 지닐 수 있는 것은 본질적으로 아무것도 없다. 모든 것은 아무런 형태가 없는, 그래서 아무런 의미도 없는, 존재론적 덩어리가 될 뿐이다. 한 순간에서 다음 순간으로 넘어가는 통로인 시간은 우리가 지금의 우리일 수 있게 해주는 지평이다. 우리는 본질적으로 미래지향적인 존재다. 그런데 죽음은 우리를 지금의 우리로 만들어주는 우리 삶 속의 사건들이 제 모습을 드러내도록 기준이 되어주는 궁극적인 지평이다. 우리는 미래지향적인 존재이지만, 또한 훨씬 더 근본적으로는 죽음을 향한 존재이다.

총체로서의 존재로부터 우리를 도드라지게 해주는 지평으

로서 죽음은 우리의 삶에 의미를 부여한다. 죽음은 우리의 삶을 앗아가고, 그럼으로써 삶이 우리에게 준 모든 가치를 앗아가는 것일 수 있다. 하지만 그에 앞서 애당초 우리에게 삶의 의미를 준 것 또한 죽음이다. 죽음의 해악과 삶의 가치는 같은 원천에서 나온다. 그 원천이란 바로 우리가 본질적으로 **죽음을 향한 존재**라는 것이다. 우리가 죽을 때 이 모든 순간들은 시간 속에서 진짜 사라질 것이다. 빗속의 눈물처럼. 하지만 어쨌거나 그런 순간들이 정말로 존재했던 것은 오로지 우리가 죽음에 속박된 존재들이기 때문이다. 이제 죽을 시간이다.

블레이드 러너Blade Runner(1982) | 감독 리들리 스콧 |
출연 해리슨 포드, 룻거 하우어

결과론Consequentialism

행위의 옳고 그름은 오로지 그 행위의 결과에 의해서만 결정된다는 견해. 다른 어떤 것도 고려하지 않는다. 특히 어떤 행위를 할 때 갖게 되는 동기나 의도는 전혀 고려 대상이 아니다. 어떤 결과론자는 지옥으로 가는 길이 선의로 포장되어 있다는 말을 하기도 했다. 결과론적인 견해는 도덕에 대한 의무론적 견해와 대립한다. 253, 256, 268, 274쪽

결정론Determinism

존재하거나 발생하는 모든 것에는 원인이 있으며, 그렇기 때문에 인간은 자유롭지 않다는 견해. 어째서 그렇게 연결되느냐 하면, 원인은 그에 따른 결과를 불가피하게 만들고, 그래서 인간의 행위, 선택, 결정도 불가피해지므로 결국 자유로울 수 없다는 것이다. 반박하기 어려운 견해다. 스티븐 스필버그와 톰 크루즈가 〈마이너리티 리포트〉에서 최선을 다해 반박해보려고 했으나, 그들의 대응 방식은 적절하지 않았던 것으로 생각된다. 191~194, 197~198, 200~208, 212~214, 222, 225쪽

경험론Empiricism

우리의 모든 지식은 경험으로부터 나온다는 견해. 사실 모든 지식이 그런 건 아니다. 이를테면 미혼인 총각이 존재하는지 알아내려고 온 세상을 둘러볼 필요는 없다. 그것은 관련된 단어들의 의미를 통해서 알 수 있다. 하지만 그런 것은 사소한 지식 취급을 받곤 한다. 경험론은 사소하지 않은 모든 지식이 경험으로부터 나와야 한다는 견해이다. 버클리와 흄이 경험론자였다. 84쪽

공리주의Utilitarianism

18~19세기 영국의 철학자 제러미 벤담과 존 스튜어트 밀 하면 떠오르는 도덕 이론. 행복은 내재적으로 선한 것이며, 따라서 도덕적으로 선한 행위란 최대 다수의 사람들에게 최대한의 행복을 산출하는 행위라고 보는 이론이다. 때때로 사회적 쾌락주의로 묘사되기도 함. 98, 273~276, 338쪽

관념론Idealism

실재는 궁극적으로 정신적인 것이며, 사람의 마음속에 있는 이런저런 관념들의 모음이라는 견해. 버클리는 신에게 거의 모든 책무를 떠맡기는 형태의 관념론을 옹호했다. 실재란 신의 마음속에 있는 관념들의 모음이고, 신은 친절하게도 적절한 시점마다 사람들의 마음속에 그런 관념들을 비춰준다는 것이다. 칸트 역시 일종의 관념론을 옹호했는데, 초월적 관념론이라 부르는 다소 덜 극단적인 형태이다. 실

재는 우리의 관념과는 별개로 존재하지만, 우리는 그것에 관해서는 아무것도 알 수가 없다는 것이다. 그는 그것을 본체적 실재라 부르며, 우리가 지각하고, 알고, 이해하는 현상적 실재와 구분했다. 83~84, 87~90쪽

기게스Gyges

전설 속 리디아 왕조의 시조가 된 인물. 투명인간이 되는 반지를 가졌던 자로 알려져 있는데, 그는 그 반지를 칸트가 보느냐 사회계약론자가 보느냐에 따라 악랄하다고도 영민하다고도 판단될 수 있는 목적에 사용했다. 그가 터무니없게도 양에게 애정을 품었다는 명백한 증거는 없다. 230~233, 245쪽

기억이론Memory Theory

인격동일성이 기억 및 다른 심리 상태들에 의해 결정된다는 견해. 한 인격의 본질적인 핵심은 상호 연결되어 있는 심리 상태들의 네트워크에 있다. 〈토탈 리콜〉에서 버호벤-슈워제네거가 생생하게 옹호했던 견해가 바로 이것이었다(아널드가 〈6번째 날〉에서 이 견해에 대한 찬동 의사를 재고하기에 이르기 전까지는 말이다). 135, 146, 148, 162~164, 166~169, 171~172쪽

나는 생각한다, 고로 존재한다Cogito, ergo sum

데카르트가 한 이 말은 아마도 역사상 가장 유명한 철학적 주장일 것

임. 이 말은 이런 생각을 표현하는 데 사용된다. 즉 누구든 자기 자신의 존재를 의심하는 것은 불가능한데, 그 이유는 의심을 하려면 어쨌든 그 당사자가 존재해야만 할 테니까 그렇다. 73~75, 86쪽

내재적 가치 Intrinsic Value

어떤 것이 다른 어떤 것과 무관하게 독립적으로 보유한 가치. 쾌락주의자에 따르면, 우리는 쾌락이 가져다줄 수 있는 다른 어떤 것 때문이 아니라 쾌락 그 자체를 위해서 쾌락을 원한다는 점에서, 쾌락은 내재적인 가치를 지닌다. 반면에, 니체에 따르면, 힘이야말로 내재적인 가치가 있다. 때로는 본래적 가치라고도 불린다. 106, 271쪽

뇌이론 Brain Theory

인격동일성이 뇌에 의해 결정된다는 견해. 어떤 사람의 가장 본질적인 핵심은 그 사람의 뇌이고, 기능적으로 동일한 뇌가 있는 곳에 동일한 인격이 있다. 157~158쪽

니체 Friedrich Nietzsche

힘에의 의지와 초인이라는 생각을 들고나왔던 19세기 독일 철학자. 현실적으로, 니체는 아마 학교에서 매를 두들겨 맞았을 게 빤한 더없는 겁쟁이였고, 루 살로메 Lou Andreas-Salomé에게 차인 상처를 제대로 극복하지 못한 인물이었다. 젊은 날 분별없이 매음굴에 갔다가 옮은 것이 확실한 매독은 그가 광기의 나락으로 떨어지는 결과를 재촉

했다. 13, 75~76, 78, 152, 263, 327~342쪽

데카르트 René Descartes

17세기 프랑스의 철학자, 과학자, 수학자 겸 용병. 흔히 '근대 철학의
아버지'로 불린다. 또한 이원론의 주요 설계자 가운데 한 명. 그는 거
의 모든 면에서 틀렸지만, 철학의 역사에 상처를 입힌 공정성의 수많
은 왜곡 사례들 중 하나 덕분에 여전히 위대한 인물로 간주되고 있
다. 적어도 점심 무렵까지 늦잠을 즐겼던 게으른 친구. 새벽 다섯 시
에 일어나야만 하는 일자리를 얻은 뒤 죽었음. 54, 57~60, 62~69, 71~75,
78, 129, 152, 183쪽

도구적 가치 Instrumental Value

어떤 것이 다른 뭔가를 얻는 데 도움을 줄 수 있기 때문에 갖는 가치.
예를 들어 돈이나 약은 그 자체로서가 아니라 그것들로 인해 얻을 수
있는 다른 것들 때문에 가치가 있다. 270~271, 275쪽

라플라스의 악마 Laplace's demon

우주의 현재 상태에 대한 빈틈없이 완전한 지식에 기초하여 우주의
미래 상태를 정확하게 예측할 수 있는 초능력을 지녔다는 상상의 존
재. 〈마이너리티 리포트〉의 예언자들을 떠올려보라. 그런 다음에 그
들의 힘이 살인뿐 아니라 다른 모든 일에 대한 예측까지 가능한 수준
으로 확대된다고 상상해보라. 자, 이제 라플라스의 악마가 어떤 일을

할 수 있는 건지 아주 잘 알게 되었을 것이다. 201~202쪽

버클리George Berkeley

18세기 아일랜드의 철학자이자 주교. 관념론의 한 유형을 옹호함.
실재는 궁극적으로 정신적인 것이며, 신의 마음속에 있는 관념들의
모음이다. 우리가 주위 세상을 둘러볼 때마다, 신이 우리의 마음속에
적절한 관념들을 비춰준다. 신은 그 일을 한두 사람이 아니라 모든
사람에게 해준다. 버클리의 관념론적 세계관의 도식 속에서 세상 만
물이 한데 조화를 이루게 하려고 애쓰고 있는 신은 엉덩이 걷어차기
대회에 나간 외다리처럼 무지하게 바쁘다. 87~89쪽

부조리Absurdity

인간 실존의 주요한 특징으로 주장될 수 있으며, 실존주의라고 알려
진 철학 운동에서 두드러지게 등장. 우리 자신에 대해 안에서 갖게
되는 견해와 바깥으로부터 존재하는 견해 사이의 충돌로 생겨난다.
이 충돌은 또한 심오한 철학적 문제들의 징표이기도 하다. 그래서 부
조리는 인간 실존뿐만 아니라 철학의 핵심에 자리한다고 주장할 수
있다. 16~19, 24, 34, 37~38, 42, 46쪽

분열문제Problem of Fission

인격동일성에 관한 기억이론에 반례가 되는 문제. 만일 당신의 복제
인간이 만들어진 후 원래 몸은 파괴되고 당신의 기억이 그 복제인간

에게 이전된다면, 기억이론에 따라서 당신은 당신의 복제인간으로 생존하게 된다. 하지만 어쩌다 복제인간이 두 명 만들어지고 당신의 기억이 두 복제인간에게 모두 이전된다면, 기억이론에 문제가 생긴다. 그렇게 해서 생겨난 둘 모두가 당신일 수는 없으며, 그렇다고 둘 중의 어느 한쪽만 당신일 수도 없다. 하지만 이것이 그 과정에서 당신이 살아남지 못했다는 걸 의미할 수는 없다. 두 번의 성공이 오히려 실패로 귀착된다는 건 말이 안 된다. 이 문제를 처음 끄집어낸 사람은 옥스퍼드 철학자 데릭 파핏Derek Parfit이었다. 그의 생각을 가장 설득력 있게 옹호한 사람은 아마도 〈6번째 날〉의 아널드일 것이다. 164, 169쪽

비결정론Indeterminism

인간의 행위, 선택, 결정 중 적어도 일부는 원인이 없고, 그래서 자유롭다고 하는 견해. 그것들이 자유로운 까닭은 바로 원인이 없기 때문이다. 비결정론에 대한 주된 반박은 그 견해가 자유와 임의적인 자발성을 혼동하고 있다는 것이다. 204~210, 213~214쪽

비트겐슈타인Ludwig Wittgenstein

철학적 문제는 언어 때문에 길을 잃고 헤매다가 생겨난 것이라고 생각한 20세기 오스트리아 철학자. 가장 유명한 저술은《논리-철학 논고》와 (사후에 발간된)《철학적 탐구》이다. 엄청나게 부유하고 다재다능한 집안의 막내아들로 태어났으나, 가족 중 상당수가 이런저런

이유로 인생을 완전히 종치고 흥미로운 방법들을 동원하여 자살했다. 비트겐슈타인은 성인이 된 후로는 1차대전 직후의 12년간을 제외한 대부분의 생을 케임브리지에서 보냈다. 그 12년 동안은 듣도 보도 못한 오스트리아 중부의 산골 마을 학교에서 아이들을 가르쳤다. 들리는 소문에 의하면, 2차 술어 논리의 아주 미묘한 요점들을 이해하지 못하는 아이들을 학대했다가 학교에서 쫓겨났다고 한다. 착한 사람은 아니구먼! 11, 24~25, 86, 97, 262, 392쪽

사르트르 Jean-Paul Sartre

20세기 프랑스의 실존주의 철학자이자 문학가. 2차대전 동안 프랑스에서 레지스탕스로 활동했다. 아니, 자기가 그랬다고 우리에게 거듭 상기시켰다. 가장 유명한 작품은 《존재와 무》. 아마도 역대 최악의 추남 철학자일 테지만, 여자들과의 관계는 그래도 대성공(그는 전반적으로 여성들을 아주 못되게 대했다). 19, 22쪽

사악한 악마 Evil Demon

데카르트가 외부 세계의 존재를 확신할 수 없다는 것을 보여주기 위해서 사용한 공상의 장치 중 하나. 끊임없이 우리를 기만하는 데서 기쁨을 느끼는 사악한 악마가 전 우주를 통제하는 일이 가능하다는 것이다. 대다수 학자들은 데카르트가 이런 주제를 생각했다는 것이 17세기 프랑스에도 코카인 마약이 존재했음을 두말할 것도 없이 증명해준다고 생각한다. 67~68, 71, 74쪽

사회계약Social Contract

도덕성의 범위가 사회계약이라는 발상을 통해 이해될 수 있다는 착상. 사회계약이란 합리적인 개인들이 상호 간의 관계를 규제하기 위해 타결한 가설적인 거래를 말한다. 도덕 규칙은 이런 계약상의 규칙으로 환원된다. 홉스가 옹호했다. 241~248, 252, 256, 268쪽

소크라테스Socrates

극단적으로 못생긴 기원전 5세기의 그리스 철학자. 그는 자신이 아테네 동료 시민들의 지적 양심을 깨우는 사명을 맡은 '쇠파리'라고 생각했다. 반면 동료 아테네 시민들은 그를 성가신 똥 덩어리로 간주했고, 그를 제거하기 위해서 다각도로 노력했다. 그가 펠로폰네소스 전쟁의 최전선에서도 아주 탐탁지 않게 살아 돌아오자, 아테네인들은 마침내 완전히 인내심을 잃고 기원전 399년 그로 하여금 독약을 마시게 한다. 소년들을 대상으로 남색을 밝힘. 53쪽

수적 동일성Numerical Identity

문자 그대로의 동일성. 당신은 당신과 수적으로 동일하며, 또한 당신 홀로 그렇고, 만약 당신에게 고약한 쌍둥이 형제가 있어 제아무리 당신과 구별되지 않아도 당신과 수적으로 동일하지 않다. 마찬가지로, 〈6번째 날〉에서 애덤 깁슨은 오로지 애덤 깁슨하고만 수적으로 동일하고 그의 복제인간과는 그렇지 않다. 145~146쪽

신체이론Body Theory

인격동일성이 신체에 의해 결정된다는 견해. 사람의 본질적인 핵심은, 몸, 온몸, 오로지 몸뿐이다. 이 견해는 아널드가 〈토탈 리콜〉에서 두 인격(퀘이드와 하우저)이 서로 다른 시기에 동일한 몸을 점유할 수 있음을 보여줌으로써 결정적으로 논박되었다. 153~154쪽

실존주의Existentialism

하이데거와 사르트르 등이 주도한 20세기의 철학 운동. 신의 피조물이 아닌 인간에게 정해진 본성 같은 것은 없으며, 따라서 인간은 자유로운 운명의 존재라는 것이 기본적인 발상이다. 사실, 우리가 자유로이 할 수 없는 유일한 한 가지가 자유롭지 않으려는 것이다. 그런 자유를 부인하는 것은 진정성이 없거나, 나쁜 신념을 가진 것이다. 실존주의자들에게서 발견되는 이상한 점은 어느 누구도 자신이 실존주의자라는 사실을 절대 털어놓고 싶어 하지 않았다는 점이다(그런 모습들을 보면, 아마도 그들이 스스로에 대해서 다소 나쁜 신념을 품고 있었던 게 아닌가 생각되기도 한다). 하이데거는 진정성, 불안, 죽음을 향해 가는 존재 등과 같은 실존주의의 핵심 개념들을 도입함으로써 실존주의자로서 자신의 모습을 여실히 드러냈음에도 불구하고, 자신이 실존주의자라는 사실을 평생 목청 높여 부인했다. 사르트르는 '실존주의는 휴머니즘이다'란 제목의 유명한 논고를 집필했는데, 그 글은 자신의 연고에 대한 꽤나 결정적인 폭로가 된 셈이었다. 하지만 그는 나중에 마르크스주의자가 되어《변증법적 이성 비판》을 쓰면

서, 자기가 초기에 그렇게 생각했었다는 사실을 도대체 믿을 수가 없
다고까지 주장했다. 카뮈는 실존주의자라 불리는 것을 한결같이 좋
아한 거의 유일한 실존주의자다. 19, 22~23, 38쪽

실천명령Practical Imperative

새로 공식화된 칸트의 정언명령. '너 자신에게나 다른 어떤 사람에게
나 항상 인간을 단지 수단으로서만이 아니라, 그와 동시에 목적으로
서 대우하는 방식으로 행위하라.' 이 말은 그저 모든 사람을 사려 깊
게 잘 대해주라는 얘기를 칸트식으로 표현한 것이다. 그는 정말이지
공부를 좀 제대로 더 했어야 했다. 269, 271~273쪽

심신문제Mind-body Problem

마음의 본성과 마음과 육체의 관계를 설명하는 문제. 이 문제에 답
하고자 하는 시도는 크게 두 유형으로 나뉜다. 이원론과 유물론이다.
91~94, 96~97, 99, 103쪽

아리스토텔레스Aristoteles

그리스의 철학자이며, 어쩌면 역대 최고의 철학자. 플라톤이 아테네
에 세운 아카데메이아라는 학당에 들어가 플라톤에게 수학했고 그
러고 나서 알렉산드로스 대왕의 가정교사가 되기도 했다. 그는 형이
상학, 윤리학, 정치학 등을 포함하여 철학의 거의 모든 영역에 중대
한 공헌을 했다. 르네상스와 17세기의 과학 혁명 이후로 그의 영향

력이 쇠퇴했으나, 놀라울 정도로 반동적인 가톨릭교회에서는 아직
도 공식 철학자다. 83, 140~143, 154, 158, 164쪽

양립불가론Incompatibilism

자유와 인과는 양립할 수 없다는 견해. 양립불가론에 따르면, 우리의
행위, 선택, 결정이 어떤 원인에 의해 야기된 것이라면, 그것들은 자
유로운 것일 수 없다. 결정론은 양립불가론의 일종이다. 물론 비결정
론도 그렇다. 214쪽

양립론Compatibilism

인간의 자유는 인과와 완벽하게 양립 가능하다는 견해. 흄이 유명한
양립론자다. 행위의 자유란 이른바 행위자 자신의 필요나 욕구에 따
라 그 행위가 올바른 방식으로 야기된다는 데 있다. 달리 얘기하자
면, 자신이 좋아하는 대로 행위할 수 있다면 자유로운 것이다. 정말
로 자유로우려면 단지 자기가 좋아하는 대로 할 수 있는 게 아니라
자기가 좋아하는 대로 좋아할 수 있어야만 한다는 반론에 노출되어
있다. 214~220쪽

에피쿠로스Epicouros

기원전 4~3세기 그리스 철학자로, 역사상 가장 큰 오해를 받은 철
학자 중 한 명. 흔히 마치 무슨 파티광처럼, 쾌락을 추구하는 것이 다
른 그 무엇보다 가치 있다고 여긴 무절제한 쾌락주의자로 간주되곤

한다. 사실 그는 욕망의 절제가 행복에 이르는 참된 길이라고 주장했다. 죽음은 우리를 해롭게 할 수 없다는 주장으로 유명함. 392쪽

영원의 상 아래에서Sub specie aeternitatis
지각자의 편협하거나 국지적이거나 주관적인 이해관계에 제약받지 않는 관점이라는 착상에 해당하는 표현. 42, 46~48, 90쪽

영혼이론Soul Theory
인격동일성이 육체 안에 거주하는 비물리적인 마음 혹은 영혼의 현전에 의해서 결정된다는 견해. 모든 사람의 고갱이는 영혼이고, 따라서 동일한 영혼이 있는 곳에 동일한 인격이 있다. 이원론의 한 유형.
148~149, 152~153쪽

운명론Predestination
미래에 일어나는 일은 현재 어떤 일이 일어나느냐와 상관없이 불가피하게 일어난다는 견해. 흔히 결정론과 혼동하는 경향이 있지만, 둘은 엄연히 다르다. 200~201쪽

유물론Materialism
본성상 실재는 궁극적으로 물리적이거나 물질적이라고 하는 견해. 심신문제와 관련해서 말하자면, 마음을 물리적인 어떤 것, 특히 뇌라고 보는 견해이다. 〈터미네이터〉에서 아널드가 옹호한 입장. 108,

115~116, 118, 129쪽

윤리학Ethics

옳고 그름의 본성을 다루는 철학 분야. 플라톤이 자신의 형상이론에서 실재와 선성을 연결한 이래로 줄곧 철학자들은 자기들이 이 바닥을 전세 냈다고 생각해왔다. 선성과 실재가 하나의 동일한 것이라면 실재에 대한 연구가 곧 선성에 대한 연구인 셈이다. 이것은 혹시 기원전 4세기 아테네에서 플라톤이 자기가 세운 학교에 사람들을 등록시키려는 목적으로 지어낸 기똥차게 머리 좋은 일종의 신용 사기가 아니었을까 생각해본다. 우리끼리 얘긴데, 나 같으면 옳고 그름에 관해 무언가 알아내고 싶더라도 그걸 철학자한테 물어보지는 않을 것 같다. 291쪽

의무론Deontology

어떤 도덕 이론이 행위의 옳고 그름이란 적어도 부분적으로는 그 행위의 동기나 의도, 혹은 행위자가 그 행위를 수행할 때 품고 있던 '격률'에 의해 결정된다고 주장하면 그 이론은 의무론적인 것이다. 그것만 가지고 얘기가 다 끝나는 것은 아니다. 결과들도 또한 고려된다. 그러나 적어도 동기와 의도가 중요하게 고려된다는 것이다. 결과론과 대립함. 253, 379쪽

의식Consciousness

적어도 27가지 다른 의미가 있는데, 철학에서는 경험하는 것을 느

끼는 방식을 지칭할 때 흔히 사용된다. 예를 들어 돌부리에 발을 채면 아프다. 이렇게 느끼는 방식이 현상적인 의식의 사례다. 심리학자들은 이 용어를 완전히 다른 방식으로 사용하는데, 그로 인해 생긴 상호 간의 오해가 서로가 서로를 경멸하게 된 원인이다. 23, 47, 85~86, 95~96, 106, 108, 129, 178, 187, 190, 289~290, 418쪽

의욕 Volition
의지의 작용, 특히 육체의 움직임에 선행하는 작용. 결정하거나 선택하거나 행위하는 힘. 188~190, 224, 254~256, 268, 388, 413~414쪽

이기주의 Egoism
뭐가 됐든 자신의 이익을 확장할 수 있도록 행위해야 한다는 견해. 케빈 베이컨은 〈할로우 맨〉에서 일종의 이기주의를 옹호하기 위해 최선을 다했다. 세상엔 멍청한 이기주의자와 합리적 이기주의자가 있다. 주된 차이는 합리적 이기주의자들이 훨씬 더 음흉해서 겉으로는 착하고 사려 깊어 보이는 일들을 할 수 있지만, 실제로는 단지 사람들을 얼러서 안심해도 된다는 착각을 불러일으킨다는 것이다. 사실, 그들은 사람들을 된통 속여먹겠다는 영악한 계획을 내심 품고 있다. 대부분의 학자들은 합리적 이기주의자들이다. 240~242, 244쪽

이원론 Dualism
마음은 모종의 비물리적인 것이며, 인간은 비물리적인 마음과 짝을

이룬 물리적인 몸으로 구성되어 있다는 이론. 철학 전체를 통틀어 가장 심하게 논박된 견해 중 하나임. 물론 그래도 일부 사람들이 그런 견해를 갖는 것을 말리지는 못함. 데카르트와 매우 관련이 깊음. 104~108, 110~111, 114~115, 148~149, 222, 225쪽

인식론Epistemology

지식에 대한 연구이자, 우리가 그런 지식을 얼마나 많이 가질 수 있느냐에 대한 연구. 그리스어 'episteme(지식)'와 'logos(논리)'의 합성어다. 플라톤과 데카르트가 유명한 인식론의 논제들을 발전시켰다. 53, 82~83, 85~86, 183, 379쪽

자아Self

인격의 본질적인 핵. 사람이 살아가는 동안에 겪는 온갖 변화에도 불구하고 지속하는 그 무엇. 그런 건 아예 없을 수도 있다. 최소한, 아널드가 〈6번째 날〉에서 애써 증명하려 한 것이 바로 그런 생각이었다고 해석할 수도 있다. 24, 27, 77, 143, 160, 164, 173, 175, 220~223, 263쪽

정언명령Categorical Imperative

칸트의 근본적인 도덕 규칙. '나의 격률이 마땅히 보편적인 법칙이 되기를 또한 의욕할 수 있는 그런 방식으로서가 아니라면 결코 행위해서는 안 된다.' 이것은 도덕을 일관성에 단단하게 매어놓는다. 도덕적으로 선한 행위들은 모든 사람이 일관되게 채택할 수 있는 것

들이어야만 한다. 황금률의 이쪽 업계 표현이라 생각하면 된다. 네가 대접받기를 바라는 대로 남을 대접하고 어쩌고저쩌고……. 254, 268~269쪽

존재론Ontology

존재 혹은 실재의 본성에 대한 연구. 그리스어 'onta(사물들)'와 'logos(논리)'의 합성어. 83~85, 98, 417, 419쪽

종차별주의Speciesism

X종에 속하는 원소들이 단지 Y종에 속하지 않는다는 이유만으로 Y종에 속하는 원소들보다 도덕적 지위가 낮다고 간주하는 견해. 예를 들어, 비인간종의 구성원이 단지 인간이 아니라는 이유 때문에 인간보다 도덕적 지위가 낮다고 보는 견해. 291, 293쪽

지향성Intentionality

심적 상태들의 관함aboutness 혹은 정향성directedness. 키아누 리브스가 〈매트릭스〉의 주인공이라는 믿음은 키아누 리브스와 관련된 믿음이다. 그 믿음은 어쨌거나 키아누를 향해 있으며, 그렇기 때문에 그에 관한 믿음이다. 철학자들이 지향성에 관해 말할 때 의미하는 바가 바로 이런 관함 혹은 정향성이다. 그런 관함 관계가 정확히 무엇인지를 이해하려 애쓰다 보면 수많은 난관에 부닥치게 되는데, 아직까지는 아무도 이에 관해 만족할 만한 이론을 내놓지 못했다. 95~97쪽

질적 동일성Qualitative Identity

거의 비슷하거나 완전히 닮은 성질. 당신은 못된 쌍둥이 동생과 질적으로 유사하다. 왜냐하면 둘은 서로 똑 닮았기 때문이다. 애덤 깁슨은 그의 복제인간과 수적으로는 다른 사람이지만 질적으로는 동일하다. 145쪽

카뮈Albert Camus

20세기 프랑스 실존주의 철학자이자 사르트르의 친구. 카뮈는 자신이 실존주의자임을 내놓고 부인하지 않은 유일한 실존주의자였다. 소외, 이방인, 인간 실존의 하찮음에 관해 많은 책을 씀. 자살하지 않는 것이야말로 위대한 영웅적 행위라고 생각함. 우울한 친구. 19, 38, 46쪽

칸트Immanuel Kant

18세기 독일 철학자. 지난 200년간 가장 영향력 있는 철학자. 형이상학, 인식론, 윤리학에 지대한 공헌을 함. 별다른 사건도 없이 무지하게 따분한 삶을 살았기에 골려먹을 거 찾기도 어렵다. 코가 크긴 했다. 47, 134, 251~257, 260~261, 267~274쪽

쾌락주의Hedonism

쾌락이 궁극적으로 인간의 내재적인 선이라는 견해. 대부분의 종교가 우리에게 가르치는 것과는 반대로, 쾌락을 추구하는 것은 잘못이 아니다. 사실은 쾌락이야말로 궁극적인 윤리적 삶의 목표이다. 275, 338쪽

통 속의 뇌 Brain in a Vat

외부 세계에 관한 회의주의를 부추기는 데 사용된 공상의 장치. 만일 당신이 통 속의 뇌고, 적절한 재주를 갖춘 과학자들이 전기적으로 자극을 가할 경우에, 당신은 자신이 통 속의 뇌임을 알아채지 못할 수도 있다. 그렇다면 당신은 당신이 통 속의 뇌가 아니라고 확신할 수 없다. 따라서 당신에게 몸이 있다고 확신할 수 없다. 따라서 당신이 진짜 세계라고 생각한 것이 진짜 세계임을 확신할 수 없다. 이 주제에 의한 변주가 〈매트릭스〉의 지적 토대가 되었다. 이것은 데카르트의 사유실험에 대한 현대식 대용물이다. 69~71, 157쪽

플라톤Platon

기원전 5～4세기 때의 그리스 철학자. 진정한 실재는 형상들의 세계에 있으며, 그런 세계에 대한 지식을 획득하는 것이 가능하다고 주장함. 특별히 그가 세운 아카데메이아 학당에 다닌 사람이라면 말이다. 앨프리드 노스 화이트헤드Alfred North Whitehead에 따르면, 서양 철학사는 플라톤 사상에 일련의 주석을 달아온 것이란다. 화이트헤드는 완전히 정신 나간 사람이다. 플라톤은 소크라테스에게 철학을 배웠는데, 당시의 유행대로 아마 그 역시 소크라테스에게 당했을 거다. 230, 232~233, 316~326, 341쪽

하이데거Martin Heidegger

20세기 독일 철학자. 늘 출세에 급급했다. 1933년의 그 수치스러운

연설에서 기본적으로 히틀러와 나치즘을 보증해준 꼴이 되었고, 곧바로 프라이부르크 대학교의 총장으로 임명되었다. 틀림없이 우연이겠지, 설마. 완전 개자식이지만, 한편으로 꽤나 훌륭한 철학자였다. 가장 유명한 저서로《존재와 시간》이 있다. 23, 405, 409쪽

행위자 인과론Agent Causation Theory

인간의 자유라는 철학적 주제와 관련된 견해. 행위자 인과론에 따르면, 인간의 행위는 자아 혹은 인격에 의해 야기될 때, 오직 그럴 때에만 자유롭다. 행위자 인과론은 인간의 행위를 야기한다고 추정되는 바로 그 자아 개념에 어떻게 의미를 부여할 것인지, 그 자아가 어떻게 그러한 행위들을 야기한다는 것인지 설명해야 하는 문제점이 있다. 219~221쪽

헤라클레이토스Heracleitos

기원전 5세기 때의 그리스 철학자. 가장 유명한 주장으로는 '당신은 같은 강물에 두 번 발을 담글 수 없다'가 있다. 제정신은 아니지만, 크게 해 될 것은 없다. 53, 140, 142, 153, 177쪽

현사실성Facticity

당신이 거의 혹은 전혀 통제할 수 없는 당신 자신의 특징이나 당신이 처한 상황의 특징을 가리키는 실존주의의 용어. 예를 들어, 당신이 지독하게 못생긴 변태인데다 우스꽝스러울 정도로 물건도 작고 아

이큐는 73밖에 안 된다고 치자. 무척 안된 얘기지만, 여보시게나, 그게 바로 당신의 현사실성일세. 현사실성은 또한 당신 자체 말고 당신이 처한 상황의 특징들을 의미할 수도 있다. 당신이 어느 날 아침 깨어나보니, 옆에 상상을 초월하는 기절할 만큼 불쾌한 이성이 누워 있다고 치자. 글쎄, 물론 그건 당연한 얘기일 거다. 당신은 지독하게 못생긴 변태니까. 거기에다 물건도 작고. 그런데 도대체 누굴 기대한다는 건가? 혹시, 지젤 번천? 다시 한 번 안됐네, 친구여, 이번에도 역시 그것이 당신의 현사실성일세. 현사실성이 쉴 새 없이 부정적이기만 한 것은 아니다. 당신이 아침에 깨어보니, 지젤 번천이 옆에 누워 있다. 왜냐, 당신은 〈타이타닉〉에서 주인공을 맡은 직후의 리어나도 디캐프리오니까. 이것 역시 현사실성이다. 22쪽

형상이론 Theory of Forms

플라톤이 전개한 형이상학적 이론. 궁극적인 실재는 비물리적인 형상(사물들의 완벽한 표본)의 영역에 있다. 형상들 중에서도 가장 완벽한 형상은 선의 형상, 즉 완벽한 선성이다. 아마도 적절히 배움을 얻어야만 선의 형상에 대해 알 수 있었을 거다. 어떻게는 뭘 어떻게, 플라톤한테 돈 내고지. 318, 320~324, 326쪽

형이상학 Metaphysics

실재의 본성을 다루는 철학 분야. 대체로 존재론과 같다고 보면 된다. 83, 85, 188, 318, 325~326쪽

홉스Thomas Hobbes

17세기 영국의 철학자. 사회계약론적 도덕관을 옹호했고, 그런 견해를 이용해서 권력자에게 절대적인 힘을 위임하는 형태의 군주제를 지지했다. 그런 국가를 리바이어던Leviathan이라고 칭했는데, 이는 그의 가장 유명한 저서의 제목이기도 하다. 정말 파시스트 기질이 농후하며, 요즘 태어났다면 사담 후세인의 엄청난 숭배자가 되었을지도 모를 일이다. 240~241, 383쪽

회의주의Scepticism

이런저런 탐구 영역에서 지식이 가능하지 않다는 견해. 예를 들어, 외부 세계에 대한 회의주의는 이 세계가 존재하는지 아닌지 혹은 이 세계가 우리가 생각하는 그대로 존재하는지 여부를 알 수 없다는 견해이고, 도덕적 가치에 대한 회의주의는 무엇이 옳고 그른지 우리가 알 수 없다는 견해이고, 등등. 71, 73, 82, 84, 87쪽

흄David Hume

18세기 스코틀랜드의 철학자로서 다방면에 걸쳐 골고루 뛰어난 친구. 경험론의 탁월한 옹호자이지만, 다른 많은 것들에 대해서도 흥미로운 얘깃거리를 많이 남겼다. 77~78, 152, 214~215, 248~250쪽

이 책은 영국 출신 철학자 마크 롤랜즈Mark Rowlands의 *The Philosopher at the End of the Universe: Philosophy Explained Through Science Fiction Films*을 번역한 것이다. 이 책은 〈반지의 제왕〉을 다룬 한 장이 빠진 것을 제외하곤 나머지는 동일하게 구성되어 *Sci-Phi: Philosophy from Socrates to Schwarzenegger*라는 다른 이름으로 출간되기도 했는데, 2005년에 국내에서 'SF철학'이란 제목으로 출간된 번역서의 원서가 바로 그 책이다.

저자인 마크 롤랜즈는 현대 영미 철학의 주요 연구 영역인 심리 철학 분야에서 꾸준한 성과를 내고 있는 중견 철학자로서 전 세계 여러 곳에서 강의하다 현재는 마이애미 대학교 철학 교수로 재직 중이다. 그는 지금까지 심리 철학의 주요 쟁점 중의 하나인 지향성 문제에 대해 외재주의 입장을 옹호하는 다수의 저작들을 발표해왔다. 최근에는 동물의 권리 문제를 다룬 응용 윤리학 책들도 발표하고 있다. 이런 전문 학술서 외에도, 영화나 텔레비전 드라마를 소재로 해서 철학을 소개하는 책들, 그리고 늑대와 함께하는 생활이나 달리기같이 자신의 소소한 일상을 소재로 한 책들을 집필하기도 했다. 그중에서《철학자와 늑대》와《철학자가 달린다》가 우리말로 번역되어 한국 독자들의 많은 사랑을 받기도 했다. 역자들이 다소 괴짜의 면모를 지닌 롤랜즈의 이 책을 번역하는 것이 의미가 있다고 생각하게 된 데에는, 물론 책의 소재나 내용이 흥미롭기도 했지만, 이렇듯 이 철학자에 대한 학술적 신뢰도 한몫을 했다.

　혹 어떤 독자는 앞서 밝힌 대로 이미 한 번 번역 출간된 책을 굳이 왜 다시 번역한 것인지 궁금해할지 모르겠다. 우선은 매우 현실적인 이유가 있었다. 공교롭게도 두 역자 모두 최근에 대학에서 철학의 문제들을 개론적으로 소개하는 강의를 맡게 되었고, 더군다나 그중 한 과목은 아예 SF영화를 소재로 한 철학 강의로 계획된 것이었다. 기존 번역서를 매우 즐겁게 읽었고 과거에도 강의에 활용한 적이 있던 두 역자는 신기하게도 새로 맡은 강의에 이보다 더 나은 교재는 없으리라는 판단을 똑같이 하게 되었다. 사실, 시중에는 영화를 매개로 철학을 소개하는 다양한 책들이 많이 나와 있지만, 교과 교재로 쓰기에는 모두가 조금씩 부족해 보였다. 문제에 대한 접근이 피상적이거나 체계적이지 않은 경우가 많았고, 너무나 난해한 소위 예술 영화들을 골라서 거기에 너무나 난해한 철학까지 접목시켜서 수면제가 따로 없겠다 하는 책들도 있었다. 역자들이 원한 것은 겉핥기식 철학사 소개도 아니고, 개론서로 쓰기에 너무 어렵지 않으면서, 철학의 주요 쟁점들에 대해 철학적 논증의 정수를 여실히 보여줄 수 있는 그런 책이었다. 롤랜즈의 책이 그러한 요구에 딱 부합했다. 문제는 지금부터다. 기존 번역서를 시중에서 구할 수가 없었다. 이미 절판이 되어버렸고, 어디서도 단 한 권의 재고조차 구할 수가 없는 상황이었다. 기존 번역서의 재출간도 요원해 보였다. 그래서 목마른 두 역자가 직접 우물을 파기로 했다.

또 다른, 어쩌면 더 중요한 이유를 들자면, 역자들이 기존 번역서에 다소 아쉬움을 느끼고 있었다는 점이다. 기존 번역서도 전체적인 요점을 놓치지 않으면서 맛깔나게 번역된 것은 사실이고 실제로 역자들도 재미있게 읽긴 했지만, 전문 용어가 잘못 번역된 경우도 많았고, 내용을 생략하거나 오해한 부분도 심심치 않게 발견되었다. 때에 따라서 구체적인 세밀한 내용이 정확하게 전달되지 않는 경우도 있었다. 롤랜즈는 매우 대중적이고 일상적인 표현들을 사용해 글을 쓰고 있지만, 그런 경쾌한 글솜씨를 바탕으로 전개되는 철학 논의는 그야말로 논증적으로 생각하기의 전형이라 할 만큼 상당히 치밀해서 독자들에게 정밀한 독해를 요구하는 부분들이 많다. 이 책에 워낙 매료되어 있던 역자들은 원서의 이런 강점을 최대한 살려서 다시 한 번 더 읽기 좋게, 더 정확하게 번역할 가치가 충분하다고 판단하여 재번역에 착수하게 된 것이다.

한 가지 사소한 이유가 더 있다. 이 새 번역서에는 기존 번역서에 들어 있지 않은 한 장이 추가되었다. 앞서 언급한 〈반지의 제왕〉을 다룬 장이다. 이미 기존 번역서를 소장하고 있는 독자라도 다른 건 다 떠나서 혹시 그가 〈반지의 제왕〉의 열혈 팬이라면 새 번역서의 출간을 마다하지는 않겠지 하고 기대했다. 〈반지의 제왕〉이 SF 장르가 아닌 판타지 영화라서 약간 의아하기는 하지만, 도덕 상대주의에 대한 논의가 추가됨으로써 한층 더 탄탄한 구성을 갖추게 되었다.

번역은 두 사람이 나누어서 했고, 완전히 새롭게 다시 번역했다. 들어가는 말과 2장부터 5장까지는 신상규가 번역하고, 1장과 6장부터 8장, 10장 그리고 용어 사전은 석기용이 번역했다. 9장은 둘이 나누어 함께 번역했다. 그러나 초벌로 각자 번역한 모든 장을 두 사람이 돌아가며 꼼꼼하게 검토했다. 각자가 맡은 부분을 먼저 번역한 다음에, 서로 상대방의 번역을 검토 수정하고, 이를 다시 원 번역자가 검토 수정하는 방식을 취했다. 그러므로 전체 원고에 두 역자의 노력이 공히 들어가 있고, 그러니 번역의 잘잘못에 대한 책임도 두 사람에게 똑같이 있다. 단순히 분량을 나누어서 각자 맡은 부분만 번역하고 마는 방식이 아니었기 때문에, 이번 공동 번역은 상당한 시너지 효과를 보았다고 자부한다. 무엇보다 두 사람이 따로, 또 같이 확인하지 않았다면 발견되지 않았을 여러 미묘한 오역들을 바로잡을 수 있었다. 그리고 번역서의 한글 문장만 읽고도 책의 내용을 모두 이해할 수 있도록 만들기 위해 많은 노력을 기울였다. 물론 여전히 어떤 문장들은 조금 어색한 상태로 남아 있을 것이다. 하지만 내용 전달을 위해서 불가피하게 그럴 수밖에 없는 경우도 더러 있었다.

책을 읽어보면 알겠지만, 가능한 한 구어체 표현을 많이 사용하여 책이 재미있게 읽힐 수 있도록 노력했다. 비트겐슈타인이 처음부터 끝까지 농담만으로 철학을 할 수도 있다는 얘기를 어디선가 했다는데, 이 책을 읽으면 그 말이 조금 실감 날지도 모른다. 근엄하지 않겠다고 선언한 저자의 농담과 조롱과 익살은 거침이 없다. 역자들이 이 말은 어떻게 옮기나 고민했던 적이 한두 번이 아니다(정확히 말하면 '이 욕설과 음담패설은 어찌 옮기나'가 되겠다). 저자 앞에서는 많은 사람이 떠받드는 고명하신 대철학자도 그냥 잡인 취급을 당하기 일쑤다. 고민은 했지만, 역자들도 저자의 의도를 충실히 따르기로 했다. 그래서 독자들은 아마 전형적인 철학책에서는 절대로 접할 수 없는 '충격적'인 표현들을 많이 보게 될 것이다. 너무 불쾌해하지는 말기 바란다. 저자가 그렇게 한 데에는 철학은 딱딱한 학문이라는 선입견을 깨려는 생각도 있었겠지만, 그보다는 '철학함'의 출발이 기존의 고정관념이나 화석화된 이론의 권위를 일단은 무조건 깨는 데 있다고 생각한 숨은 의도가 있는 게 아닐까 짐작되기 때문이다.

이 책이 철학의 모든 문제를 다룬 것도 아니고, 철학적 소재가 풍부한 모든 SF영화를 다루고 있는 것도 아니다. 가령 유전 공학이나 생명 공학적 쟁점을 다룬 〈가타카〉, 인간의 사이보그화와 관련된 〈바이센테니얼맨〉, 〈아바타〉, 〈써로게이트〉, 〈로보캅〉 등의 영화가 언급되지 않은 것은 아쉬운 일이다. 첨단 과학이 급속도로 발전함에 따라 인간이나 사회의 모습은 더욱 급진적으로 변해간다. 미래에 대한 상상력의 정수를 보여주는 SF영화들은 우리 인간이 앞으로 맞닥뜨리게 될 중요한 철학적 문제가 무엇인지를 보여주는 거울이다. 따라서 철학하는 수단으로서 SF영화는 앞으로 점점 더 중요해질 것이다. 다음에는 번역서가 아니라, 역자들 스스로가 이 책에서 다뤄지지 않은 여러 문제와 영화들에 관해서 SF철학 속편을 쓰는 날이 오기를 기대해본다.

SF영화로 보는 철학의 모든 것

초판 1쇄 발행 2014년 10월 5일
초판 10쇄 발행 2021년 3월 18일

지은이 마크 롤랜즈
옮긴이 신상규·석기용

펴낸이 김현태
펴낸곳 책세상
등록 1975. 5. 21. 제1-517호
주소 서울시 마포구 잔다리로 62-1, 3층(04031)
전화 02-704-1250(영업) 02-3273-1334(편집)
팩스 02-719-1258
이메일 editor@chaeksesang.com
광고·제휴 문의 creator@chaeksesang.com
홈페이지 chaeksesang.com
페이스북 /chaeksesang   **트위터** @chaeksesang
인스타그램 @chaeksesang   **네이버포스트** bkworldpub

ISBN 978-89-7013-891-6 03160

이 도서의 국립중앙도서관 출판예정도서목록(CIP)은 서지정보유통지원시스템 홈페이지
(http://seoji.nl.go.kr)와 국가자료종합목록 구축시스템(http://kolis-net.nl.go.kr)에서
이용하실 수 있습니다.(CIP제어번호: CIP2014028030)